EL COMIENZO DE TODO LO BUENO

TODO LO BUENO

GUÍA COMPLETA
PARA CREAR SU EMPRESA

EL COMIENZO DE TODO LO BUENO

TODO LO BUENO

GUÍA COMPLETA
PARA CREAR SU EMPRESA

DANIELLE BILLETZ-REPPERT

Este libro pretende complementar, no sustituir, el asesoramiento de profesionales cualificados, como abogados y asesores fiscales. El autor y el editor declinan específicamente cualquier responsabilidad, pérdida o riesgo, profesional o de otro tipo, en que se incurra como consecuencia, directa o indirecta, del uso y aplicación de cualquiera de los contenidos de este libro.

Editorial Dragonfly Farms

446 East Broad Street

Tamaqua, PA 18252

Primera edición: Septiembre 2024

10 9 8 7 6 5 4 3 2 1

Impreso en Estados Unidos

Publicación
Tamaqua, PA

A mi familia, que siempre me ha empujado a dar lo mejor de mí. Sin ellos, y sin su cariñoso apoyo, esto no habría sido posible.

TABLA DE CONTENIDO

EL COMIENZO DE TODO LO BUENO

GUÍA COMPLETA
PARA CREAR SU EMPRESA

DANIELLE BILLETZ-REPPERT

Bienvenido a *El comienzo de todo lo bueno*. En este libro realizamos un esclarecedor viaje a través del complejo panorama de la iniciativa empresarial, proporcionando valiosa información a los futuros empresarios sobre cómo gestionar y transformar sus ideas creativas en negocios rentables. No importa si es usted el tipo de empresario novato y muy decidido o uno que lleva mucho tiempo en el mundo empresarial y quiere refrescarlo; esta guía estará siempre a su lado, ya que pone de manifiesto los diversos caminos fáciles hacia el éxito.

Nuestro viaje comienza con una "Introducción al espíritu empresarial", en la que desvelamos los principios y valores básicos que subyacen al impulso empresarial. Este capítulo sirve de guía y muestra a los aspirantes a empresarios cómo pueden adoptar la mentalidad y los atributos necesarios para triunfar en el dinámico mundo del comercio, desde tener una mentalidad de crecimiento hasta ser resistentes bajo presión.

Siguiendo adelante, llegamos a "Identificar oportunidades de negocio", embarcándonos en un viaje a través de vastos mercados, en el que encontraremos joyas ocultas. A través de anécdotas prácticas y reflexiones estratégicas, se mostrará a los lectores la mejor manera de reconocer posibles oportunidades y nichos de mercado y adaptarse a ellos con la suficiente rapidez.

Elaborar un concepto empresarial" es otra etapa crucial de nuestro viaje, ya que implica convertir ideas embrionarias en conceptos empresariales fundamentales. Desde la formulación de propuestas de valor convincentes hasta la comprensión de las especificidades de los grupos demográficos objetivo y los entornos competitivos: todos estos son elementos cruciales que ayudan a que las chispas innovadoras se conviertan en conceptos empresariales vitales.

La "investigación y el análisis de mercado" son dos pilares informativos del proceso, que indican diversas herramientas para descifrar la intrincada dinámica del mercado, los comportamientos de los consumidores y las tendencias del sector. Esto exige una investigación detallada y un análisis inteligente, para que los empresarios se conviertan en previsores, avanzando con paso firme contra las olas de incertidumbre de los mercados, hacia las orillas del éxito.

'Desarrolle su modelo de negocio' sienta las bases de cualquier empresa de éxito; aquí analizamos lo que mueve el cerebro de distintos empresarios. Desde los métodos tradicionales hasta las innovaciones disruptivas, los lectores pueden crear estructuras sólidas que garanticen la creación de valor, la generación de ingresos y el crecimiento sostenido.

Redactar un plan de empresa completo" es un viaje estratégico introspectivo. Mediante una planificación meticulosa y la previsión, los empresarios sientan las bases para el mañana. Desarrollan una estructura con una visión, una misión, unos objetivos y unas estrategias que les guían a lo largo del viaje y generan confianza en sus interlocutores e inversores.

La sección "Formación y cumplimiento" es una guía de algunos matices jurídicos complejos, que permite a los empresarios moverse con seguridad por el laberinto normativo. Al elegir los marcos jurídicos ideales y obedecer los mandatos normativos, los lectores pueden crear protecciones legales en sus esfuerzos por cumplir sus sueños empresariales.

Captación de capital y financiación" marca otra frontera. Exploraremos distintas fuentes de financiación e inversiones que impulsan el espíritu empresarial. Los emprendedores utilizan diversos métodos de financiación, como el bootstrapping o el capital riesgo, que les permiten controlar los fondos y alcanzar la independencia financiera.

Por último, en "Aspectos esenciales de la marca y el marketing", quiero compartir formas de conectar fuertemente con nuestro público creando historias de marca cautivadoras. Los emprendedores cuentan historias cuando desarrollan campañas de marketing cautivadoras o crean las marcas adecuadas.

Al iniciar juntos este viaje transformador, iluminemos la ruta que conduce al éxito y abramos nuevas puertas para el comienzo de cosas buenas en tu andadura empresarial.

Capítulo 1

Introducción al espíritu empresarial

El espíritu empresarial es un lugar donde los sueños se hacen realidad y la innovación es el rey. En este capítulo introductorio, nos embarcaremos en un viaje a través de la enmarañada red de actividades empresariales. El espíritu empresarial, en su esencia, es una fuerza abstracta pero palpable que hace que las personas rechacen la conformidad y establezcan su nicho en el comercio. No se trata sólo de tener espíritu emprendedor, sino también de la determinación de crear algo diferente y dejar huella en la sociedad. Este fuego empresarial enciende el tipo de creatividad, resistencia y persistencia que puede sostener a los visionarios en los malos tiempos.

El panorama empresarial ofrece varios tipos de personas con historias, ambiciones y motivaciones distintas. Las trayectorias empresariales varían desde audaces fundadores que trastornan sectores enteros hasta experimentados empresarios que dirigen empresas consolidadas hacia el crecimiento. Esta exploración gira en torno a los rasgos definitorios que separan a los emprendedores de éxito de los demás. Estas personas tienen una combinación de características: una potente mezcla de creatividad, entusiasmo, resistencia y agilidad. Perciben la incertidumbre como una oportunidad de crecimiento más que como un reto que hay que superar.

Más allá de los rasgos de personalidad se encuentra la intrincada red del proceso emprendedor, un modelo dinámico que guía a los aspirantes a empresarios desde la generación de la idea hasta su puesta en práctica. Esto implica diferentes pasos que conllevan diversos contratiempos cada vez que avanzan; identificar oportunidades en las que merece la pena invertir, adquirir recursos o ampliar negocios, entre muchos otros: todo ello forma parte de la búsqueda incesante de la innovación, así como del crecimiento. Analizaremos la mentalidad subyacente al comportamiento emprendedor, caracterizada por la curiosidad, la asunción de riesgos y el sesgo de acción. Los emprendedores no se toman el fracaso como un elemento disuasorio, sino como parte del camino hacia el éxito; esto se debe a que los fracasos son las experiencias de aprendizaje que se necesitan antes de crear logros sobresalientes.

En nuestro viaje, también nos encontraremos con diversos tipos de emprendedores y empresas dentro de cualquier sector. El ecosistema es polifacético y está poblado por empresas emergentes de alto crecimiento que sacuden los mercados y por emprendedores de estilo de vida centrados en sus pasiones. Comprender estas diferencias ayudará a los futuros emprendedores a definirse en el contexto del mercado y a alinear las startups con sus intereses personales o aspiraciones profesionales. La innovación impulsa el progreso, el crecimiento y la prosperidad, que son la esencia del espíritu empresarial. Los empresarios de éxito son capaces de detectar oportunidades donde otros ven retos, siendo creativos y perspicaces. Al inculcar una cultura innovadora que abrace el cambio, los empresarios están mejor posicionados para mantenerse por delante de la competencia y aprovechar las tendencias y tecnologías emergentes.

Desarrollar aptitudes empresariales es imprescindible para gestionar las complejidades del entorno empresarial y superar los diversos problemas iniciales asociados a la creación y el desarrollo de empresas. Para tener éxito en el entorno competitivo actual, los empresarios deben poseer una serie de habilidades, desde la comunicación eficaz y la planificación estratégica hasta la gestión financiera y el liderazgo.

En este capítulo, concluiremos hablando de la importancia de planificar el propio viaje empresarial, un movimiento estratégico que pretende convertir los sueños en realidad y las ideas en empresas de éxito. En esencia, este capítulo sirve de faro, una luz guía que muestra cómo convertirse en un empresario de éxito. Ilustra la capacidad de cambio de los empresarios, a través del autodescubrimiento, la innovación y el crecimiento. Empecemos juntos esta expedición mientras desentrañamos los secretos del espíritu empresarial y exploramos nuestro potencial en el mundo de los negocios.

1.1: El espíritu empresarial

En este capítulo desglosaré el espíritu empresarial de la forma más sencilla posible. Lo definiré, abordaré sus antecedentes históricos y explicaré su valor económico y sus características. Aunque la creación de una empresa es un aspecto primordial del espíritu empresarial, hay mucho más en él. Los empresarios son personas que asumen riesgos, piensan con originalidad y crean valor. Una forma de describirlos es que ven una oportunidad en todo y sólo se detendrán cuando hayan encontrado los recursos necesarios para aprovecharla.

Hubo un tiempo en que las empresas no existían, pero los emprendedores eran omnipresentes y causaban furor en distintos sectores. Esto se debe a que estas personas siempre han sido responsables de los avances a lo largo de la historia. Si nos fijamos en los factores que impulsan las economías de todo el mundo, los emprendedores siempre llevan la mayor parte del peso sobre sus hombros. La tecnología disruptiva, los nuevos mercados y el desafío a los grandes nombres allí donde la competencia se ha anquilosado son sólo algunos ejemplos que tienen efectos duraderos en las grandes economías.

Algunos dirán que "empresario" no es más que otra palabra para "propietario de una pequeña empresa". Pero hay una clara diferencia entre ambas. Un pequeño empresario crea una empresa y la gestiona día a día. Un empresario construye algo de la nada, pero con serios planes de crecimiento en mente, dejando a menudo la rentabilidad y la estabilidad fuera de sus objetivos iniciales.

Seguramente habrás oído decir que, si hay algo que tienen en común los millonarios, aparte del dinero, es lo poco que les importa seguir las reglas establecidas por otros cuando intentan crear su propia riqueza. Este mismo apetito por la innovación se aplica a los emprendedores. Desafían las normas siempre que pueden, aprovechan las oportunidades que nadie más se atreve a aprovechar y, a menudo, logran avances donde todos los demás creían que no era posible.

Profundicemos en lo que significa el espíritu empresarial a nivel personal para las personas que lo practican. Por supuesto, también repasaré lo que significa para el conjunto de la sociedad.

Definición del espíritu empresarial

El espíritu empresarial es un fenómeno desconcertante y dinámico que incluye encontrar, aprovechar y explotar oportunidades para crear y hacer crecer nuevas empresas. En esencia, el espíritu emprendedor consiste en tener el deseo y la capacidad de asumir riesgos, innovar ideas y gestionar los recursos lo suficientemente bien como para crear valor. Los emprendedores son:

- personas que encarnan estas cualidades.

- personas que suelen poner en marcha proyectos o empresas para satisfacer necesidades insatisfechas.

- los pioneros de soluciones novedosas.

- personas que capitalizan las tendencias emergentes.

Esta forma proactiva de hacer negocios y de pensar de forma diferente a los demás diferencia a los emprendedores de la gestión empresarial tradicional, que se centra menos en el papel de la creatividad, la resistencia y la adaptabilidad a la hora de generar éxito.

El mundo actual, en constante cambio, depende del espíritu empresarial para el desarrollo económico, el fomento de la innovación y para afrontar de frente los retos de la sociedad. Ayuda a crear puestos de trabajo, lo que genera más oportunidades laborales y contribuye al crecimiento de las economías. Los emprendedores impulsan a menudo los avances tecnológicos, ya que perturban las industrias y remodelan los mercados. Hace falta una cierta mentalidad para navegar por la economía global actual, tan llena de incertidumbres. Hay que saber cuándo y dónde hay que cambiar las cosas. También hay que estar abierto a pensar más allá de los límites convencionales, lo que permite aprender rápidamente del fracaso. Debe adaptarse constantemente si quiere que su empresa sobreviva en esta era digital tan feroz.

Tan crucial como para el crecimiento financiero, es igualmente esencial para los aspectos sociales y culturales. Los trabajadores emprendedores actúan como agentes del cambio al introducir nuevas perspectivas, valores y soluciones, configurando así el aspecto que tendrán las cosas en nuestro futuro paisaje cultural

Desde una perspectiva histórica

La idea del espíritu empresarial existe desde siempre. Su espíritu ha perdurado a lo largo de los siglos y en muchas culturas de todo el planeta. En esta sección, examinaré la evolución del espíritu empresarial y cómo ha influido en las sociedades y economías de diferentes áreas a lo largo de muchos años.

En culturas antiguas como Mesopotamia, la antigua Grecia y Roma, los comerciantes viajaban por todas partes para intercambiar mercancías utilizando complejas rutas comerciales. Los griegos se dedicaban a las actividades mercantiles, mientras que los romanos dieron un paso más con iniciativas privadas y la construcción de grandes redes con fines comerciales.

Durante la época medieval surgieron los gremios en muchas sociedades, como Inglaterra. Eran instituciones mediante las cuales los artesanos cualificados podían organizarse y regular el comercio. Aunque propiciaron la colaboración entre los trabajadores, también impusieron restricciones a la entrada, limitando las oportunidades desde la perspectiva de un empresario.

La era de la exploración (siglos 15th y 16th) fue complicada para los empresarios. Con el auge de la exploración invasora llegó el colonialismo, que llevó a muchos empresarios locales a perder sus negocios debido a los esfuerzos de robo y colonización de otros países. Un ejemplo digno de mención es el Imperio español, que construyó colonias por toda Latinoamérica, lo que arruinó los negocios de los comerciantes locales, una vez que empezaron a utilizar mano de obra esclava en su lugar.

Las naciones europeas buscaron nuevas rutas comerciales y recursos que cambiarían los negocios para siempre. Por ejemplo, la Compañía

Holandesa de las Indias Orientales fue una de las muchas sociedades anónimas que reconfiguraron los modelos de financiación, dando origen a las corporaciones modernas.

La Revolución Industrial de los siglos XVIII y XIX trajo consigo avances tecnológicos y el nacimiento de la producción en masa. James Watt y George Stephenson fueron algunos de los empresarios más influyentes de esta época. La energía de vapor, junto con la mejora del transporte interior a través de canales y ferrocarriles definieron un periodo fueron cruciales

[th]En el siglo XX, Henry Ford es un ejemplo de empresario que contribuyó a consolidar la reputación del "sueño americano". A principios del siglo XX, revolucionó la fabricación de automóviles utilizando cadenas de montaje. El auge de Silicon Valley creó otra ola de emprendimiento tecnológico que acabaría dándonos Apple, Microsoft, Google, Amazon y Facebook, entre otras. El capital riesgo surgió como una nueva fuente de respaldo financiero durante esta época. Impulsó proyectos innovadores a un ritmo vertiginoso.

Este periodo también trajo consigo una mayor globalización, que rompió las barreras entre países y permitió a los particulares crear empresas de alcance mundial gracias a Internet. El emprendimiento social también se hizo más popular; se hizo más hincapié en cómo las empresas con ánimo de lucro podían realizar cambios positivos abordando cuestiones sociales y medioambientales.

El papel de los empresarios en la economía

Muchos empresarios pasan a la historia por ser innovadores. La mayoría de los emprendedores son conocidos por ser los primeros en inventar algo y luego convertirlo en un producto o servicio. Personas como Elon Musk y Mark Zuckerberg han demostrado una y otra vez que, si quieres triunfar, tienes que superar los límites con tus ideas.

Una cosa que todos los empresarios hacen bien es crear empleo. Esto ayuda al crecimiento económico y reduce las tasas de desempleo en todo el país; ya sea ampliando las empresas actuales o creando otras nuevas, aportan más oportunidades de empleo a las comunidades que más las necesitan. La mayoría de las pequeñas y medianas empresas contribuyen significativamente a este proceso de creación de empleo y deben ser reconocidas.

Los empresarios necesitan riqueza para triunfar, pero muchos también se dan cuenta de que benefician a la sociedad construyendo sus imperios. Cuando una persona gana libertad financiera, el resto de la sociedad también lo hace, porque ahora puede dedicar más dinero a servicios públicos como infraestructuras o programas sociales.

Convertirse en empresario requiere agallas, pero estas personas saben mejor que nadie que al final merece la pena. Se enfrentan cada día a situaciones de alto riesgo, pero siempre consiguen salir adelante de algún modo, por ellos mismos y por la economía en general.

Los empresarios también dan forma a las comunidades de maneras que nadie puede reproducir sin ser uno de ellos. El emprendimiento social se enfrenta a los retos de la sociedad con soluciones innovadoras a través de modelos de negocio. Al abordar los problemas de la pobreza, la educación y la sanidad, sus empresas ayudan al mundo a ser un lugar mejor. También dan prioridad a la sostenibilidad medioambiental y a las prácticas empresariales éticas.

El impacto que estas personas tienen en nuestra economía es difícil de medir con palabras. Si algo se puede decir de ellos es lo siguiente: sus innovaciones no sólo les benefician a ellos o a sus empresas; también le ayudan a usted.

Los responsables políticos, los líderes empresariales y la sociedad deben trabajar juntos para crear un entorno que apoye a los emprendedores. Hacer hincapié en el espíritu empresarial e incorporarlo a nuestras vidas nos permitirá vivir en un mundo en el que todo fomenta el crecimiento, no lo obstaculiza. Trabajar juntos nos conducirá hacia un desarrollo sostenible, una mayor competitividad y una economía mundial más resistente.

1.2 Characteristics of Entrepreneurs

El espíritu empresarial es un campo dinámico y transformador. Está impulsado por las cualidades y atributos únicos de las personas que crean y gestionan sus empresas. Los empresarios son diferentes de la gente corriente. Este libro pretende ayudar a los futuros líderes empresariales, a los actuales, a los responsables políticos y a los académicos a comprender esas diferencias. Examinaremos los rasgos y comportamientos comunes que comparten los emprendedores, la mentalidad que los hace diferentes y los mitos que rodean al espíritu emprendedor.

Una cosa que tienen en común todos los empresarios de éxito es una lista de rasgos y comportamientos específicos. Estas características les dotan de las habilidades necesarias para ser buenos propietarios de empresas. Por ejemplo, son resistentes, muy tolerantes al riesgo y supercreativos. Es lógico que alguien con su propia empresa necesite estas cualidades y la capacidad de ver oportunidades cuando otros no pueden, además de tener grandes dotes de comunicación.

Los emprendedores se distinguen por su forma única de pensar. Son previsores y pueden ver las tendencias antes que nadie, lo que les permite anticiparse a las necesidades del mercado antes incluso de que existan.

La gente idealiza el viaje como si implicara una transformación mágica de la noche a la mañana. Otro mito es la idea de que algunas personas nacen emprendedoras con el riesgo corriendo por sus venas. Aunque los empresarios de éxito asumen riesgos, es solo una pequeña parte de lo que les diferencia de otros que fracasan.

Para construir algo valioso es necesario apreciar de verdad el trabajo duro y la toma de decisiones estratégicas. Esto dará a los aspirantes a empresarios una comprensión más realista de este mundo antes de lanzarse demasiado a fondo, sin conocer la realidad.

Rasgos y comportamientos comunes de los empresarios de éxito

El espíritu empresarial es una empresa dinámica y transformadora. Las cualidades y atributos únicos de los individuos que se embarcan en este viaje les permiten crear y gestionar sus empresas. Comprender las características de los emprendedores es esencial para los aspirantes a líderes empresariales, los responsables políticos y los académicos que buscan desentrañar las complejidades de las iniciativas empresariales de éxito. Esta exploración requiere una mirada crítica a los mitos y realidades que rodean al espíritu empresarial.

La capacidad de superar los retos que plantea la propiedad de una empresa es algo natural para los empresarios de éxito, ya que suelen presentar una serie de rasgos comunes. Estos rasgos son la resiliencia, la inclinación a asumir riesgos y un sentido innato de la creatividad. Incluso cuando se enfrentan a contratiempos, los empresarios siempre mantienen sus objetivos. Tienen un espíritu inquebrantable que les impulsa constantemente hacia el éxito. Otros atributos son la capacidad de comunicación práctica, la adaptabilidad y la capacidad de aprender de los fracasos. Aunque no todos los emprendedores tienen la misma personalidad, un análisis más detallado de sus características más comunes puede ayudarnos a entender qué es lo que diferencia a estas personas.

Visión y propósito: Los emprendedores de éxito siempre tienen una visión clara cuando ponen en marcha sus empresas. Saben exactamente qué impacto quieren tener, ya sea resolviendo un problema o impulsando un cambio social. Tener una visión sólida garantiza que se mantengan en el buen camino incluso en los momentos difíciles que surgen a lo largo del viaje.

Resiliencia: Los emprendedores se enfrentan a dificultades a diario, pero se recuperan rápidamente después de cada una de ellas. Entienden que el fracaso es inevitable, pero lo utilizan como motivación para el éxito futuro.

Propensión a asumir riesgos: La iniciativa empresarial implica decisiones arriesgadas, pero estos riesgos deben calcularse. Los emprendedores no temen arriesgarse para alcanzar la grandeza. Una vez que han decidido algo, no dejan que ningún "no" se interponga en su camino.

Adaptabilidad y flexibilidad: Los empresarios saben que el mundo de los negocios cambia constantemente. Por eso necesitan ser capaces de pivotar sus estrategias, lo que les permite ir por delante y mantenerse al día.

Pensamiento innovador: La innovación es la esencia del espíritu empresarial. Por eso, quienes triunfan en este ámbito siempre piensan de forma innovadora. Buscan constantemente nuevas formas de resolver problemas, mejorar procesos o crear un producto o servicio único que despegue.

Aprendizaje continuo y curiosidad: Los empresarios siempre están ávidos de conocimientos. Buscan oportunidades para adquirir más experiencia en el sector siempre que pueden. Sentir curiosidad por los mercados emergentes y los avances tecnológicos les mantiene por delante de sus competidores.

Orientación a los resultados: estar orientado a los resultados es una de las características más importantes que debe tener un empresario para tener éxito. Los objetivos no son nada sin acción y flexibilidad; los empresarios deben asegurarse de que cada paso que dan para alcanzar sus metas es mensurable.

Prisa: Los caballos de batalla que triunfan en el mundo empresarial dicen que todo se debe a su gran capacidad de esfuerzo. Su voluntad de hacer el trabajo sucio les distingue. Este esfuerzo pone el listón muy alto para sus equipos y su organización, sin dejar espacio para los holgazanes.

Habilidades de comunicación aplastantes: Hablar por hablar es tan importante como actuar, si no más. Una comunicación clara y concisa es fundamental a la hora de dirigir equipos, hablar con socios o explicar tu idea a las partes interesadas. Asegurarse de que todo el mundo entiende tu visión y dónde encajan ayudará a fomentar la colaboración, aumentar la confianza dentro de tu equipo y hacer que las cosas funcionen más eficientemente en general.

El cliente es lo primero: No se equivoque, la satisfacción del cliente es lo primero. Entender cómo satisfacer sus necesidades y aportarles valor le permitirá mantener excelentes relaciones con los clientes y conservarlos a largo plazo. Esta mentalidad también conduce a las referencias de boca en boca, que pueden ser fundamentales en el crecimiento de cualquier negocio.

Ver el futuro: En el núcleo de la mente de todo emprendedor hay una visión clara y un enfoque inquebrantable en el futuro. Los que tienen éxito pueden prever posibilidades más allá de sus horizontes actuales, identificar oportunidades y predecir posibles resultados. Estos pensamientos guían sus decisiones estratégicas, impulsándoles hacia objetivos a largo plazo.

Rendición de cuentas y responsabilidad: La mentalidad de alguien que ha puesto en marcha su propio negocio es asumir la plena responsabilidad de todas las acciones de su empresa. Se responsabilizan a sí mismos y no dependen de otros para superar los retos cuando surgen.

Creación de redes y relaciones: Los empresarios consideran que una red sólida es una herramienta valiosa; se esfuerzan mucho por establecer relaciones genuinas con otras personas de su campo. De este modo, pueden obtener información valiosa, buscar mentores y estar expuestos a oportunidades de crecimiento.

Los empresarios de éxito comparten estos rasgos, que se han ido forjando a lo largo de años de ensayo y error. Cada viaje es único, pero si sigues este plan, estarás en el buen camino para crear algo grande. Incorporar estas características puede garantizar que cualquier tormenta que se cruce en tu camino no te desvíe por completo del rumbo.

Mitos y realidades del espíritu empresarial

Gracias a muchos mitos y conceptos erróneos creados a lo largo de los años, el espíritu empresarial suele tener mala reputación. Creer algunos de estos mitos puede llevar a los emprendedores por el camino equivocado y hacerles tomar decisiones que obstaculizarán su éxito en lugar de ayudarlo. Por eso estamos aquí hoy: para desmentir algunos de los más comunes y asegurarnos de que sigues por el buen camino.

¿Existe el mito del "éxito de la noche a la mañana"? Sí, existe. Pero cualquiera que lleve tiempo en el mundo empresarial sabe que es mentira.

Crear una empresa lleva años en la mayoría de los casos, o incluso más. Hay gente por ahí que parece encontrar oro enseguida, pero no se ve detrás de las puertas cerradas para entender todo el trabajo que han invertido para llegar a donde están hoy.

Los empresarios nacen, no se hacen". ¿Cuántas veces has oído esta frase? Es triste, porque muchas personas con grandes ideas se lo creen y abandonan mucho antes de lo que deberían porque piensan que no poseen las cualidades inherentes necesarias para emprender. Esto no puede estar más lejos de la realidad. La experiencia es más importante que cualquier otra cosa a la hora de crear una empresa.

Oirás repetidamente lo arriesgado que puede ser poner en marcha tu empresa. No es cierto que los emprendedores deban correr riesgos locos para tener éxito. Suena contradictorio; los movimientos calculados son mucho más eficaces para evitar las tasas de fracaso.

También existe la falsa creencia de que el espíritu empresarial es sólo para los jóvenes: ¿por qué los jóvenes estarían mejor preparados para emprender? Sabemos que la discriminación por edad existe, pero la experiencia se adquiere trabajando. Piensa en todo lo que has aprendido trabajando de nueve a cinco. Aplicar esos conocimientos a la creación de tu propia empresa sería de sentido común.

Dicen que "una buena idea basta para triunfar", pero ¿no sería todo el mundo rico si fuera así? La verdad es que la ejecución y la adaptabilidad son mucho más importantes que tener un buen concepto. Es fácil desarrollar ideas; lo hacemos todo el tiempo. Pero llevarlas a la práctica de forma rentable es algo totalmente distinto.

Puede que pienses que ser empresario parece muy glamuroso y que implica muchas vacaciones y elegir tu propio horario, pero déjame decirte que no es la realidad. Nunca diré que ser tu propio jefe no sea genial, porque tiene muchas ventajas, pero requiere muchas horas y dedicación para llegar a alguna parte. Es bonito pensar que existe un mundo en el que nunca hay que preocuparse por el equilibrio entre la vida laboral y personal, pero ese mundo no existe. Para los empresarios, separar su vida personal de la profesional es un reto increíble, porque todo lo que hacen está relacionado de algún modo con su empresa.

Piensa en todas las veces que has pensado: "Si tuviera dinero..." Lo que viene después suele ser negativo. Este mito es cierto en parte -el dinero es importante-, pero sin aptitudes y la capacidad de adaptarse al mercado actual, en constante cambio, no garantiza el éxito. El viejo chiste, sobre todo en las industrias creativas, es que la mejor manera de hacer una pequeña fortuna es empezar con una gran fortuna. El capital financiero ayuda; no me malinterpretes, pero ¿serviría de algo si no supieras cómo utilizarlo?

Por último, "Los empresarios deben ajustarse a un estereotipo". Ni siquiera necesito explicar por qué éste es falso. Aunque hemos señalado que existen rasgos comunes entre los emprendedores, muchas de estas actitudes pueden desarrollarse o aprenderse. De todos modos, si fuera cierto, ¿cómo habría triunfado ningún emprendedor?

Conocer la verdadera historia que hay detrás de estos mitos puede evitar que tengas falsas expectativas sobre el espíritu empresarial o que juzgues mal lo que necesitas para tener éxito en este camino. Reconocer que hacer crecer tu negocio requiere algo más que pasión te da el poder de manejar los complejos altibajos del viaje con resiliencia y adaptabilidad.

1.3 Tipos de empresarios

El espíritu empresarial es un concepto complejo que adopta muchas formas. Cada vía de innovación y valor tiene su propio estilo y tipo. En esta sección se analizarán los distintos tipos de emprendedores que han surgido a medida que cambiaba el panorama empresarial. Examinaré las empresas tradicionales, las empresas sociales y los espíritus innovadores dentro de empresas ya existentes. Sabiendo cómo funcionan estos modelos, podrá comprender mejor su potencial en el clima actual.

El espíritu empresarial no es una gran pila; funciona en diferentes sabores. En esta sección se analizan esos modelos, centrándose específicamente en las empresas de nueva creación y los planes de alto crecimiento. Cada modelo examina lo que lo hace funcionar, dónde tiene dificultades y dónde prospera. El objetivo es que los lectores comprendan por qué los empresarios toman determinadas decisiones en sus empresas.

Cada vez son más las personas que anteponen los objetivos a los beneficios, algo que todos estamos de acuerdo en que es bueno para el mundo. Exploraremos el emprendimiento social investigando sus características únicas y los retos a los que se enfrenta durante sus esfuerzos de crecimiento. Estas empresas desempeñan un papel fundamental en el mantenimiento de una economía verde e integradora.

Pensar fuera de la caja es más amplio que empezar de cero; algunas personas necesitan bases establecidas sobre las que tener éxito con la innovación. Esta sección también explora estos conceptos analizando el intraemprendimiento dentro de las estructuras corporativas. Aunque similares en términos estándar, hay algunas cosas que las organizaciones necesitan y que la gente normal no: la creatividad suele ser una de ellas. Espero que los lectores aprendan lo suficiente sobre las estrategias de las empresas en esta sección para saber qué tipo de espíritu emprendedor les convendría.

Diferentes modelos de iniciativa empresarial

A la hora de crear y dirigir su propia empresa, no hay una talla única. Las pequeñas empresas tradicionales se centran en crear productos o servicios para una comunidad reducida. Las startups con potencial escalable aspiran a trastornar sectores enteros con un producto o servicio que sacan al mercado.

Los emprendedores de estilo de vida son los que se abstienen de crecer rápidamente para mantener un equilibrio entre la vida laboral y personal y cumplir objetivos personales con sus proyectos empresariales. Los emprendedores en serie ponen en marcha varias empresas antes de venderlas para pasar al siguiente proyecto. Los propietarios de franquicias compran derechos a otra empresa para abrir tiendas con su marca, sin empezar de cero.

Los empresarios de transferencia de tecnología sacan del laboratorio soluciones basadas en la investigación creadas por universidades y otras instituciones para consumidores que las necesitan más que nunca.

La iniciativa empresarial ecológica da prioridad a las prácticas respetuosas con el medio ambiente, las fuentes de energía renovables y otras iniciativas ecológicas para hacer que nuestro futuro sea más brillante en lugar de más oscuro. Por último, los emprendedores creativos aprovechan las tendencias culturales en las industrias del diseño y el entretenimiento para generar beneficios y crear valor a través del arte.

He aquí otros aspectos del espíritu empresarial que podríamos tener en cuenta.

Espíritu empresarial de alta tecnología: Con una mentalidad de alta tecnología, los emprendedores quieren innovar en las industrias más punteras. Sus negocios se centran en la tecnología, por lo que es nueva y te hará girar la cabeza. Innovarán con inteligencia artificial, biotecnología y fabricación avanzada.

Emprendimiento de nicho: Un empresario de nicho se dirige a segmentos concretos del mercado. Este enfoque especializado de los negocios permite a quienes lo adoptan establecerse como líderes y expertos en sus respectivos campos.

Emprendimiento frugal: Si te gusta ahorrar dinero, este tipo de emprendimiento es para ti. Los emprendedores frugales se centran en ser ingeniosos y rentables en todo lo que hacen, con el fin de crear negocios económicamente viables que no requieran mucho dinero por adelantado.

Empresariado en solitario: Los empresarios en solitario operan de forma independiente, sin equipos formales ni socios. Gestionan todos los aspectos de su empresa, desde el desarrollo del producto hasta el marketing y la administración.

Espíritu empresarial global: Los empresarios con mentalidad mundial saben que hay mucho más espacio para el crecimiento cuando piensan más allá de las fronteras nacionales. Estos empresarios navegan por mercados y diversidades internacionales para crear un impacto transfronterizo.

El espíritu empresarial de las minorías: No todo el mundo tiene las mismas oportunidades empresariales, pero los empresarios de minorías luchan contra eso a diario. Al centrarse en aumentar la diversidad en el ecosistema empresarial, están creando oportunidades para sí mismos y para los demás.

Iniciativa empresarial transfronteriza: Los emprendedores transfronterizos abarcan múltiples países y deben navegar por mercados, marcos jurídicos y normas culturales muy diversos entre naciones.

Emprendimiento político y social: Los emprendedores políticos y sociales buscan iniciativas como influir en las políticas públicas para el bien social con el fin de ayudar a la sociedad en su conjunto en lugar de a sí mismos o a otras empresas.

La conclusión es que la innovación y la creación son ilimitadas en estos diferentes modelos de iniciativa empresarial. Cada uno de ellos contribuye al rico tapiz de una economía mundial.

Emprendimiento social

El emprendimiento social es diferente del modelo de negocio habitual. En lugar de centrarse en la obtención de beneficios, el emprendedor aborda los retos de la sociedad de la forma más profunda posible, creando un impacto social positivo al tiempo que es financieramente sostenible. Las empresas normales no dan prioridad a los objetivos sociales y medioambientales para mejorar sus comunidades y crear un cambio duradero como hacen los emprendedores sociales.

Todo se reduce a esto: los emprendedores sociales son personas que quieren asegurarse de que su trabajo ayuda a todos los que lo necesitan a su alrededor. Ven las cosas de otra manera y encuentran formas de que las empresas prosperen al tiempo que acaban con la pobreza, la desigualdad, los problemas sanitarios y la degradación medioambiental.

El concepto de la triple cuenta de resultados lo hace posible. Para que este tipo de empresas funcionen eficazmente, deben considerarse simultáneamente las tres dimensiones: económica (beneficios), social (personas) y medioambiental (planeta).

Su pensamiento innovador y su capacidad creativa para resolver problemas distinguen a los emprendedores sociales de los demás empresarios. Siempre encuentran nuevas formas de abordar los problemas y desarrollar soluciones más sostenibles. La sostenibilidad es fundamental para estos emprendedores. Quieren un cambio que dure mucho más que unos pocos años y que perdure para siempre, de modo que generación tras generación puedan beneficiarse de él.

Como en muchos otros aspectos de la vida, la colaboración también es fundamental aquí. Trabajar con organizaciones sin ánimo de lucro, gobiernos y otras empresas permite a las partes interesadas aunar recursos y tener suficiente poder para superar cualquier reto.

De nada sirve hacer el bien si nadie lo ve. Por eso es importante medir el bien que se está haciendo. Estos empresarios utilizan métricas e indicadores para hacer un seguimiento de la eficacia de sus iniciativas en la consecución de resultados positivos.

A veces resulta difícil encontrar la forma de financiar estos negocios. Pero no todo es malo. En este ámbito están aumentando los mecanismos de financiación innovadores, como la inversión de impacto y los bonos de impacto social.

TOMS y Grameen Bank son dos ejemplos de las muchas organizaciones que han encontrado con éxito la manera de crear un cambio positivo a través de sus modelos de negocio. Está claro que, cuando te dedicas a algo más grande que tú mismo, el mundo no tiene más remedio que escucharte.

Como todo, este enfoque tiene sus pros y sus contras. La escalabilidad, las limitaciones de recursos y la posibilidad de que la misión se desvíe son algunos de los retos a los que se enfrentan a diario los emprendedores sociales.

A pesar de estos problemas, este enfoque tiene aspectos muy positivos, sobre todo en tendencias como el uso de la tecnología para el bien social y el cambio sistémico. Ahora, más que nunca, la gente se da cuenta de que los pequeños cambios que se hagan hoy acabarán convirtiéndose en grandes cambios, colectivamente hablando.

La iniciativa empresarial social hace mucho bien. Demuestra que las empresas pueden ayudar a la sociedad en lugar de ganar dinero. Los emprendedores sociales se dedican a resolver problemas reales con soluciones duraderas. Nos han demostrado que, cuando el beneficio y la responsabilidad van de la mano, no hay nada menos que transformación. A medida que crezca este campo, también lo hará su capacidad para mejorar las comunidades, empujándonos hacia un futuro en el que las empresas se preocupen más por el propósito que por el dinero.

Intrapreneurship: El papel del pensamiento empresarial en las organizaciones

Intraemprender significa llevar el espíritu emprendedor a las organizaciones ya establecidas. Reconoce que la innovación, la creatividad y la asunción de riesgos no son cosas que las nuevas empresas puedan hacer solas. A veces requieren grandes empresas y sus recursos. El intraemprendimiento anima a los individuos a asumir el papel de emprendedores dentro de la organización, a crear nuevas oportunidades y a innovar competitivamente para el crecimiento interno.

Los componentes del intraemprendimiento incluyen la autonomía, la creatividad y la voluntad de desafiar el statu quo. Ser capaz de explorar y poner en práctica ideas innovadoras fomenta un entorno en el que se alientan los riesgos calculados en lugar de bloquearlos.

Las organizaciones deben proporcionar una infraestructura de apoyo para que prospere el intraemprendimiento. Esto incluye recursos dedicados, una cultura dispuesta a asumir riesgos y formas de reconocer y recompensar los intentos innovadores. De este modo, se anima a los empleados a adoptar su pensamiento emprendedor con este apoyo.

Los laboratorios de innovación, o incubadoras, son espacios para empleados que quieren llevar a cabo actividades intraemprendedoras. Estos entornos son patios de recreo para probar experimentos y colaborar fuera de la estructura empresarial habitual.

Dado que la innovación conduce al cambio en todos los sectores, el intraemprendimiento ofrece muchas ventajas a las empresas en lo que respecta a la estrategia de innovación. Estimula la innovación, aumenta el compromiso de los empleados, atrae a los mejores talentos, posiciona a las organizaciones como líderes del sector y adapta las empresas a los cambios del mercado.

Los empleados se implican más en su trabajo cuando pueden contribuir con libertad de ideas innovadoras, lo que conduce a mayores tasas de retención en estas organizaciones.

La resistencia al cambio puede a veces causar problemas en un entorno corporativo, pero es necesario un compromiso con la transformación cultural y abrazar la incertidumbre.

El liderazgo desempeña un papel esencial en el fomento del intraemprendimiento. Los líderes deben establecer directrices que apoyen este tipo de cultura. Los empleados empoderados por compromisos de arriba abajo pueden asumir riesgos y mostrar su talento emprendedor.

Para construir un ecosistema empresarial, deben establecerse procesos, estructuras e incentivos que apoyen las actividades intraemprendedoras. También se necesitarán vías para la generación de ideas, mecanismos para la asignación de recursos y marcos para reconocerlas y recompensarlas. Los líderes también deben pasar por programas de desarrollo del liderazgo que nutran y cultiven las habilidades intraemprendedoras.

El intraemprendimiento suele implicar abrirse y colaborar con otras organizaciones. Abrazar las colaboraciones externas permite que la creatividad y la diversidad externas fluyan a través del proceso.

En términos de indicadores clave de resultados, el éxito de estas iniciativas debe medirse por:

- El número de ideas aplicadas.

- El efecto sobre los ingresos y la rentabilidad.

- El grado de satisfacción y compromiso de los empleados.

El pensamiento intraemprendedor no se limita a funciones o jerarquías específicas. El éxito del intraemprendimiento motiva a personas de todos los niveles de una empresa a pensar como emprendedores, creando una cultura en la que las ideas pueden surgir de cualquiera y en cualquier lugar.

A medida que las empresas siguen dándose cuenta del valor del intraemprendimiento, las tendencias futuras indican una adopción generalizada de sus principios. Esto incluye dar prioridad al aprendizaje continuo, integrar la inteligencia artificial en los procesos de innovación y desarrollar estructuras organizativas adaptables que reflejen un espíritu emprendedor.

1.4: Exploración de la mentalidad empresarial

La mentalidad de un emprendedor es fundamental para triunfar en un mundo en constante cambio. En esta sección, profundizamos en los recovecos de esta forma de pensar y en los motores personales y profesionales que empujan a la gente hacia el espíritu emprendedor. Encajarás perfectamente aquí si alguna vez te has sentido impulsado por un deseo de autonomía o innovación.

A los empresarios les motivan todo tipo de cosas a la hora de poner en marcha sus negocios. Por ejemplo:

- Deseo de resolver problemas

- Sed de expresión creativa

- El anhelo de alcanzar un sueño largamente acariciado

- Independencia financiera

- Construir un legado

- Ser su propio jefe

Sin duda, emprender un viaje empresarial es intrínsecamente arriesgado, pero así es la vida y a veces merece la pena correr riesgos. Esta sección examina la forma en que los emprendedores equilibran este delicado juego entre riesgo y recompensa. A menudo deben adentrarse irreflexivamente en territorio desconocido mientras rezan por el éxito, lo que requiere una toma de decisiones estratégicas de las que tal vez ni siquiera se percaten. Mi objetivo es arrojar algo de luz sobre estos procesos invisibles, para que usted mismo pueda perfeccionarlos.

Los empresarios se enfrentan a muchos obstáculos en su camino -las dificultades financieras apenas rozan la punta del iceberg-, pero eso no les detiene. Esta sección analiza sus retos, desde la volatilidad del mercado hasta las dificultades personales. Sin embargo, todos los empresarios de éxito tienen algo en común: la resistencia. Si hay algo que aprender de esta guía, es que la resiliencia se convertirá en su nueva mejor amiga.

Esta sección pretende funcionar como una hoja de ruta para cualquier futuro empresario que quiera dar los primeros pasos en su viaje y mitigar sus riesgos

Impulsores personales y profesionales de los empresarios

La gente crea una empresa por muchas razones, cada una de ellas única. Necesitas ayuda para determinar la razón exacta por la que alguien da el salto al mundo de la empresa. Puede ser una mezcla de objetivos personales y ambiciones profesionales, que dan forma a una idea.

Muchos emprendedores inician su andadura porque les apasiona resolver un problema o aportar algo especial a la gente. Creen plenamente en su propósito, y el dinero no es algo en lo que piensen demasiado.

Para otros, la inventiva les lleva a emprender. Saben que este camino les permitirá crear lo que quieran y superar lo que la gente dice que es posible. Y ese conocimiento les hace seguir adelante a pesar de los altibajos. Hacer que tu crecimiento sea personal y tomar el control son algunos de los motivadores profesionales. Trazar tu propio rumbo te permite decidir hacia dónde te diriges sin conformarte con los deseos y necesidades de los demás. Además, aprender cada día sería casi imposible con cualquier otra ocupación.

Algunos utilizan el espíritu empresarial como herramienta para dejar un legado o influir en la sociedad. Este tipo de personas se esfuerzan por crear empresas que duren para siempre o que sean conocidas en todo el mundo, lo que les sirve de combustible cuando las cosas se ponen difíciles.

Por supuesto, algunos quieren independizarse económicamente de las grandes empresas y empleadores que les retienen el dinero como incentivo hasta la edad de jubilación. Este impulso les empuja hacia carreras alternativas.

Ser tu propio jefe siempre ha sonado bien, pero sólo algunos lo consiguen. Los emprendedores tienen el control absoluto de todo (y también la responsabilidad), toman decisiones sin interferencias ni contragolpes de nadie más. Decidir cómo deben funcionar las cosas ha salvado a muchas startups y ha hecho fracasar a otras.

La innovación es otro motor importante para muchos empresarios hoy en día. Romper viejas barreras e introducir nuevos productos en los mercados es lo que les mueve. Ansían la disrupción y el éxito en el futuro de su negocio.

Para la mayoría de los que dan el salto, emprender no es cuestión de dinero, sino de sentirse realizado. Poder decir que han construido algo desde cero siempre da a los emprendedores una sensación de satisfacción como ninguna otra.

Tanto los objetivos personales como los profesionales pueden impulsar a los empresarios. Esta mezcla de pasión, propósito y aspiraciones financieras les hace seguir adelante en el difícil mundo de la propiedad empresarial.

Cuando desvelamos estos objetivos, descubrimos que el espíritu empresarial no es una elección profesional, sino un viaje profundamente personal que ofrece oportunidades de crecimiento profesional.

Riesgos y recompensas de las iniciativas empresariales

Emprender es un viaje salvaje, una montaña rusa de alta velocidad con muchos altibajos. Siempre se ha tratado de asumir riesgos, encontrar oro y pasar a la siguiente gran aventura. Y aunque eso suena divertido y emocionante, el camino está lleno de obstáculos que requieren más que posibles soluciones futuras. Adentrémonos en este extraño mundo de los negocios y descubramos por qué la gente se siente atraída por él a pesar de ser un juego desafiante.

Riesgos de las iniciativas empresariales

Uno de los riesgos más importantes a los que se enfrentan los empresarios es la incertidumbre financiera. Los comienzos de una empresa suelen requerir fuertes inversiones, sin ninguna garantía de rentabilidad. Por ello, cabe esperar pérdidas financieras, y el éxito dependerá exclusivamente de la dinámica del mercado, la acogida de los clientes y los factores económicos externos.

Las tendencias del mercado, en constante movimiento, suponen un riesgo importante para los empresarios. Los cambios repentinos en las preferencias de los consumidores, las condiciones económicas mundiales y los avances tecnológicos pueden hundir toda una empresa en un abrir y cerrar de ojos. Los empresarios se enfrentan al reto permanente de mantenerse al día de las tendencias del mercado y, al mismo tiempo, realizar rápidamente ajustes cruciales.

Los empresarios se enfrentan a muchos retos operativos, como interrupciones en las cadenas de suministro o problemas de gestión de la mano de obra. La planificación cuidadosa y el pensamiento estratégico son necesarios para garantizar el buen funcionamiento diario, pero los errores pueden arruinarlo todo.

Debido a su naturaleza, la competencia siempre supondrá un riesgo importante para las iniciativas empresariales. Tanto si surgen nuevos competidores como si cambian las preferencias de los clientes o se producen trastornos en el sector, la complacencia puede poner en peligro el negocio de un empresario en cualquier momento.

Recompensas de las iniciativas empresariales

La posibilidad de ganar mucho dinero motiva a muchos empresarios. La posibilidad de crear algo de la nada -y riqueza con ello- es un atractivo irresistible. Aunque el dinero no sea el objetivo principal, muchas personas disfrutan viendo cómo sus ideas se hacen realidad y repercuten en el mundo. Inventar algo nuevo o mejorar algo que ya existe es satisfactorio por derecho propio.

El espíritu empresarial es tan arriesgado que el desarrollo personal es inevitable. Con innumerables oportunidades para fracasar, aprender y crecer, cada contratiempo puede convertirse en un peldaño hacia el éxito. Y aunque las nuevas aventuras empresariales son empresas arriesgadas, ofrecen inmensas oportunidades de construir algo duradero y significativo.

El control que un empresario tiene sobre su destino no tiene parangón. Tienen un lienzo en blanco en el que pintar su obra maestra y una vida de trabajo que merecerá la pena dejar atrás una vez que se hayan ido.

La iniciativa empresarial conlleva muchos riesgos que puede llevar tiempo gestionar. Aunque la ambición, la resistencia y la visión son estupendas, es posible que también necesites suerte. El éxito como empresario exige superar obstáculos complejos y de pesadilla a cada paso.

La superación de obstáculos y el factor resiliencia

Emprender es el viaje de toda una vida. Frente a numerosos obstáculos y retos, la capacidad de superar las dificultades separa a un empresario de éxito del resto. Examinaremos los tipos de obstáculos a los que se enfrentan los emprendedores y cómo pueden mantener el optimismo a pesar de ellos.

Estos problemas vienen de todas partes y desde todos los ángulos, ya sean económicos o de falta de tiempo para el trabajo y el ocio. Las pruebas a las que se enfrentan estas personas pueden llevarlas al agotamiento.

La resiliencia también tiene distintos niveles. Van desde adaptarse al fracaso hasta desarrollar la inteligencia emocional para no tomarse cada contratiempo como algo personal; no faltan situaciones en las que tendrás que mantenerte decidido.

La atención plena, las prácticas de autocuidado y un afán constante de aprendizaje te ayudarán a superar estos retos. Cuando los tiempos se ponen difíciles, hay que tener en mente el objetivo correcto para seguir avanzando.

Sección 1.5: Tipos de empresarios y empresas

Empresarios individuales y autónomos

En el dinámico ámbito del espíritu empresarial ha surgido una variedad poco convencional de personas. Desafiando los modelos tradicionales de propiedad y las estructuras de empleo, los empresarios en solitario y los autónomos se abren camino en el mundo empresarial. Haciendo las cosas a su manera, podemos ver lo que es estar libre de jefes y escalafones corporativos.

El espíritu emprendedor es un camino que muchos empresarios en solitario emprenden solos. Utilizan sus habilidades, su visión y su tenacidad para hacerse un hueco por sí mismos, todo ello sin ningún tipo de ayuda. En cambio, los autónomos tienen especializaciones similares, pero las ofrecen por contrato. Aunque son diferentes en la práctica, ambos aprecian la autonomía. Siguen adelante, incluso sin la red de seguridad o la estructura que acompaña al empleo regular.

Tomar decisiones es mucho más fácil cuando no estás comprometido con los intereses de nadie más que los tuyos propios. Los autónomos encuentran esto especialmente útil a la hora de elegir proyectos que se alinean con sus habilidades y pasiones. Adaptarse rápidamente también les permite crear una cartera de experiencia en múltiples sectores.

A pesar de todas las cosas buenas que tiene ser tu jefe, existen algunos inconvenientes. Uno de los principales es la incertidumbre financiera cuando la demanda de tus servicios disminuye -como inevitablemente ocurrirá a veces- y nadie se hace cargo de los gastos. Construir una red sólida y una marca personal es especialmente importante en este caso, porque los antiguos clientes o los compañeros de profesión pueden dar fe de la calidad del trabajo de estos empresarios.

A estas alturas, probablemente ya sepa que los empresarios en solitario y los autónomos valoran su independencia por encima de todo. Pero, ¿qué les permite hacer? La respuesta es sencilla: trabajar cuando quieren y en lo que quieren. Claro que el camino puede ser difícil y el trabajo frustrante a veces, pero, para ellos, todo merece la pena para hacer lo que más les gusta.

Muchos dudan a la hora de embarcarse en el viaje de los emprendedores en solitario y los autónomos para crear sus empresas. Pero a la hora de la verdad, sus historias representan un panorama cambiante en el espíritu empresarial. Cuando se mezcla la independencia con la interdependencia, se obtienen resultados poderosos. Con el tiempo, veremos cómo cada vez más personas eligen esta vía frente a las oportunidades de empleo tradicionales.

Fundadores de startups y empresas innovadoras

En el núcleo del espíritu de las startups se encuentra la innovación. Los fundadores dan esos primeros pasos en el mundo empresarial con la esperanza de desmarcarse de la manada y hacer algo que nadie haya visto antes, y a menudo acaban convirtiéndose ellos mismos en empresarios en el proceso. La cultura de la asunción de riesgos ayuda a fomentar este espíritu, ya que la gente aprende a aceptar la incertidumbre cuando tiene una idea de cómo cambiar las reglas del juego. Esas decisiones arriesgadas pueden dar lugar a excelentes recompensas; los emprendedores empujan los límites, experimentan con nuevas ideas y vislumbran posibilidades que la mayoría de la gente ni siquiera puede imaginar.

A la hora de dar vida a una idea, los fundadores deben dominar la multitarea. En cualquier momento pueden estar pidiendo dinero a los inversores o respondiendo a preguntas sobre la existencia de su empresa. Es un equilibrio que pocas personas pueden manejar solas, así que hay que asignar los recursos sabiamente mientras se planifica cuidadosamente el siguiente paso. A lo largo de este viaje te encontrarás con baches de velocidad, probablemente más de los que te gustaría. Te ayudará centrarte en superarlos para alcanzar tu objetivo final.

Dirigir una startup es algo más que fabricar un producto u ofrecer un servicio; hay muchas piezas móviles que necesitan una orquestación magistral si los fundadores quieren que todo salga bien. Una de esas cosas es formar un buen equipo, que vea tu visión y haga lo que sea necesario para hacerla realidad. Contratar a personas que aporten mentes creativas y habilidades prácticas para resolver problemas prepara una startup para el éxito desde el primer día. Y créeme, necesitarás un equipo práctico cuando empiecen a llegar los comentarios del mercado, exigiendo cambios a diestro y siniestro.

Enfrentarse a otras empresas es todo un reto, sobre todo cuando se intenta llamar la atención en un mundo tan ruidoso. Las empresas emergentes deben ser diferentes, en todos los sentidos de la palabra, si quieren salir de su nicho e introducirse en el mercado general. El marketing, la imagen de marca y la captación de clientes desempeñan un papel importante, ya que las empresas tienen que trabajar duro para hacerse notar y crear una base de clientes fieles.

No es ningún secreto que dirigir una startup es una batalla cuesta arriba, pero hay victorias en el camino que hacen que merezca la pena. Como ya hemos dicho, en este panorama no existen los fracasos, sino las lecciones que ayudan a los fundadores a crecer y mejorar para lo que viene después. Un pivote aquí, una iteración allá... estos pequeños movimientos hacen que las empresas sigan adelante cuando todo parece desmoronarse.

Como en cualquier otra cosa, una vez alcanzada cierta estabilidad, hay que seguir avanzando o correr el riesgo de estancarse, que es lo último que desean las startups. La búsqueda de un crecimiento sostenible nunca se detiene; los fundadores seguirán buscando nuevas formas de ampliar su alcance al tiempo que mantienen las operaciones tan eficientes como sea posible. Para ello, a menudo es necesario forjar alianzas estratégicas y conseguir más financiación, dos engranajes vitales en la maquinaria de las startups.

Las historias que hay detrás de las empresas emergentes y sus fundadores pintan un hermoso cuadro del poder transformador del espíritu empresarial. En este ecosistema, los soñadores convierten las ideas en realidad desafiando las normas y rompiendo moldes que han existido siempre. No es fácil, ni mucho menos, pero quienes se atreven a aceptar el reto se sienten realizados mucho más allá de las métricas tradicionales del éxito, como el dinero y el poder: tienen la satisfacción de saber que han mejorado sectores y han dejado una huella imperecedera en el mundo.

1.6 Innovación y reconocimiento de oportunidades

Veamos por qué la innovación es esencial en el espacio empresarial, qué oportunidades existen en tiempo real y cómo elaborar y clasificar muchas ideas diferentes. Cuando se trata de tener éxito, la innovación es fundamental. La innovación no es una palabra rimbombante que usamos por ahí; es lo que da ventaja a una empresa. Diferenciarse de los demás puede ser decisivo en un mercado tan competitivo. El mercado cambia constantemente, y entender esto es crucial para cualquiera que intente mantener la cordura cuando se ve sacudido por repentinas sacudidas de avances tecnológicos o expectativas de mercado que cambian de la noche a la mañana.

Dicen que siempre hay que mirar al futuro, pero ¿cómo hacerlo? Le mostraré cómo los empresarios intuyen los cambios que se avecinan. Incluso puede que aprenda un par de cosas sobre cómo predecirlos usted mismo. Exploraremos las técnicas de generación y selección de ideas. Ser empresario significa idear constantemente nuevas formas de hacer las cosas, algunas buenas y otras malas. ¿Cómo hace un empresario para filtrar todo ese ruido? Hay estrategias para ello, desde sesiones de brainstorming hasta procesos formales de ideación.

A lo largo de esta sección, se hará evidente que la innovación y el reconocimiento de oportunidades van de la mano. Los emprendedores necesitan toda la ayuda posible cuando navegan por territorios desconocidos, y esta sección de la guía está aquí para dársela. Al comprender la importancia de la innovación, dominar la detección de tendencias y aprender el arte de generar y clasificar ideas, los empresarios estarán preparados para cualquier cosa que se les presente.

La importancia de la innovación en el espíritu empresarial

La innovación es esencial en el mundo de los negocios. Mantiene a las empresas vivas y en crecimiento al permitirles liberarse de la tradición y establecer una base sólida para el éxito. Esta sección analiza en profundidad el espíritu empresarial y el papel que la innovación desempeña en él.

Aunque crear una empresa es crear un negocio, hay mucho más detrás. Hay que crear soluciones, satisfacer necesidades y adaptarse a los cambios. Los emprendedores deben tener en cuenta estas cosas al considerar los siguientes pasos, pero también deben centrarse en la innovación.

El corazón de toda empresa emprendedora siempre ha sido su capacidad para pensar con originalidad. Aquellos que son capaces de imaginar posibilidades donde otros no las ven han triunfado siempre gracias a la resolución creativa de problemas.

La innovación diferencia a las empresas en un mercado sobresaturado. Con una competencia más feroz que nunca y unos consumidores que esperan constantemente algo nuevo, las empresas necesitan ayuda. Los empresarios que innovan sobreviven a este entorno brutal y prosperan porque pueden ofrecer algo que nadie más puede. Puede tratarse de un nuevo producto, servicio o modelo de negocio. Sea lo que sea, a los clientes les encanta la novedad.

Cuando se utiliza correctamente, la innovación se convierte en un potente catalizador del crecimiento. Nadie ha prosperado nunca quedándose estancado y satisfecho de cómo van las cosas; en cambio, han prosperado cuando han evolucionado continuamente sus ofertas teniendo en cuenta las tendencias del mercado, desde las líneas de moda hasta las cadenas de alimentación.

Además, fomentar la creatividad y estimular la curiosidad de los empleados ayuda a construir mejores comunidades en torno a las marcas e impulsa el desarrollo económico. El concepto básico de espíritu empresarial significa que se crean puestos de trabajo a pesar de todo. Los pensadores innovadores encuentran formas de que esos puestos de trabajo generen más dinero en su máximo potencial.

Los responsables deben recompensar la creatividad en lugar de pasarla por alto. Los empleados deben sentir que tienen el poder de pensar fuera de sus tareas cotidianas, aunque no implique trabajar en lo que se les ha asignado. La innovación empieza con liderazgo, visión y una curiosidad inherente que todos los individuos de este ecosistema comparten.

El papel que desempeña la innovación en el espíritu empresarial es mucho mayor de lo que la mayoría de la gente cree. Las empresas que le dan prioridad moldean su trayectoria y ayudan a construir comunidades creando puestos de trabajo en el camino, lo que impulsa el desarrollo económico.

Detectar tendencias y aprovechar oportunidades

Salir adelante en el dinámico mundo empresarial tiene mucho que ver con tu visión y con aprovechar las oportunidades. Encontrar tendencias es como leer entre líneas el cambio en el espacio empresarial. Es una mezcla de buena observación, investigación de mercado y saber hacia dónde se dirige la sociedad. Los mejores empresarios están siempre al tanto de su sector. Saben ver cuándo cambian los hábitos de los consumidores, evoluciona la tecnología o cambia la economía mundial.

Una forma de ir por delante es mantenerse informado. Si lees sobre tu mercado, asistes a conferencias y te relacionas con otras empresas, estarás en condiciones de anticiparte. A veces, basta una idea para que surja un nuevo enfoque.

Otra cosa que hay que vigilar es el comportamiento de los consumidores. Los empresarios a los que se les da bien detectar tendencias saben exactamente lo que quiere la gente incluso antes de que lo pida. Analizan conjuntos de datos, encuestan a grupos de personas y echan un vistazo a los comentarios de las redes sociales para hacerse una idea de lo que piensa la gente.

Los avances tecnológicos también son indicadores significativos de las tendencias futuras. Si alguien se toma en serio el espíritu empresarial, no hay duda de que ya ha incorporado la tecnología existente a su modelo de negocio, pero puede que aún tenga que adaptarse.

Las tendencias internacionales también importan. Los empresarios que han tenido éxito en el extranjero pueden traer nuevas perspectivas a casa, lo que les da una ventaja competitiva sobre la competencia nacional. Desarrollar estrategias que funcionen bien a escala mundial dará ventaja a cualquier empresario.

Una vez que alguien detecta los cambios emergentes, es fundamental actuar con rapidez. El momento es importante porque, si la primera persona no está preparada, seguramente habrá otra justo detrás. Ver venir una oportunidad y actuar antes que los demás hace que las empresas sigan siendo únicas y les ayuda a crecer de forma sostenible.

Detectar tendencias y crear una empresa de éxito lleva tiempo y mucho trabajo. Los mejores empresarios siempre están bien informados, saben leer entre líneas y pueden actuar con rapidez. De este modo, se han posicionado para el éxito realizando movimientos calculados para los que otros no tuvieron tiempo de prepararse.

Técnicas de generación y selección de nuevas ideas

Tener nuevas ideas es necesario para encontrar soluciones e innovar. Todo, desde los negocios hasta la ciencia o el arte, depende de las nuevas ideas para progresar. El brainstorming es un método antiguo, pero muy bueno, que recibió su nombre en la década de 1940, pero que siempre ha existido. El proceso consiste en que los individuos generen ideas colectivamente sin criticarlas. El objetivo es obtener el mayor número posible de ideas; la cantidad es más importante que la calidad, aunque el resultado final debe ser de alta calidad. De este modo, los participantes tienen libertad para pensar fuera de los límites convencionales y explorar conceptos poco convencionales.

Los mapas mentales permiten representar visualmente las ideas y sus interconexiones, lo que puede ser útil para tener una visión global de una idea o concepto. Esta técnica comienza con una idea, tema o tópico principal y luego se ramifica hacia otras cuestiones y conceptos relacionados. El diario y la escritura libre son métodos individuales que se inclinan hacia la introspección. Escribir los pensamientos con regularidad permite crear un banco de materia prima que podría convertirse en algo grande más adelante. Al mismo tiempo, la escritura libre recarga el cerebro al crear un flujo continuo de pensamientos sobre el papel.

Con el auge de la tecnología, ahora existen plataformas que facilitan más que nunca la lluvia de ideas con millones de colaboradores. El crowdsourcing utiliza comunidades y foros en línea para generar ideas o resolver problemas sin que todo el mundo esté en la misma sala.

Las técnicas de selección resultan útiles cuando ya se dispone de un grupo de posibles ganadores; hay que averiguar cuál funcionará mejor. Un análisis DAFO evalúa los puntos fuertes, los puntos débiles, las oportunidades y las amenazas de cada idea, lo que permite comprender mejor qué funcionará mejor. La creación de prototipos sirve como ensayo, en el que creas representaciones tangibles de tu concepto. Verás lo bien que funciona cuando la gente real te dé su opinión.

El análisis coste-beneficio es tan sencillo como parece. Evaluando las implicaciones financieras de tu idea frente a los posibles beneficios, puedes tomar una decisión más racional sobre lo que merece la pena y lo que no. Con todas estas técnicas a tu disposición, no hay excusa para no desarrollar algo extraordinario. Estos métodos son fáciles de hacer para todos y para cualquiera. Al mismo tiempo, las técnicas de selección sirven para descartar las malas ideas antes de que te lleven demasiado tiempo o dinero.

Sección 1.7: Desarrollo de las capacidades empresariales

Los empresarios descubrirán que el mundo de los negocios está lleno de habilidades que hay que dominar. Un firme dominio de estas habilidades es un requisito para tener éxito en los negocios. Lo primero que debe hacer un empresario es entender cómo navegar por aguas desconocidas, comprendiendo que este conjunto de habilidades incluye diversos puntos como la comunicación eficaz y la creación de redes, la experiencia financiera y el pensamiento estratégico. Este conjunto de habilidades les permite superar los problemas del mundo empresarial y aprovechar las oportunidades.

Adquirir experiencia de liderazgo es una parte esencial de su viaje. La capacidad de inspirar a los demás y guiar a un equipo hacia un objetivo común en lugar de varios diferentes es crucial para el éxito de cualquier empresa. También deben crear un entorno de trabajo positivo para todos los implicados, comprender la dinámica de equipo y predicar con el ejemplo. En cuanto a las habilidades de gestión, deben tener las herramientas necesarias para coordinar los servicios, tomar decisiones con conocimiento de causa y garantizar la eficacia operativa en todo el proceso. Estas dos áreas pueden hacer o deshacer un viaje empresarial.

Una vez que los emprendedores comienzan sus empresas, es vital encontrar un equilibrio entre asumir riesgos y tomar decisiones inteligentes. Saber cuándo asumir riesgos calculados en lugar de ir siempre sobre seguro ayuda a las empresas a crecer enormemente. Adaptar la empresa en función de lo que quieran los clientes en cada momento es vital para progresar en todos los campos del espíritu empresarial. Las industrias cambian a diario, y los empresarios que no puedan cambiar con ellas se quedarán rápidamente rezagados con respecto a sus competidores. Adaptarse voluntariamente aprendiendo cosas nuevas, siendo innovador en productos o servicios y ajustando las estrategias según las tendencias actuales del mercado es una buena práctica.

Aprender del fracaso es algo a lo que todo empresario debe enfrentarse en algún momento de su trayectoria. Las personas de éxito no ven los intentos fallidos como obstáculos, sino más bien como formas de perfeccionar sus estrategias para futuros ensayos o empresas. Aunque a veces no parezca que el fracaso tenga mucho valor, en él se esconde una gran cantidad de oportunidades. Estos cuatro puntos principales ayudan a los empresarios a comprender mejor en qué deben centrarse. Esto, a su vez, les da una perspectiva más profunda del negocio, lo que conduce a un éxito sostenible.

Habilidades esenciales para los nuevos empresarios

El espíritu empresarial es un viaje arduo. Es un entorno muy exigente y estresante que requiere pensar constantemente con los pies en la tierra. Y eso es sólo el principio. No basta con tener una gran idea: hay que saber más sobre cómo funciona un negocio para poder empezar y crecer a partir de ahí. Los nuevos empresarios querrán desarrollar muchas habilidades para reconocer el éxito en sus futuros empeños, y algunas de las más importantes podrían sorprenderle.

Lo primero es lo primero: los empresarios tienen que ser capaces de comunicarse con eficacia. Eso significa ser capaz de hablar con claridad y articular bien tus ideas para las presentaciones y asegurarte de que puedes transmitir tu mensaje a posibles inversores y otros miembros del equipo. Se trata de encontrar la forma adecuada de expresarse, de modo que resuene en la gente.

Lo siguiente es la adaptabilidad. El mundo empresarial es impredecible y, a veces, las cosas cambian a un ritmo astronómico. Los empresarios de éxito deben ser capaces de adaptarse a los golpes y hacer cambios rápidos cuando sea necesario, ya sea debido a las opiniones de los clientes o a algo totalmente inesperado.

Por mucho que a todos nos gustaría tener éxito en los negocios sin ella, los conocimientos financieros también son fundamentales. Saber cómo funciona el dinero para poder planificar las inversiones adecuadamente y fijar los precios en consecuencia puede requerir algunas aclaraciones. Merece la pena investigar.

Yendo un paso más allá, ¿qué tal se le da gestionar el tiempo? Los emprendedores hacen malabarismos con muchas tareas a la vez, lo que podría hacer girar cabezas, si somos sinceros. Priorizar el trabajo requiere habilidad, sobre todo cuando todo parece igual de importante.

Formar el equipo adecuado a tu alrededor también marca la diferencia a la hora de garantizar tu éxito. Sólo algunos tienen sobre sus hombros todas las cualidades necesarias para emprender; a veces, encontrar socios que llenen esas lagunas impulsará un nuevo negocio más rápido de lo que podrían hacerlo los fundadores en solitario.

Asumir riesgos ahuyenta a muchos empresarios potenciales de perseguir sus sueños antes incluso de empezar. Al fin y al cabo, a nadie le gusta perder dinero o ver cómo fracasa su duro trabajo. Pero si quieres triunfar en este mundo, tendrás que aprender a evaluar bien los riesgos y apostar con conocimiento de causa.

La clásica frase "No es lo que sabes, sino a quién conoces" sigue siendo válida en el mundo empresarial actual. Crear una red sólida es esencial para todos. Los empresarios deben recordar siempre que puede ser la diferencia entre hundirse o nadar más adelante.

Siga aprendiendo siempre. Los negocios cambian cada día, y quien deje de adaptarse se quedará atrás. Si quieren tener éxito, deben comprometerse a mantenerse al día de las tendencias y la tecnología.

Ser empresario implica asumir riesgos. Requiere una mentalidad única y una serie de aptitudes que la mayoría de la gente no tiene por naturaleza, pero por eso nos atrae este campo en primer lugar. La comunicación eficaz, la adaptabilidad, los conocimientos financieros, la gestión del tiempo, la formación de equipos, la asunción de riesgos y la creación de redes son habilidades vitales que los nuevos empresarios deben desarrollar para que sus ideas se conviertan en algo tangible.

Desarrollar sólidas capacidades de liderazgo y gestión

Desarrollar habilidades de liderazgo y gestión es crucial para las personas que quieren destacar en cualquier campo profesional. El liderazgo y la gestión son vitales para dirigir equipos, supervisar proyectos, conformar la cultura organizativa y alcanzar el éxito. Aunque hay muchas cosas que contribuyen a un liderazgo y una gestión eficaces, empecemos por algunos puntos fundamentales.

Un aspecto importante de ser un buen líder es comunicarse de forma persuasiva y auténtica. Un buen líder debe ser capaz de presentar su visión a alguien en 30 segundos, si es necesario, para ganar confianza y crear un entorno en el que el equipo se sienta cómodo hablando. Una comunicación competente también significa saber escuchar activamente, para saber lo que el equipo necesita o desea. Esto crea un entorno en el que todos respetan las opiniones de los demás.

El pensamiento estratégico es otra de las piedras angulares de una sólida capacidad de liderazgo y gestión. Los líderes tienen visiones más amplias que la mayoría, pero necesitan saber cómo llegarán a ellas. Los líderes deben pensar críticamente sobre las situaciones para tomar decisiones informadas cuando sea necesario. También deben adoptar estrategias a medida que cambian las circunstancias o idear otras nuevas.

La eficacia de un líder se mide a menudo por su capacidad para motivar e inspirar a sus subordinados. Esto incluye reconocer las contribuciones individuales, fomentar relaciones de trabajo positivas entre compañeros y cultivar un sentido de propósito compartido dentro del equipo, lo que le permitirá alcanzar los objetivos más rápido que nunca.

Los líderes influyentes poseen una elevada inteligencia emocional, lo que les permite navegar por la dinámica interpersonal manteniendo unos límites saludables. También ayuda a los directivos a establecer relaciones sólidas con los empleados, haciendo que el entorno de trabajo sea más agradable para todos los implicados.

Paralelamente a estas habilidades, los directivos necesitan aptitudes prácticas de gestión para garantizar el funcionamiento diario. Los directivos deben ser capaces de organizar las tareas con eficacia, delegar en otros cuando sea necesario y supervisar los progresos de todos.

Los directivos deben prestar mucha atención a las finanzas, sobre todo a los presupuestos, porque tienen que tomar decisiones importantes sobre asignación de recursos y rentabilidad. Esta habilidad permite a la empresa crecer.

La adaptabilidad es otro rasgo que comparten los grandes líderes y directivos porque, en los negocios, nunca se sabe lo que va a pasar ni lo rápido que van a cambiar las cosas. Requiere mucha energía, pero cuando se hace bien, puede mantener la competitividad de la organización al adelantarse a las tendencias del sector.

Como era de esperar, el liderazgo ético es necesario para establecer la confianza y la credibilidad dentro de una organización. Cuando los empleados confían en sus líderes, están más interesados en dar su opinión, que puede servir para hacer cambios informados más adelante.

Cultivar una sólida capacidad de liderazgo es esencial para el crecimiento personal y empresarial. A medida que las personas sigan trabajando en estas habilidades, tendrán más probabilidades de impulsarse profesionalmente y de ayudar a sus equipos en el camino.

Equilibrar el riesgo con la oportunidad

Hacer malabarismos entre riesgos y oportunidades es crucial para la toma de decisiones en diversos campos, incluidos los negocios y las finanzas personales.

Una cosa que hay que tener en cuenta a la hora de equilibrar estos dos aspectos es conocer las consecuencias de cada elección. El riesgo conlleva incertidumbre y la posibilidad de resultados adversos, mientras que la oportunidad, por el contrario, indica resultados positivos y recompensas. Para encontrar un equilibrio entre riesgos y recompensas, hay que evaluar cuidadosamente qué puede salir mal o bien en cada elección.

En el espíritu empresarial, la asunción de riesgos suele considerarse necesaria para el crecimiento y la innovación. Es habitual que los emprendedores se aventuren en cosas inciertas porque el éxito persigue a quienes saben sopesar los beneficios potenciales frente a los posibles inconvenientes. Por otro lado, las personas fracasan cuando toman decisiones sin tener en cuenta los peligros que les acechan.

En cuanto a las estrategias de inversión en finanzas, la gente suele buscar oportunidades que les ayuden a aumentar su patrimonio; esto a menudo significa poner su dinero en riesgo, porque los mercados financieros son impredecibles. La diversificación es una de las muchas estrategias que utilizan los inversores; consiste en repartir las inversiones entre distintos activos para protegerse de grandes pérdidas y optimizar al mismo tiempo sus posibilidades de rentabilidad. Lograr un buen equilibrio entre la tolerancia al riesgo y la alineación con los objetivos de inversión puede ayudar a alcanzar el éxito financiero.

Todo el mundo se enfrenta a decisiones individuales en las que hay que sopesar los riesgos frente a las oportunidades. Por ejemplo, elegir una carrera implica ciertos niveles de riesgo. Y elegir entre buscar un nuevo trabajo o cambiar de carrera puede traer buena fortuna o arruinarlo todo por completo, si no se piensa bien.

Los líderes también toman decisiones arriesgadas para mejorar el rendimiento de las organizaciones. Sin embargo, deben considerar todos los aspectos éticos de una situación antes de poner en práctica tales planes. Expandirse a nuevos mercados puede sonar muy bien, pero a veces puede costar muy caro en términos de reputación si no se hace bien. Los líderes innovadores evalúan estos dos factores y toman decisiones informadas para lograr un éxito sostenible.

Además, equilibrar los riesgos con las oportunidades pone de relieve la importancia de ser adaptable. Diferentes campos, como los negocios, las finanzas o la vida personal, tienen dinámicas que cambian constantemente; por lo tanto, las personas necesitan ajustar sus estrategias cuando responden a estos cambios. La flexibilidad y la capacidad de recalibrar la ecuación riesgo-oportunidad son siempre esenciales para el éxito a largo plazo.

Recuerde siempre que trabajar dentro de unos principios éticos y encontrar un equilibrio garantiza tanto el éxito a corto plazo como la sostenibilidad de los buenos resultados en el futuro. Las prácticas poco éticas pueden darte beneficios inmediatos, pero a la larga te perseguirán y te costarán aún más.

Equilibrar el riesgo con la oportunidad requiere una toma de decisiones meditada y planteamientos estratégicos. Requiere familiaridad con contextos específicos, un análisis exhaustivo de los posibles resultados y el valor de tomar decisiones que se ajusten a los objetivos generales. Tanto en el mundo empresarial como en el de las finanzas personales, aprender a navegar entre ambos es una habilidad que separa a las personas prudentes de las imprudentes.

La importancia de la adaptabilidad y de aprender del fracaso

La adaptabilidad y el aprendizaje del fracaso son cruciales para el crecimiento personal y profesional. En un mundo en constante cambio, las personas y las organizaciones deben ser capaces de adaptarse. En lugar de ver el fracaso como algo negativo, verlo como una forma de adquirir una valiosa experiencia es mucho más saludable.

Adaptabilidad significa ser capaz de cambiar y prosperar cuando las cosas se complican. Esta habilidad ayuda a las personas a superar los retos, comprender las oportunidades y mantener la fortaleza en tiempos de incertidumbre. Ser adaptable separa a los que pueden tener éxito en entornos dinámicos de los que no.

En el mundo empresarial, las organizaciones con una cultura de adaptabilidad responderán mejor a los cambios del mercado y a los retos inesperados. Tener una mentalidad abierta llevará a tomar decisiones más rápidas y eficaces, fomentando la innovación, lo que diferenciará a su empresa de la competencia. También es más probable que estos equipos acepten el cambio, lo que les llevará al éxito en su vida laboral diaria.

Aprender a través del fracaso también es crucial para el desarrollo personal y profesional. Como hemos visto, el fracaso no es lo contrario del éxito, sino parte de él. Las personas que ven estos fracasos como oportunidades para aprender a menudo perfeccionan sus estrategias y se vuelven más resistentes en futuros esfuerzos, lo que les ayuda a alcanzar sus objetivos más fácilmente la próxima vez.

Al crear una empresa siempre hay que esperar el fracaso. Muchos empresarios dicen que precisamente por eso acabaron triunfando. Asumieron sus pérdidas por el camino y aprendieron de ellas lecciones fundamentales. Estos fracasos preparan a los empresarios para la innovación y, finalmente, el éxito.

Aprender del fracaso también tiene la ventaja añadida de mejorar la capacidad para resolver problemas. Nos ayuda a desmenuzar los contratiempos y a entender en qué nos equivocamos. Así, cuando reconstruyamos, sabremos exactamente qué partes hay que mejorar. A continuación, aplicamos estos cambios y, como resultado, nuestro crecimiento personal se verá beneficiado.

También es necesario crear un entorno en la organización que anime a los empleados a asumir riesgos sin temer las consecuencias. La cultura debe ser una cultura en la que los empleados se sientan seguros probando cosas nuevas porque saben que no habrá castigos escandalosos si fracasan. Fomentar la experimentación de este modo puede dar lugar a innovaciones revolucionarias que contribuyan al éxito a largo plazo de los empleados y a la mejora general de la empresa.

La adaptabilidad y el aprendizaje a través del fracaso son fundamentales para el crecimiento personal y profesional. Ser adaptable permite triunfar en entornos cambiantes, al tiempo que se aprende de los errores. Estas cualidades constituyen una base sólida para el éxito de las personas y las organizaciones en este mundo en constante cambio.

Sección 1.8: Planificar su viaje empresarial

Embarcarse en el viaje empresarial es una montaña rusa que requiere una planificación meticulosa y una previsión estratégica. Esta sección profundiza en aspectos cruciales que allanan el camino hacia el éxito. Definir tus objetivos empresariales sienta las bases; implica aclarar lo que quieres conseguir con tu nuevo negocio. Establecer objetivos precisos y alcanzables proporciona una dirección clara. Sirve de guía a lo largo de todo el viaje, orientando las decisiones y acciones hacia los resultados deseados.

Cuando se trata de investigar y prepararse, aprender de los demás es más que investigar: se trata de comprender las experiencias de otras personas. Si aprendes de los éxitos y fracasos de otros empresarios, podrás trasladar esas valiosas ideas a tu negocio. Así evitarás errores comunes y añadirás nuevos trucos a tu caja de herramientas empresarial.

El viaje hacia el éxito empresarial continúa con la creación de una hoja de ruta. Aquí exploraremos cómo planificar meticulosamente y tomar decisiones estratégicas mientras se formula una hoja de ruta que trace el rumbo de su empresa. Un plan bien estructurado no sólo proporciona un proyecto para la ejecución, sino que también sirve como una herramienta dinámica que puede ajustarse en respuesta a la evolución del panorama empresarial.

A continuación, te guiaré a través de estos complejos procesos: definición de objetivos y planificación estratégica de tus futuras iniciativas empresariales. Espero que esta exploración dote a personas ambiciosas como tú de las ideas y herramientas necesarias para emprender un viaje impactante.

Definir sus objetivos empresariales

Emprender puede ser desalentador. Hay tanto que hacer y pensar que es difícil saber por dónde empezar. Dicho esto, definir objetivos desde el principio es una de las mejores cosas que puede hacer por sí mismo como empresario. Sienta las bases para todos los movimientos y decisiones futuros, establece una dirección general para tu establecimiento y ayuda en la gestión de recursos.

En esencia, fijar objetivos consiste en trazar una visión clara de lo que quiere de su empresa. Esta visión debe incluir objetivos más pequeños a corto plazo y aspiraciones a largo plazo, que conforman el panorama general. Este tipo de objetivos claros os alinean a ti y a tu equipo durante las horas de trabajo, proporcionando a todos algo tangible por lo que trabajar juntos.

Ser preciso durante el proceso de fijación de objetivos es fundamental. Si tienes más claro lo que quieres, será más fácil que los que te rodean te ayuden a desarrollar planes o a medir los progresos.

Los empresarios de éxito siempre se plantean objetivos SMART, es decir, específicos, medibles, alcanzables, relevantes y con un plazo determinado. Siguiendo estas directrices se crea un gran marco de referencia para la comunicación posterior dentro de la empresa.

Mientras desarrollas tus objetivos, también tendrás que prestar atención a las tendencias del mercado y a las necesidades de los clientes. Por desgracia, no todas encajarán en este paquete, pero las empresas serían mucho más accesibles si lo hicieran. Unas expectativas realistas ayudarán a garantizar que se ajustan a las posibilidades del mercado y no a ilusiones.

Y acuérdate también de ti mismo. ¿Cuántas veces nos sentamos a pensar en nuestras motivaciones? A la hora de decidir qué dirección quiere que tome su empresa, asegúrese de que coincide con la razón por la que quería crearla. El dinero es bueno, pero no lo es todo.

Dicho esto, el dinero sigue siendo esencial. Todos tenemos facturas que pagar mientras nos centramos en nuestros objetivos personales y recordamos hitos y aspiraciones de escalabilidad. Una empresa que no está hecha para crecer no crecerá.

Por último, la comunicación es fundamental. Aquí tienes que sacar el entrenador de fútbol que llevas dentro y asegurarte de que todos los miembros del equipo entienden el objetivo. Para crear un grupo motivado y cohesionado, todos deben estar de acuerdo con su trabajo.

Y recuerda: Los objetivos no están escritos en piedra. Pueden cambiar y evolucionar con el tiempo, igual que nosotros. Mantente flexible durante este proceso porque las cosas cambiarán al menos una o dos veces a lo largo de la vida de una empresa.

Está claro que definir los objetivos empresariales requiere tiempo, reflexión y esfuerzo, pero te prometo que merece la pena.

Investigación y preparación: Aprender de los demás

El proceso de definir tus objetivos incluye una investigación exhaustiva y una planificación cuidadosa para entender claramente en qué te estás metiendo. Esto significa aprender de las experiencias de los demás. Lo más probable es que encuentres muchos obstáculos en tu viaje empresarial, y siempre hay incertidumbres. Por eso son inestimables las ideas que pueden aportar personas en situaciones similares.

Los conocimientos prácticos que aporta la experiencia de primera mano sobre el éxito y el fracaso no pueden enseñarse en un libro de texto o en una clase en la escuela. La experiencia nos da una idea de cómo funcionan los negocios y nos enseña valiosas lecciones sobre el espíritu empresarial, lecciones que sólo pueden enseñarnos los escenarios de la vida real.

Una forma de aprender de las experiencias de los demás es contar con la tutoría de alguien que las haya vivido. Los empresarios consolidados pueden ofrecer consejos inestimables a los que acaban de empezar. También pueden advertir sobre los escollos del camino y ayudar a tener una perspectiva más amplia de los retos que pueden surgir en el futuro. Las tutorías ayudan a difundir la sabiduría en una comunidad empresarial, al tiempo que proporcionan a los novatos un sentimiento de comunidad y apoyo dentro del ecosistema de las startups.

Los estudios de casos y las historias de éxito son otro recurso excelente para aprender de las experiencias de otros. Estudiar cómo las empresas superaron sus obstáculos, aprovecharon las oportunidades y se adaptaron a los cambios del mercado puede dar a los empresarios en ciernes una idea de qué estrategias funcionan y mejor, y cuáles no a la hora de tomar decisiones empresariales.

Los eventos de networking, las conferencias específicas de un sector e incluso las comunidades de emprendedores comunes son centros de intercambio de conocimientos entre personas con ideas afines. Entablar conversaciones con colegas y líderes permite que las ideas fluyan libremente y que cada participante piense de forma diferente y resuelva problemas, lo que hace que todos mejoren en lo que hacen.

Además de todo esto, se necesita humildad, es decir, estar dispuesto a escuchar los éxitos y los fracasos. A nadie le gusta pensar que sus ideas van a fracasar: es la naturaleza humana. Pero si adoptas esa mentalidad, estarás abriendo los ojos a nuevas posibilidades y oportunidades de mejora.

Al conocer los escollos que otros han encontrado antes de poner en marcha sus empresas, los empresarios pueden establecer un plan de acción para mitigar estos riesgos. Saber lo que puede salir mal puede evitar que ocurra. Toda esta investigación y preparación mejorará su capacidad para tomar decisiones. Le permitirá adaptarse mejor a las circunstancias imprevistas y, en última instancia, aumentará las probabilidades de éxito de su empresa.

Capítulo 2

Identificación de oportunidades de negocio

Crear una hoja de ruta para el éxito empresarial es un proceso cuidadoso y reflexivo que implica una planificación detallada, el establecimiento de objetivos y la dirección del camino a seguir. Esta fase es esencial, ya que ayuda a transformar las aspiraciones empresariales en pasos factibles y proporciona un marco con el que sortear las oportunidades y los retos.

Establecer objetivos claros y alcanzables es el núcleo de la creación de una hoja de ruta. Estos objetivos son faros guía que ayudan a dirigir tanto al empresario como al equipo hacia su visión colectiva. Los objetivos deben ser específicos porque ayudan a crear estrategias centradas, supervisar la asignación del progreso y las fuentes de forma eficaz.

La toma de decisiones estratégicas es fundamental a la hora de crear una hoja de ruta hacia el éxito empresarial. Los empresarios deben evaluar cuidadosamente la dinámica del mercado, las necesidades de los clientes y el panorama competitivo, entre otros factores, para crear una estrategia empresarial eficaz alineada con los objetivos principales. La toma de decisiones debe consistir en planes de desarrollo de productos, enfoques de marketing y asignación de recursos, que pueden sentar unas bases sólidas para el crecimiento.

Un conocimiento exhaustivo de los mercados objetivo también es esencial para crear hojas de ruta de éxito. Los estudios de mercado ayudan a identificar clientes potenciales, determinar qué analizan los clientes y la competencia para ver cuál es la mejor manera de dominar su nicho. Una hoja de ruta bien informada y basada en estos conocimientos mejora las posibilidades de satisfacer las necesidades de los consumidores y mantenerse a la vanguardia de las tendencias del sector.

El aspecto financiero debe abordarse a la hora de crear una hoja de ruta; los empresarios deben desarrollar planes financieros realistas que cubran todas las inversiones iniciales, los gastos operativos y las previsiones de ingresos. Esto permitirá realizar actividades presupuestarias como la asignación de recursos y evaluar la viabilidad financiera de la empresa.

Paralelamente a estos procesos mencionados anteriormente viene la adquisición de talento, no simplemente talento. Las personas apasionadas que comparten objetivos comunes y tienen habilidades que se complementan entre sí son candidatos perfectos para unirse a cualquier equipo que construya una hoja de ruta empresarial. La creación de estos equipos aumentará la productividad y garantizará el éxito a largo plazo de su empresa.

Una cosa sobre las empresas es que el éxito requiere trabajo; para crear una hoja de ruta, hay que ser adaptable y flexible. Los empresarios deben anticiparse a los retos imprevistos, ya que el panorama empresarial y evoluciona, las oportunidades se despliegan. Prever esto permitirá a los empresarios ajustar estrategias, adoptar tendencias emergentes y pivotar siempre que sea necesario.

Comunicar eficazmente tu visión, tus objetivos y tus estrategias es fundamental a la hora de elaborar una hoja de ruta empresarial, con los miembros del equipo, las partes interesadas y los posibles inversores. De este modo se crea un entendimiento compartido y se alinean los esfuerzos de todos hacia objetivos comunes. La transparencia también es vital, porque ayuda a generar confianza dentro del equipo y con los socios externos.

La creación de una hoja de ruta para el éxito empresarial es una tarea ardua y requiere una cuidadosa consideración de muchos factores. Pero cuando los empresarios se toman el tiempo necesario para construirla, les resultará más fácil capear el temporal y hacer realidad su visión a largo plazo. Esta guía es fundamental para el viaje de cada uno, ya que le orienta en la dirección correcta con un propósito claro y flexibilidad para superar los obstáculos inevitables.

Emprender un viaje empresarial es tan emocionante como aterrador. Se trata de explorar, innovar y ver el futuro. Abrimos este capítulo con el reconocimiento de oportunidades. Exploraremos las fuerzas que impulsan el éxito empresarial desde varias perspectivas.

El reconocimiento de oportunidades es lo que pone las cosas en marcha. Los aspirantes a líderes empresariales se vuelven imparables cuando se les proporciona esta lente a través de la cual ver con mayor claridad las vías potenciales. Este capítulo se sumerge en el reconocimiento, la evaluación y el aprovechamiento de las oportunidades que prometen un crecimiento y una sostenibilidad transformadores.

Esta habilidad va mucho más allá del desarrollo de ideas: implica comprender la dinámica del mercado, como los comportamientos de los consumidores y las tendencias emergentes. A medida que avance por estas páginas, iremos desgranando cómo se construyen las empresas desde cero definiendo primero sus oportunidades.

También examinaremos cómo el reconocimiento de oportunidades determina la toma de decisiones estratégicas y la gestión de riesgos para futuras empresas.

La última etapa de nuestro viaje a través del reconocimiento de oportunidades introduce la creatividad, el análisis de mercado y la innovación. Descubrirá cómo se combinan estos elementos para crear modelos empresariales innovadores que prosperan en los mercados existentes. Este capítulo le reta a pensar de forma diferente, empujándole hacia nuevas formas de concebir el espíritu empresarial, al tiempo que fomenta la comprensión de que la acción es necesaria para que las soluciones innovadoras fructifiquen.

2.1 Introducción al reconocimiento de oportunidades

La trayectoria de un empresario puede compararse a la de un marinero. Los valores son casi idénticos: la exploración y la innovación son necesarias, al igual que aprovechar las oportunidades y realizar movimientos estratégicos cuando es necesario. En este mundo, el reconocimiento de oportunidades es una brújula para que profundices en tu negocio e identifiques los caminos hacia el éxito.

Este capítulo comienza explorando y definiendo las oportunidades de negocio. Al comprender los fundamentos aquí expuestos, dispondrás de una sólida base de conocimientos sobre el panorama empresarial que recorrerás en tu viaje.

Las oportunidades son algo más que saber reconocer una buena oportunidad; son una necesidad si quiere que su empresa crezca y tenga éxito en la economía actual.

Mi objetivo es animarte a que te sumerjas en tu lado creativo sin perder de vista los negocios. El objetivo es que personas como tú perfeccionen en las habilidades necesarias para identificar oportunidades que se convertirán en algo natural a la hora de tomar grandes decisiones.

Definir las oportunidades de negocio

Las oportunidades son cruciales para el éxito en el siempre cambiante mundo de los negocios. Pueden ir desde identificar lagunas en el mercado hasta predecir tendencias futuras o avances tecnológicos. Comprender y definir estas oportunidades es crucial si quiere que su empresa prospere en un entorno competitivo.

En esencia, una oportunidad es un conjunto de circunstancias que ayudarán a los empresarios a introducir nuevos productos o servicios. Cualquier factor puede beneficiar de algún modo al crecimiento de una empresa. Detectar una depende a menudo del conocimiento del mercado y de la capacidad de combinar cuestiones no relacionadas para crear posibles vías de éxito.

Saber dónde no se atiende a los consumidores y crear soluciones es fundamental a la hora de definir oportunidades de negocio. Los empresarios de éxito tienen un sólido conocimiento de las necesidades de los clientes y ofrecen formas de satisfacer esos deseos. Esto puede significar investigar los mercados, analizar las opiniones de los clientes o entender por qué la gente compra determinados productos.

Conocer las tendencias del sector y mantenerse al día de los avances tecnológicos también es necesario para detectar estas oportunidades. Los mercados cambian constantemente, así que puede adelantarse a los acontecimientos siguiendo la pista de las nuevas tendencias y tecnologías. Anticiparse a estos cambios puede ser difícil, pero quienes lo hacen tienen más probabilidades de aprovecharlos.

Los riesgos son otra parte del aprovechamiento de las oportunidades empresariales: riesgos calculados. Hay que evaluar los posibles escollos antes de dar ningún paso, sin olvidar que la innovación exige salir de la zona de confort. Las recompensas deben merecer los riesgos.

A veces las oportunidades llaman a la puerta, por lo que entablar relaciones con colegas, establecer asociaciones o participar en foros puede ser una buena idea. Recoger las opiniones de los demás puede llevarte por caminos en los que nunca habrías pensado de otro modo y que podrían beneficiar a ambas partes.

Vivimos en una época en la que las empresas abarcan continentes, por lo que nunca debes limitarte geográficamente cuando intentes aprovechar una oportunidad. Las personas de todo el mundo piensan de forma diferente, lo que significa que las ideas siempre serán distintas; intenta abrazar esta diversidad y abrirte a nuevas posibilidades que no habrías encontrado dentro de tu burbuja.

En general, definir las oportunidades de negocio es un proceso complejo y en constante cambio, pero es algo que todo empresario debe dominar. Tienen que ser capaces de leer la dinámica del mercado, comprender los deseos de los consumidores y detectar nuevas tendencias si quieren alcanzar esas grandes cifras de crecimiento. Si adopta la innovación, se mantiene al tanto de las tendencias actuales y trabaja con otros, se situará en la mejor posición posible para lograr un crecimiento sostenido y el éxito en un entorno empresarial impredecible.

La importancia del reconocimiento de oportunidades en el espíritu empresarial

El reconocimiento de oportunidades es clave en el espíritu empresarial. Influye enormemente en el éxito y la sostenibilidad de las empresas. Los empresarios son especialistas capaces de detectar oportunidades que otros pasan por alto, y esta habilidad es crucial.

En esencia, el reconocimiento de oportunidades consiste en encontrar circunstancias o huecos en el mercado que puedan aprovecharse para ganar dinero. Navegar por este proceso requiere conocimiento, intuición y conciencia de cómo funcionan los mercados. Los empresarios de éxito descubren tendencias que aún no se han producido e identifican áreas sin explotar antes de que nadie pueda actuar sobre ellas.

Esta habilidad adquiere importancia al iniciar una empresa, ya que sienta una base esencial para todos los pasos futuros.

La capacidad de reconocer oportunidades también conduce a la innovación. Los empresarios que entienden lo que falta en los sistemas actuales pueden desarrollar nuevas soluciones creativas. Estos pensadores lideran industrias creando nuevos productos o servicios que alteran la forma en que siempre se han hecho las cosas.

La creación de redes también desempeña un papel importante: quienes se relacionan con colegas del sector obtienen acceso a nuevas perspectivas e ideas que nunca se les habrían ocurrido por sí solos.

Debe mantener esta habilidad. Es esencial para las empresas si quieres que tengan éxito a largo plazo mediante la creación de valor y el crecimiento sostenible.

Fuentes de nuevas oportunidades de negocio

Descubrir y explotar nuevas oportunidades de negocio es una búsqueda incesante para los empresarios. Para navegar por un panorama en constante cambio, deben conocer bien las diversas fuentes de estas oportunidades. La velocidad a la que cambia el mercado, unida al dinamismo de las empresas, hace que sea crucial entender cómo los empresarios pueden innovar y hacer crecer sus negocios.

Las nuevas tecnologías abren puertas que los empresarios pueden aprovechar, sobre todo cuando se producen rápidos avances. Quienes se mantienen al día de estos avances pueden crear soluciones aprovechando las tecnologías emergentes.

Las colaboraciones o asociaciones son otra forma de exponerse a posibles oportunidades de negocio. Al interactuar con otras empresas, partes interesadas del sector o instituciones de investigación, es posible que aprenda algo valioso sobre sus empresas que no sabía antes. También podría dar lugar a la identificación de sinergias nunca vistas que permitan la creación conjunta de soluciones o el acceso a mercados sin explotar a través de alianzas estratégicas.

La investigación de mercado y el análisis de datos son vitales para conocer a su público y lo que quiere, y descubrir nuevos segmentos o mercados en los que aún debe fijarse. Aprender más sobre cómo se comportan los consumidores te permitirá conocer nichos específicos que pueden tener éxito si las intervenciones estratégicas se ejecutan correctamente.

Los cambios normativos también se producen constantemente; deben advertirlos y adaptar sus empresas en consecuencia. Mantenerse al día de la normativa les dará una idea de dónde es necesario cumplirla o innovar, y esto es una oportunidad para que las empresas creen soluciones que cumplan las nuevas normas establecidas o resuelvan los retos emergentes.

Los cambios medioambientales y sociales también son buenos indicadores de lo que quiere la gente. Si está atento a los cambios en los valores sociales, las preocupaciones por la sostenibilidad o los cambios culturales, puede ajustar su enfoque a cosas que resuenen mejor con estas dinámicas cambiantes. De este modo, la empresa será también socialmente responsable, algo que muchos clientes valoran hoy en día.

En definitiva, varias fuentes de oportunidades de negocio están esperando a que las encuentre. Los que lo hagan se posicionarán para permitir un éxito continuado a medida que crezcan con la evolución del mercado que les rodea.

2.2 Investigación y análisis de mercado

El análisis y la investigación de mercados son cruciales para tomar decisiones estratégicas en un panorama empresarial en constante cambio. La investigación de mercado permite a las empresas profundizar en las necesidades de los consumidores y encontrar lagunas en el mercado. De este modo, las empresas tienen un conocimiento global de las tendencias de los consumidores, de lo que no consiguen y de lo que necesitan. Con este conocimiento, puede alinear sus productos o servicios con las demandas del mercado desde el principio.

Tras sentar esta base inicial, las empresas deben analizar más a fondo las tendencias del mercado y los comportamientos de los consumidores. Al examinar las tendencias del mercado, las empresas pueden observar cómo se desarrollará una estrategia a lo largo del tiempo, identificando los cambios en las preferencias de los consumidores y las amenazas tecnológicas emergentes. Por otra parte, la observación del comportamiento de los consumidores ofrece información sobre las pautas de compra y la fidelidad a la marca, lo que podría determinar el éxito o fracaso de la empresa. Esta información permite a los responsables de la toma de decisiones anticiparse y optimizar sus proyectos antes de que sea demasiado tarde.

Además de estas formas de investigación, el uso de métodos de ciencia de datos puede llevar a su marca un paso más allá de lo básico. Siempre que existen más datos de los que la gente sabe qué hacer con ellos, hay una oportunidad de éxito a la vista; todo lo que hay que hacer es buscarla. Al extraer patrones significativos de las bases de datos, puede identificar oportunidades de crecimiento, optimizar la eficiencia operativa y anticiparse a las cambiantes demandas de los consumidores antes de que se produzcan. Aunque pueda parecer mucho trabajo para una sola empresa, la analítica de datos ha llegado para quedarse, y por una buena razón. Cuando se aplica adecuadamente en cualquier sector empresarial específico, agiliza las operaciones, mejorando la exactitud y la precisión en todos los equipos.

Mientras que la realización de estudios de mercado le ayuda a despegar, el análisis de tendencias, comportamientos y herramientas le ayudará a mantener el impulso. Por último, la utilización de datos completa la trifecta necesaria para cualquier decisión empresarial de éxito. Siempre que se mantenga la capacidad de adaptación, las empresas pueden ser ágiles y responder a un mercado en constante cambio. En otras palabras, ¿quién sabe adónde puede llevarle?

Estudio de mercado para detectar necesidades y carencias

La realización de estudios de mercado es uno de los aspectos más importantes de una empresa que intenta alcanzar el éxito. El proceso requiere una exploración sistemática del mercado, con el objetivo principal de comprender las necesidades del cliente y encontrar lagunas en los productos o servicios existentes. Las empresas de éxito saben y comprenden qué paso es crucial para hacer que algo resuene entre sus clientes.

La investigación de mercado sirve de ventana a través de la cual las empresas pueden ver lo que quieren sus clientes. Empleando distintos métodos, como encuestas o grupos de discusión, las empresas pueden interactuar directamente con los consumidores, ayudándoles a averiguar qué pueden necesitar. Este enfoque proporciona una comprensión global de las expectativas de los clientes, lo que ayuda a fomentar las relaciones entre la empresa y las personas que le compran, preparando a la empresa para el éxito futuro a la hora de ofrecer soluciones a los problemas de los consumidores.

Encontrar lagunas dentro de un sector es tan crítico como todo lo demás en este proceso. Esta parte implica analizar lo que los competidores hacen bien y mal. Identificar las carencias le ayudará a definir una propuesta de valor única que le diferencie de la competencia.

Este proceso es continuo y debe actualizarse constantemente a medida que evolucionan los sectores. Además, a medida que cambian los sectores, también lo hacen las expectativas de los consumidores, por lo que es fundamental que las empresas se mantengan al día si desean seguir siendo relevantes en sus respectivos espacios.

Realizar estudios de mercado es crear una hoja de ruta para el éxito, ni más ni menos. Las empresas utilizan estos resultados para personalizar sus productos o servicios directamente hacia lo que más desean los consumidores. Centrarse en esta investigación y utilizarla para sentar las bases de cualquier empresa garantizará que cumplen lo que su público objetivo espera de ellas y, además, lo superan.

Analizar las tendencias del mercado y los comportamientos de los consumidores

Estudiar cómo se comporta el mercado y cómo reaccionan los consumidores ante determinadas cosas es vital para las empresas hoy en día. Tomar decisiones acertadas basadas en información precisa sobre lo que la gente hará o querrá a continuación es una forma fiable de mantenerse en cabeza.

El núcleo de este proceso es analizar las tendencias del mercado. Esto significa descubrir qué ocurre en un sector para que suba o baje. Las empresas quieren ser capaces de hacer lo de ayer cuando necesitan hacer lo de mañana. Aunque se produzcan cambios debidos a la tecnología, a las nuevas opiniones de las masas o incluso a acontecimientos internacionales, comprender estos cambios da a las empresas la oportunidad de posicionarse para el éxito antes que nadie.

Analizar el comportamiento de los consumidores también es crucial en este caso. De este modo, las empresas pueden entrar en la mente de las personas y comprender por qué hacen determinadas cosas con las marcas que eligen. Puede parecer intrusivo, pero averiguar estos comportamientos indica a las empresas por qué alguien les compraría a ellos, en lugar de a sus competidores. Al diseccionar estas acciones, las empresas pueden crear estrategias explícitamente adaptadas a cada individuo.

Se trata de comprender la relación entre las influencias externas y las decisiones personales. Por ejemplo, las tiendas online han proliferado como setas en los últimos años porque a la gente le resultan cómodas y fáciles de usar, sobre todo teniendo en cuenta nuestra actual dependencia de plataformas de redes sociales como Instagram, donde puedes desplazarte por las tiendas mientras esperas en la cola sin tener que despegarte de la pantalla de tu teléfono. Las empresas pueden adaptarse en consecuencia con la misma agilidad examinando cómo las compras en línea han cambiado los hábitos de los compradores.

No hay una respuesta definitiva a por qué todos estos pasos funcionan bien juntos. Después de estudiar una empresa desde todos los ángulos posibles, los ejecutivos deberían ser capaces de concluir qué necesitan cambiar o seguir haciendo para sobrevivir un año más en el negocio.

Al menos, esa es la idea...

Utilizar los datos para descubrir oportunidades de negocio

Utilizar los números para informar sobre las oportunidades de negocio se ha convertido en una parte fundamental del proceso de toma de decisiones en las empresas. Todos sabemos que la información y los datos están en todas partes. Se trata de cómo las empresas utilizan estos análisis de datos para perfeccionar sus estrategias.

Para empezar, las empresas deben recopilar tanta información útil de diversas fuentes como sea posible. Puede tratarse de historiales de transacciones, interacciones en el sitio web u otras interacciones de los clientes en las redes sociales, por ejemplo. Una vez recopilada toda la información, una empresa puede comprender lo que les gusta o no a los consumidores, las tendencias del mercado y cómo operar de forma más eficiente.

La siguiente fase es donde la cosa se pone fascinante =. Escucharás a la gente hablar de correlaciones, patrones y tendencias que pueden sonar a galimatías si no te has familiarizado con el análisis de datos. Lo que todo esto significa, sin embargo, es que están identificando cosas sobre sus clientes y mercados que habrían pasado desapercibidas con los métodos tradicionales. Esto ayuda a las empresas a mejorar sus defectos, a crecer más ampliamente en la dirección correcta y a encontrar nuevas formas de cambiar el juego por completo.

Una de las ventajas de utilizar datos es su capacidad para ayudar a crear modelos predictivos. Al examinar los datos históricos, las empresas pueden ver si hay algún patrón o tendencia que merezca la pena aprovechar para el éxito futuro o anticiparse a cualquier cambio repentino en las preferencias de los consumidores o la dinámica del mercado.

La toma de decisiones basada en datos no se utiliza únicamente para comprender a los consumidores; a lo largo de todos los aspectos de la cadena de suministro de una empresa -desde el principio hasta el final-, las empresas optimizarán su estrategia basándose únicamente en los conocimientos obtenidos del análisis de la recopilación de datos.

La última ventaja de la utilización de datos es el grado en que cataliza la innovación. Los macrodatos permiten a una empresa encontrar tendencias, lagunas y necesidades insatisfechas en su mercado. Con este conocimiento, podremos crear productos o servicios que se ajusten perfectamente a las demandas de los consumidores y, en última instancia, seguir siendo relevantes.

Cuando las empresas integran la inteligencia artificial y otros algoritmos de aprendizaje automático en sus operaciones, el cielo es el límite. Estas tecnologías pueden analizar datos en tiempo real. Esta capacidad por sí sola permite a las empresas tomar decisiones rápidas y aprovechar todas las oportunidades. Es como disponer de una solución supereficiente cuando las cosas se ponen difíciles.

Con todas estas formas potenciales de utilizar los datos para las oportunidades de negocio, es fácil ver lo dinámicos y transformadores que se han vuelto los datos. Utilizando las percepciones de sus clientes y sus respectivos mercados, las empresas perfeccionarán sus estrategias con más eficacia que nadie hoy en día. La naturaleza dinámica de las empresas requiere adaptabilidad hoy en día, y los enfoques basados en datos ayudan a hacerlo posible ahora mismo.

2.3 El papel de la creatividad y la innovación

Hay algo mágico que sucede cuando la creatividad y la innovación chocan. Ambas tienen el poder de cambiar nuestra forma de pensar y transformar las empresas en unicornios. Analicemos la importancia de la creatividad como identificador de oportunidades y cómo fomentar un entorno propicio a la innovación puede conducir al éxito.

La creatividad es lo que enciende la chispa bajo toda buena idea. Cuando las empresas cultivan un entorno en el que puede prosperar la creatividad, se dan a sí mismas la oportunidad de descubrir lo que otras empresas podrían perderse. Esto significa acoger nuevas ideas, fomentar la experimentación y aceptar los problemas como oportunidades para encontrar soluciones alucinantes. Al ver las cosas desde esta perspectiva, las entidades también abren los ojos a mercados sin explotar y encuentran formas poco convencionales de crecer, sin seguir los pasos de la competencia tradicional.

La innovación va más allá del desarrollo de productos o servicios revolucionarios: consiste en aplicarlos con eficacia. Y no, no me refiero a tirar todavía todo lo viejo. Para innovar en los mercados existentes, las empresas deben encontrar la manera de redefinir los estándares del sector sin alienar a los clientes que ya disfrutan de sus productos. Es como encontrar el equilibrio perfecto entre los sabores dulce y ácido: ambos son estupendos por separado, pero mejor juntos. Para hacerlo con éxito, es necesario comprender las expectativas de los consumidores y las tendencias futuras. Con este conocimiento, las entidades pueden dar pequeños pasos para revolucionar la forma de hacer negocios.

No excluyas los ejemplos del mundo real. A veces, la gente necesita pruebas tangibles antes de creerse algo, como mi reacción alérgica al marisco. Al analizar casos prácticos en los que la creatividad ha dado lugar a resultados disruptivos, obtendrás la inspiración necesaria para superar los retos, utilizar tu imaginación como brújula para las oportunidades... e incluso puede que algún día vuelvas a comer langosta.

Fomentar la creatividad para identificar oportunidades únicas

Cuando su creatividad natural cobra vida, un aspecto único de la estrategia empresarial trasciende los paradigmas tradicionales. La creatividad se considera a menudo la clave de la innovación, y con razón: cuando las empresas abren nuevos caminos y aprovechan el potencial inexplorado del mercado, pueden conseguir grandes logros.

Fomentar la creatividad empieza por cultivar una cultura organizativa que no sólo nutra el pensamiento imaginativo, sino que también valore las diversas perspectivas. Cuando un lugar de trabajo fomenta la experimentación, aprecia las ideas poco convencionales y promueve la flexibilidad, crea un caldo de cultivo para las ideas innovadoras. Este espíritu debe llegar a todos los rincones de la estructura de la empresa, para que cada persona se sienta capacitada para aportar su visión innovadora.

El principal beneficio de fomentar la creatividad es la capacidad de identificar oportunidades únicas. Los enfoques convencionales no incitan a la gente a cuestionar el statu quo ni a poner en tela de juicio las suposiciones sobre lo que creen saber. Este cambio de mentalidad abre las puertas al reconocimiento de necesidades insatisfechas, el descubrimiento de lagunas en el mercado y la anticipación a las tendencias emergentes.

Fomentar la creatividad también depende en gran medida del pensamiento divergente: combinar múltiples perspectivas para generar ideas únicas. Las personas creativas suelen destacar a la hora de establecer conexiones improbables entre elementos que no parecen estar relacionados a primera vista. Se les da muy bien encontrar patrones donde nadie más los encuentra.

Poner en práctica estos conceptos requiere una alineación estratégica de los valores de la organización, el compromiso de los directivos y estructuras de apoyo como recursos y plataformas de colaboración interfuncionales. Los líderes desempeñan un papel fundamental a la hora de establecer normas de tolerancia al riesgo, incluido el fracaso.

Las empresas que dan prioridad al cultivo de la creatividad tienen más probabilidades de triunfar en entornos en evolución, porque las ideas imaginativas se suceden de forma natural cuando se cultiva una cultura de este tipo.

3.4 Innovar en los mercados existentes

A diferencia de empezar de nuevo en otro mercado, innovar en los existentes requiere familiaridad. Añade nuevos elementos con los que ganar tracción, interesar a los consumidores y establecer la empresa como más competitiva que otras.

La innovación en los mercados abarca desde pequeños ajustes hasta cambios de modelo revolucionarios. Cada esfuerzo pretende mejorar lo que ya está establecido o alterar por completo la norma introduciendo algo nuevo. Aunque ambos tienen sus puntos fuertes, innovar con lo que ya se tiene es a veces más accesible por su familiaridad.

El crecimiento estratégico empieza por comprender quiénes son sus clientes y cómo esperan que funcione su empresa. Al conocer las sutiles diferencias entre preferencias, las empresas pueden ver cuándo surge la oportunidad de un cambio que los clientes adorarán y cuándo ni siquiera notarán que se ha implantado.

Gran parte de la innovación en sectores establecidos empieza por comprender los mercados ajenos al propio. Se trata de familiarizarse con las tendencias emergentes y mantenerse al día de los avances tecnológicos a medida que avanza el tiempo. Este enfoque permite a quienes lo siguen adelantarse a la competencia ofreciendo a los clientes productos que ni siquiera sabían que querían.

Emplear a personas que anhelan el cambio prepara a las organizaciones para el éxito al salir de sus zonas de confort y desafiar cualquier idea que pueda estancarse con el tiempo. Cuando los empleados sienten que deben atenerse a viejas convenciones, es menos probable que sean capaces de pensar de forma creativa cuando más importa.

La frase "si no está roto, no lo arregles" tiene indudable valor. Las mejoras menores siguen siendo beneficiosas siempre que sea posible, siempre que se mantengan dentro de lo que hace que un producto sea único en el mercado. Estos pequeños retoques permiten a las empresas seguir siendo relevantes y satisfacer las expectativas de los clientes. Los que saben detectar las tendencias de consumo antes de que se conviertan en la corriente dominante suelen ser los que más se benefician de ellas.

Aprenda de quienes lo han hecho antes que usted. Muchos estudios de casos muestran a empresas consolidadas que cambian de marca para adaptarse a las demandas cambiantes del mercado, introducen funciones mejoradas o aprovechan la tecnología para dar nueva vida a sus ofertas. Cada ejemplo pone de relieve las estrategias de adaptación de las empresas y cómo pueden defenderse de la competencia y mantenerse vivas en un entorno en constante cambio.

La innovación es fundamental para que las empresas sigan teniendo éxito. Cuanto más se familiarice con este hecho, más posibilidades tendrá de ir un paso por delante de sus competidores.

Casos prácticos de modelos empresariales innovadores

Explorar estudios de casos de modelos empresariales innovadores nos permite examinar las estrategias de las empresas para adaptarse y prosperar al tiempo que alteran las normas tradicionales. Estos ejemplos nos muestran cómo el pensamiento creativo puede remodelar las industrias y redefinir lo que las hace exitosas.

Un gran ejemplo es Netflix. Se convirtió en uno de los servicios de streaming más extendidos del mundo al transformar nuestra forma de ver la televisión. Su modelo basado en suscripciones era perfecto para los consumidores modernos que querían cosas a la carta, e hizo omnipresente el binge-watching. Esto creó un escenario beneficioso tanto para los consumidores como para las empresas, ya que les proporcionaba una fuente de ingresos constante al tiempo que ofrecía a los usuarios la flexibilidad que deseaban.

Spotify es otro brillante ejemplo de enfoque innovador que ha dado sus frutos. Con su plataforma de música en streaming, llevó a nuevas cotas el modelo freemium, que ofrece servicios esenciales gratuitos con opciones premium de pago. Al regalar parte de su producto, Spotify pudo atraer a millones de usuarios más que si hubiera pedido dinero por adelantado, creando tantas oportunidades como fuera posible para convertir a los oyentes en clientes de pago.

Airbnb revolucionó el sector hotelero ofreciendo a los viajeros alojamientos únicos a través de su plataforma de economía colaborativa. Aprovecharon la tecnología para ofrecer experiencias personalizadas que los hoteles no podían ofrecer, aprovechando el creciente apetito de los viajeros por algo más que una típica estancia en un hotel. Esto demuestra que reimaginar viejas industrias genera nuevas oportunidades económicas que antes habrían sido inimaginables.

El modelo de venta directa al consumidor de Warby Parker les permitió recortar considerablemente los costes para los consumidores de gafas al eliminar intermediarios y vender directamente en línea, una estrategia explotada por Tesla, que también prescindió de los concesionarios con la venta directa de vehículos eléctricos. Ambas empresas pudieron mantener el control sobre la experiencia del cliente y la calidad a través de estos nuevos modelos, llevando a los clientes hacia la sostenibilidad sin sacrificar el estilo o la elección.

Estos estudios de casos ponen de relieve cómo los modelos empresariales estratégicos pueden conducir al éxito innovador. Nos demuestran que, si queremos seguir el ritmo de un mundo en constante cambio, debemos cuestionar lo que conocemos como "normal" y adoptar nuevas formas de tecnología.

Creación de redes y aprovechamiento de las relaciones

Sumergirse en el extenso mundo de las redes y utilizar las relaciones revela un paisaje dinámico e interconectado que desempeña un papel importante en la configuración de la vida profesional. La creación de redes influye profundamente en las oportunidades, por lo que las conexiones interpersonales se consideran puertas de acceso a posibilidades imprevistas. Las personas no sólo comparten conocimientos e ideas a través de estas conexiones, sino que también acceden a un abanico de oportunidades que, de otro modo, permanecerían ocultas.

Crear conexiones más allá de las amistades básicas crea una sólida red de contactos, que a menudo trasciende sectores y disciplinas. Cuando los profesionales ven su red como algo más que otra lista de contactos, pueden abrir puertas a la colaboración, el intercambio de conocimientos y el apoyo mutuo, lo que podría suponer el cambio de juego que necesitan. Cuando se dispone de muchas perspectivas, surgen nuevas ideas, soluciones innovadoras y empresas de colaboración.

La sinergia impulsa todas las asociaciones entre individuos, organizaciones o industrias, combinando fuerzas únicas para obtener un resultado más significativo. Las asociaciones estratégicas implican alianzas sustanciales a largo plazo diseñadas para garantizar que todas las partes implicadas obtengan un valor sostenido del acuerdo. Cuando los objetivos se alinean así con los recursos, cada entidad mejora sus capacidades y abre vías adicionales para el crecimiento y el éxito compartidos.

El impacto de las redes en el descubrimiento de oportunidades

La profunda influencia del trabajo en red en el descubrimiento de oportunidades es un aspecto del desarrollo profesional que implica conectar con la gente, lo que te permite desbloquear nuevas posibilidades.

No se trata sólo de tarjetas de visita y charlas casuales. El networking crea caminos por los que las personas pueden encontrar oportunidades por accidente. A medida que el mundo del crecimiento profesional se vuelve más complejo, las conexiones creadas a través del networking desempeñan un papel importante a la hora de ayudar a otros a descubrir opciones que antes no habrían visto. Los actos formales y las reuniones informales facilitan el intercambio de información entre todas las partes implicadas, incluyendo ideas, tendencias del mercado y oportunidades que podrían hacer o deshacer la carrera de alguien.

En los esfuerzos empresariales, la creación de redes cataliza la creación de oportunidades más que el mero descubrimiento. Con ella, las ideas se intercambian a un ritmo que nunca antes se había creído posible, y la colaboración fomenta asociaciones que sorprenden incluso a personas como yo. Los emprendedores a menudo descubren que sus oportunidades más prometedoras surgen de la intersección de diversas perspectivas y conjuntos de habilidades, facilitadas por una sólida red profesional.

Interactuar con otras personas que han llevado vidas diferentes a la tuya amplía tu visión del mundo y puede ayudarte a avanzar. Gracias a la tutoría de quienes han estado donde tú quieres llegar, las personas pueden afinar sus objetivos de crecimiento.

El impacto de la creación de redes en el descubrimiento de oportunidades es inmediato y duradero. Cuando dos mentes trabajan juntas y conectan de forma creativa, lo más probable es que ocurra algo único. El trabajo en red crea un entorno en el que los acontecimientos improbables se producen de forma orgánica.

A medida que las personas cultivan y amplían sus redes, crecen junto a ellas. Esto les proporciona no sólo encuentros fortuitos, sino también iniciativas de colaboración con otras personas en momentos en que las necesitan.

Crear y utilizar redes profesionales

Establecer relaciones profesionales es una parte vital de cualquier carrera. Es mucho más valioso que las interacciones breves o los encuentros puntuales.

Establecer relaciones es algo más que intercambiar tarjetas de visita o conectar con otras personas en Internet. Se trata de conectar activamente con individuos fuera de tu círculo actual. Cuanto más extensa sea la red, mejor, pero lo que es aún más importante es el abanico de mentores a compañeros; un amplio abanico puede crear una atmósfera perfecta para el crecimiento personal y colectivo.

Hay muchas formas de ampliar tu red de contactos. Puedes colaborar con una asociación, unirte a comunidades en línea, asistir a conferencias o incluso participar en foros. Todas estas cosas te permiten expandirte como individuo a la vez que te dan la oportunidad de conectar con otras personas que comparten tus intereses.

Empezar a crear una red es la mitad de la batalla. Tendrás que trabajar horas extras para seguir cultivando las conexiones que hayas hecho. Quedar para tomar un café, hablar por teléfono o colaborar en proyectos son formas estupendas de fortalecer las relaciones y, con el tiempo, convertirse en amigos íntimos.

Construir y luego utilizar esta red profesional va más allá de tener esas conexiones. Piensa en el valor que podrías ofrecer a otra persona si viniera a pedirte consejo; piensa ahora en lo valioso que sería el consejo de otra persona si tú necesitaras ayuda para decidir. Compartir recursos crea un entorno en el que todos pueden prosperar mediante la colaboración, aprender juntos y, en última instancia, avanzar en sus respectivas profesiones.

El espíritu empresarial también se nutre de redes como éstas, en las que los emprendedores acceden a oportunidades de financiación, opciones de asociación y perspectivas sobre las tendencias del mercado. Contar con tantas personas con experiencia en un mismo lugar siempre dará lugar a grandes cosas, como el desarrollo de nuevos proyectos e ideas, ya que cada uno aporta un conjunto de habilidades diferentes.

Crear una red profesional es esencial para el éxito; no hay otra forma de decirlo. El desarrollo cuidadoso de las conexiones, el compromiso activo y una mentalidad mutua crean un entorno que permite a cada individuo adaptarse rápidamente y recuperarse del fracaso. Cuando se cultivan las relaciones profesionales, todo se cierra para quienes trabajan juntos, haciendo que sus objetivos sean fácilmente alcanzables siempre que sigan dedicados a conseguirlos.

Colaboraciones y asociaciones estratégicas

Explorar cómo pueden colaborar las empresas y entidades para lograr el éxito colectivo es siempre complejo. El mundo empresarial está lleno de oportunidades para crecer y estrechar lazos con los demás, pero solo si sabes dónde buscar.

Cuando se trabaja con otras empresas, muchas cosas pueden ir mal. Pero una cosa es segura: por muy bien que funcione su empresa, juntos somos más fuertes que separados. Los empresarios se enfrentan a innumerables retos diarios, que sólo pueden abordarse con ayuda. Por eso es esencial encontrar alianzas en su sector que tengan sentido para ambas partes.

Para empezar, la colaboración funciona mejor cuando los puntos fuertes son complementarios y no similares. Puede sonar extraño en un principio, pero piénsalo detenidamente durante un segundo. Con distintos conjuntos de habilidades de cada parte en la mesa, los problemas se abordarán de formas que a ninguno se le habrían ocurrido por sí solo. Este nivel de diversidad va incluso más allá cuando se habla de explorar nuevas vías o probar nuevas ideas.

Por el contrario, las asociaciones estratégicas pueden cambiar el rumbo de una empresa para siempre. Estas colaboraciones se producen cuando dos grupos aplican planes a largo plazo centrándose en valores y objetivos compartidos.

En un mercado tan competitivo como el actual, el éxito de una nueva empresa es una ardua tarea. Intentar abrirse paso en un sector dominado por actores más prominentes a veces parece un objetivo imposible. Pero aún es posible si se fomentan estas asociaciones únicas, que ofrecen acceso a clientes o canales de distribución establecidos, algo en lo que las empresas tecnológicas que buscan un crecimiento más rápido han llegado a confiar por sí mismas.

La capacidad de recuperación debe fomentarse siempre en el equipo, sea cual sea el sector al que se dedique. Un equipo capaz de adaptarse y pivotar en una fracción de segundo no sólo es valioso, sino indispensable. Las empresas conjuntas suelen encarnar esta sinergia en su máxima expresión, ya que startups y empresas globales se unen para crear nuevas soluciones o ideas.

Estas relaciones pueden ser muy variadas, pero todas tienen algo en común: son una forma de reconfigurar sectores al tiempo que facilitan la vida a todos los implicados. Es fácil sentir que estás retrocediendo cuando intentas algo que parece arriesgado, pero créeme cuando te digo que no te pasará nada.

2.5 Avances tecnológicos y oportunidades de negocio

La intersección entre empresa y tecnología es un lugar fascinante. Son como dos piezas de puzzle que encajan a la perfección. La tecnología da origen a nuevas ideas e innovaciones, mientras que la empresa transforma esas ideas en algo tangible. Pero la conexión no es unidireccional. A medida que las empresas crecen, también lo hace la tecnología.

Es una relación verdaderamente transformadora.

Una de las caras de esta relación es la noción de la tecnología como combustible para las nuevas empresas. La innovación afecta profundamente a nuestro mundo, permitiéndonos derribar viejos sistemas y construir otros mejores en su lugar. Cuando los emprendedores tienen acceso a estos avances, les ayudan a crear ideas y servicios innovadores que cambian todo lo que sabemos sobre el funcionamiento de las empresas. La creatividad se mezcla con la tecnología para formar una fuerza tan poderosa que hay pocas barreras que no pueda superar.

La adaptación estratégica dentro de las empresas establecidas se encuentra en la otra cara de esta moneda tecnológica. El mundo cambia a un ritmo cada vez más rápido. Debemos seguir el ritmo o arriesgarnos a quedar rezagados frente a competidores más previsores, que ven en el progreso una oportunidad y no un obstáculo.

Los avances tecnológicos allanan el camino para mejorar la eficiencia, mejorar la experiencia de los clientes y aumentar el impacto de las operaciones.

Pero te quedarás atrás si no sigues avanzando.

Los mercados tecnológicos emergentes son oportunidades de crecimiento. Los empresarios que siguen el pulso de la tecnología punta pueden detectar las nuevas tendencias antes de que exploten.

La IA, la cadena de bloques, la biotecnología y las energías renovables están creciendo a una velocidad vertiginosa en estos momentos. Las empresas bien posicionadas para aprovechar estas olas serán sin duda testigos de primera mano de un crecimiento increíble, tanto desde el punto de vista económico como industrial, a medida que ayuden a dirigir el mundo hacia soluciones más innovadoras.

La narrativa es sencilla: la tecnología nos hace mejores, más rápidos y más vitales si la utilizamos de la forma adecuada.

La tecnología como catalizador de nuevas ideas empresariales

Explorar la idea de la tecnología como catalizador en los negocios desvela una historia apasionante llena de posibilidades transformadoras. La tecnología ha cambiado nuestro mundo y se ha convertido en mucho más que una herramienta. Impulsa la concepción, el desarrollo y la realización de nuevas ideas.

La tecnología desempeña su papel dándote espacio para flexionar tus músculos creativos. Las infinitas posibilidades que ofrecen los avances de la IA o la analítica de datos sientan las bases perfectas para que las personas reimaginen sistemas obsoletos, al tiempo que crean nuevas vías de negocio. Los emprendedores han empezado a ver la tecnología como algo más que un medio para alcanzar un fin, sino como un medio a través del cual explorar territorios inexplorados, identificar lagunas en mercados específicos y crear formas innovadoras de satisfacer las crecientes necesidades de los consumidores.

Gracias a su accesibilidad generalizada, la tecnología permite que cualquier persona con una gran idea y una conexión a Internet convierta su visión en realidad. Por ello, 7vemos cómo personas de toda condición se unen al ecosistema emprendedor, creando esta enorme reserva de ideas únicas, ya que proceden de diversos entornos.

La tecnología también obliga a las empresas a adoptar estrategias adaptativas que les ayuden a mantenerse al día de la dinámica cambiante del mercado. Los que quieren mantenerse en cabeza comprenden la importancia de integrar estas nuevas tendencias en sus modelos de negocio desde el principio. Con herramientas de comunicación de vanguardia a nuestra disposición, no tenemos excusas para no disponer de un servicio de atención y asistencia al cliente de primera categoría. Tenemos todo lo que necesitamos para tomar decisiones precisas, basadas en datos, que nos ayudarán a seguir siendo ágiles incluso cuando todo lo demás parezca desmoronarse.

A los empresarios de hoy en día les cuesta un poco convencerse de la ventaja a la que estarían renunciando si no aprendieran a utilizar la tecnología con eficacia. Todo el mundo sabe que hay que utilizar Internet para entender a los clientes y llegar a otros nuevos. Los que dominen esto serán capaces de entender los comportamientos de sus clientes mejor que los demás, y llegarán a ellos más rápido. Serán capaces de ajustar su modelo de negocio en un abrir y cerrar de ojos cuando cambien las tendencias.

Como ya he dicho, las plataformas fintech que están transformando las finanzas tal y como las conocemos o los gigantes del comercio electrónico como Amazon son ejemplos perfectos de cómo la tecnología puede hacer avanzar a las industrias al tiempo que crea nuevas ideas. Tampoco se detendrá aquí. La tecnología está en constante crecimiento y evolución, y seguro que nos esperan muchos más avances alucinantes. Todo lo que necesitamos ahora son emprendedores con la visión necesaria para aprovecharlos.

La tecnología no sería nada si no facilitara las cosas, especialmente en los negocios. Nos da acceso a información y herramientas prácticamente ilimitadas, pero, lo que es más importante, nos ayuda a hacer realidad las visiones empresariales.

Adaptación a los cambios e innovaciones tecnológicos

Todas las personas, empresas y sociedades deben adaptarse para prosperar en esta era de rápidos cambios tecnológicos. Lo que es actual hoy puede quedar obsoleto mañana. A medida que estos avances adopten formas diferentes en las distintas industrias y sectores, los retos -y oportunidades- que planteen irán cambiando de forma.

En un entorno así, la adaptabilidad es sinónimo de supervivencia. Hay que aprender a adaptarse a los golpes a todos los niveles para salir airoso de este nuevo mundo.

Esto significa algo más que adoptar nuevos aparatos o sistemas de software. Aunque estos pueden ayudar, el verdadero éxito comienza con la creación de una cultura que valore la innovación y el aprendizaje. Es necesario que todos, desde el becario más reciente hasta el empleado más veterano, abracen la era digital y cosechen los frutos.

Los gobiernos también deben cambiar su enfoque para seguir el ritmo de la innovación impulsada por los avances tecnológicos. No se puede regular algo hasta la muerte -especialmente cuando cambia tan rápido como la tecnología en los últimos tiempos-, pero tampoco se pueden ignorar sus peligros potenciales. La regulación futura va a estar en la cuerda floja.

Pero incluso quienes no están interesados en ganar dinero con estos cambios se juegan mucho personalmente. Aprender tecnología es ahora crucial para progresar profesionalmente en todos los sectores. No se sabe qué ocurrirá mañana si no se intenta al menos estar al día hoy.

Las redes sociales y los teléfonos inteligentes ya están cambiando drásticamente el comportamiento humano, nos guste o no. Aunque comprender estas cosas es esencial, conocer sus inconvenientes también es importante. Muchos sólo se enteran de los peligros que entrañan cuando ya es demasiado tarde.

Por supuesto, adaptarse a un mundo tan cambiante puede ser todo un reto. Siempre existe la preocupación de perder el trabajo o descubrir que tu última compra está filtrando tu número de la seguridad social en la web oscura. Y a medida que avanzamos, ¿quién sabe a qué otros dilemas éticos y morales nos enfrentaremos? Pero si nos unimos como individuos, empresas y naciones, podemos asegurarnos de obtener los mejores resultados.

Oportunidades en los mercados tecnológicos emergentes

En la dinámica encrucijada de la tecnología y los mercados, sectores emergentes como la inteligencia artificial, la cadena de bloques, la biotecnología y las energías renovables son algo más que agentes del cambio. Por el contrario, ofrecen grandes oportunidades para que los emprendedores visionarios y las empresas con visión de futuro abran nuevas vías de crecimiento y desarrollo.

El rápido avance de la inteligencia artificial se ha convertido en una influencia transformadora, que reconfigura el panorama operativo de las empresas y proporciona capacidades sin parangón. En los mercados tecnológicos emergentes, abundan las oportunidades para quienes aprovechan la IA para mejorar los procesos de toma de decisiones, automatizar tareas y encontrar soluciones novedosas a problemas complejos. Los empresarios que se aventuran en aplicaciones basadas en la IA, desde el análisis predictivo al procesamiento del lenguaje natural, se encuentran en la vanguardia de la innovación, preparados para remodelar sectores y allanar el camino a avances nunca vistos.

Blockchain, una tecnología de registro descentralizado, se ha convertido en un elemento perturbador con potencial para revolucionar diversos sectores. Sus características inherentes -transparencia, seguridad e inmutabilidad- la convierten en la piedra angular de soluciones innovadoras en finanzas, cadena de suministro y sanidad. Los emprendedores que exploran oportunidades en los mercados de tecnología blockchain pueden desbloquear nuevos ámbitos de eficiencia, trazabilidad y confianza en los procesos empresariales, creando ecosistemas descentralizados que redefinen los paradigmas tradicionales.

La biotecnología, donde la biología se une a la tecnología, ofrece la oportunidad de realizar innovaciones revolucionarias. Desde la ingeniería genética a la medicina personalizada, los empresarios de los mercados biotecnológicos emergentes pueden resolver acuciantes retos de salud humana, agricultura y sostenibilidad medioambiental. La convergencia entre los avances tecnológicos y las ciencias biológicas abre las puertas a soluciones transformadoras que permiten a las empresas contribuir a mejorar el entorno de la salud humana.

La energía renovable es un punto central del reto mundial de la sostenibilidad, que es también un mercado floreciente con un enorme potencial. La integración de los avances tecnológicos en energía solar, eólica y otras fuentes renovables ofrece a los empresarios la oportunidad de contribuir a un futuro más sostenible, fomentar la protección del medio ambiente e impulsar el crecimiento económico. Las empresas que se aventuren en los mercados tecnológicos emergentes de las energías renovables serán fundamentales para acelerar el cambio hacia soluciones energéticas más limpias y eficientes.

Navegar por estos mercados tecnológicos emergentes requiere algo más que destreza tecnológica: exige una comprensión estratégica de la dinámica del mercado, el panorama normativo y las necesidades de los consumidores. Los empresarios que descifren la intrincada interacción entre la tecnología y el mercado estarán en condiciones de aprovechar oportunidades sin explotar. La naturaleza colaborativa de los mercados tecnológicos emergentes fomenta las asociaciones, el intercambio de conocimientos y las colaboraciones entre sectores, lo que amplifica el potencial de innovación y crecimiento.

El panorama mundial de los mercados tecnológicos emergentes está marcado por la diversidad y el dinamismo. Se extiende más allá de los límites tradicionales de las industrias, invitando a mentes creativas y empresas con visión de futuro a explorar territorios inexplorados. Los emprendedores de los mercados tecnológicos emergentes actúan como catalizadores del cambio, ya sea utilizando la inteligencia artificial para redefinir la eficiencia, implementando blockchain para transacciones transparentes y seguras, siendo pioneros en innovaciones biotecnológicas para la salud y la sostenibilidad, o liderando avances en energías renovables. Desempeñan un papel crucial a la hora de moldear un futuro en el que la tecnología se utilice para mejorar las vidas humanas y el planeta. En este dinámico tapiz de oportunidades, quienes navegan por la intersección de la tecnología y los mercados con visión y agilidad están preparados para dar forma al futuro de las industrias y contribuir a un mundo tecnológicamente más avanzado y sostenible.

2.6 Evaluación del panorama competitivo

Explorar el flujo y reflujo de la competencia es imprescindible para las empresas que quieren prosperar en estos mercados vertiginosos. Esto empieza por evaluar a los rivales a través de sus estrategias para identificar los sectores rentables del mercado y las ventajas de los competidores. Con este escrutinio, las empresas tendrán una riqueza de conocimientos que va más allá de la simple rivalidad, lo que les dará una ventaja sobre sus oponentes.

Analizar a un competidor es mucho más complejo que examinar lo que hace. Para entender dónde puede su empresa ganar ventaja en determinados lugares, necesita saber dónde están dejando los competidores de cubrir lagunas o necesidades no satisfechas de los clientes. Una vez identificados, puede ponerse en situación de crecer y diferenciarse de los demás, que pueden estar demasiado centrados en una sola cosa.

Al mismo tiempo, saber qué es lo que hace que sus competidores sean buenos en lo que hacen también le ayuda a entender cómo mejorar mientras compensa las áreas en las que son débiles. Mantente al día de las tendencias del sector y observa cómo se diferencian otras empresas; así, siempre estarás al día de todo, incluida la innovación o la sostenibilidad.

Este tipo de evaluación no es un proceso puntual, sino que debe supervisarse constantemente mientras se dirija una empresa.

Analizar a la competencia para encontrar nichos de mercado

Saber cómo crear una posición distintiva en el mercado es crucial. Cualquier exploración de posibles nichos de mercado implica conocer los puntos fuertes, débiles y estrategias de los competidores; de este modo, podrá descubrir los puntos sin explotar y las oportunidades de su nicho.

El análisis de la competencia comienza con el examen de los productos y servicios rivales. Deberá observar sus características, su estrategia de precios y su propuesta de valor general. Al comprender lo que aportan los competidores al mercado, puede identificar las lagunas o las áreas en las que se necesita innovación y diferenciación.

Para este análisis, también debe examinar el público objetivo y la base de clientes de sus rivales. Infórmese sobre ellos, incluyendo datos demográficos, comportamiento del consumidor y preferencias. Esto le ayudará a identificar segmentos que pueden estar desatendidos o pasados por alto por su competencia, ayudándole a crear su nicho de mercado único.

Entremos ahora en el meollo del marketing y los canales de distribución. Aquí querrás examinar cada movimiento de tu competencia, ya que te proporcionará información sobre posibles lagunas o ineficiencias en el mercado.

El siguiente paso es comprender cómo opera diariamente su competencia. Familiarícese con la eficiencia de su cadena de suministro, sus capacidades de producción y sus redes de distribución, para poder compararlas con las suyas. Esto le permitirá identificar las áreas en las que carecen de eficiencia, lo que le permitirá abalanzarse sobre una oportunidad.

Manténgase siempre alerta. El panorama empresarial está en constante evolución; vigilar constantemente los cambios en las estrategias de los competidores y las opiniones de los clientes será beneficioso para encontrar esos nichos de mercado iniciales. Sólo entonces podrá ajustar y mejorar su estrategia, manteniéndose al día con el panorama empresarial en constante cambio.

Comprender las ventajas competitivas

Comprender las ventajas competitivas es crucial para las empresas en un mercado muy disputado. Para ello, debe examinar qué hace que su empresa sea única entre la competencia y cómo esto le proporciona una ventaja en el mercado.

Una forma de hacerlo es examinar su propuesta de valor empresarial. Averigüe en qué benefician más sus productos o servicios a los clientes. Una vez que sepa qué es lo que le distingue, adelántese a sus competidores. Puede ser, por ejemplo, una calidad superior, características innovadoras o un servicio de atención al cliente excepcional.

Profundizar en sus procesos operativos también puede suponer ventajas frente a la competencia. Revise si hay algún proceso interno en el que pueda ahorrar dinero o hacer las cosas más eficientes a lo largo de la cadena de suministro. Estas tácticas ayudarán a reducir costes y aumentar la eficiencia.

Al asociarse con otras empresas, pueden acceder a nuevos mercados y recursos que de otro modo no tendrían. Cuando se utilizan correctamente, estas asociaciones pueden dar a una empresa el impulso que necesita para mantenerse a la cabeza de su respectivo mercado.

Conocer los comportamientos y tendencias de los consumidores también es fundamental para saber cómo adelantarse a la competencia. Una empresa debe estar al tanto de las tecnologías emergentes y los cambios económicos para adaptarse a ellos.

Una imagen positiva es crucial para el éxito a la hora de comercializar un producto o servicio. La fidelización a la marca hace que los clientes no tengan más remedio que elegir su empresa en lugar de otras, aunque les cueste más de lo que les costaría otra opción.

La ventaja competitiva se deriva de entender por qué la gente elige una cosa en lugar de otra, ya sea la diferenciación del producto, la eficiencia operativa, las asociaciones estratégicas, el conocimiento del mercado o los esfuerzos de marca. Al esforzarse en estas áreas, las empresas se preparan para el éxito, siempre que también trabajen duro para crear resiliencia ante futuros obstáculos.

2.7 Evaluación de la viabilidad y la rentabilidad

¿Quiere embarcarse en una aventura empresarial arriesgada y creativa? El primer paso es determinar si es factible. No te preocupes, hay formas de hacerlo sin comprometerse en exceso. Examinando los muchos factores que intervienen en esta decisión desde distintos ángulos, podrá decidir si debe o no seguir adelante con su costosa quimera.

Una empresa necesita examinar las oportunidades del mercado investigando sus tendencias. Si los consumidores necesitan lo que usted vende y estas necesidades son oportunidades de mercado emergentes, su idea tiene potencial. Ahondar en todos los aspectos de tu concepto te permitirá tomar decisiones más informadas antes de invertir tiempo y recursos.

También ayuda saber que hay gente interesada en comprar lo que se pretende vender, y es crucial fijar un precio que tenga sentido para ambas partes. Evaluar los riesgos y las barreras de entrada añade una capa de profundidad al proceso de evaluación. Los empresarios tienen que sortear amenazas como la competencia, las normativas, las recesiones económicas y otras posibilidades negativas. Cuanto mejor comprendan estos riesgos, mejor preparados estarán cuando aparezcan las amenazas.

Evaluar la viabilidad y la rentabilidad es una tarea ardua. Es esencial determinar si algo podría funcionar financieramente. Al identificar los riesgos potenciales desde el principio, los empresarios se preparan mentalmente para cualquier cosa terrible que pueda surgir y diseñan planes preventivos para contrarrestar los problemas. También es necesario buscar barreras, porque uno puede pensar que una idea es única, pero otros en su sector ya están haciendo algo parecido. Recuerde, a medida que profundizamos en este tema, que no hay nada como estar demasiado preparado.

Técnicas de evaluación preliminar de oportunidades de negocio

Evaluar el potencial de una empresa puede resultar confuso. El proceso requiere un enfoque sutil y estratégico, para asegurarnos de que sabemos en qué nos estamos metiendo. Una parte de esto es la evaluación preliminar de las oportunidades de negocio, que nos ayuda a navegar por todas las posibilidades y elecciones que tendremos que hacer al iniciar nuestras empresas.

Una de las técnicas consiste en analizar a fondo las tendencias del mercado. Hay que examinar las preferencias de los consumidores, la dinámica del sector y las tecnologías emergentes. Comprendiendo cómo funciona el mercado, se pueden identificar lagunas o áreas maduras para la innovación, sentando las bases para una idea que encaje en el mundo de hoy y de mañana.

Las necesidades de los consumidores también desempeñan un papel importante. Deben escuchar e investigar qué despierta el interés de su público objetivo. Una vez que averigüen qué es lo que les hace vibrar, tendrán que adaptar su oferta en torno a estos puntos clave y, al mismo tiempo, aportar valor en otros aspectos, con el fin de destacar.

Para asegurarse de que se mantiene en cabeza y no se mezcla con los demás, querrá evaluar a los competidores actuales y determinar posibles formas de destacar. Hacer algo que a los demás aún no se les haya ocurrido puede suponer un gran avance, ya se trate de características o servicios distintivos, productos de mayor calidad o enfoques innovadores.

Por otra parte, si planea hacer funcionar su empresa, seguirá necesitando dinero al final del día. Por eso los estudios de viabilidad financiera son fundamentales para evaluar las oportunidades de negocio. Antes de dar el paso definitivo, hay que considerar detenidamente los costes potenciales, como las previsiones de inversión inicial y los gastos operativos. De lo contrario, podría encontrarse en bancarrota incluso antes de empezar.

Esta parte de la puesta en marcha de tu negocio tiene que ver con la escalabilidad, o el potencial de crecimiento y expansión a lo largo del tiempo. Sólo a veces es posible, pero si hay oportunidades de sacar provecho de cosas como el aumento de la demanda, hay que tenerlas en cuenta. La gestión de un negocio tiene muchas partes diferentes, lo que puede resultar abrumador. Sin embargo, puede prepararse muy bien navegando por los deseos y necesidades de los consumidores, las tendencias del mercado, el panorama competitivo, la viabilidad financiera y la escalabilidad.

Estimación de la demanda del mercado y potencial de beneficios

Comprender la demanda del mercado y determinar el potencial de beneficios es fundamental a la hora de elaborar estrategias empresariales y orientarse en un mercado complejo. Esta evaluación implica valorar muchos factores que influyen en el comportamiento de los consumidores, la viabilidad financiera y la dinámica del mercado.

Estimar la demanda del mercado es fundamental para medir el éxito de una aventura empresarial. Hay que analizar lo que mueve a los consumidores, lo que quieren, sus preferencias (que suelen cambiar) y sus pautas de compra para identificar las expectativas y los puntos débiles del público objetivo. Al comprender la demanda del mercado, las empresas pueden adaptar sus ofertas a las personas para las que están diseñadas; pueden hacer cosas que resuenen con los clientes.

La evaluación del potencial de beneficios va de la mano de la comprensión de las estructuras de costes para garantizar la sostenibilidad financiera de una empresa. Hay que prever las posibles fuentes de ingresos, teniendo en cuenta las estrategias de precios, los volúmenes de ventas y la cuota de mercado global.

La estimación de la demanda del mercado tiene mucho que ver con el potencial de beneficios, ya que estas dos cosas trabajan juntas, conformando el núcleo del éxito de una empresa. Para mantenerse por delante de sus rivales, tendrá que seguir innovando sus productos o servicios para que sigan siendo los preferidos de los clientes año tras año.

Los factores externos, como las condiciones económicas, también influyen en la estimación de estos dos aspectos del negocio: manténgase alerta. No querrá sorpresas en el camino porque, hoy más que nunca, las empresas deben ser capaces de adaptarse en cualquier momento si quieren sobrevivir a este mercado salvaje.

Estimar la demanda del mercado y el potencial de beneficios antes de emprender cualquier empresa es esencial. Con estos dos datos, es probable que su empresa tenga éxito. Asegúrese de comprender los comportamientos de los consumidores, prever los flujos de ingresos y mantenerse al día de la dinámica del mercado para orientar su empresa hacia el mejor curso de acción para el éxito.

Evaluación de riesgos y barreras de entrada

Comprender la demanda del mercado y calibrar el potencial de beneficios desempeñan un papel inmenso en la estrategia empresarial. Para ti y para otros que buscan el éxito, estos dos factores sirven de guía en un mercado en constante cambio.

Analizando el comportamiento, las preferencias y las tendencias de los consumidores, las empresas pueden identificar oportunidades aún por aprovechar. También pueden comprender las carencias de las soluciones existentes. Esto permite a las empresas adaptar sus productos o servicios a lo que quieren los consumidores.

Estimar el potencial de beneficios de una empresa es tan importante como conocer su potencial de ventas. Hay que profundizar en los aspectos financieros de la empresa, como la previsión de ingresos, las estructuras de costes y las estrategias de precios.

La demanda del mercado y el potencial de beneficio van de la mano. Para que una empresa tenga éxito, debe responder a todas las demandas actuales y, al mismo tiempo, predecir los deseos y necesidades futuros de los consumidores. Responder a estas tendencias posiciona a las empresas como líderes innovadores y las conduce hacia la sostenibilidad a largo plazo.

Factores externos como la situación económica, los avances tecnológicos y las tendencias sociales determinan directamente la demanda del mercado y el potencial de beneficios. Las empresas que se mantienen atentas a estas fuerzas pueden adaptarse en consecuencia, situándose así por delante de su competencia.

Una buena forma de garantizar la rentabilidad a largo plazo es mantenerse a la vanguardia de la innovación dentro de un sector específico. Evolucionando continuamente e introduciendo novedades, las empresas pueden diferenciarse de otras del mercado, lo que a su vez atraerá a los clientes.

Sólo en algunos movimientos hay mucho en juego, pero estimar la demanda del mercado o analizar el potencial de beneficios es crucial para el éxito. Los que dan un paso más y examinan a fondo el comportamiento de los consumidores y las influencias externas siempre salen ganando, porque saben exactamente lo que quieren los clientes.

2.8 Consideraciones jurídicas y éticas

Saber qué es legal y qué es ético es crucial en el mundo de los negocios. Los hombres y mujeres de negocios tienen que caminar por esta cuerda floja en cada nueva aventura en la que se embarcan. Esta compleja danza contiene muchos elementos, como los requisitos legales para las nuevas oportunidades, los entresijos de la ley de propiedad intelectual y la toma de decisiones éticas.

Comprender los requisitos legales es fundamental para su andadura, empezando por los fundamentos. Debe saber cómo registrar una empresa, obtener una licencia y comprender las normativas específicas del sector si quiere que su empresa tenga éxito. Por supuesto, si no cumple estos requisitos, puede enfrentarse a consecuencias financieras o incluso arruinar su propia empresa.

Las leyes de propiedad intelectual añaden otra capa de complejidad a esta tarea ya de por sí difícil. Muchos empresarios se preguntan constantemente: "¿Cómo puedo hacer que mi idea sea mejor que la de los demás y luego conservarla?". Para algunos, pueden ser las patentes, las marcas comerciales o la legislación sobre derechos de autor para proteger sus ideas de otros que intenten robarlas. Pero antes de lanzarse de cabeza a solicitar una patente, tendrá que hacer primero los deberes y buscar adecuadamente cualquier patente existente que pueda resultar problemática en el futuro. Siguiendo estas reglas, mantendrá su idea a salvo y dispondrá de la munición necesaria si alguien intenta robársela.

Aunque la legalidad suele primar en las operaciones empresariales, la ética nunca debe dejarse de lado. Al tener en cuenta el bien y el mal a la hora de decidir sobre posibles proyectos, los empresarios pueden responsabilizarse de cualquier daño que puedan causar posteriormente a las partes interesadas o a la sociedad. Las directrices éticas incluyen ser transparente con los clientes, ser honesto con uno mismo y tratar a todos con decencia, sin importar quiénes sean, especialmente cuando hay beneficios de por medio.

Los aspirantes a empresarios deben recordar lo complicado que es navegar por este sistema. Incluso los empresarios con más éxito fracasarán en un momento u otro a la hora de encontrar un equilibrio entre todo. Pero si puedes caminar por todas estas líneas, tu negocio estará bien encaminado hacia el éxito.

Requisitos legales para las nuevas oportunidades de negocio

El camino hacia nuevas oportunidades de negocio está plagado de complejidades jurídicas. Debe estar alerta y asegurarse de que no surgen complicaciones de su propia cosecha. Los requisitos legales de las nuevas oportunidades de negocio sientan las bases de las operaciones futuras, por lo que hay que tener mucho cuidado.

Una de las principales cosas que un empresario debe registrar lo antes posible es su empresa. Esto es necesario para cumplir las leyes jurisdiccionales que rigen su ubicación geográfica. Un ejemplo sería registrar una empresa unipersonal, una sociedad colectiva o una sociedad anónima. Si no da este paso, podría sufrir graves consecuencias como multas monetarias, demandas judiciales o incluso verse obligado a cerrar. Profundizaremos más en las estructuras empresariales legales en el capítulo 7.

La concesión de licencias es otra necesidad legal a la hora de crear una nueva oportunidad de negocio. Tendrá que cumplir todos los parámetros de concesión de licencias, dependiendo del ámbito de su nueva empresa. Algunos ejemplos son los permisos sanitarios, los permisos medioambientales o las licencias específicas del sector. Para esta parte, tendrá que investigar su tipo de negocio específico. Si no lo hace, las autoridades podrían cerrarle el negocio.

Cumplir las normativas específicas de un sector puede parecer una carga, pero están ahí por algo. Los distintos sectores tienen normas y requisitos diferentes y, si quieres que se tomen en serio sus negocios, tienes que conocerlos todos.

Conocer la legislación laboral es otro requisito legal para las nuevas oportunidades de negocio. Dado que el salario mínimo, las horas de trabajo y los derechos de los empleados cambian de un lugar a otro, debe tener suficientes conocimientos y comprensión de cada lugar en el que planea operar; de lo contrario, habrá algunos grandes problemas más adelante.

Otra ventaja de conocer estas leyes es que le ayudan a mantenerse a salvo de posibles litigios y responsabilidades legales.

Aunque suene aburrido, los impuestos son legalmente necesarios. Los empresarios deben entender qué deben hacer a la hora de pagar su parte de impuestos. Deben saber cuándo vencen los plazos y cuánto van a deber; deben hacer bien esos números. El incumplimiento puede acarrear sanciones, lo que podría poner en peligro su negocio.

Navegar por la propiedad intelectual y la exploración de patentes

Cuando tienes una idea que crees que cambiará el mundo, es esencial dedicar un momento a intentar protegerla. A muchas personas se les ocurren grandes ideas, pero si no siguen los pasos adecuados, puede que nunca se conviertan en lo que podrían haber sido. La propiedad intelectual es un tema gigantesco; las patentes son una parte del rompecabezas. Tener una patente sobre tu idea puede darte cierta tranquilidad.

¿Cómo se consigue una patente? Lo primero es lo primero: hay que investigar. No querrá dedicar todo su tiempo y esfuerzo a desarrollar algo, sólo para darse cuenta de que ya existe. Hágase un favor y dedique tiempo a examinar las patentes existentes similares a la suya para ahorrar tiempo más adelante.

Si todo es correcto una vez finalizada la búsqueda, enhorabuena. Estás listo para el segundo paso: redactar tu solicitud. En este punto, te recomiendo que busques ayuda profesional, porque este proceso puede suponer mucho trabajo para alguien sin experiencia en Derecho. Tienes que asegurarte de que se hace bien, porque, una vez más, si hay algún error, podrías encontrarte con una patente inválida.

Las leyes de patentes varían en todo el mundo, así que entienda cómo funcionan las cosas donde usted vive antes de sumergirse demasiado en estas aguas. Independientemente de las leyes que existan, recomiendo hablar con un profesional sobre este asunto, ya que hay poco margen para el error.

Las marcas y los derechos de autor también son esenciales para proteger la propiedad intelectual. Las marcas protegen nombres de empresas y logotipos, mientras que los derechos de autor protegen las creaciones artísticas. En comparación con las patentes, estas son fáciles de conseguir; merece la pena invertir tiempo y dinero en ellas.

Ética en los negocios Reconocimiento de oportunidades

La ética es la base del reconocimiento de las oportunidades de negocio.

Cuando busques oportunidades, debes dar prioridad a la transparencia y la honestidad. Esto significa que debes dirigir una operación honesta y dar a la gente información veraz sobre lo que vendes. Esto ayudará a generar confianza entre las partes interesadas y, cuando llegue un posible socio o inversor, ya sabrá que se trata de alguien que no tiene miedo de decir las cosas como son.

Respetar los derechos es otra obligación ética a la hora de reconocer oportunidades de negocio. No se puede robar la idea de otra persona y reclamarla como propia; eso arruina la igualdad de condiciones necesaria para una competencia leal. En cambio, las personas que se toman la ética en serio respetan los derechos de propiedad intelectual y se niegan a participar en prácticas engañosas que puedan perjudicar los activos de otras empresas.

La sostenibilidad medioambiental y el bienestar de la comunidad también deben tenerse en cuenta a la hora de buscar una oportunidad de negocio. Las personas que tienen esto en cuenta tienden a hacer mejores elecciones, porque sopesan todos los posibles resultados antes de tomar decisiones que afectan a otros a su alrededor.

Al considerar las oportunidades de negocio, un gran empresario tiene en cuenta desde la reducción del daño a la vida animal hasta las prácticas verdes y los objetivos generales de conservación ecológica.

Además, el trato justo también es algo que los empresarios deben tener en cuenta a la hora de detectar una buena oportunidad de negocio. Los responsables deben garantizar salarios equitativos, entornos de trabajo seguros e igualdad de oportunidades para todos los implicados en su empresa. Esto se extiende no sólo a los empleados, sino también a los proveedores y socios.

Otro imperativo ético es la integridad en los anuncios y campañas de marketing de su producto o servicio. Es importante abstenerse de jugar con las palabras para engañar a los clientes y conseguir que compren su producto; esto suele dar lugar a malas críticas y a una reputación perjudicial. Asegúrese de no crear expectativas poco realistas. Sea honesto sobre lo que ofrece; la gente lo comprará si es bueno.

La ética va más allá de las normas y reglamentos básicos establecidos por la ley. Las personas que lo entienden saben que deben construir su empresa con honradez, transparencia, respeto de los derechos de propiedad intelectual, responsabilidad social, sostenibilidad medioambiental, trato justo a las partes interesadas e integridad en la comercialización.

2.9 De la oportunidad a la conceptualización

¿Qué es lo peor de dirigir una empresa? Tomar decisiones. ¿Cuál es la parte más importante? Volver a tomar decisiones. Ya ves por dónde voy: tomar decisiones sólidas y rápidas es crucial para el éxito.

Esto también significa que algunos elementos empresariales son más fáciles que otros. Uno de ellos es transformar el reconocimiento de la oportunidad en conceptualización. Hablemos de cómo los emprendedores refinan sus ideas a partir de conceptos brutos y las centran en algo cohesivo pero factible. El objetivo no es solo crear algo que los consumidores quieran, sino también algo que les llegue.

Crear una propuesta de valor es otro paso en este camino. Es esencial elaborar una historia en torno a tu producto o servicio destacando sus mejores atributos y describiendo por qué la gente debería interesarse por ellos. ¿Recuerdas cuando eras pequeño y tenías un juguete nuevo más chulo que cualquiera de tus amigos? ¿Por qué el tuyo era mucho mejor? ¿Cómo explicarías su grandeza?

Pero digamos que has llegado hasta aquí. ¿Y ahora qué? Ahora viene la parte que da miedo: probar y validar tu(s) nueva(s) idea(s). Anticiparse a estos problemas desde el principio puede ser muy útil para evitar que tus ideas fracasen.

Al fin y al cabo, si hay algo que te llevas de este capítulo es la creatividad, que necesita una estrategia. Una sólida comprensión de la dinámica del mercado y del comportamiento de los clientes va de la mano de la imaginación. Con las dos cosas en la mano, nada puede impedirte crear un concepto de negocio asequible que a la gente le encante comprar.

Desarrollar un concepto de negocio a partir de una oportunidad

El primer paso de un empresario es detectar dónde puede haber potencial sin explotar en el mercado. Tiene que encontrar lagunas que sabe cómo llenar o problemas que aún deben resolverse. Cuando los encuentran, su trabajo consiste en actuar. Esto requiere intuición, conocimiento del sector y conciencia de las tendencias emergentes.

Una vez que saben lo que quieren hacer, los emprendedores deben empezar a dar sentido a sus ideas abstractas para que los demás también puedan entenderlas. Se preguntarán si su concepto es posible, suficientemente único y con posibilidades de ganar dinero en un espacio tan saturado. Esto significa evaluar a la competencia y asegurarse de que no hay demasiados obstáculos en su camino.

Durante esta parte del proceso, la creatividad se une a la practicidad. Los empresarios deben pensar a lo grande con sus ideas y tener en cuenta los requisitos presupuestarios y de inversión. Deben tener en cuenta a quién va dirigido su marketing y cómo se diferenciará su marca de la competencia.

Los empresarios siguen perfeccionando sus conceptos hasta que están lo más pulidos posible. Esto significa escuchar atentamente los comentarios de profesionales ajenos a su círculo íntimo y estudiar los éxitos de empresas similares que les precedieron. Al incorporar las ideas de otros a las suyas, esperan crear algo completamente nuevo.

Las habilidades de comunicación son cruciales en cada paso de la creación de un concepto empresarial, porque un pequeño error de comunicación puede hacer que todo se desmorone en cualquier momento del viaje. Los emprendedores necesitan que todos los implicados estén de acuerdo - inversores, partes interesadas y empleados- para que todos sepan qué papel desempeñan de cara al futuro.

A lo largo de este alocado viaje hacia un concepto de negocio que funcione, debes estar de acuerdo con asumir riesgos y lidiar con las consecuencias más adelante. Tomarás decisiones basándote en cierto grado de información concreta, en tu instinto visceral y en cosas que hayas recogido.

Crear una propuesta de valor

Entrar en el mundo empresarial significa hacer una oferta firme y posicionarse como factor crítico para el éxito. Esta sección abordará los detalles de la creación de una oferta atractiva y ayudará a desentrañar las complejas consideraciones y estrategias de los empresarios para establecer su identidad con su público objetivo.

¿Qué es una propuesta de valor? Es lo que su empresa hace mejor que nadie. Va más allá de las características del producto o los servicios; se basa en beneficios tangibles y soluciones para abordar necesidades o retos específicos del mercado. Para emprender este viaje, necesita conocer en profundidad a su público objetivo. Necesita saber qué está pasando en el mercado y quiénes son sus competidores.

Crear una propuesta de valor convincente requiere un paso crucial: la identificación diaria de los puntos de dolor o los retos de sus clientes objetivo. Una vez averiguado esto, puede dar forma a su propuesta de valor en torno a sus deseos. Sería de gran ayuda que mostrara a la gente cómo su producto puede satisfacer mejor los requisitos exigentes que cualquier otra opción disponible.

También ayudaría que hablara en un inglés sencillo. La comunicación sencilla es más importante que nunca, porque ayuda a la gente a entender rápidamente qué te hace único y por qué debería interesarse por tu producto.

Otro factor esencial es la diferenciación. Cuando se dirija a clientes potenciales, es posible que tenga competidores a su lado. Solo esto ya debería decirle que necesitará algo especial para destacar, para que la gente le elija a usted en lugar de a ellos.

Pero sólo haga promesas si sabe que su equipo puede cumplirlas. La promesa de tu marca debe alinearse bien con la experiencia del cliente para generar confianza.

Puede que no haga falta decirlo, pero esté siempre preparado para recibir las opiniones de los clientes. Escuche y adáptese en consecuencia para que su oferta siga siendo relevante.

En resumen, para crear una oferta atractiva no basta con decirle a la gente lo bueno que eres. Se trata de abordar los puntos débiles de su público objetivo, mostrando cómo se compara con sus competidores y asegurándose de que sus operaciones internas se alinean con lo que quiere ofrecer sobre el papel. Puede que piense que no son más que palabras en una página, pero pueden ser la clave del éxito en el panorama competitivo de su sector.

Comprobación y validación de conceptos empresariales

La validación es una parte esencial del espíritu empresarial. Es el punto de encuentro entre la teoría y la práctica, donde recibes información sincera sobre tu idea. Examinamos qué significa validación, cómo se hace y qué debes esperar cuando te embarques en este proceso esencial.

Poner a prueba un concepto de negocio siempre empieza con un estudio de mercado. Al examinar lo que ya existe en el sector y comprender el comportamiento de los consumidores, las empresas emergentes pueden perfeccionar sus ideas para adaptarlas mejor a las necesidades de los clientes. Este paso ayuda a formar una base sólida para las pruebas posteriores.

La creación de prototipos y la experimentación son pasos fundamentales, porque permiten dar vida a los conceptos para que la gente pueda observarlos en funcionamiento. Los prototipos ayudan a aclarar los puntos fuertes y débiles, para que los desarrolladores de productos sepan exactamente qué mejorar antes del lanzamiento.

Preguntar directamente a los clientes potenciales es otro aspecto crucial a la hora de poner a prueba un concepto de negocio. Las encuestas y entrevistas ayudan a calibrar el interés, identificar los puntos débiles y dar a las nuevas empresas una idea de si los usuarios estarían satisfechos con sus ofertas de productos o servicios. Los ciclos de retroalimentación de este tipo garantizan que las empresas den en el clavo antes de lanzar nada al mundo.

Las pruebas piloto permiten a las empresas implantar sus ideas a menor escala y recabar opiniones sinceras de los usuarios. Con las pruebas piloto, todas estas mejoras pueden introducirse a tiempo para su implantación a gran escala.

La aceptación del mercado es la forma en que las empresas saben si todo su esfuerzo ha merecido la pena. El seguimiento de las métricas de ventas y de los índices de satisfacción de los clientes le proporcionará cifras complejas que muestran la buena acogida de sus productos.

A veces, todo este proceso de prueba y error ni siquiera es necesario: La primera iteración de su producto puede vender millones desde el principio. Pero a menudo -especialmente en el cambiante mercado actual- hay que pivotar constantemente a medida que surgen nuevos retos o los clientes presentan demandas cambiantes.

Pero no importa cuántas mejoras haya que hacer, una cosa permanece constante: poner a prueba tu idea desde el principio allana el camino hacia el éxito futuro. Una vez que se tiene un concepto sólido, la validación del negocio con inversores y socios resulta más factible. El apoyo puede ayudar a agilizar la entrada en el mercado y reducir el riesgo de cometer errores fatales durante las primeras etapas.

Probar y validar conceptos empresariales requiere paciencia, resistencia y adaptabilidad. Pero en un mundo en el que las startups fracasan cada día, este proceso iterativo merece la pena.

En este capítulo hemos aprendido que la creación de una hoja de ruta para el éxito empresarial es un proceso detallado que requiere una planificación intrincada, el establecimiento de objetivos y la elección de estrategias. Es el momento en que una idea comienza a ponerse en práctica y marca el inicio del paso de un punto a otro.

El núcleo de esta hoja de ruta es establecer objetivos claros y alcanzables que sirvan de guía para usted y su equipo. Estos objetivos deben cumplir los criterios SMART: específicos, mensurables, alcanzables, pertinentes y sujetos a plazos. Por lo tanto, deben permitir estrategias centradas, así como una asignación eficaz de recursos.

Para elaborar un plan de negocio eficaz, la toma de decisiones estratégicas requiere analizar la dinámica del mercado, las necesidades de los clientes y el panorama competitivo. Si se fundamenta en una profunda investigación de mercado, un conocimiento exhaustivo de los mercados objetivo mejora los procesos de desarrollo de productos, los enfoques de marketing y la asignación de recursos en las hojas de ruta. Aún más importantes son los planes financieros que cubren las inversiones iniciales, los gastos operativos y las previsiones de ingresos para garantizar la viabilidad de la empresa. Las personas apasionadas con objetivos comunes pero diversas habilidades contribuyen enormemente a aumentar los niveles de productividad dentro de la organización.

Aunque su creación pueda parecer desalentadora, es indispensable para capear temporales, navegar entre tempestades y hacer realidad visiones a largo plazo. A través de la exploración, la innovación y la visión de futuro, puede experimentar un crecimiento transformador, logrando así un desarrollo sostenible.

Capítulo 3

―――――⌃―――――

Crear un concepto de negocio

Elaborar un concepto de negocio es como crear los cimientos de una gran empresa. Comprender y formar las partes esenciales de las ideas de negocio es fundamental para el éxito empresarial en el siempre cambiante mundo del comercio. Navegar por las necesidades del mercado, desarrollarse y encontrar su sitio serán tareas necesarias.

El concepto de negocio comienza cuando se tiene una visión clara de lo que diferenciará a la empresa de las demás. Esta visión va más allá de los productos o servicios; debe considerar qué ideas innovadoras son viables. El análisis en profundidad de los riesgos también es esencial durante estas primeras etapas.

Los estudios de viabilidad determinan si su idea puede hacer frente a las demandas del mercado y seguir siendo relevante. Miden la demanda del mercado de un producto o servicio y el panorama financiero general.

El posicionamiento estratégico es crucial para los fundadores que quieren evitar perderse entre los competidores del mismo espacio. Cada empresa debe esforzarse por tener un punto de venta único, que solo puede lograrse tras analizar las tendencias y preferencias.

Construir un modelo de negocio implica profundizar en cómo funcionan los flujos de ingresos, cómo se comparan los costes con ellos y qué recursos deben asignarse a cada uno. Se trata de construir un marco operativo que pueda resistir lo que le echen una vez implantado.

Una vez dados los primeros pasos para asegurarse de que las cosas tienen sentido desde el punto de vista financiero, las consideraciones presupuestarias tomarán el relevo. Asegurar las oportunidades de inversión mediante previsiones te ayudará a comprender si vas o no por el buen camino con respecto a tus objetivos.

Los empresarios deben comunicar sus planes a inversores, clientes y colaboradores antes de poner en práctica sus conceptos. Invertir tiempo en una buena comunicación fomentará la confianza y hará que todo vaya sobre ruedas durante el desarrollo.

Hay muchas formas de que las ideas salgan mal o bien cuando se traducen en negocios del mundo real; algunos aspectos de la creación de conceptos requieren un pensamiento creativo, mientras que otros exigen una planificación estratégica. En cualquier caso, este proceso contribuye a la innovación económica, así que sigue adelante.

3.1 Introducción a los conceptos empresariales

Poner en marcha su propia empresa requiere una comprensión firme de su concepto. Esto es lo que determina su rendimiento. Cuando se reduce a su núcleo, el concepto de negocio actúa como la base de una empresa, encarnando la base de una idea y definiendo cómo aporta valor al mercado.

Comprender con claridad el concepto de negocio es esencial a la hora de emprender. No se trata sólo de describir el producto o servicio que se ofrece. Un concepto empresarial es la visión y la misión de una empresa potencial, que la distingue de sus competidores. Va más allá de la oferta física e incluye las partes intangibles que la hacen única.

No hay que exagerar la importancia de los conceptos empresariales cuando se empieza en el mundo emprendedor. Son faros que iluminan la incierta dinámica del mercado y aportan claridad. Un concepto bien definido atrae a posibles inversores y socios, ya que resuena entre los consumidores a los que va dirigido y sienta unas bases sólidas para un crecimiento sostenible.

Saber cómo funcionan juntos los conceptos y la planificación es crucial para cualquiera que quiera ser su propio jefe. Un concepto empresarial sólidamente definido crea espacio para la planificación estratégica al influir en cada parte de tu modelo de negocio. Orienta la toma de decisiones y la asignación de recursos y te ayuda a posicionarte en un mercado en el que todo encaja con tus objetivos.

El camino para crear un concepto empresarial de éxito es largo, pero puede hacerse. Hay que saber cómo se transforman las ideas en mapas estratégicos que gestionen los problemas, aprovechen las oportunidades y, en última instancia, den forma a su futura historia de éxito. Las empresas comprenden estos conceptos clave y están mejor equipadas para hacer frente a cualquier bola curva que se les lance en un panorama de mercado tan altamente competitivo.

Definición de concepto de empresa

Un proyecto empresarial es más importante que una idea. Es un plan integral que combina el propósito, las ofertas y el valor de un negocio. Para comprender en toda su extensión lo que significa desarrollar y hacer realidad un concepto de negocio, hay que desglosar la definición de concepto de negocio en sus múltiples capas.

Es más que la descripción de un producto. Su visión y su misión le distinguen de sus competidores. Por eso, a la hora de definir tu concepto de negocio, debes tener en cuenta lo que ofreces, los valores que encarnas y los problemas que pretendes resolver en el mercado.

Para que su empresa funcione tan bien como debería, los consumidores también deben poder ver alguna característica o conjunto de características únicas que diferencien a su empresa de las demás. Esto establece todo lo demás dentro de su concepto de negocio y le da su fundamento. Esta respuesta por sí sola pondrá de relieve por qué los consumidores deberían elegir su producto en lugar de otros.

Las dos últimas piezas son cruciales para cualquier éxito duradero en una industria tan dinámica: adaptabilidad y coherencia interna. Dado que evoluciona a la par que las condiciones del mercado, las preferencias de los consumidores y los avances tecnológicos, el perfeccionamiento y la adaptación serán constantes.

Durante las sesiones sobre soluciones, el grupo reconoció la importancia de mejorar la experiencia de los empleados y clientes de la empresa. Una vez alineada con las necesidades del mercado, esta conexión aumenta las probabilidades de aceptación y éxito general.

Todas estas palabras suenan bien sobre el papel o en una pantalla, pero es necesario actuar. De ahí nace este plan: tomar decisiones, fomentar la innovación y, en última instancia, dar forma a lo que será toda esta empresa.

La importancia de un concepto empresarial sólido en el espíritu emprendedor

Es imposible exagerar la importancia de un concepto de negocio claro y centrado en la iniciativa empresarial. Es la clave del éxito en un mundo tan competitivo y acelerado como el actual. Un concepto de negocio sólido y claramente definido es la fuerza motriz que da forma a una iniciativa empresarial de principio a fin, guiándolo todo, desde la lluvia de ideas hasta la sostenibilidad a largo plazo. Para comprender realmente lo vital que es un concepto empresarial sólido, hay que profundizar en cómo influye y define el viaje empresarial.

Un concepto empresarial claramente definido ofrece una hoja de ruta práctica a los empresarios que se enfrentan a las complejidades de dirigir una empresa. Proporciona una base sólida para construir toda la empresa, ofreciendo una visión global que describe lo que hace la empresa, su propósito y su propuesta de valor única. Este tipo de claridad ayuda en la toma de decisiones, pero también sirve como poderosa fuerza unificadora entre los miembros del equipo al darles a todos algo tangible por lo que trabajar.

Atraer a posibles inversores y socios suele ser crucial para los emprendedores a la hora de hacer despegar sus ideas; este es otro ámbito en el que un concepto empresarial sólido resulta inestimable. Los inversores buscan proyectos con conceptos empresariales claros e interesantes, porque esa claridad infunde confianza en la viabilidad a largo plazo de la empresa. Un concepto bien elaborado comunica el potencial de rentabilidad financiera junto con la previsión estratégica y la comprensión del mercado por parte de los propios empresarios.

Un concepto empresarial sólido resonará inmediatamente en su público objetivo, proporcionando a quienes están detrás de la empresa una base sólida para la aceptación en el mercado. Hoy en día, los consumidores están saturados de opciones en todos los productos o servicios que se les ocurren. ¿Qué les atrae más de una marca que de otra? La respuesta está en las empresas que ofrecen algo diferente y abordan directamente los puntos débiles de los consumidores. Cuando las empresas incorporan estos elementos en su ADN, los clientes establecen conexiones mucho más fácilmente. Esta conexión no tiene que ver con la compra, sino que la resonancia con un público objetivo conduce en última instancia a la lealtad del cliente, impulsa el reconocimiento de la marca y establece una ventaja competitiva vital para el crecimiento a largo plazo. Un concepto empresarial sólido también es crucial para la planificación estratégica y la asignación de recursos. Con conceptos empresariales claros, los empresarios están mejor equipados para tomar decisiones informadas sobre cómo deben desarrollarse sus productos, qué estrategias de marketing deben emplear y cómo pueden racionalizarse sus procesos empresariales. Este enfoque con visión de futuro maximiza la eficiencia y minimiza el riesgo, posicionando a cualquier empresa con una clara ventaja sobre competidores menos preparados.

La adaptabilidad lo es todo en el mundo empresarial. Las cosas se mueven a la velocidad del rayo, y si puedes mantenerte al día, tu negocio no se quedará atrás. Por eso es importante tener un concepto de negocio sólido como una roca que te permita pivotar con rapidez. Cuando las tendencias del mercado cambian, surgen nuevas tecnologías o las preferencias de los consumidores cambian de un momento a otro, hay que tener algo sólido en lo que apoyarse si queremos que nuestra empresa sobreviva.

A estas alturas, huelga decir la importancia de un concepto empresarial sólido. Influye en las decisiones estratégicas, atrae apoyo financiero, resuena entre los consumidores y proporciona orientación para el éxito a largo plazo. En otras palabras, crear un concepto no es negociable.

La relación entre los conceptos empresariales y la planificación empresarial

La planificación empresarial y los conceptos empresariales van juntos como un caballo y un carruaje. Uno no puede existir sin el otro. Es así de sencillo. Estos dos aspectos constituyen el desarrollo estratégico y la ejecución operativa de cualquier aventura empresarial. Son cruciales para ayudar a los empresarios a navegar por el complejo mundo empresarial y lograr el crecimiento.

En esencia, un concepto de negocio es un marco con el que un empresario puede elaborar planes de negocio eficaces. Detalla la idea, el propósito, las ofertas y la propuesta de valor única del empresario. Esta base se utiliza para crear estrategias, objetivos y decisiones para el plan de empresa en fases posteriores.

El siguiente paso consiste en convertir las ideas abstractas en medidas prácticas mediante la planificación empresarial. Esto significa establecer objetivos de marketing, finanzas, recursos y gestión de riesgos. El empresario toma esos marcos conceptuales iniciales de la primera fase para crear una hoja de ruta que guíe las operaciones cotidianas y las estrategias a largo plazo.

El desarrollo estratégico depende en gran medida de la alineación entre estos dos elementos. Un concepto de negocio sólido ofrece a los empresarios una visión de su mercado objetivo, lo que les permite identificar lo que les diferencia de la competencia y establecer puntos de referencia para el éxito en etapas futuras.

Luego está la asignación de recursos, que influye en esta relación. Cuando los empresarios tienen una idea concreta de lo que su empresa pretende conseguir, gracias a su concepto, pueden averiguar rápidamente en qué áreas hay que centrarse con más urgencia o cuánto dinero requerirán determinados aspectos.

A través de la mitigación de riesgos, los empresarios se preparan para las incertidumbres anticipándose a los riesgos potenciales utilizando la información que aprendieron al construir su concepto, con estrategias de planificación de contingencias desarrolladas después de construir su plan.

Debe recordar que este proceso iterativo es esencial para crecer en los mercados mundiales actuales, en constante cambio. Los planes de negocio deben tratarse como documentos en constante evolución porque el crecimiento depende de su mejora continua. Por tanto, deben estar en consonancia con los cambios que se producen dentro y fuera de la empresa.

En general, todo se reduce a esto: los conceptos empresariales proporcionan la visión necesaria para una planificación eficaz, mientras que la planificación empresarial convierte las ideas en estrategias tangibles. Esta relación es la piedra angular del desarrollo estratégico, la asignación de recursos, la mitigación de riesgos y el crecimiento de cualquier proyecto empresarial.

3.2 Componentes de un concepto empresarial

Desarrollar un concepto empresarial implica una exploración matizada de sus componentes esenciales. Cada parte es un elemento fundamental para construir una empresa viable y de éxito. Teniendo en cuenta los elementos que definen el propósito, la relevancia y el potencial en el mercado, puedes asegurarte de que tu empresa va por buen camino.

Los productos o servicios básicos son la esencia de toda empresa. La diferencian de sus competidores y constituyen la base de su existencia. Los empresarios tienen en cuenta las necesidades del mercado, las demandas de los consumidores y las tendencias del sector para elegir qué productos o servicios concretos van a ofrecer. Al hacerlo, llegan a su visión e identidad.

Lo siguiente es comprender sus mercados objetivo. Un conocimiento profundo de la clientela a la que se quiere llegar es crucial para el éxito en cualquier sector. Los empresarios llevan a cabo una investigación exhaustiva para discernir las características y los comportamientos de su público objetivo y asegurarse de que su concepto de negocio encaja a la perfección con ellos.

Elaborar una propuesta de valor única permite a las empresas diferenciarse de sus homólogas en mercados saturados. El valor único ofrecido se convierte en la base de todo el concepto. Va más allá de comunicar los beneficios del producto; también llega a las emociones y las aspiraciones.

Por encima de todo, los modelos de ingresos garantizan la rentabilidad a largo plazo mediante la generación constante de ingresos. Reunir todas estas piezas no es fácil, pero una vez que lo consigues, estás un paso más cerca de construir algo resistente y próspero.

Identificar productos o servicios básicos

Definir un producto o servicio básico constituye la base fundamental de cualquier modelo de negocio. Este proceso permite ver lo que ofrece una empresa y, a partir de ahí, desarrollarla. Los empresarios deben ser capaces de identificar estas cosas para tomar decisiones estratégicas sobre su empresa. Esto les permitirá comprender cómo funcionan sus productos en el mercado.

Esta inmersión profunda implica encontrar lagunas en el mercado, tendencias de las que quizá no se haya percatado y oportunidades que se alineen con su visión. Si necesita saber por dónde empezar con este proceso, es sencillo: pregúntese qué demandas actuales del mercado tienen los consumidores y cómo podrían cambiar en el futuro. Si se hace estas preguntas, podrá asegurarse de que su empresa tiene productos o servicios listos para llenar esos huecos.

Comprender a su público también desempeña un papel esencial a la hora de identificar la oferta principal de su empresa. La gente quiere lo que quiere, y entender sus deseos, retos y necesidades es necesario para saber con precisión lo que quieren de un producto o servicio. Si necesita ayuda para averiguar cuál es su base de consumidores, investigue un poco. Averigüe cómo interactúa la gente con empresas similares en las redes sociales o mediante encuestas.

La diferenciación en cualquier sector es cada vez más escasa, ya que la mayoría de los productos sirven para lo mismo, pero de distinta manera. Por ejemplo, Coca-Cola frente a Pepsi. Ambas son bebidas carbonatadas, pero difieren mucho en sabor debido a las diferencias de sus recetas. La cuestión aquí es que los consumidores necesitan opciones, lo que significa que necesitan diferentes opciones dentro del mismo nicho. Cuando defina su oferta, pregúntese cómo se diferenciará de la competencia.

Al crear una empresa, sus objetivos lo son todo; tiene sentido que todos los demás aspectos de su negocio estén en consonancia con ellos. De este modo, se asegurará de que los productos o servicios principales le ayuden a alcanzar esos objetivos satisfaciendo las demandas y las narrativas del mercado. Una vez que sus ofertas se alinean con el propósito de la empresa, es mucho más fácil que los clientes potenciales y las partes interesadas se identifiquen con ellas.

Identificar estas cosas es lo que hará o romperá un modelo de negocio. Si no se hace así, el resultado será un producto que nadie quiere y, en última instancia, la ruina de cualquier nueva empresa. Puede parecer otra "lista de comprobación", pero puede conducir al éxito si se hace correctamente.

Identificación del mercado destinatario

Averiguar quién es el público objetivo es una parte esencial de la creación de una empresa. Hacerlo bien requiere tiempo y esfuerzo, y es necesario profundizar en el análisis del mercado, la comprensión del consumidor y los conocimientos del sector.

Un análisis completo del mercado es esencial para identificar a nuestro público objetivo. Es necesario conocer los entresijos del mercado en el que operará nuestra empresa. Esto significa examinar las tendencias del sector y las acciones de los competidores, e identificar los nichos en los que podemos diferenciarnos. Esto nos ayuda a comprender el comportamiento de los consumidores y a determinar quién se convertirá en nuestra competencia.

El siguiente paso es averiguar a quién queremos vender, es decir, obtener datos demográficos, psicográficos y socioeconómicos de nuestra base de clientes. Necesitamos conocer su edad, sexo, nivel de ingresos, preferencias de estilo de vida y comportamiento de compra para crear perfiles detallados. De este modo, observaremos qué es lo que les mueve.

Las cifras por sí solas no nos darán suficiente información sobre los clientes; también debemos fijarnos en los datos psicográficos. Tenemos que averiguar qué valoran, cuáles son sus intereses y qué estilo de vida eligen, para poder conectar con ellos a un nivel más profundo en nuestros esfuerzos de marketing y adaptar los productos o servicios a esas creencias.

Algunos consumidores pueden ser más de un segmento dentro de su público objetivo; en estos casos, es una buena práctica que las empresas consideren nichos dentro de nichos que podrían presentar oportunidades especializadas. Al personalizar las ofertas para estos segmentos, puede establecerse como único dentro de determinados bolsillos de clientes.

Identificar un mercado objetivo implica muchos pasos, y dista mucho de ser una ciencia exacta. Pero combinando datos, empatía y adaptabilidad, podremos averiguar quiénes son nuestros clientes y conocerlos en profundidad. De este modo, podremos asegurarnos de que nuestra oferta les resulta atractiva a largo plazo.

Propuesta de valor única

La estrategia de un concepto de negocio implica elaborar una propuesta de valor única. ¿Qué distingue a una empresa de la competencia y la encarna? Una UVP representa el valor distintivo que una empresa promete ofrecer a sus clientes. Es una narrativa convincente que diferencia a la empresa y conecta profundamente con el público al que va dirigida.

Comprender el mercado objetivo y los consumidores ayuda a elaborar una propuesta de valor única. No se trata de destacar las características de un producto o servicio, sino de comunicar las ventajas y los resultados que los clientes deben esperar de los productos o servicios de la empresa. Los VP empresariales van más allá de los atributos funcionales y se centran en las aspiraciones emocionales y los comportamientos de los consumidores.

El objetivo final es abordar tanto la dimensión racional como la emocional. De este modo, su mensaje establece una conexión profunda con su público objetivo. La idea es resonar con la motivación del cliente. Por tanto, tienes que captar su atención y fomentar la alineación entre ellos y tu marca, convenciéndoles así para que te apoyen.

La UVP también requiere que los empresarios evalúen lo que ofrecen los competidores. Al discernir las lagunas en las estrategias de marketing rivales, los empresarios pueden hacer hincapié en las ventajas de su empresa.

Una UVP de éxito debe ser clara, concisa y fácilmente transferible de persona a persona. Su presentación debe encapsular con éxito todo lo que hace que la empresa destaque de una manera digerible para el público objetivo, que puede necesitar más tiempo para lecturas largas. Ya sea a través de eslóganes o de representaciones visuales, la gente debe observar los valores fundamentales de las empresas.

Una buena propuesta de valor única resuena con la identidad de marca más completa de la empresa a la que representa, pero nunca está separada de ella. La UVP debe encajar en una narrativa más amplia que defina la empresa de forma que los consumidores puedan identificarse con ella. Esta alineación ayuda a mantener la autenticidad y la credibilidad, creando confianza entre los miembros del público y la empresa.

La propuesta de valor única es una herramienta estratégica que resume la diferenciación y relevancia de una empresa en el mercado. Es una expresión dinámica de lo que una empresa ofrece de forma única a sus clientes, respondiendo a sus necesidades de forma atractiva. Elaborar una requiere que los empresarios combinen el conocimiento del mercado, la empatía con el consumidor, el análisis de la competencia y la alineación de la marca. Las empresas de éxito aprovechan el poder de su propuesta de valor única para fidelizar a sus clientes, lo que les permite alcanzar un éxito sostenible en el mercado.

Fundamentos del modelo de ingresos

Crear una empresa es una obra de arte. Y, como todas las grandes obras de arte, necesita una base sólida y robusta sobre la que apoyarse. Por eso es importante crear un modelo de ingresos cuando se trata de ideas de negocio sostenibles. Este marco establecerá la forma en que tu empresa gana dinero, asigna recursos y, lo que es más importante, se mantiene rentable a lo largo del tiempo. Hacerlo bien requiere analizar en profundidad innumerables factores: estrategias de precios, estructuras de costes e incluso la adaptabilidad de tu empresa a la dinámica del mercado.

Un aspecto clave de la creación de estas bases es determinar la mejor estrategia de precios para sus productos o servicios. Hay muchos caminos que puede tomar a la hora de idear el plan perfecto; asegúrese de investigar un poco antes de decidirse por uno. Algunas empresas prefieren fijar precios bajos y atractivos para el cliente, mientras que otras tienen un margen más alto pero menos clientes. No hay ninguna forma incorrecta de hacerlo, siempre que esté en consonancia con tus objetivos generales y tu posicionamiento.

Otro componente crítico es identificar todas las posibles fuentes de ingresos que apoyen el crecimiento de su empresa. De este modo, su empresa generará ingresos a través de diferentes canales, reduciendo así la dependencia de una sola fuente. Sus fuentes de ingresos incluyen ventas directas, modelos de suscripción o derechos de licencia.

Tenemos estructuras de costes que dictan cómo funcionarán los gastos dentro del modelo de negocio. Para garantizar una asignación óptima de los recursos y la eficiencia operativa, los empresarios también deben tener en cuenta los esfuerzos de marketing de producción fijos y variables.

Las empresas deben plantearse qué adaptaciones pueden introducir para satisfacer mejor los deseos y necesidades de sus clientes.

Integrar las metas financieras con los objetivos generales también es crucial si quiere que todo esté perfectamente alineado entre sí.

Recordemos que debemos centrarnos en el cliente. Centrarse precisamente en lo que los clientes perciben como valor permite a las organizaciones fomentar la retención y la fidelidad de los clientes, algo fundamental para mantener un crecimiento sostenido de los ingresos a largo plazo.

Los cimientos del modelo de ingresos proporcionan la base sólida que necesita una empresa para sostenerse. Tendrás que sentar las bases de un modelo sólido, teniendo muy en cuenta las estrategias de fijación de precios, la diversificación de las fuentes de ingresos, la optimización de las estructuras de costes, el fomento de la adaptabilidad y la satisfacción del cliente.

3.3 Necesidades del mercado y soluciones

Desarrollar un concepto de negocio consiste en entender qué es lo que lo hace funcionar. Porque en el núcleo de tu empresa están los puntos débiles de los clientes, las soluciones que la gente utilizará y la satisfacción de sus expectativas. Son los pilares que necesitas para construir un negocio sólido.

Comprender los puntos débiles de los clientes es crucial a la hora de crear un concepto de negocio. Los empresarios de éxito comprenden a fondo los problemas y las necesidades insatisfechas de su público y desarrollan soluciones innovadoras. Esto coloca a las empresas en una posición privilegiada para abordar de frente los problemas del mundo real, demostrando a los clientes que se preocupan por facilitar un cambio positivo.

Lo siguiente es crear soluciones. Una vez que conozca las necesidades de su público objetivo, puede empezar a desarrollar productos o servicios que se adapten directamente a ellas. Quieres que tus soluciones destaquen entre la multitud; céntrate en que sean prácticas pero lo bastante originales como para que la gente las elija por encima de las demás.

El último paso consiste en adaptar el producto a las expectativas del consumidor. Ir más allá de las necesidades inmediatas demuestra a los clientes que usted entiende y se preocupa por sus valores más generales. Al superar las expectativas, las empresas pueden ganarse el respeto y la lealtad de sus clientes y situarse por delante de sus competidores.

Todo tiene cabida en este rompecabezas polifacético que es el concepto de negocio. Entender los puntos débiles de los clientes, elaborar soluciones basadas en la demanda del mercado y superar las expectativas de los consumidores. Juntando estas piezas correctamente, los empresarios pueden estar seguros de que están en el buen camino hacia el éxito.

Comprender los puntos débiles del cliente

La base de cualquier concepto empresarial de éxito está profundamente arraigada en una comprensión matizada de los puntos de dolor del cliente. Este aspecto crucial de la exploración empresarial implica un examen exhaustivo y empático de los retos, frustraciones y necesidades insatisfechas del público objetivo. Al ahondar en las complejidades de los puntos de dolor del cliente, los emprendedores pueden descubrir valiosas perspectivas que allanan el camino para desarrollar soluciones innovadoras y un concepto de negocio que resuene auténticamente con el mercado al que se dirige.

Comprender los puntos débiles de los clientes requiere un compromiso genuino con la empatía y un enfoque abierto a la escucha. Los empresarios de éxito reconocen la importancia de ponerse en el lugar de sus clientes y sumergirlos en las experiencias y perspectivas del público objetivo. La comprensión empática supera las observaciones superficiales y profundiza en los retos del cliente, tanto en su dimensión emocional como práctica.

Un aspecto fundamental de la exploración de los puntos débiles del cliente es la identificación de las necesidades explícitas e implícitas. Las necesidades detalladas son las que los clientes expresan o articulan explícitamente. En cambio, las necesidades no expresadas pueden ser sutiles, pero pueden deducirse mediante una observación cuidadosa y conversaciones en profundidad. Descubrir estas necesidades implícitas requiere un profundo conocimiento de las sutilezas y matices de las interacciones con los clientes, lo que permite a los empresarios abordar no sólo lo que los clientes dicen que necesitan, sino también lo que pueden no expresar, pero que en realidad desean.

Los puntos débiles de los clientes son dinámicos y varían en función de la demografía, el sector y el contexto. Para comprenderlos en su totalidad es necesario segmentar el público objetivo e identificar los retos específicos a los que se enfrentan los distintos grupos de clientes. Al reconocer los puntos débiles de los distintos segmentos, los empresarios pueden adaptar sus soluciones para satisfacer las necesidades específicas de cada subgrupo, mejorando la relevancia y el impacto general del concepto de negocio.

Para conocer los puntos débiles de los clientes, los empresarios suelen entablar un diálogo activo con su público objetivo. Las encuestas, las entrevistas y los grupos de discusión son herramientas muy valiosas para obtener información directa y conocer de primera mano los retos a los que se enfrentan los clientes. Este compromiso directo fomenta una relación de colaboración, situando a los clientes como cocreadores en el desarrollo de soluciones. El bucle de retroalimentación entre empresarios y clientes se vuelve dinámico e iterativo, impulsando la mejora continua y la innovación.

Las empresas de éxito aprovechan el conocimiento de los puntos débiles del cliente para impulsar el desarrollo de productos o servicios. La comprensión empática de los retos de los clientes permite a los empresarios crear soluciones que satisfacen necesidades inmediatas y conectan profundamente con las emociones y aspiraciones del público objetivo. Esta alineación crea una sensación de autenticidad y confianza, elementos esenciales para construir relaciones duraderas con los clientes.

Comprender los puntos débiles de los clientes es un paso fundamental en el viaje emprendedor, que guía el desarrollo de un concepto de negocio que no sólo responde al mercado, sino que es genuinamente empático. Los empresarios que adoptan esta faceta de la exploración centrada en el cliente se posicionan para crear soluciones que van más allá de la mera funcionalidad, abordando los principales retos y deseos de su público. Con esta comprensión, las empresas fomentan una conexión significativa con sus clientes, sentando las bases de un éxito sostenido.

Soluciones a la medida del mercado

El éxito empresarial depende de la creación de soluciones para su público objetivo que respondan a las necesidades actuales del mercado. Pero también hay que estar atento a lo que está por venir. Los emprendedores deben profundizar en la investigación de sus clientes previstos para comprender el comportamiento de los consumidores y las tendencias emergentes. ¿Qué necesidades específicas está satisfaciendo otra empresa? Si responde a esta pregunta ahora, podrá posicionarse más adelante como líder del sector.

Ser innovador le ayudará a adelantarse a la hora de encontrar ideas para productos o servicios que satisfagan la demanda del mercado. Esto significa esperar y fomentar constantemente nuevas formas de pensar por parte de sus empleados, para que se mantengan con energía mientras la tecnología les rodea. Mantenerse al día de los avances del sector permitirá a su empresa crear ofertas que destaquen de la competencia y atraigan a los consumidores que buscan algo nuevo.

El panorama empresarial cambia constantemente en función de las tendencias, las preferencias de los consumidores o factores externos. Los empresarios que se adaptan mejor a los cambios pueden cambiar rápidamente de marcha y adaptar sus ofertas en función de estos cambios para seguir siendo relevantes. Eso puede significar pequeñas cosas, como añadir nuevas funciones, o cambiar por completo el funcionamiento diario de la empresa. Independientemente de la magnitud de los cambios, la adaptación garantiza la resistencia de la empresa incluso cuando las cosas no salen según lo previsto.

Un empresario con visión de futuro puede aprovechar su conocimiento de las tendencias del sector para anticiparse a las necesidades o deseos de la gente. Estar a la vanguardia de la innovación le permite superar a la competencia y mantener a su empresa en cabeza.

Las empresas también deben tener en cuenta la escalabilidad a la hora de diseñar sus soluciones. A medida que crece la demanda, estas empresas deben estar preparadas para mercados más grandes. Esto podría significar establecer cadenas de suministro más sólidas, optimizar los procesos de producción o tener en cuenta los posibles problemas logísticos que puedan surgir más adelante.

Crear soluciones comercializables no es tarea fácil; requiere una profunda reflexión sobre el estado actual de las cosas y lo que vendrá después. Si se mantienen ágiles y recurren al conocimiento del mercado, el pensamiento creativo, el compromiso con el cliente y la previsión estratégica, los emprendedores pueden alinear sus soluciones con los deseos actuales y futuros de los consumidores.

Adaptar las soluciones a las expectativas de los consumidores

Adecuar las soluciones a las necesidades de los consumidores puede suponer el éxito o el fracaso de una empresa. Por eso es esencial conocer a fondo las preferencias, comportamientos y aspiraciones de los consumidores a la hora de elaborar las ofertas. El objetivo no es satisfacer sus expectativas, sino ir más allá. Los productos y servicios que encuentran este punto óptimo están destinados a tener éxito porque crearán una base de clientes fieles.

En el centro de esta estrategia está la comprensión de su público objetivo. Las personas de éxito dedican tiempo y recursos a estudiar lo que mueve a los consumidores, pero no a un nivel superficial. Profundizan en los detalles, conocen sus necesidades y deseos como la palma de su mano. De este modo, las empresas pueden adaptar sus soluciones en consecuencia, lo que ayuda a establecer fuertes vínculos con los clientes.

Las empresas también tienen que reconocer lo diversa que es su base de clientes si quieren estar a la altura de ellos. Cada persona tiene necesidades, deseos, niveles de ingresos e influencias culturales diferentes que determinan lo que espera como consumidor. Los empresarios deben tener en cuenta estas diferencias y crear soluciones a medida para cada grupo, de modo que les lleguen directamente.

Los empresarios nunca deben olvidar que las opiniones de los clientes pueden ayudarles a mejorar aún más su empresa. Deben buscar activamente opiniones a través de encuestas, reseñas y cualquier otro medio posible para saber dónde puede ser necesario ajustar algo para que se ajuste mejor a la demanda.

Otra cosa que debería estar en su radar a la hora de satisfacer las expectativas de los consumidores es ofrecer una experiencia agradable de principio a fin. Desde el primer contacto hasta la asistencia posterior a la compra, siempre debe haber un momento positivo para los consumidores que interactúan con su empresa.

La gente es hoy más transparente que nunca, sobre todo ahora que las redes sociales desempeñan un papel importante en la vida de todos. Con todos los ojos puestos en todo el mundo las veinticuatro horas del día, las empresas deben ser conscientes de ello y asegurarse de que promueven una buena imagen. Los consumidores anhelan marcas que muestren responsabilidad social corporativa, y los empresarios que puedan cumplirla reforzarán la reputación de su marca.

Adaptar las soluciones a las expectativas de los consumidores parece fácil, pero es mucho más complicado de lo que parece. Comprometerse con la diversidad, estar abierto a los comentarios y ser consciente de las tendencias generales de la sociedad lleva tiempo.

Emprender el camino del desarrollo de ideas y conceptos puede ser un momento emocionante y transformador para los empresarios. Esta fase es un crisol en el que las nociones simples se convierten en tangibles. En esencia, el desarrollo de ideas y conceptos requiere creatividad, pensamiento crítico y un perfeccionamiento incesante para dar cuerpo a los conceptos incipientes.

En el panorama del desarrollo de ideas y conceptos, los empresarios no tienen más remedio que explorar una miríada de estrategias para el pensamiento creativo. Eso significa cultivar una atmósfera propicia para las sesiones de brainstorming, adoptar un espectro de perspectivas y utilizar metodologías que inspiren procesos de pensamiento innovadores. En resumen, se trata de traspasar los límites del pensamiento convencional para descubrir ideas rompedoras.

Pero tómate tu tiempo en la fase de introducción, porque es una parte de lo que deben hacer los emprendedores. La reflexión se detiene una vez que se tiene algo viable tras refinar las ideas iniciales a través de los comentarios del mercado y probarlas con consumidores en la vida real. La prueba de concepto viene a continuación, cuando las empresas someten sus conceptos refinados a un riguroso escrutinio para determinar si su idea tendrá éxito o fracasará una vez llegue al mercado abierto.

A medida que el panorama empresarial evoluciona en respuesta a las dinámicas fuerzas del mercado, la geopolítica y la tecnología, el desarrollo de ideas y conceptos se vuelve aún más crítico. Los emprendedores capaces de sortear estas incertidumbres al tiempo que adaptan sus visiones tienen más posibilidades de éxito. Siga adelante con su visión.

Técnicas de Ideación y Pensamiento Creativo

La vibrante energía de las ideas innovadoras y el pensamiento creativo alimenta el espíritu empresarial. Enciende las chispas de las empresas en crecimiento que redefinen las industrias y satisfacen las necesidades en constante evolución de la sociedad. El paisaje dinámico de la sociedad exige que los emprendedores mantengan sus mentes elásticas mientras exploran un rico tapiz de técnicas para la generación de ideas.

La lluvia de ideas es una técnica fundamental. Se anima a los participantes a compartir ideas libremente y sin juzgarlas. Al liberar el poder del pensamiento colectivo, las diversas perspectivas de pensamiento se cruzan entre sí y generan muchas ideas. Esto ayuda a crear un espacio que libera a todo el mundo del miedo a la crítica, dando lugar a un entorno perfecto para la creatividad desinhibida.

También están los mapas mentales, otra poderosa técnica que permite a los empresarios visualizar la interconexión de sus ideas. Al visualizar conceptos juntos, la gente puede ver cómo una idea principal se ramifica en pensamientos y asociaciones relacionados. Esto no sólo ayuda a crear nuevas ideas, sino que también revela conexiones entre cosas sorprendentes.

La técnica SCAMPER empuja a las personas a pensar de forma aún más creativa, empujándolas a cuestionar y manipular las ideas existentes. El acrónimo significa sustituir, combinar, adaptar, modificar, dar otro uso, eliminar e invertir. Si necesitas nuevas perspectivas o posibles innovaciones sobre tu concepto actual, aplica estas sugerencias una tras otra hasta que algo se te pegue. Nunca se sabe lo que puede salir. Haciendo esto, los empresarios estimularán su creatividad desmontando por completo los marcos mentales establecidos. Sólo así podrán explorar territorios inexplorados de posibilidades.

Las analogías y las metáforas también son fundamentales. Ayudan a fomentar el pensamiento creativo al permitir relacionar conceptos no relacionados. A veces, expresar un pensamiento en términos de otro puede ofrecer nuevas perspectivas para explorar e interpretar cosas complejas.

La técnica de la provocación existe para alterar los patrones de pensamiento tradicionales con afirmaciones desafiantes o provocativas. En cuanto las personas salen de su zona de confort, empiezan a cuestionar y reconsiderar los supuestos que hemos mantenido durante demasiado tiempo. Estimulamos el pensamiento creativo superando los límites convencionales y abrazando posibilidades menos convencionales.

Y eso es innovación natural. Los empresarios que dominen estas técnicas desbloquearán posibilidades ilimitadas. Dentro de estas puertas vive una cultura alimentada por la creatividad, que empuja con fuerza a cualquier empresa hacia logros pioneros con repercusiones transformadoras en la sociedad.

3.4 Perfeccionar e iterar ideas de negocio

Alcanzar el éxito en el mundo empresarial es una tarea compleja. Los empresarios deben estar dispuestos a trabajar muchas horas y a soportar prueba tras prueba. Perfeccionar una idea hasta que triunfe es una parte vital del proceso. Cualquier emprendedor le dirá que su viaje estuvo lleno de altibajos, pero todos estarán de acuerdo en que esta parte del proceso es vital.

Perfeccionar e iterar tus ideas te obliga a profundizar en todos los aspectos de tu concepto de negocio. Si quieres que funcione, tienes que entender a la perfección lo que lo hace funcionar. El objetivo del perfeccionamiento es ver si hay áreas de mejora en tu proyecto, para poder aprovecharlas antes de que sea demasiado tarde.

Una vez perfeccionada la idea, recibir comentarios de personas familiarizadas con el sector sólo puede ayudar a mejorar las cosas. Le proporcionará datos valiosos y le ayudará a mejorar diversos aspectos de su proyecto, ya sea el atractivo del mercado o la satisfacción del cliente. Al final de este camino, debe haber un producto que satisfaga a los clientes y resuelva sus problemas.

Esto va más allá de fabricar algo que funcione; los empresarios también deben creer plenamente en lo que venden. La mayoría de las empresas de éxito tienen una identidad que se alinea con sus metas y objetivos, que deben verse a través de cada aspecto de la empresa. Sólo entonces todos los implicados sentirán de verdad que trabajan por algo.

La primera iteración de una idea puede resultar prometedora. Nadie debe declarar el éxito inmediatamente porque estaría mintiendo si lo hiciera. Quienes sepan adaptar su plan en función de los comentarios recibidos se posicionarán adecuadamente para aprovechar las nuevas oportunidades.

En tiempos difíciles, la innovación nunca debe ser la última de la lista, sino la prioridad número uno. Como he dicho antes, las cosas cambian con rapidez en este campo, lo que significa que los más lentos serán engullidos. La convicción de que siempre se puede mejorar hace que el mundo siga girando.

Para ver un cambio, tienes que salir de tu cabeza y aceptar consejos de otras personas que quizá no piensen como tú. La familia, los amigos o un equipo de personas con habilidades únicas aportarán perspectivas diferentes, lo que, a su vez, significa que se pueden lanzar más ideas. A veces, a estos grupos les cuesta llevarse bien, pero son vitales para crecer en los negocios.

Los empresarios deben ser audaces a la hora de utilizar los datos para tomar decisiones informadas con rapidez. Estas herramientas le permiten recopilar e interpretar la información con mayor profundidad, lo que le brinda la mejor oportunidad de realizar movimientos sin vacilar.

Pruebas de concepto

La prueba de concepto es un proceso esencial por el que deben pasar los emprendedores cuando ponen en marcha un negocio. No se puede tener una idea un día y esperar que funcione al día siguiente. La fase de prueba del desarrollo de un concepto sirve para asegurarse de que todo encaja. Por ejemplo, si tienes en mente una hamburguesería, debes asegurarte de que a la gente le gustan tus hamburguesas antes de invertir miles de dólares en abrir un local.

Para determinar si su idea tendrá éxito o no, tiene que exponerla a clientes potenciales y a personas que representen a su público objetivo. Esto le permitirá ver hasta qué punto la idea resuena con ellos y sus preferencias. Si algo falla, puedes detectarlo aquí y corregirlo para que encaje mejor en el mercado.

Los empresarios también deben recabar la opinión de quienes vayan a utilizar sus productos o servicios con más frecuencia. Por ejemplo, alguien a quien le guste comer en hamburgueserías podría darnos una idea de lo que funciona y lo que no.

Para que alguien que no seas tú entienda tu visión, necesita algo físico con lo que pueda interactuar: un prototipo. Dar este paso aclara las cosas para todos los implicados. Así no se pierde tiempo ni dinero.

Se podría pensar que las pruebas de concepto consisten en averiguar qué hace fuerte a una idea, pero a veces es todo lo contrario. Los emprendedores intentan identificar cómo podría fracasar su empresa para saber cómo evitar esos problemas cuando la amplíen.

Ver hasta qué punto su idea encaja en la dinámica actual del mercado es crucial para determinar si puede perdurar a largo plazo frente a la creciente competencia. Entender qué hace que la suya destaque le ayudará a descubrir un nicho que resuene entre los clientes.

Sé que es mucho para asimilar y que resulta abrumador, pero créeme cuando te digo que más vale prevenir que curar.

3.5 Estudios de viabilidad y validación del mercado

Lanzarse a la iniciativa empresarial significa examinar un concepto de negocio para ver si puede sostenerse en el mercado. Esta fase es fundamental para salvar la distancia entre las ideas y la ejecución empresarial en la vida real. Para convertir una idea en una empresa, los empresarios realizan detallados estudios de viabilidad con herramientas para validar la aceptación y resonancia en el mercado de sus ofertas de productos o servicios.

En esencia, este análisis implica analizar múltiples facetas de un concepto empresarial. Va más allá de ver cuánto dinero puede generar, ya que tiene en cuenta la viabilidad técnica, la viabilidad operativa y el cumplimiento de la legislación. Mirando los retos a través de esta lente, los empresarios pueden elaborar estrategias en consecuencia identificando oportunidades, amenazas y debilidades que les permitirán evaluar más claramente lo que podría ayudar o perjudicar a su éxito.

Los empresarios emplean diversas metodologías de validación del mercado para garantizar el potencial en el mundo real y la aceptación de un concepto empresarial. Los programas piloto de encuestas y las pruebas de prototipos son métodos utilizados para calibrar su público objetivo. Con este enfoque empírico, pueden validar la demanda de lo que proponen y, al mismo tiempo, recopilar información específica sobre las preferencias de los consumidores en consonancia con las tendencias del sector.

El proceso iterativo de recopilación de información es crucial para el bucle sinérgico de retroalimentación entre los estudios de viabilidad y la validación del mercado. Los empresarios buscan activamente la opinión de las partes interesadas, como expertos del sector y clientes potenciales, creando un bucle continuo que informa el desarrollo de su concepto de negocio a todos los niveles. Quienes siguen este modelo de compromiso se posicionan mejor al mantenerse alineados con las necesidades cambiantes de los clientes y adaptarse para satisfacer otras expectativas del sector.

Para minimizar los riesgos que conlleva lanzarse de cabeza a la implantación a gran escala, los emprendedores necesitan un compromiso permanente con la adaptabilidad a la hora de realizar estudios de viabilidad y validar mercados. Necesitan hacer inmersiones profundas en el mundo real que les ayuden a tomar decisiones más informadas. En última instancia, esto mejorará sus conceptos de resiliencia y sostenibilidad.

Combinar los estudios de viabilidad con la validación del mercado crea lo que los empresarios necesitan cuando pasan de la idea a la entrada en el mercado: proporciona una visión de 360 grados del concepto y su aceptación en el mercado, capacidad de respuesta y alineación con las expectativas del consumidor. Mediante la participación activa en estos análisis, los futuros propietarios de empresas pueden evitar riesgos innecesarios armándose con opciones basadas en datos que mejorarán su concepto, aunque aún no se hayan dado cuenta de ello.

Análisis de viabilidad

Lanzar un nuevo negocio es complejo y, a veces, extremadamente arriesgado. Antes de lanzarse, tiene sentido someter la idea a un análisis de viabilidad. De este modo, los empresarios pueden asegurarse de que han tenido en cuenta todos los posibles retos y oportunidades que podrían surgir al impulsar sus ideas. Es una forma de poner a prueba el concepto, de ver qué puede romperse antes de construirlo.

Por supuesto, los datos financieros son fundamentales, pero este tipo de análisis es aún más importante que los números. Los empresarios deben considerar si el producto o servicio podría fabricarse con la tecnología actual. También deben buscar los obstáculos legales y normativos que podrían impedirles hacer realidad su concepto de negocio.

Más allá de este tipo de consideraciones prácticas, entra en juego la viabilidad del mercado. ¿Habrá suficiente demanda para el producto o servicio? ¿Contra quién va a competir? ¿Hay algo en su propuesta que le haga destacar sobre los demás?

El análisis de viabilidad nunca se da por concluido, sino que se convierte en una guía para los empresarios a la hora de superar retos y encontrar nuevas oportunidades. A medida que las cosas cambian a su alrededor -entran nuevos competidores en los mercados, se actualiza la normativa y avanzan las tecnologías-, los emprendedores deben reevaluar periódicamente sus ideas utilizando este marco. ¿Cómo están las cosas ahora? ¿Debería cambiar algo? ¿Qué nos falta?

Herramientas de validación del mercado

La validación del mercado es la forma que tienen los empresarios de determinar si su concepto de negocio es viable y si el público en general lo aceptará. Utilizan diversas herramientas para explorar las reacciones de los consumidores, evaluar la demanda del mercado y ajustar los conceptos empresariales para que encajen de forma óptima.

Una herramienta son las encuestas, que son cuestionarios bien diseñados que ayudan a recopilar datos cuantitativos sobre las preferencias de los clientes y su comportamiento de compra. Las encuestas proporcionan un enfoque organizado para comprender cómo funciona un público objetivo. También pueden revelar posibles problemas, lo que permite a los empresarios perfeccionar sus ideas.

Otra herramienta son los grupos de discusión focus , en los que unas pocas personas representativas se reúnen para debatir información cualitativa sobre las percepciones de los consumidores. Aquí pueden hablar más en profundidad sobre la idea de negocio y descubrir matices que los métodos cuantitativos no podrían identificar por sí solos. Los grupos de discusión presentan opiniones únicas que son útiles para encontrar áreas de mejora.

La creación de prototipos es un método tangible para probar la durabilidad de un concepto. Los empresarios crean representaciones físicas de lo que quieren ofrecer a los clientes. Al permitir que los usuarios potenciales interactúen con los prototipos antes de la producción a gran escala, los empresarios se hacen una idea de las cosas que hay que arreglar o mejorar y validan el atractivo general y la facilidad de uso. La creación de prototipos perfecciona la experiencia del usuario basándose en las interacciones con el mundo real.

Los programas piloto permiten poner a prueba ideas en un entorno controlado lanzando versiones reducidas de productos o servicios. Esto ayuda a calibrar el interés del mercado y expone los retos operativos desde el principio, sin arriesgar demasiado dinero. Horas de trabajo

La participación en las redes sociales permite a los empresarios mantenerse al día de los cambios de opinión de los consumidores, responder rápidamente a sus preocupaciones y crear expectación en torno a las ofertas mediante interacciones en tiempo real.

Las plataformas de crowdfunding permiten a los comerciantes acceder simultáneamente a la validación del mercado y a la recaudación de fondos. Cuando los emprendedores muestran sus conceptos de esta manera, la gente puede apoyarlos financieramente, dependiendo de si creen que su idea tendrá éxito y será valiosa o no.

Los programas de adopción temprana son otro método útil para probar nuevas ideas antes de su adopción generalizada. Saber qué opinan los primeros clientes de un producto o servicio tiene un valor incalculable a la hora de perfeccionarlo, fomentar el marketing boca a boca e impulsar lanzamientos posteriores.

Estas herramientas se combinan para facilitar a los empresarios la validación del mercado. Al emplear métodos cuantitativos y cualitativos junto con la creación de prototipos, los programas piloto, la participación en las redes sociales, las iniciativas de crowdfunding y las técnicas de captación de los primeros usuarios, los emprendedores pueden validar sus ideas de negocio con mayor eficacia.

Recoger opiniones e incorporar ideas

Los viajes de los emprendedores requieren una retroalimentación y un conocimiento constantes. Este diálogo continuo se produce entre el emprendedor y las partes interesadas, como clientes y expertos del sector, que dan forma al concepto de negocio.

Los empresarios pueden buscar esta información en muchas fuentes, como clientes potenciales, grupos de discusión, colegas del sector o mentores. Esta amplia gama de información garantiza que comprendan las perspectivas que rodean a su idea. Las entrevistas, las encuestas y las interacciones directas permiten recopilar datos cualitativos sobre las preferencias y los puntos débiles de los consumidores.

Por muy cruciales que sean las reuniones, es necesario que exista un entorno en el que la gente se sienta cómoda compartiendo sus ideas. La crítica constructiva es vital para crear un espacio en el que la gente comparta opiniones diversas sobre tu idea, más allá de la mera validación. Una cultura de estímulo ayuda a fomentar la innovación a través de la mejora.

Los empresarios suelen recibir información instantánea a través de plataformas digitales sobre cualquier aspecto relacionado con su empresa, como los canales de las redes sociales o la participación en comunidades o foros en línea. Estas plataformas les dan acceso inmediato a las preocupaciones de los consumidores, por lo que pueden adaptarse rápidamente cuando cambian las tendencias.

Una vez que disponen de toda esta información, los empresarios de éxito saben analizarla con eficacia y tomar decisiones estratégicas basadas en patrones de respuesta de los consumidores.

La creación de prototipos proporciona a los empresarios algo tangible a lo que referirse durante el proceso de mejora, al iterar sobre los prototipos iniciales basándose en las percepciones de los usuarios recopiladas. Estos modelos tangibles garantizan que las ofertas mejoradas no se impongan a la fuerza a los consumidores, sino que encajen sin problemas en sus experiencias esperadas.

Los clientes que ven cambios basados en sus observaciones también empezarán a confiar más en usted. La lealtad se desarrolla cuando los clientes ven pruebas de primera mano de su dedicación a satisfacerles.

Los comentarios son útiles en el desarrollo de productos, pero también en otras áreas, como las estrategias de marketing y la eficiencia operativa. Para lograr un éxito sostenible en cualquier empresa, es fundamental dejarse aconsejar por las personas corrientes.

3.6 Posicionamiento estratégico

Navegar por el ecosistema empresarial exige un posicionamiento estratégico informado. Las organizaciones tratan de descubrir una identidad y establecer una cuota de mercado analizando a sus competidores. Esta compleja tarea implica evaluar el panorama actual, analizar a los rivales y formular una estrategia que se ajuste a sus objetivos y recursos.

La evaluación de la posición en el mercado y el análisis de la competencia sientan las bases para las organizaciones en el panorama del posicionamiento estratégico. Las empresas examinan factores como la percepción del cliente para ver cuál es su posición en el mercado. Al mismo tiempo, puede utilizarse un análisis de los puntos fuertes y débiles de los rivales para identificar carencias, aprovechar los puntos fuertes y afrontar posibles retos.

Desarrollar una estrategia competitiva implica utilizar análisis de evaluaciones de mercado y de la competencia. Este plan muestra cómo pueden competir las empresas manteniéndose fieles a sus objetivos. Las estrategias competitivas definen objetivos, ayudan a asignar recursos estratégicamente y a crear estructuras que los apoyen.

Las tácticas de diferenciación son vitales para destacar entre la competencia, mientras que la implementación ayuda a comunicar adecuadamente las propuestas de valor al público objetivo. Las organizaciones que hacen hincapié en ofertas únicas o enfoques innovadores resonarán más con los clientes. Por otro lado, las tácticas de posicionamiento implican esfuerzos de marketing que reflejan la percepción deseada en el mercado. Entre ellas se incluyen la marca, los mensajes y las actividades promocionales.

Las organizaciones deben mantenerse al día de los constantes cambios en las preferencias de los consumidores si quieren tener una oportunidad de diferenciarse de la competencia. Lograr un posicionamiento estratégico exitoso va más allá de cualquier plan fijo. Implica perfeccionar, repetir y responder continuamente a la evolución de las circunstancias.

Las organizaciones que fijan un posicionamiento estratégico triunfan donde otras fracasan, especialmente cuando cada decisión desempeña un papel vital en la configuración de su futuro. Al crear esta base, las empresas obtienen una ventaja frente a sus rivales a medida que se adaptan al mercado actual, en constante evolución.

Evaluación de la posición en el mercado y análisis de la competencia

Para lograr el éxito empresarial a largo plazo es necesario aplicar determinadas prácticas. Una de ellas es la evaluación de la posición en el mercado y el análisis de la competencia. Esto permite tomar decisiones eficaces y encaminar a las empresas hacia sus objetivos.

El paso inicial consiste en examinar la posición de una organización en el mercado y las fuerzas competidoras. Comprendiendo ambas cosas, las empresas pueden decidir sus próximos movimientos.

Descubrir cuál es su posición frente a la competencia es un buen primer paso para intentar averiguar en qué dirección quiere dirigir su empresa. Te da un punto de partida a partir del cual pueden fluir las estrategias y, en última instancia, convertirse en objetivos alcanzados.

También existe un aspecto del análisis de la competencia, en el que las organizaciones que operan en el mismo sector diseccionan los puntos fuertes y débiles. Esto es muy valioso porque les permite ver cuál es su posición frente a empresas similares en lo que respecta a sus productos o servicios. Las ventajas continúan: las organizaciones sabrán cuánta cuota de mercado tienen otras entidades, cuánto cobran por las cosas y qué tácticas de distribución utilizan.

"DAFO" (debilidades, amenazas, fortalezas y oportunidades) es otra herramienta que las empresas emplean cuando necesitan más precisión durante las evaluaciones. Los factores internos, como las capacidades únicas y la eficiencia operativa, se comparan con los externos, como las tendencias emergentes del mercado y las amenazas potenciales de los competidores. Un análisis sistemático como éste proporciona un conocimiento inestimable sobre el panorama que nos rodea.

Como todos sabemos, la tecnología es importante. Por eso las evaluaciones modernas dependen de ella. El análisis de datos permite analizar a la vez grandes cantidades de información sobre el comportamiento de los clientes y el rendimiento de la competencia, lo que da a las empresas ventaja a la hora de tomar decisiones con conocimiento de causa.

Mediante la evaluación de la posición en el mercado y el análisis de la competencia, las organizaciones pueden elaborar estrategias empresariales que resistan el paso del tiempo. Pasarán por etapas en las que identificarán las tendencias hacia las que se mueven los clientes y un plan para diferenciar a la empresa. Con cada paso que dan, estas empresas se acercan más al éxito en un mundo en el que el fracaso es posible en cualquier momento.

Todo esto puede parecer mucho trabajo, y lo es. Invertir tiempo y recursos en este tipo de evaluaciones es una forma de garantizar que su empresa se mantiene por delante de sus competidores. No es ningún secreto lo rápido que se mueve el mundo hoy en día; sólo tiene sentido que las organizaciones hagan todo lo posible para mantenerse al día.

Elaborar una estrategia competitiva

En el mundo empresarial, la elaboración de una estrategia competitiva es un proceso complejo que constituye la base de la capacidad de una organización para obtener una ventaja en el mercado. Implica alinear recursos, capacidades y posicionamiento para navegar por el panorama competitivo.

En esencia, la elaboración de una estrategia competitiva requiere que las organizaciones comprendan plenamente su dinámica interna y las fuerzas externas del mercado. Deben evaluar sus puntos fuertes, capacidades y competencias básicas y prepararse para hacer frente a la competencia. Este conocimiento de sí mismas les da una ventaja en el mercado, porque saben lo que les hace destacar.

También es esencial calibrar las fuerzas externas a la hora de elaborar una estrategia competitiva. Las organizaciones deben evaluar las tendencias del mercado, los patrones de comportamiento de los clientes, los cambios normativos y los avances tecnológicos que puedan afectar a su sector. Esto les permite identificar oportunidades y posibles amenazas, lo que ayuda a determinar si merece la pena o no tomar determinadas decisiones empresariales.

Sería útil responder a algunas preguntas a la hora de elaborar las estrategias de su organización. Tanto si su objetivo es convertirse en un productor de bajo coste como ofrecer productos o servicios únicos que destaquen en el mercado, tiene opciones sobre dónde y cómo quiere competir con sus competidores.

Una vez que haya identificado su enfoque, es esencial establecer el alcance de su negocio dentro del mercado. ¿Su empresa operará en un mercado amplio o se centrará en un segmento específico?

La dinámica del coste frente a la diferenciación también entra en juego a la hora de diseñar sus estrategias competitivas. La reducción de costes implica racionalizar las operaciones, mientras que la diferenciación se centra en la innovación y en ofrecer un valor excepcional a los clientes.

Una vez tomadas las decisiones a lo largo de este proceso, se plasman en planes viables. Esto podría implicar la reestructuración, la asignación de recursos y las operaciones diarias basadas en la estrategia competitiva elegida.

Una vez que se implanta y empiezan a desplegarse esfuerzos, no significa dejar de supervisar o adaptar. Las condiciones del mercado cambian continuamente, incluidos los avances tecnológicos y los movimientos de la competencia. Reevaluar periódicamente la estrategia es una forma excelente de mantenerse al día de estos cambios.

La elaboración de estrategias competitivas requiere muchas piezas móviles que deben sincronizarse entre sí. Se trata de una hoja de ruta que ayuda a las organizaciones a superar los retos empresariales, aprovechar las oportunidades y crear ventajas competitivas a largo plazo.

Tácticas de diferenciación y posicionamiento

En el intrincado mundo de la competitividad se lanzan muchas palabras, como diferenciación y posicionamiento. Aunque inicialmente puedan parecer triviales, estas dos ideas pueden ser esenciales para separarse de la manada. Se trata de presentarse y crear valor para el cliente.

Diferenciación significa esencialmente ser único. Usted quiere que su producto sea diferente de los demás de alguna manera, para que los clientes elijan el suyo en lugar de los de ellos. Apple se ha forjado una reputación por su diseño elegante y sus interfaces fáciles de usar, que la diferencian de sus competidores.

La diferenciación de servicios lleva esta idea un paso más allá. Claro que es bueno que su producto sea único, pero ¿cómo se vende? ¿Cómo se sienten los clientes cuando utilizan su servicio? Empresas como Zappos se han forjado en torno a un servicio de atención al cliente excepcional.

Las tácticas de posicionamiento tienen que ver con cómo le perciben los clientes en comparación con los demás. Dependiendo de sus objetivos, hay distintas formas de alcanzarlos.

Una táctica se centra en dirigirse a grupos o nichos específicos. Al adaptar su producto o servicio para satisfacer las necesidades de un grupo demográfico concreto, las organizaciones pueden ser relevantes para su público objetivo. Una marca de lujo como Rolex se posiciona como exclusiva dirigiéndose únicamente a personas interesadas en relojes de alta gama.

La gente suele pensar en el posicionamiento de precios sin comprenderlo del todo. Se inclinan por cualquier precio que se ajuste a su presupuesto sin tener en cuenta por qué. Algunas empresas ponen precios bajos a sus productos porque intentan llegar al mayor número posible de consumidores, mientras que otras los encarecen porque la gente asocia coste con calidad.

La táctica final le convierte en la solución que la gente necesita para los problemas que se dan cuenta de que existen. Si abordas estos problemas ocultos con eficacia, la gente lo reconocerá y te recompensará con su negocio.

Cuando se trata de la planificación estratégica de una empresa, tácticas como la diferenciación y el posicionamiento son fundamentales. Las empresas que consiguen destacar en un mundo competitivo lo hacen ofreciendo algo realmente único. Su producto o servicio puede tener características especiales o proporcionar un servicio excelente a sus clientes. Algunas utilizan estrategias de precios como medio de distinción. Mientras tanto, las tácticas de posicionamiento eficaces garantizan que la singularidad de estas organizaciones se comunique de una manera con la que su base de clientes pueda relacionarse y en la que pueda confiar. Todo esto ayuda a dar forma a las percepciones y a fomentar la lealtad a la marca a largo plazo. En un entorno tan complejo como el mercado, es crucial que las empresas dispongan de estrategias para diferenciarse de los demás, al tiempo que permanecen conectadas con su público objetivo. Así es como las marcas causan una impresión inolvidable en los consumidores y acaban imponiéndose en su sector.

3.7 Construir modelos de negocio

A continuación, analizaremos la dinámica de creación de empresas desde cero. Nos sumergiremos en el marco estratégico, las operaciones, los ingresos y la arquitectura general. Mientras los emprendedores se enfrentan al reto de hacer realidad sus ideas, mostraremos cómo construir modelos resistentes que puedan soportar cualquier cosa.

Explicar algunos modelos populares es un buen comienzo a la hora de fundar una empresa. Estos modelos tradicionales le ayudarán a entender cómo otros han encontrado el éxito en diferentes sectores. Algunas empresas siguen utilizando estas estrategias hoy en día, y otras emplean otras nuevas e innovadoras, como las economías colaborativas o las basadas en plataformas. Elijas lo que elijas, debes saber lo que hay ahí fuera para entender mejor qué funciona mejor con tu concepto.

Una vez que se reduce a algo más específico, lo siguiente es construir en torno a productos y servicios básicos. Este proceso refleja la búsqueda del público objetivo y las propuestas de valor. El truco está en asegurarse de que todo encaja correctamente y de que cada pieza del puzle encaja a la perfección, al tiempo que se optimizan las operaciones y se mejora la satisfacción del cliente.

Pasando a la sostenibilidad y la escalabilidad, cualquier emprendedor quiere crear algo que dure más que otras tendencias actuales. Exploramos cómo hacerlo utilizando las cambiantes condiciones del mercado y los avances tecnológicos para sobrevivir a las preferencias de los consumidores, que cambian con el tiempo. A la hora de pensar en ampliar la empresa después de crear una base decente, los empresarios deben prever las demandas futuras y, si es necesario, tener en cuenta los aspectos geográficos. Todos estos factores entran en juego a la hora de crear algo escalable. Esto sirve de brújula para quienes necesiten orientación mientras tratan de descifrar las complejidades que se esconden tras su creación.

Panorama de los modelos de negocio más populares

Los modelos de negocio son las estructuras que utilizan las empresas para ganar dinero y mantener sus operaciones; de ahí que varíen enormemente. Para tener éxito en el comercio, hay que entender los entresijos de estos modelos.

Un ejemplo tradicional de modelo es el de venta al por menor, por el que las empresas pueden adquirir bienes a precios de mayorista y luego venderlos a los clientes a un precio superior al que los compraron. Ha sido la base de los negocios durante siglos y es eficaz. Pero con las nuevas tecnologías llegan nuevas formas de hacer las cosas.

El comercio electrónico ha dado lugar a la venta directa al consumidor, una forma innovadora de que las marcas conecten con su público sin intermediarios como mayoristas o minoristas. Este enfoque tecnológico mejora el compromiso del cliente a través de los datos recopilados cuando interactúa con los sitios y servicios, que las empresas utilizarán para adaptar los productos y servicios de forma que se adapten mejor a ellos. Dado que este método ayuda a las empresas nativas digitales a crear sólidas comunidades en línea, es lógico que su base de clientes mantenga una relación tan estrecha con su marca.

Los modelos basados en suscripciones ofrecen a los clientes un acceso continuo a productos o servicios. En lugar de pagar una vez, se paga una cuota periódica, como las que se ven en los programas de reparto de comidas o los servicios de streaming. Esto fomenta la fidelidad del cliente a través de actualizaciones y mejoras continuas del valor, al tiempo que mantiene los bolsillos llenos de todos esos pagos recurrentes.

El modelo freemium combina ofertas premium gratuitas en una opción híbrida. Las partes esenciales del servicio son gratuitas, pero las funciones avanzadas requieren una suscripción de pago. Piense en las aplicaciones de software o las plataformas de juegos, que solo nos dan un poco hasta que queremos más y sacamos la cartera.

Los modelos de negocio basados en plataformas son cada vez más dominantes, porque actúan como intermediarios entre dos grupos a través de interacciones en línea, reduciendo el riesgo global de la empresa. Estas plataformas aprovechan los efectos de red en los que todos se benefician al unirse, creando un ciclo que se refuerza a sí mismo.

El modelo empresarial de la economía colaborativa pone en contacto a personas dispuestas a compartir cosas como el transporte o las habilidades. Las empresas recurren a este modelo porque les ahorra dinero y fomenta la sostenibilidad, que los clientes estarán más dispuestos a apoyar en el mundo actual, favorable a las compras.

La economía colaborativa se centra en conectar a autónomos con oportunidades de trabajo a corto plazo, como hacen Uber, Fiverr y Doordash. Este enfoque ofrece flexibilidad tanto a empresas como a particulares. Las empresas ahorran dinero porque no tienen que contratar empleados a tiempo completo. Al mismo tiempo, los particulares pueden aceptar tantos trabajos como les permita su agenda.

El funcionamiento de las empresas cambia constantemente. La tecnología, lo que le gusta a la gente y cómo funciona el mercado determinan cómo gana dinero una empresa. Los empresarios y las personas necesitan aprender las sutilezas de los distintos modelos de negocio para utilizar sus puntos fuertes, comprender los retos y crear un enfoque personalizado que les permita alcanzar sus objetivos de la mejor manera posible.

Adaptar los modelos de negocio a su concepto

Crear una empresa es más complejo que desarrollar un concepto. Hay que tener en cuenta muchos factores a la hora de crear un modelo de negocio a medida. Hay que tener en cuenta el producto o servicio, el público objetivo, la dinámica del mercado y el panorama competitivo.

Cada producto funciona de forma diferente, desde los precios hasta los requisitos de distribución. En el caso de los bienes tangibles, usted se centra en los costes de fabricación, la logística de la cadena de suministro y la gestión de inventarios. Al mismo tiempo, las empresas orientadas a los servicios se concentran en retener a los clientes y ofrecer un servicio excelente.

Otro factor crítico es comprender a su público objetivo. Hay que saber qué les gusta y cómo actúan para adaptar mejor el modelo de negocio a ellos. Ciertas características de tu modelo resonarán de forma diferente en determinadas personas; es esencial encontrar lo que mejor se alinea con tu mercado.

Mantener la dinámica actual del mercado es crucial a la hora de moldear su modelo de negocio. No es ningún secreto que los mercados cambian constantemente. Están influidos por la tecnología y las tendencias; predecir estos cambios puede darle una ventaja significativa. En cuanto a la escalabilidad, si el crecimiento forma parte del plan, es prudente asegurarse de que el modelo elegido puede hacer frente al aumento de la demanda sin necesidad de reconstrucciones significativas. Centrarse en la sostenibilidad financiera puede parecer de sentido común, pero algunos empresarios pasan por alto este paso a la hora de elaborar su modelo de negocio; es fundamental equilibrar las estructuras de ingresos y costes.

Sostenibilidad y escalabilidad

Sea cual sea el sector, la sostenibilidad y la escalabilidad son dos aspectos que desempeñan un papel importante a la hora de determinar si una empresa tendrá éxito a largo plazo. Estos aspectos interconectados tienen mucho que decir a la hora de configurar las estrategias de una organización, influir en los procesos de toma de decisiones y determinar si una empresa puede hacer frente a todo lo que la vida le depare.

Cuando la gente piensa en sostenibilidad, suele pensar en reciclaje y energías renovables. Pero en términos empresariales, significa algo diferente. En este contexto, la sostenibilidad tiene más que ver con la longevidad durante largos periodos de tiempo. Un modelo empresarial sostenible incluye prácticas responsables que equilibran las consideraciones económicas, sociales y ecológicas. Hoy en día, observamos que las empresas hacen todo lo posible por reducir los residuos y minimizar su huella en el mundo apostando por los recursos renovables. Además de todo lo relacionado con el medio ambiente, las empresas también deben centrarse en proporcionar valor a las partes interesadas y garantizar que los empleados estén bien atendidos tanto económica como emocionalmente. A nadie le gusta sentirse una pieza más del engranaje.

Independientemente de lo sólidos que sean sus cimientos, siempre habrá espacio para el crecimiento. La escalabilidad es crucial si quiere que su modelo de negocio dure más de unos pocos años. La flexibilidad permite a las organizaciones adaptarse a las crecientes demandas de los consumidores sin sacrificar demasiado rendimiento ni gastar demasiados recursos. También facilita a las empresas que desean expandirse a nuevos mercados la capitalización de oportunidades emergentes.

Tiene razón si piensa que estos dos conceptos entran en conflicto. Equilibrar la sostenibilidad con la escalabilidad requiere un excelente conocimiento del funcionamiento de las economías y una gran inteligencia empresarial. Debe haber cierto equilibrio entre lo que es bueno para el medio ambiente y lo que podría atraer a miles de nuevos clientes. El liderazgo es vital para decidir en qué dirección debe avanzar la empresa.

La sostenibilidad y la escalabilidad son las dos cosas en torno a las cuales evolucionarán todos los demás aspectos de la empresa. Si los haces bien, tendrás una organización preparada para conquistar el mundo y dejarlo en un lugar mejor que cuando empezó.

3.8 Planificación y previsiones financieras

Aquí exploraremos la planificación y las proyecciones financieras, que exploran elementos vitales que afectan a la salud y la trayectoria económica de una empresa. Esta completa inmersión abarca tres temas esenciales: estimación de costes y previsión de ingresos, creación de modelos financieros específicos para su concepto de negocio e identificación de fuentes de financiación en función de sus necesidades financieras.

Puede que calcular los costes y prever los ingresos no sea la parte más emocionante de dirigir una empresa, pero es esencial. Una estimación precisa de los costes le permite establecer estrategias de precios realistas con las que puede obtener beneficios. También ayuda a determinar dónde deben asignarse los recursos para lograr la máxima eficiencia. Las previsiones relacionadas con los ingresos requieren cierta visión de futuro, ya que hay que tener en cuenta las tendencias del mercado, el comportamiento de los consumidores y el panorama competitivo. Ambos elementos son cruciales para tomar decisiones financieras sólidas que conduzcan a un crecimiento sostenible.

Crear modelos financieros para su concepto de negocio le permite desglosar su visión empresarial en algo cuantificable. Estos modelos ayudan a identificar qué tipo de impacto tendrán las opciones estratégicas o las decisiones operativas en el balance final, actuando como una instantánea de tus finanzas en el futuro, lo que resulta muy útil. Al centrarse en los flujos de ingresos, las estructuras de costes y otras métricas financieras, las empresas pueden evaluar su salud general e identificar áreas de mejora. Aprender a crear estos modelos lleva tiempo porque deben adaptarse explícitamente a su concepto único, al espacio de mercado que ocupa y a otras complejidades que rodean a las cuestiones monetarias.

Identificar las fuentes de financiación y las necesidades financieras es uno de los aspectos más prácticos de la planificación financiera de una empresa de cualquier tamaño. Una empresa sólo puede funcionar con dinero. Tanto si se buscan opciones tradicionales, como préstamos o inversores, como si se exploran vías más modernas, como el crowdfunding o las subvenciones, conocer todas las vías posibles sólo puede capacitarte a la hora de tomar decisiones importantes sobre el flujo de caja. Determinar los requisitos financieros necesarios implica calcular los costes de puesta en marcha, los gastos generales, como el alquiler y los servicios públicos, los salarios de los empleados y el potencial de crecimiento. Este tipo de conocimiento exhaustivo garantiza que las empresas estén preparadas para conseguir el capital que necesitan para su andadura.

Los temas tratados en esta sección son sólo el principio. A medida que avancemos en la planificación y las proyecciones financieras, abarcaremos aún más información. Aunque puede haber temas más apasionantes, tener un sólido conocimiento de estos fundamentos guiará en última instancia su negocio a largo plazo. Tanto si acabas de empezar como si ya llevas tiempo en esto, mantén la mente abierta mientras nos sumergimos juntos en estos conceptos. Los conocimientos que adquiera le ayudarán a tomar decisiones seguras cuando se enfrente a obstáculos financieros, lo que permitirá a su empresa crecer y tener éxito en el futuro.

Estimación de costes y previsión de ingresos

Estimar los costes y prever los ingresos es una parte importante de la planificación financiera. Requiere la máxima atención y un profundo conocimiento de cómo cada factor puede afectar a la situación económica de una empresa.

Estimar los costes implica examinar todos los gastos relacionados con la fabricación, distribución y promoción de bienes o servicios. Pueden incluir materias primas, gastos de producción, marketing y gastos generales. Las empresas pueden beneficiarse de un análisis de costes exhaustivo estableciendo estrategias de precios realistas e identificando áreas en las que pueden ahorrar costes para obtener un mayor margen de beneficios.

La previsión de ingresos es tan importante como la estimación de costes en la planificación financiera. Sería útil que siempre mirara hacia delante y analizara las tendencias futuras de su mercado. Evaluando las tendencias, el comportamiento de los consumidores y la competencia, y prediciendo después las ventas futuras, dispondrás de una guía financiera que podrás utilizar para tomar decisiones sobre aspectos como las operaciones o los esfuerzos de marketing.

La estimación de costes y la previsión de ingresos trabajan juntas para mantener equilibradas sus finanzas. Conocer tus costes te ayuda a fijar precios competitivos y rentables, mientras que conocer tus ingresos te permite utilizar los recursos de forma eficiente para estrategias de crecimiento que, a la larga, darán sus frutos.

Muchos factores externos podrían cambiarlo todo sobre sus modelos de costes o ingresos en cualquier momento, como las condiciones económicas o los nuevos avances tecnológicos. Supervisar continuamente estos dos elementos basándose en los conocimientos del mercado contribuye a adoptar un enfoque activo para mitigar los riesgos antes de que se conviertan en problemas y aprovechar las oportunidades antes de que pasen de largo.

La tecnología desempeña un papel importante en la optimización de este proceso para nosotros. Las herramientas avanzadas de modelización financiera y análisis de datos permiten a las empresas realizar análisis de escenarios, que ayudan a identificar tendencias. De este modo, sabremos qué hacer la próxima vez que surja algo similar, que inevitablemente ocurrirá. La verdad es que no hay línea de meta para este conjunto de habilidades, porque todo el panorama empresarial cambia constantemente.

Perfeccionar sus habilidades para estimar costes y prever ingresos es un esfuerzo continuo. Requiere atención al detalle y un profundo conocimiento de los negocios en general. Afortunadamente, con estas dos cosas podemos hacer frente a todo lo que se nos ponga por delante, siempre que sigamos adaptándonos al cambio.

Creación de modelos financieros para su concepto de negocio

Crear modelos financieros que se ajusten a su negocio es un acto estratégico. Se trata de tomar un concepto complicado y plasmarlo en cifras concretas para que puedas manejarlo en el futuro. Un modelo financiero es como un plano. Te da una imagen clara de los elementos de tu panorama económico. Los elementos esenciales que cubre son los costes, los flujos de ingresos y las métricas financieras clave. Son lo bastante fluidos como para ir actualizándolos a medida que cambia el mercado y se modifica su comportamiento.

Antes de trabajar en tu modelo, debes entender qué vendes y quién lo comprará. Más allá de eso, también debe comprender todo lo que conlleva hacer realidad ese producto o servicio. También querrás desglosar todos los costes de producción, los gastos de explotación, los gastos de marketing y cualquier otro aspecto financiero que surja al gestionar esta nueva empresa.

Ser flexible no es una opción cuando se construyen modelos como éstos. Los escenarios y los análisis de sensibilidad están pensados para quienes quieren ver cómo afectarían a su negocio distintas circunstancias.

La tecnología ha facilitado la creación de modelos financieros complejos a personas ajenas al mundo de las finanzas gracias a algunas herramientas de fácil uso. Cuando se integran en las prácticas cotidianas, estas herramientas pueden suponer un importante aumento de la eficiencia en cuanto a precisión y rapidez.

Internamente, ayudan a la dirección a tomar mejores decisiones sobre los recursos al representar con precisión lo que está ocurriendo ahora y predecir cómo podría moldear el futuro. Externamente, los inversores se sienten más cómodos sabiendo que su dinero se invierte en algo realista.

Los modelos deben evolucionar constantemente junto con su empresa a medida que ésta crece o ajusta sus estrategias. Las actualizaciones con nuevos datos garantizan que se ajusten a las tendencias del mercado a lo largo del tiempo. Cuidado: estas tendencias cambian a menudo. Quedarse anclado en el pasado hará que estas proyecciones sean menos valiosas, o incluso inútiles.

A primera vista, este proceso puede parecer desalentador, pero una vez que se descompone en piezas, podemos ver que se trata de entender los diferentes números que componen nuestro negocio. En el momento en que construyas tu modelo, deberías tener un sólido conocimiento de todo lo que ocurre dentro y fuera de tu empresa.

Identificación de fuentes de financiación y requisitos financieros

Encontrar dónde está el dinero y saber qué hay que hacer para conseguirlo es crucial para todas las empresas que quieren empezar y crecer. Existen muchas fuentes potenciales. Todas tienen características y requisitos únicos. Las opciones tradicionales incluyen préstamos y líneas de crédito, que suelen seguir un plan de amortización que funciona para ambas partes implicadas. Esta opción suele requerir un historial financiero antes de que nadie le preste atención. Por otro lado, la financiación de capital se basa en inversiones realizadas por particulares o empresas de capital riesgo, a los que se les concede la propiedad parcial de su empresa. Este método es el que suelen buscar las empresas de nueva creación que esperan una entrada de efectivo a cambio de cierto control en la toma de decisiones.

Las plataformas de crowdfunding también han aumentado exponencialmente su popularidad en los últimos años, porque pueden recaudar fondos de forma eficaz sin apenas compromiso. Al permitir que personas de todo el mundo donen tanto o tan poco como quieran, ha fomentado proyectos increíbles financiados por personas corrientes en lugar de por empresas o entidades multimillonarias. Las subvenciones y ayudas públicas son otra opción no reembolsable para ayudar a financiar la investigación, el desarrollo u otras iniciativas alineadas con los objetivos gubernamentales.

No importa de dónde pienses sacar el dinero si antes necesitas ayuda para entender qué tipo de presupuesto vas a necesitar. Considera cada aspecto de tu empresa y determina cuánto costará desde el principio hasta la eternidad. Piensa en los costes de puesta en marcha, las campañas o materiales de marketing, las ampliaciones... Todo lo que pueda costar dinero debe tenerse en cuenta aquí, para que sepas exactamente en cuánta deuda te estás metiendo antes de firmar en cualquier línea de puntos.

Saber cuándo y de dónde vendrá el dinero es igual de importante. Por lo general, los empresarios sabrán aproximadamente cuándo necesitarán financiación, en función de su fase de desarrollo: ¿Están empezando? ¿en crecimiento? Esto desempeñará un papel crucial en la opción de financiación que elija, e incluso podría tener un impacto drástico en la trayectoria de su empresa.

Las empresas deben conocer todos los términos y condiciones de la deuda que van a contraer. Los tipos de interés, los plazos de amortización y las implicaciones para la propiedad pueden variar considerablemente de un prestamista a otro; evalúelos antes de firmar ningún cheque. Este paso adicional es esencial para encontrar el prestamista adecuado que se adapte a sus objetivos y necesidades específicos.

Entender cuánto dinero se necesita, de dónde vendrá, cuándo y cuánto costará a largo plazo requiere práctica y paciencia. Una vez dominada, esta fase estratégica puede preparar a una empresa para un crecimiento exponencial, ya que persigue sus objetivos con confianza y se adapta a los cambios del mercado cuando es necesario.

3.9 Comunicar su concepto de empresa

Vamos a considerar aspectos críticos de la comunicación de tu concepto de negocio, como el desarrollo de un discurso y una narrativa sólidos, la creación de un plan de negocio y un resumen ejecutivo, y el establecimiento de una comunicación eficaz con las partes interesadas y los inversores.

Desarrollar la habilidad de elaborar una historia persuasiva es crucial para presentar una idea con eficacia. Es algo más que vender hielo a un esquimal: se trata de captar la atención de la gente y mantenerla interesada en lo que dices. Le mostraré cómo condensar ideas complejas en otras sencillas pero intrigantes. Podrás conectar con tu público a un nivel mucho más profundo, que va más allá de querer que te compren.

Aunque una buena presentación puede atraer a clientes potenciales, un plan de negocio adecuado garantizará la sostenibilidad. Un buen plan de empresa le orientará ante los retos del mercado, le permitirá tomar mejores decisiones y no se derrumbará ante la presión. Repasaremos cómo presentar una imagen precisa de su empresa, cubriendo su visión, su misión y sus complejidades operativas. También trataremos la importancia de tener un resumen ejecutivo, una versión abreviada que las personas ocupadas puedan entender rápidamente.

Entre todas estas habilidades hay una que la mayoría de los empresarios pasan por alto: la comunicación eficaz con otras personas que no son sus clientes. La lista incluye a partes interesadas internas, como empleados y posibles inversores que quizá no hayan oído hablar de usted antes, pero que ahora sienten curiosidad. Ser transparente con todas las partes implicadas generará confianza entre los compañeros y no dejará lugar a errores o falta de comunicación. Créame cuando le digo que la credibilidad lo es todo en este campo.

Puede que te sientas abrumado por todo lo que he enumerado, pero no te preocupes. Esta parte se ha hecho específicamente para aquellos que necesitan ayuda para comunicar su negocio. Puedes hacer crecer tu empresa de forma sostenible y con éxito con un poco de práctica, lectura y comprensión.

Desarrollar un discurso y una narrativa sólidos

Crear un discurso convincente y contar una buena historia son habilidades que la gente puede aplicar a muchos aspectos de su vida. Son útiles para cualquier cosa, desde hacer presentaciones de negocios hasta tener interacciones personales, y te ayudarán a persuadir a las partes interesadas, abrir puertas y hacerte memorable.

Antes de construir su discurso, es esencial saber quién lo va a consumir. ¿Quién es su público? ¿Qué les interesa? ¿Cuáles son sus necesidades? Si te aseguras de que tu presentación se ajusta a esas inquietudes, empezarás a establecer una buena relación con ellos y a hacerlos más receptivos. Ya sea para presentar una idea de negocio o para compartir algo personal, este paso es crucial para llegar a donde quieres.

Un buen discurso empieza con un mensaje claro que vaya directo al grano. Perfeccione sus ideas hasta que sólo quede una en el centro de todo lo demás: un concepto que cualquiera pueda entender. Esboza el problema que abordas y presenta tu solución de forma fácil de entender. No hay necesidad de jerga ni lenguaje enrevesado: la sencillez suele triunfar en la comunicación. Asegúrate de que tu mensaje sea lo bastante auténtico y convincente para que la pasión se refleje en cada palabra.

La narración de historias ha cautivado al público durante siglos por su eficacia a la hora de transmitir información de forma memorable. Entreteja tu discurso en una narración que despierte emociones y resuene con las experiencias humanas de los demás. Comparta anécdotas con las que la gente pueda identificarse fácilmente, dibuje imágenes vívidas siempre que sea apropiado y utilice metáforas si necesita explicar algo complejo en términos más sencillos. Haciendo todo esto conseguirás que la gente preste atención mientras hablas y recuerde lo dicho mucho tiempo después de que estés en su presencia.

La mayoría de las historias convincentes siguen un patrón. Aplíquelo a su discurso identificando retos u obstáculos en su narración. Esto despertará el interés y creará suspense en el público. Luego, cuando llegue el momento de revelar la resolución, estarán deseando escuchar lo que tienes que decir y es más probable que recuerden lo significativo que fue.

Incorporar imágenes y metáforas a su discurso tendrá un impacto aún mayor después de haber captado su atención con una buena historia. Las ayudas visuales, como gráficos o tablas, pueden ayudar a mostrar a la gente exactamente de qué estás hablando en lugar de que se fíen de tu palabra.

Para que todos los miembros de la audiencia puedan entenderlo todo a la perfección, lo mejor es que consigas una mezcla equilibrada de palabras e imágenes.

El compromiso es bidireccional: si quieres que alguien interactúe contigo, primero debes invitarle a entrar en tu mundo. Plantee preguntas, fomente el debate o proponga algo interactivo durante su presentación para que todo el mundo esté atento mientras escucha. Esto no sólo mantiene a la gente atenta, sino que también les hace sentirse partícipes de su presentación. No olvide que para atraer al público no basta con las palabras: mantenga el contacto visual, varíe el tono y utilice el lenguaje corporal en la medida de lo posible para convencer a los demás con algo más que lo que sale de su boca.

Un discurso pulido se consigue practicando y revisando sin cesar hasta alcanzar el éxito. Hay muchas formas de practicar la oratoria: Algunos se ponen delante de un espejo para asegurarse de que dan en el clavo, mientras que otros se graban a sí mismos hablando para poder volver más tarde y criticar cada parte una por una. La vía más eficaz para mejorar suele ser apoyarse en colegas o mentores de confianza. Te darán información sincera sobre problemas de ritmo, claridad e impacto emocional. Cuando te sientas más cómodo con tu discurso y lo hayas memorizado, podrás centrarte en darle un toque personal a la presentación. Una vez hecho esto, la gente creerá lo que estás diciendo y verá por qué debería comprarlo.

Saber cómo elaborar un discurso sólido y contar una historia convincente puede poner a cualquiera por delante, tanto si se trata de vender una idea en el trabajo como de conseguir que alguien se implique emocionalmente en algo personal. Si entiendes a tu público, defines los mensajes con claridad, creas relatos que cautiven las emociones, utilizas imágenes y metáforas, involucras a todo el mundo con preguntas o elementos interactivos y practicas repetidamente hasta conseguir la perfección, siempre estarás preparado para el éxito.

Crear un plan de empresa y un resumen ejecutivo

Crear una empresa requiere un plan de negocio completo. Es como una hoja de ruta estratégica que te ayuda a llevar tu idea hasta la meta. En esencia, transmite la visión, la misión y los objetivos de la empresa, y constituye una herramienta esencial para atraer inversores y aportar claridad y orientación a nivel interno.

El resumen ejecutivo, que normalmente se encuentra al principio de un plan de empresa, es esencial porque resume todo lo relacionado con tu proyecto. En forma de resumen, se convierte en tu primer punto de contacto con las partes interesadas, ofreciéndoles una visión rápida de lo que hace que tu empresa sea única y rentable.

He aquí algunos elementos que debe incluir en su resumen ejecutivo:

Empiece por definir claramente su misión: Esto te ayudará a definir con precisión qué problema intentas resolver con esta nueva empresa. Y cómo puedes diferenciarte de las soluciones existentes?

Dedique tiempo a analizar el mercado. Su equipo tiene que entender sinceramente a quién sirve. Eso significa conocer las tendencias clave, los datos demográficos e incluso los competidores de ese mercado.

Haga hincapié en la propuesta de valor única: ¿Cuáles son los principales beneficios que obtendrán los clientes al utilizar su producto o servicio? ¿Cómo puede distinguirse de sus competidores?

Detalla cómo entra y sale el dinero. En otras palabras, construye un modelo de ingresos eficaz que abarque estrategias de precios, canales de venta y posibles alianzas que contribuyan a la sostenibilidad de la empresa.

Describa la eficiencia operativa: Esta sección debe destacar la estructura de tu empresa y explicar los procesos clave que la hacen posible. Las proyecciones financieras cuentan una historia; responda a preguntas como "¿cuánto esperamos ganar este año? Facilite también estimaciones de gastos, para que los lectores sepan a qué se destina el dinero.

Comunicación eficaz con las partes interesadas y los inversores

La comunicación es la savia de una empresa de éxito. Conecta al empresario con las partes interesadas y los inversores para convertir los sueños en realidad. Una buena estrategia de comunicación no es una opción; es imprescindible si los empresarios quieren compartir su visión, generar confianza y fomentar relaciones a largo plazo con quienes se beneficiarán de su éxito.

La comunicación con las partes interesadas y los inversores requiere comprensión y empatía. Todas las personas tienen necesidades, expectativas y perspectivas diferentes que hay que tener en cuenta.

Las partes interesadas son los clientes, los empleados, los proveedores, los organismos reguladores y la comunidad. Reconocer esto ayuda a los empresarios a crear estrategias únicas que resuenen en cada grupo, ya que tienen intereses diferentes. Cada uno quiere algo distinto; la personalización es fundamental.

La transparencia también es vital. La confianza se gana siendo abierto y honesto sobre las actividades de la empresa. Eso significa proporcionar información clara y precisa sobre sus resultados y sobre cualquier reto o plan que tenga por delante. Este tipo de transparencia tiende puentes entre los empresarios y las partes interesadas más allá de las cifras financieras.

Los empresarios deben contar una historia mejor que la de sus competidores para conectar con los inversores y las partes interesadas. Los hechos están muy bien, pero los sentimientos son mejores que la mera comunicación a la hora de crear conexiones duraderas.

Cada parte interesada se relaciona con la información de forma diferente. Entender cómo fomentar el compromiso marca una gran diferencia. Por ejemplo, algunos prefieren los informes tradicionales, mientras que otros consultan las actualizaciones en las redes sociales o ven seminarios web en lugar de leer los cambios en otros formatos.

Mantener un calendario regular de comunicación significativa les demuestra que te preocupas lo suficiente por su apoyo o interés como para dedicarles tiempo, incluso después de que tu proyecto haya despegado. La comunicación no es una solución única; adaptarla a lo largo del tiempo mantiene las cosas frescas y emocionantes.

Cuando se trata de negocios, la comunicación eficaz es tan importante como el propio producto. Es necesaria para armonizar las relaciones y generar confianza con las partes interesadas y los inversores. Y con un poco de esfuerzo, los empresarios pueden construir un imperio. Los mensajes de la empresa deben ser claros y concisos, pero a veces hay que adaptarlos a oídos específicos. Mientras tanto, escuchar los comentarios es vital para crecer y mejorar los servicios. Cuando algo va mal, los empresarios deben ser abiertos y honestos sobre lo que ocurre. Esto no sólo ayuda a controlar los daños, sino que también demuestra a todo el mundo que no tiene miedo a la confrontación. Los distintos canales de comunicación son necesarios para dirigir una empresa de éxito, así que utilícelos.

Capítulo 4

Investigación y análisis de mercado

En el capítulo 3 hablamos de la elaboración de un concepto de negocio. Mientras que un concepto de negocio y un plan de mercado esbozan un enfoque estratégico que le permitirá alcanzar sus objetivos de marketing, la investigación y el análisis de mercado se convierten en la base de la información necesaria para informar y apoyar el desarrollo de dicho plan. La investigación y el análisis de mercado también le permiten identificar el mercado objetivo, el panorama competitivo y las tendencias del sector.

Comprender la dinámica del mercado es fundamental para el éxito de cualquier estrategia empresarial. En un mundo empresarial en constante cambio, la investigación y el análisis de mercado sirven de brújula a la organización, guiándola a través de las preferencias de los consumidores, las tendencias del sector y el panorama competitivo. Este capítulo explora de forma holística los entresijos de la investigación de mercado para que pueda tomar decisiones informadas y permitir el crecimiento de su empresa.

La investigación de mercados no es sólo un proceso, también es el latido de la planificación estratégica. Para iniciar juntos este viaje, empecemos con una introducción básica a la investigación de mercados. Esto nos ayudará a comprender qué impulsa las elecciones de los consumidores, dónde están las oportunidades y cómo gestionar los riesgos asociados.

Es bueno tener un gran plan, pero es insuficiente. Diseñar un plan de investigación de mercado debe ser nuestro siguiente paso a partir de aquí. Esta parte hace hincapié en la necesidad de enfocar los objetivos de forma sistemática y, al mismo tiempo, identificar correctamente los recursos. También hace hincapié en la adaptabilidad y la flexibilidad a la hora de enfrentarse a escenarios cambiantes en el entorno empresarial, que son inevitables.

Las técnicas de recopilación de datos separan la teoría de la realidad. Las encuestas y entrevistas tradicionales, junto con las modernas aplicaciones de análisis de datos e inteligencia artificial, salvan esa distancia. Las empresas deben especificar eficazmente cómo abordan las distintas cuestiones relacionadas con las necesidades de sus clientes.

Los mercados no son homogéneos; por eso, entender la segmentación de mercados ayuda a desbloquear todo su potencial de marketing. Al desglosarlos demográfica, psicológica, geográfica y conductualmente, las empresas pueden determinar a qué mercados dirigirse con promociones o productos específicos ofrecidos.

Saber cómo se comportan los clientes ayuda a entender cómo venderles cosas, y ahí es donde entra en juego el análisis del comportamiento del consumidor. Los aspectos psicológicos y sociológicos de la elección del consumidor son intrincados pero valiosos para las empresas que quieren tener ventaja a la hora de fabricar productos o diseñar estrategias para mercados concretos.

El éxito en el mercado no se consigue en el vacío, sino siendo mejor que los demás. Ahí es donde entra en juego el análisis de la competencia. Esta sección le ayudará a evaluar a sus competidores, haciendo hincapié en la evaluación comparativa, el análisis DAFO y el posicionamiento estratégico.

Los mercados son dinámicos, es decir, cambian constantemente. Al tener una visión de conjunto mediante el análisis de las tendencias del sector y del mercado, las empresas pueden detectar las tendencias antes de que se conviertan en problemas. Las empresas pueden basar sus planes operativos a largo plazo en cambios como las preferencias de los consumidores, los avances tecnológicos y las fuerzas económicas, entre otros muchos factores.

Se puede ser lo más innovador posible, pero si no hay demanda, no se venderá. La demanda de productos y el tamaño del mercado pueden servir de base para determinar si los productos volarán de las estanterías o fracasarán estrepitosamente. Sus estrategias de marketing serán vitales si entiende lo que quieren o necesitan los clientes.

La interpretación de los datos y la presentación de informes es el último capítulo de nuestro viaje de investigación y análisis de mercado; eso no significa que sea menos crítico que otros capítulos. En esta fase, hemos analizado los datos y extraído conclusiones; ahora debemos presentar estos resultados para que los demás puedan comprender fácilmente lo ocurrido durante el proceso de recopilación. La interpretación de los datos nos ayuda a tomar decisiones estratégicas en nuestras instituciones para que todos sepan de qué se trata cuando los miran.

El mercado cambia constantemente y puede resultar difícil mantenerse al día, sobre todo cuando se trata de ir por delante. Por eso estamos aquí. Existen numerosas oportunidades para las empresas que quieren prosperar en este campo, pero identificarlas requiere una profunda comprensión de la dinámica del mercado. Cuanto antes comprenda estos matices, más rápido saldrá disparado hacia delante.

4.1 Introducción a la investigación de mercados

Comprender la dinámica del mercado es una parte fundamental del éxito de cualquier plan de negocio. Los estudios y análisis de mercado sirven de brújula en el cambiante mundo del comercio. Ayudan a las empresas a navegar por las preferencias de los consumidores, las tendencias del sector y el panorama competitivo. Esta sección examina en profundidad los estudios de mercado y analiza exhaustivamente la toma de decisiones críticas.

El estudio de mercado es algo más que un proceso: está en el corazón de la planificación estratégica. Ayuda a comprender las complejidades del mercado, aprovechar las oportunidades y evitar los riesgos. Debemos darnos cuenta de que no se trata de un elemento más de nuestra lista de control, sino de un imperativo estratégico.

El diseño de un plan de investigación de mercado pone de relieve la siguiente piedra angular: reconocer que un plan bien pensado nos prepara para el éxito. En este segmento, aprenderemos a identificar sistemáticamente los objetivos de la investigación, a determinar las metodologías adecuadas y a asignar los recursos de forma eficaz. A medida que los mercados cambian rápidamente y el panorama cambia continuamente, la adaptabilidad se convierte en nuestro mejor aliado, así que asegurémonos de mantenernos ágiles a lo largo de nuestro viaje.

Las técnicas de recopilación de datos son la base de una investigación de mercado eficaz. Transforman la teoría en información práctica. Aquí exploramos métodos como las encuestas y entrevistas tradicionales y las técnicas más avanzadas de análisis de datos basadas en aplicaciones de inteligencia artificial. Al sopesar los pros y los contras de cada técnica, las empresas pueden ajustar sus enfoques en función de las exigencias específicas de sus objetivos de investigación.

A medida que los mercados se diversifican cada vez más, las empresas deben comprender el arte de la segmentación del mercado, partiendo mercados diversos en segmentos uniformes, para aplicar estrategias de marketing específicas; así, los productos se ajustarán a las necesidades concretas de los consumidores que han buscado en otras áreas o marcas. Explorando diversos criterios de segmentación, como los factores demográficos, psicográficos, geográficos y de comportamiento, podemos arrojar luz sobre la relevancia de estas variables en la configuración de la dinámica del mercado.

El análisis del comportamiento del consumidor hace lo propio, poniendo de relieve cómo las preferencias de los consumidores y los procesos de toma de decisiones configuran los mercados. Profundizamos en los factores psicológicos y sociológicos que afectan a las elecciones de los consumidores. A medida que las empresas adquieren una comprensión más sólida de lo que impulsa las decisiones de compra, pueden empezar a elaborar productos y estrategias adaptados a las auténticas demandas del mercado.

Conocer al enemigo es importante: el análisis competitivo lo reconoce como esencial para el éxito en cualquier mercado. Esto implica diseccionar a los competidores utilizando la evaluación comparativa, el análisis DAFO y el posicionamiento estratégico. Al conocer los puntos fuertes y débiles de sus rivales, las empresas pueden reforzar su posición en el mercado e identificar oportunidades sin explotar.

Nuestro viaje por la investigación de mercados nos descubrirá una pieza fundamental del conocimiento estratégico empresarial. Comprender el mercado está en el núcleo de toda empresa de éxito, así que sería bueno que empezáramos por aquí.

Exploraremos cómo la investigación de mercados conecta con la toma de decisiones estratégicas. Le mostraré por qué los insights son tan importantes y le daré ejemplos de cómo estas estrategias se han utilizado con éxito en otras empresas. Pasar por cada paso juntos hará que sea más fácil para su negocio tomar decisiones informadas cuando empecemos a trazar qué direcciones son las más ventajosas.

Existen dos tipos de estudios de mercado: cualitativos y cuantitativos. Cada uno tiene sus propias características y ventajas. La investigación cualitativa examina las opiniones, mientras que la cuantitativa se centra en los números. Aquí analizamos esas especificidades para ayudarte a comprender qué método te resultará más útil, en función de tu objetivo.

Definición y finalidad de la investigación de mercado

En esencia, la investigación de mercados es un proceso multidimensional que nos ayuda a comprender mejor el mercado. Consiste en recopilar, analizar e interpretar datos que nos preparan para afrontar complejas tendencias de consumo y dinámicas competitivas. En términos sencillos, es nuestra brújula en la jungla del comercio; nos ayuda a encontrar información práctica, no sólo cifras o encuestas, sino percepciones cualitativas, matices perceptivos e implicaciones estratégicas. Cualquier empresa necesita saber qué quiere su público objetivo para poder alinear su posición en consecuencia.

Los estudios de mercado permiten a los responsables de la toma de decisiones anticiparse al futuro: detectar oportunidades antes de que surjan, evaluar los riesgos con suficiente antelación para mitigarlos y posicionar sus productos o servicios en lugares privilegiados antes que nadie.

Los estudios de mercado nos ayudan a entender qué mueve el mercado y cómo encaja cada engranaje. Construye una hoja de ruta sobre cómo debe funcionar estratégicamente su empresa en los próximos años. Nunca se insistirá lo suficiente en su importancia; cuando se utiliza correctamente, es la base de cualquier estrategia empresarial de éxito.

El papel de la investigación en la estrategia empresarial

Los estudios de mercado ayudan a las empresas a conocer mejor las necesidades, preferencias y comportamientos de los clientes, lo que les permite desarrollar productos y servicios que calen en ellos. Este trabajo impulsa la demanda y ayuda a establecer relaciones a largo plazo, que son vitales para cualquier empresa. Una empresa debe tener un conocimiento sólido de sus clientes o de otras tendencias del mercado para evitar invertir en proyectos que no cumplan las expectativas.

Al investigar a los posibles competidores, las empresas obtienen ventajas estratégicas. En la economía globalizada de hoy en día pueden surgir rápidamente nuevos actores que perturben los mercados establecidos. Para mantenerse a la cabeza, las empresas deben conocer a fondo a sus competidores, descubriendo sus puntos fuertes y débiles; de este modo, pueden elaborar estrategias y aprovechar las oportunidades al tiempo que minimizan las posibles amenazas de cara al futuro. Si una empresa no conoce a sus competidores, no llegará lejos cuando intente crecer.

La investigación también influye mucho en la dinámica interna. Al analizar procesos internos como el compromiso de los empleados o la cultura organizativa, las empresas pueden identificar las áreas en las que más se necesita la innovación. Estas dos cosas ayudan a optimizar las operaciones dentro de la empresa para que todo el mundo pueda hacer más en menos tiempo mientras disfruta de una mejor experiencia de trabajo en general. Saber quién tiene qué habilidades dentro de la plantilla ayuda a asignar los recursos de forma eficaz, para que no haya tiempos de inactividad innecesarios.

Cuando las empresas se comprometen con la investigación y el desarrollo, se sitúan por delante de los demás al estar preparadas para los avances tecnológicos. Un enfoque proactivo les permite anticiparse a los cambios del sector, desarrollar productos o servicios de vanguardia y mantener una posición de liderazgo frente a sus competidores.

La gestión de riesgos es otra área de la que las empresas se benefician significativamente cuando se comprometen con la investigación. Pueden aplicarse planes de contingencia para minimizar cualquier daño derivado de cambios normativos, recesiones económicas o incluso perturbaciones imprevistas del mercado. Todos ellos son ejemplos de conocidos asesinos empresariales que las empresas pueden evitar con conocimientos y un plan.

La investigación no es un elemento opcional para las empresas; es algo que necesitan para sobrevivir, independientemente del sector. Quienes adoptan este tipo de toma de decisiones se vuelven adaptables y ágiles, lo que en última instancia les permite tener éxito a largo plazo. Con tanta información disponible hoy en día, es difícil saber qué es esencial y qué no lo es, pero la visión estratégica siempre tiene valor, por lo que quienes actúen en consecuencia prosperarán independientemente de la incertidumbre que se les presente.

Tipos de investigación de mercado: Cualitativos y cuantitativos

Los estudios de mercado son vitales para saber a quién vender. Tanto la investigación cualitativa como la cuantitativa pueden ofrecerte diferentes perspectivas sobre tu público objetivo.

La investigación cualitativa profundiza en el comportamiento y las preferencias de los consumidores. Este método se centra en entender por qué la gente hace las cosas en lugar de sólo lo que hace. Este enfoque se basa en preguntas abiertas. Las entrevistas, las observaciones o los grupos de discusión ayudan a los investigadores a comprender el panorama del mercado. Esta metodología es fundamental durante el desarrollo del producto. Los datos cualitativos pueden descubrir problemas potenciales que las encuestas no detectarían.

La investigación cuantitativa utiliza grandes cantidades de datos numéricos para encontrar tendencias y pautas en las compras de los consumidores. Mediante la recopilación de información estadística, las empresas pueden predecir el mercado y validar sus hipótesis. Es mucho más rígida que los métodos cualitativos, pero es necesario tomar decisiones estratégicas con conocimiento de causa.

Hay ocasiones en que estos dos enfoques se solapan. Los estudios cualitativos suelen preceder a los cuantitativos porque ayudan a orientar los procesos de elaboración de encuestas y a establecer hipótesis de investigación. Cuando llega el momento de realizar encuestas o experimentos, los métodos cuantitativos extraen conclusiones generales del trabajo en profundidad realizado por los cualitativos.

Elegir entre una y otra es sencillo una vez que se sabe qué hace mejor cada una. Utilice la investigación cualitativa para explorar las motivaciones o formular nuevas ideas basadas en un conocimiento profundo de la base de consumidores; utilice la investigación cuantitativa para confirmar hallazgos anteriores o ver hasta qué punto se generalizan en su población objetivo. Combinarlos siempre será lo mejor, ya que se complementan a la perfección para formar un análisis completo del panorama del mercado.

4.2 Diseñar un plan de investigación de mercado

Las empresas que desean navegar por las complejidades del mercado y tomar decisiones estratégicas con conocimiento de causa deben diseñar un sólido plan de investigación de mercado. Esto requiere una planificación minuciosa, objetivos de investigación específicos y una selección razonable de los métodos de investigación adecuados.

La creación de objetivos precisos para los estudios es el primer paso en el diseño de planes de investigación de mercado. Estos objetivos guían todo el estudio para que se sitúe dentro de unos límites racionales. Articular objetivos específicos y claros para la investigación ayuda a vincularla con las políticas empresariales generales. Tanto si se trata de entender qué prefieren los clientes como de evaluar las tendencias del mercado o el rendimiento de los nuevos productos en términos de calidad o valor, unos objetivos claramente enunciados influirán en las decisiones posteriores sobre los métodos utilizados, la selección de una muestra de población y las técnicas de análisis de datos que se emplearán.

Las diferentes preguntas que se plantean durante las investigaciones requieren distintos enfoques de estudio para generar conclusiones significativas a partir de los resultados obtenidos. Los métodos cualitativos, como los grupos de discusión, las entrevistas y la observación, tienen profundidad y contexto, ya que profundizan en los detalles del comportamiento y la percepción del consumidor, respectivamente. Por el contrario, los medios cuantitativos, como las encuestas, los experimentos y el análisis estadístico, proporcionan la cobertura necesaria para obtener más generalizaciones y estadísticas sólidas. El arte reside en combinar estos métodos para comprender los mercados de forma exhaustiva.

Planificar una encuesta implica tener en cuenta muchos aspectos logísticos que intervienen en este proceso. Estos incluyen, entre otros, definir quién será nuestro público objetivo, determinar qué tamaño de muestra necesitaremos, establecer cuándo exactamente recogeremos nuestros datos y determinar cuándo los analizaremos. Además de esto, una buena preparación también requiere una planificación de contingencias sobre cómo se gestionará cualquier desafío que surja, garantizando que todo transcurra sin problemas a lo largo del proyecto. Esto incluye definir los objetivos de la investigación, seleccionar los métodos de investigación adecuados y planificar los pasos para realizar una encuesta que ayude a las empresas a triunfar en un mundo cambiante.

Fijar los objetivos de la investigación

Establecer objetivos de investigación es una empresa holística que incorpora diversas dimensiones, todas las cuales contribuyen a la riqueza y eficacia de un plan general para llevar a cabo la investigación. Dado que este proceso abarca el estudio de un problema real, los investigadores profundizan en la comprensión de detalles intrincados sobre dichas cuestiones examinando su complejidad e implicaciones. Otra forma de esta exploración puede implicar revisiones bibliográficas en profundidad, comprobar las tendencias del sector o examinar el contexto histórico en torno al área de estudio. Esto ayuda a desarrollar objetivos basados en una comprensión más profunda del tema.

Un enfoque colaborativo para fijar los objetivos de la investigación aúna diferentes puntos de vista y conocimientos. Implicar a las partes interesadas del sector que conocen las fuerzas de la industria, las tendencias del mercado o los objetivos de la empresa es una de las diversas formas en que se produce este trabajo en equipo. Los investigadores añaden valor haciendo que los procesos de fijación de objetivos sean participativos y mediante las aportaciones del personal encargado de la toma de decisiones, los expertos en la materia y otras partes interesadas. De este modo, la colaboración garantiza que los objetivos de la investigación se ajusten a las metas globales de la organización, creando así estudios realistas.

En un entorno empresarial dinámico, los objetivos de investigación no son entidades estáticas. Por lo tanto, a la hora de desarrollar objetivos de investigación orientados a la estrategia para los proyectos de una organización empresarial, siempre se debe ser consciente de las circunstancias futuras potencialmente cambiantes. En consecuencia, los investigadores deben ser receptivos a las fluctuaciones de las condiciones del mercado o a las nuevas tecnologías que surjan, así como a los cambios en el comportamiento de los consumidores durante el periodo de recogida de datos, lo que conduce a la adaptabilidad de los objetivos fijados y, en consecuencia, a basarlos en las situaciones imperantes en el mercado y en las necesidades de los consumidores. Éstos deben ser lo suficientemente flexibles como para captar cualquier novedad, de modo que nunca pierdan el contacto con lo que ocurre en cada momento.

La orientación estratégica de los objetivos de investigación implica considerar cuidadosamente el impacto potencial de los resultados de la investigación. Esto significa, en última instancia, no limitarse a recopilar hechos, sino explorar respuestas que puedan aportar soluciones a la organización. Los objetivos de investigación pretenden desarrollar nuevos productos, mejorar las técnicas de marketing o incluso racionalizar las operaciones de la organización. Esta aplicación práctica refuerza por qué los objetivos de la investigación deben fijarse estratégicamente para informar y mejorar distintos aspectos de la estrategia empresarial.

Selección de métodos de investigación adecuados

La selección de los métodos de investigación es un elemento crítico que dará forma a la calidad y pertinencia de los hallazgos, un aspecto esencial del desarrollo de un diseño de investigación amplio. La decisión sobre los enfoques de investigación depende de cómo se formulen las preguntas de investigación, el grado de conocimiento que se busque y la finalidad del estudio.

Hemos examinado el modo en que los investigadores combinan métodos cualitativos y cuantitativos

Además de elegir entre ellas, los investigadores también deben considerar las metodologías específicas dentro de cada categoría. La elección depende de los objetivos del estudio y de sus limitaciones prácticas. Por ejemplo, si alguien desea conocer las percepciones culturales, un método etnográfico, que implique trabajo de campo inmersivo y observación participante, podría ser adecuado. En cambio, si el objetivo es establecer el impacto creado por una campaña de marketing, podría ser más aplicable un cuestionario de preguntas cerradas.

Los métodos de investigación sólo son aceptables cuando se ajustan a la ética, y deben ser realistas en función de los recursos disponibles, las limitaciones de tiempo y los conocimientos especializados. Debe haber un equilibrio entre las ganancias y las pérdidas que aporta cada técnica y los objetivos de la investigación; la elección debe ser pertinente para el propósito del estudio y contribuir significativamente a un programa general de investigación.

Elegir los métodos adecuados de investigación científica es una decisión intrincada que implica reflexionar sobre qué preguntas se plantean, cuánto se quiere saber y cuál es el objetivo de la investigación. La elección entre metodologías cualitativas o cuantitativas, o la mezcla de ambas, depende de cuánto se quiera saber sobre algo y de las limitaciones de una línea de investigación concreta. En consecuencia, los investigadores pueden asegurarse de que el enfoque elegido es metodológicamente sólido y capaz de aportar conocimientos significativos y pertinentes cuando lo ajustan cuidadosamente a los aspectos singulares de su problema.

Planificación del proceso de investigación

Un elemento central de la planificación de un programa de investigación implica la identificación del público objetivo. Es vital identificar a los individuos o grupos de personas interesados en los que se centra la investigación. Los consumidores, empleados o expertos del sector tienen características, preferencias y comportamientos específicos. Son fundamentales para seleccionar los métodos de investigación apropiados y diseñar las herramientas adecuadas que se utilizarán durante el trabajo de campo.

La determinación del tamaño de la muestra es otra preocupación fundamental en esta fase. El tamaño de la muestra influye directamente en la fiabilidad y la generalizabilidad de los resultados de la investigación. Una muestra pequeña puede arrojar resultados no significativos desde el punto de vista estadístico, mientras que una muestra considerable podría acarrear gastos adicionales y complicaciones logísticas. Para encontrar un equilibrio entre ambos factores es necesario considerar detenidamente los objetivos de la investigación, la diversificación de la población destinataria y el nivel de confianza deseado en los resultados.

Todo buen plan debe tener en cuenta hitos clave como la revisión bibliográfica, el diseño de la investigación, la recopilación de datos, el análisis y la elaboración de informes. Un calendario bien organizado mantiene a los investigadores en el buen camino y les permite hacer ajustes proactivos para responder a oportunidades o retos imprevistos. Un calendario adecuado es especialmente importante cuando los mercados cambian con rapidez y exigen información actualizada.

Diseñar un proceso de investigación implica caracterizar el público objetivo, valorar el tamaño de la muestra, establecer plazos realistas, afrontar las dificultades previstas y mantener los principios éticos. Este periodo de formación de estrategias establece una base para el trabajo práctico de investigación, guiando a través del intrincado terreno de la investigación para obtener hallazgos significativos que se sumarán a un acervo general de conocimientos en el área en cuestión.

4.3 Técnicas de recogida de datos

La recogida de datos es una etapa crucial de la investigación, ya que los métodos empleados durante esta fase influyen significativamente en la profundidad y la validez de los resultados. Los investigadores disponen de una serie de técnicas de recogida de datos que abarcan un continuo de metodologías adecuadas para diferentes aspectos de su pregunta de estudio. Examinar las técnicas de recopilación de datos implica investigar cómo los investigadores recopilan, analizan e interpretan los datos.

Los instrumentos de encuesta y los cuestionarios forman parte del arsenal de recogida de información. Se basan en consultas estructuradas para obtener cifras numéricas de una muestra más amplia de una población. Los instrumentos de encuesta permiten a los investigadores recopilar datos, medir actitudes y cuantificar respuestas de forma sistemática mediante entrevistas cara a cara o interacciones en línea. El formato estructurado que emplean las encuestas permite la uniformidad, lo que posibilita el análisis estadístico al tiempo que representa las opiniones mantenidas por individuos pertenecientes a comunidades seleccionadas en momentos concretos.

Las dimensiones cualitativas adicionales, en forma de entrevistas y grupos de discusión, complementan la metodología de la encuesta. A través de interacciones individualizadas o debates en equipo, los investigadores tienen la oportunidad de detectar sutilezas en los puntos de vista informados por las motivaciones de los participantes y las experiencias humanas, a menudo complejas, que hay detrás de ellas. Las entrevistas aportan información sobre la vida de las personas, mientras que los grupos de discusión generan opiniones diversas, lo que da lugar a resultados de gran riqueza.

Los investigadores pueden observar acciones para obtener información útil mediante estudios de observación no participante, entre otros métodos disponibles a través de diseños de investigación. Esto les sitúa en entornos naturales, de modo que adquieren una comprensión de primera mano de hábitos como las rutinas diarias, las relaciones y los factores contextuales que les afectan. Estos métodos de inmersión se extienden a la participación a largo plazo con la intención de captar los matices culturales junto con las dinámicas sociales que influyen en las vidas. La época en que vivimos hoy en día ha introducido una abundancia de información que permite métodos de recopilación de datos basados en fuentes secundarias. Así, los investigadores que necesitan componentes valiosos pueden recurrir a archivos de revisión bibliográfica en lugar de llevar a cabo tales estudios de forma independiente. Este enfoque permite examinar tendencias generales, comparaciones entre sectores y otras áreas antes ignoradas. Los datos secundarios ayudan a refinar la investigación, economizar recursos y aportar una perspectiva histórica.

A estas alturas, debería estar claro que no existe una solución única a la hora de elegir un método. Los investigadores deben tener en cuenta varios aspectos de la pregunta de investigación en relación con los objetivos que quieren alcanzar, las características de la población objetivo y la naturaleza del problema de investigación, a la vez que evalúan los pros y los contras de cada técnica. Esta exploración de diversas metodologías ayudará a los investigadores a navegar por el terreno de la recopilación de datos, que es muy complejo, y les ilustrará más sobre las herramientas esenciales que subyacen a cualquier resultado significativo y exhaustivo de este proceso.

Encuestas y cuestionarios

Las encuestas y los cuestionarios son instrumentos valiosísimos en la caja de herramientas de cualquier investigador. Proporcionan una forma estructurada de recabar información de diversas personas. La idea principal de las encuestas es formular sistemáticamente preguntas predeterminadas a una muestra representativa y obtener datos cuantitativos que puedan analizarse estadísticamente.

Una de las ventajas de las encuestas es su versatilidad. Se pueden administrar a través de diversos medios, como entrevistas en persona o por teléfono. Esta flexibilidad permite a los investigadores adaptar sus métodos en función de las características de su población objetivo.

La estructura de las encuestas garantiza la coherencia en la recogida de datos, lo que es fundamental para el posterior análisis estadístico. Los investigadores pueden cuantificar actitudes, comportamientos, preferencias y opiniones dentro de la población de estudio formulando preguntas cerradas con opciones de respuesta predeterminadas. A continuación, estos datos cuantificables pueden analizarse utilizando diferentes técnicas estadísticas para identificar tendencias y patrones que contribuyan a una comprensión global de la pregunta de investigación.

El éxito de una encuesta depende en gran medida de lo bien que esté planteada y de su adecuación a la tarea que se va a realizar. Al formular las preguntas, los investigadores deben tener en cuenta la claridad y la pertinencia. Además, la longitud y la redacción podrían disuadir a los posibles participantes de terminar la encuesta, por lo que también hay que tenerlas en cuenta. Las pruebas piloto desempeñarán un papel fundamental para garantizar la fiabilidad y la validez.

La selección de la muestra es otro aspecto crucial que afecta a la generalizabilidad de los resultados. Deben emplearse técnicas de muestreo rigurosas para que la muestra final represente fielmente al público objetivo. Cuanto más representativa sea la muestra, más sólidas serán las generalizaciones.

Las encuestas y los cuestionarios ofrecen a los investigadores una forma sistemática y cuantificable de recopilar datos. Su adaptabilidad, versatilidad y potencial para el análisis estadístico los hacen adecuados para muchos contextos de investigación. Si se configuran correctamente, estas herramientas le proporcionarán toda la información cuantitativa que necesita para comprender lo que está investigando.

Entrevistas y grupos de discusión

Tanto las entrevistas como los grupos de discusión son métodos cualitativos. Ofrecen a los investigadores una forma dinámica de recopilar datos a partir de experiencias, pensamientos y percepciones humanas. A diferencia de las encuestas, estos dos métodos no están estructurados por preguntas que limitan las respuestas de las personas. Por el contrario, están pensados para dar a los participantes un espacio para pensar en profundidad y reflexionar sobre sus vidas.

Las entrevistas individuales permiten al investigador adaptarse a la respuesta del participante haciéndole preguntas más profundas sobre la marcha. La conversación se irá haciendo cada vez más personal a medida que pase el tiempo. Dar a los participantes una plataforma abierta puede hacer aflorar motivaciones tácitas y facilitar que se expresen libremente.

Los grupos focales son sesiones interactivas entre un pequeño grupo de participantes facilitadas por un investigador. Reúnen diferentes puntos de vista en tiempo real para que los participantes puedan reaccionar a los puntos de vista de los demás, lo que puede dar lugar a diversas perspectivas sobre el tema de investigación.

Aunque comparten algunas similitudes, las entrevistas y los grupos de discusión también son diferentes a la hora de recopilar datos cualitativos. Las entrevistas se centran específicamente en las experiencias personales, mientras que los grupos de discusión se diseñaron para explorar los sistemas de creencias compartidos creados por las normas sociales.

Para que estos dos métodos funcionen eficazmente, se necesita un investigador experto que pueda hacer preguntas de seguimiento sin desviarse demasiado del tema principal. También debe saber escuchar activamente y animar al participante cuando sea necesario. También es esencial crear un ambiente cómodo porque los entrevistados suelen compartir recuerdos o pensamientos muy íntimos.

Los datos cualitativos recogidos mediante cualquiera de los dos métodos conforman un enfoque interpretativo que se utiliza durante el análisis. Los investigadores utilizan este método porque muestra patrones entre temas específicos.

En general, las entrevistas y los grupos de discusión desempeñan un papel esencial para comprender a fondo las experiencias y percepciones humanas, ya que utilizan un enfoque abierto durante el interrogatorio.

Estudios observacionales e investigación etnográfica

Los estudios observacionales y la investigación etnográfica aprovechan al máximo el proceso de recogida de datos. Estos dos métodos están diseñados para captar comportamientos, interacciones y matices culturales en sus entornos naturales.

Los estudios observacionales consisten en observar a personas o grupos en situaciones de la vida real. Este método documenta comportamientos que ocurren de forma natural, proporcionando una visión no filtrada del tema en cuestión. Los investigadores pueden participar con ellos o mantener las distancias utilizando un enfoque no participante. La idea que subyace a estas tácticas ocultas es que los participantes actuarán más como lo hacen habitualmente si no saben que los investigadores les están observando.

La investigación etnográfica lleva esta inmersión aún más lejos, ya que se basa en que los investigadores se integren profundamente en la comunidad o el entorno investigado. Pasan mucho tiempo en las actividades cotidianas, los rituales y las estructuras sociales para comprender cómo funcionan las cosas allí. La etnografía depende de esta "perspectiva interna" porque puede ayudar a comprender realmente por qué la gente hace lo que hace, y ver cómo influyen en ello la dinámica cultural y las normas sociales.

Tanto los estudios observacionales como la investigación etnográfica pretenden captar fenómenos del mundo real en su esencia, algo que no pueden ofrecer de inmediato métodos estructurados como las encuestas o los experimentos. Cuando se puede ser testigo del comportamiento de alguien a través de una lente de observación, se puede entender mucho mejor sobre esa persona. Esta validez ecológica también mejora la aplicabilidad externa de los resultados, ya que representa la autenticidad de las situaciones cotidianas.

A pesar de sus ventajas, estos enfoques inmersivos también presentan algunos inconvenientes: Su naturaleza no estructurada requiere una gran capacidad de observación, interpretación y participación reflexiva por parte de los investigadores. Garantizar que su presencia no interrumpe el flujo natural de comportamientos ni viola la intimidad de las personas no es tarea fácil. Cuando los investigadores se aventuran sobre el terreno, deben tener cuidado de no sobrepasar ningún límite con las personas que están estudiando.

Tanto los estudios observacionales como la investigación etnográfica ofrecen una perspectiva única del comportamiento humano dentro de los múltiples estratos de la sociedad, siempre que los investigadores los ejecuten correctamente. Su naturaleza inmersiva y su énfasis en el contexto proporcionan una profundidad de comprensión que complementa otros enfoques de recopilación de datos.

Utilización de fuentes de datos secundarias

El uso de fuentes de datos secundarias es un enfoque estratégico de la investigación que implica explorar conjuntos de datos existentes, reseñas bibliográficas y registros archivados. De este modo, se puede averiguar más sin necesidad de recopilar datos primarios. Es rentable y eficiente porque se basa en información ya disponible.

La primera ventaja de los datos secundarios es el ahorro de tiempo y recursos. Los investigadores pueden utilizar recopilaciones de otros estudios o registros históricos para obtener rápidamente la información necesaria. También pueden examinar tendencias en patrones o fenómenos durante un largo periodo de tiempo, lo que proporciona un contexto histórico que enriquece el análisis.

Algunos ejemplos de fuentes de datos secundarias son los conjuntos de datos de dominio público, los artículos académicos, los informes gubernamentales y los registros de organizaciones. Como investigador, debe comprobar a fondo la fiabilidad y pertinencia de estas fuentes para validar sus conclusiones. La credibilidad de los métodos originales de recogida de datos, la representatividad de la muestra y la coherencia de las mediciones son detalles cruciales para evaluar la calidad de los datos secundarios.

Este método permite a los investigadores examinar distintas dimensiones y perspectivas dentro de su tema. Al sintetizar la información procedente de múltiples fuentes, pueden extraer mejores conclusiones que con una sola fuente. Este enfoque integrador contribuye a una comprensión más completa del tema.

Trabajar con datos secundarios es todo un reto. El investigador puede encontrarse con problemas como la falta de información o la necesidad de alinear diferentes conjuntos de datos. Puede haber incoherencias entre los estudios originales y variaciones en las metodologías utilizadas durante la investigación que influyan en el resultado. Documentarlo todo ayudará a mantener las cosas organizadas para que no haya confusiones a la hora de informar sobre las limitaciones más adelante.

Las normas éticas son esenciales a la hora de utilizar datos secundarios, ya que estamos hablando del trabajo de otra persona, aunque sólo lo utilicemos en nuestro propio beneficio. Los investigadores deben asegurarse de que los datos a los que acceden se utilizan de forma responsable, respetando la intención original. Esto significa respetar la confidencialidad de los participantes, obtener permiso si es necesario y reconocer las contribuciones realizadas por los creadores originales de los datos.

El uso de fuentes de datos secundarias es una forma excelente de que los investigadores exploren su tema con eficacia y eficiencia. La información procedente de conjuntos de datos existentes, revisiones bibliográficas o registros archivados siempre ha estado ahí, esperando a ser utilizada, así que ¿por qué no aprovecharla?

4.4 Comprender la segmentación del mercado

Navegar con eficacia por el complejo mercado es como resolver un cubo de Rubik, pero no se trata de un cubo, sino más bien de intentar colocar todos los colores del mundo en cada lado del cuadrado. Un elemento básico que puede utilizarse en cualquier plan de marketing es la "segmentación del mercado". Este proceso organiza los mercados en muchos segmentos diferentes en función de criterios específicos.

La segmentación puede utilizarse para orientar y comprender las necesidades, preferencias y comportamientos de los consumidores. Imagínese que todos sus clientes fueran gatos y que usted fabricara un producto sólo para ellos, pero que cuando empezara a venderlo descubriera que otro segmento de su mercado está formado por pájaros. Por eso adaptamos nuestro enfoque a cada segmento, para no seguir lanzando dardos a la pared y esperar que se claven.

Cada criterio de segmentación tiene muchos tipos, desde elementos demográficos y psicológicos hasta dimensiones geográficas y de comportamiento. A continuación, se utilizan para identificar grupos homogéneos dentro del mercado global a fin de comprender sus características, que se emplean en la creación de estrategias dirigidas explícitamente a ellos.

Los beneficios son mucho más importantes que conocer mejor a los clientes; puede conducir a las empresas hacia el éxito al permitirles orientar a su público con productos, mensajes y esfuerzos promocionales. Este uso eficiente de los recursos crea, en última instancia, una mayor fidelidad a la marca, porque la gente ve lo bien que les conocemos y se sienten conectados a nosotros, porque compartimos atributos similares.

En la selección de objetivos de estos segmentos es donde la estrategia vuelve a entrar en juego. Buscamos mercados con un buen potencial de crecimiento o aquellos en los que las competencias básicas de la empresa se ajusten mejor a lo que quieren y necesitan. Es esencial encontrar un equilibrio porque, aunque pueda haber un gran potencial de crecimiento en algunas áreas, también hay que considerar si la organización tiene lo que hace falta para competir eficazmente en esas áreas.

Comprender la segmentación del mercado es crucial para el éxito de cualquier estrategia de marketing. Es como un mapa que nos lleva a la olla de oro al final del arco iris.

Criterios de segmentación de mercados

La segmentación del mercado consiste en categorizar el mercado en diversos grupos lo suficientemente similares como para considerarlos segmentos significativos. Los criterios elegidos son los elementos básicos para crear una estrategia granular centrada en los consumidores y sus características.

Uno de estos muchos criterios es el demográfico, que organiza a los consumidores en función de la edad, el sexo, los ingresos, la educación, la ocupación y el tamaño de la familia. Estos atributos pueden identificar rápidamente a personas en la misma etapa de la vida que otras o con antecedentes similares. Los criterios de estilo de vida profundizan en los individuos que componen su base de consumidores. Se examinan valores, actitudes, intereses, aficiones y rasgos de personalidad. Puede crear mensajes de marketing emocionales descubriendo qué hace vibrar a sus clientes.

La segmentación geográfica consiste en agrupar a las personas en función de su lugar de residencia, como el país, la región, el tamaño de la ciudad, el clima o la densidad de población.

La segmentación conductual hace precisamente lo que parece: se fija en el comportamiento. Este enfoque tiene en cuenta los patrones de compra, la fidelidad a la marca y las respuestas a los estímulos de marketing para formar grupos de personas que interactúan de forma similar con los productos o servicios.

La segmentación por beneficios reconoce que a cada persona le gustan las cosas por razones diferentes y las agrupa en función de lo que consideran el valor beneficioso de un producto o servicio. El índice de uso clasifica a los grandes usuarios frente a los pequeños. Las campañas de marketing pueden mejorarse si se sabe qué grupo utiliza el producto con más frecuencia. La fidelidad a una marca clasifica a los que se quedan con ella frente a los que cambian a menudo. Y la lista continúa.

Al fin y al cabo, el objetivo de estas estrategias es ayudar a los profesionales del marketing a comprender mejor a su público objetivo para poder dirigirles productos o servicios con mayor eficacia.

Ventajas de la segmentación del mercado

Las ventajas de la segmentación del mercado son enormes y benefician a las estrategias de los departamentos de marketing. Las empresas que segmentan su público objetivo pueden dirigirse a grupos concretos, lo que da lugar a campañas de marketing personalizadas. Este enfoque permite a estas organizaciones desarrollar un mensaje más relevante que puede conducir a mayores tasas de conversión y compromiso.

Las empresas deben profundizar más allá de la información superficial sobre los clientes potenciales. Si analizan a cada cliente individualmente y estudian sus factores psicológicos, su estilo de vida y sus pautas de comportamiento, obtendrán más información sobre lo que les motiva. A partir de ahí se pueden desarrollar productos y servicios pensando en ese público concreto.

La segmentación del mercado también es útil cuando se trata de una estrategia de asignación de recursos. Cuando este método se utiliza correctamente, las empresas pueden concentrar su energía donde más les beneficie. Esto también se aplica a los presupuestos de marketing, desarrollo de productos y canales de distribución.

Una premisa que siempre debe tener en cuenta una empresa es que todos los clientes son diferentes. Si un producto sirve para todos, es perezoso e incorrecto. Por el contrario, las empresas deben crear productos diseñados para satisfacer las necesidades y preferencias de segmentos específicos de consumidores, multiplicando por diez su valor percibido.

Los empresarios deben buscar siempre lo que les diferencia de la competencia para utilizarlo a su favor. Al comprender los atributos de los valores de cada segmento, las empresas pueden diferenciarse de la competencia y, en última instancia, aumentar el atractivo de la marca y reforzar su ventaja competitiva.

Todas las formas de comunicación dependen de que el receptor las entienda correctamente. Las barreras lingüísticas entre culturas limitan el alcance de su marca si no tiene en cuenta que los distintos públicos responden a los mensajes de forma diferente.

La segmentación del mercado proporciona a las empresas flexibilidad a la hora de la verdad. Cuando los mercados cambian con frecuencia, las empresas deben adaptarse a ellos; de lo contrario, sus competidores podrían pillarlas desprevenidas.

Enfoques para la selección del mercado destinatario

Es necesario evaluar las necesidades del mercado para comprender dónde reside el mayor potencial de crecimiento empresarial. A medida que las organizaciones se mueven a través de complejos panoramas de consumo, aprovechar los mercados objetivo se convierte en algo fundamental para centrar los recursos y adecuar los productos de la empresa a las necesidades específicas de los segmentos elegidos.

La evaluación del potencial de mercado permite a las empresas comprender qué segmentos de mercado tienen más probabilidades de crecer. Analizando las tendencias demográficas, los indicadores económicos y los deseos de los consumidores emergentes, las empresas pueden posicionarse adecuadamente en mercados en expansión para tener éxito en el futuro.

Alinearse con los puntos fuertes y las competencias básicas de una empresa es un enfoque pragmático para seleccionar un mercado objetivo. Las empresas deben analizar los servicios que pueden prestar mejor que la competencia para determinar qué segmentos se beneficiarían más de su experiencia. Así se garantiza que los mercados elegidos se ajusten perfectamente a los puntos fuertes de la empresa, creando una ventaja sobre el resto de la competencia.

Las organizaciones deben analizar cuántas empresas competidoras hay y las barreras que pueden impedir la entrada de nuevos competidores. De este modo, podemos evitar situaciones en las que nuestros servicios o productos se vean saturados por otros al entrar en mercados específicos.

La asignación de recursos es importante a la hora de elegir un mercado objetivo. Si su empresa necesita más recursos, habrá que evitar algunos segmentos hasta que obtenga esos recursos. Si se analizan los canales de distribución, los presupuestos de marketing y las capacidades de producción, está claro que cada segmento necesitará su propia parte de estos recursos. Por tanto, las empresas deben alinearse con esos requisitos para que la eficiencia sea alcanzable y el rendimiento de la inversión se maximice.

Comprender el comportamiento y las preferencias de los consumidores es tan importante como cualquier otra cosa en todo este proceso. Para asegurarnos de llegar a todas las áreas correctamente, las empresas deben analizar los hábitos de compra, las motivaciones y las elecciones de cada segmento. Lo que aprendamos de esto nos permitirá elegir mercados que resuenen fuertemente con nuestros valores y así impulsar el compromiso y la lealtad de los clientes.

Sea cual sea el objetivo de marketing, hay que cumplirlo eligiendo el mercado objetivo adecuado. Podemos utilizar estos objetivos para ver en qué segmentos funcionarán mejor. Si el objetivo final fuera una mayor cuota de mercado, tendríamos que elegir segmentos diferentes que si quisiéramos lanzar un producto totalmente nuevo. La coherencia estratégica garantiza que todos los esfuerzos se dirijan hacia resultados que se alineen con objetivos más amplios.

A la hora de elegir un mercado objetivo, también hay que tener en cuenta consideraciones prácticas como el acceso y los factores normativos. Si se examina la facilidad de acceso a esos mercados a través del cumplimiento de la normativa, las redes de distribución y las consideraciones jurídicas, las empresas pueden tomar decisiones más informadas sobre dónde servirían mejor sus productos a los clientes.

Analizar el ciclo de vida del consumidor dentro de los segmentos es esencial para detectar oportunidades a largo plazo. Nos ayuda a comprender hasta qué punto los clientes desean lo que tenemos y si volverán a por más en el futuro. Esforzarnos en estos aspectos nos conducirá a la rentabilidad a largo plazo.

4.5 Analizar el comportamiento de los consumidores

Saber cómo se comportan los consumidores es vital para las estrategias de marketing. Permite a las empresas comprender qué determina las decisiones de compra y el proceso por el que las personas compran cosas. Esta sección profundiza en el comportamiento del consumidor, abordando los elementos que influyen en las elecciones, lo que ocurre cuando la gente toma decisiones y algunas ideas de la economía del comportamiento que ayudan al marketing.

Los distintos factores del comportamiento del consumidor son como los hilos de un tapiz. Estos hilos representan lo complejas que son las decisiones de compra. Comprender los factores que influyen en las decisiones de compra de los consumidores muestra a los profesionales del marketing cuántas consideraciones hay entre los elementos psicológicos y las influencias situacionales, desde las razones personales a las sociales. Cuanto más se estudien estos factores, más podrán los profesionales del marketing crear estrategias que impulsen las elecciones y preferencias de sus clientes.

El proceso de toma de decisiones del consumidor proporciona una hoja de ruta para las empresas que intentan fabricar productos que la gente quiera comprar. Desde el reconocimiento de una necesidad hasta las evaluaciones posteriores a la compra, este intrincado viaje se divide en etapas como la búsqueda de información y la evaluación de alternativas. Saber cómo recorre la gente este proceso ayuda a las empresas a posicionar sus ofertas para que la gente las perciba positivamente.

También hay ideas de economía conductual que toman los principios económicos y les añaden giros psicológicos. Este enfoque reconoce que los individuos a veces actúan de forma irracional porque las emociones o los contextos sociales interfieren con la lógica. Una vez exploradas y comprendidas estas ideas, los profesionales del marketing sabrán qué valor ven los consumidores en sus productos y por qué eligen unas cosas en lugar de otras.

Una inmersión profunda en este tema revela que el comportamiento del consumidor no es tan simple como decir: "La gente compra cosas". Debajo de la superficie hay muchos factores y procesos que afectan a las decisiones de forma diferente según a quién nos dirijamos o qué tipo de empresa dirijamos. Independientemente de a quién o a qué nos dirijamos, hay que desentrañar estas capas si queremos que nuestros esfuerzos calen en la gente.

Factores que influyen en las decisiones de compra de los consumidores

Comprar algo es una de las cosas más complejas que hace el ser humano. Toneladas de influencias determinan cómo decidimos entregar nuestro dinero. Son como piezas de un puzzle. Cuando se juntan, forman una imagen que llamamos elecciones del consumidor. Cuando los profesionales del marketing empiezan a desgranar estos factores, les resulta más fácil saber qué nos mueve y por qué, qué queremos y, lo que es más importante, qué nos impulsa a abrir la cartera. Esta sección explora el complejo mundo de las decisiones de compra de los consumidores.

La psicología desempeña un papel fundamental. Pensamientos, sentimientos y motivaciones desempeñan un papel fundamental en la toma de decisiones de compra. Las experiencias personales, el estilo de vida y los gustos individuales influyen en las preferencias de los consumidores y en la percepción de los productos. Los vendedores utilizan esta información para meterse en su cabeza, pero también intentan averiguar los desencadenantes emocionales y cognitivos que le llevan a abrir la cartera.

Los factores sociales también juegan con nuestra cabeza porque, como humanos, somos seres sociables en el fondo. Amigos, familiares y compañeros influyen en nuestras normas y valores desde una edad temprana (y durante toda la vida). La influencia social adopta muchas formas, como las "expectativas sociales", las "recomendaciones de boca en boca" e incluso las "interacciones en las redes sociales". Los profesionales del marketing profundizan en estas señales sociales para adaptar sus productos o servicios.

¿Factores culturales? También tienen su manera de meterse contigo. Lo creas o no, los antecedentes culturales, las subculturas y las normas sociales están profundamente arraigados en los valores, las creencias y las costumbres de una sociedad y desempeñan un papel fundamental a la hora de determinar quién eres como consumidor. Son tan integrales que los vendedores se han dado cuenta de que, si pueden alinear sus productos con esos mismos valores, se acabó el juego.

Las características personales e individuales tienen cierto peso en su decisión de compra, aunque no lo parezca. Datos demográficos como la edad, el sexo, los ingresos y la ocupación pueden parecer irrelevantes, pero son esenciales para los profesionales del marketing. Las elecciones de estilo de vida, los rasgos de personalidad y el autoconcepto también contribuyen a su identidad de consumidor. Comprender estos detalles les ayuda a crear campañas dirigidas que atraigan a segmentos específicos.

La siguiente es obvia. Los factores situacionales, como las limitaciones de tiempo y la urgencia, siempre influirán en la voluntad de compra de los consumidores. Los profesionales del marketing intentan optimizar las situaciones en función de la necesidad de su producto o servicio, con la esperanza de que les reporte beneficios.

El último factor es la percepción, en la que influyen las experiencias sensoriales y los procesos cognitivos. Hay muchas cosas que influyen en cómo interpretamos la información y tomamos decisiones, como las marcas. El aspecto de algo puede ser el empujón o el tirón necesario para que los vendedores realicen una venta.

Comprender todas estas influencias cargadas automáticamente es esencial para las empresas que buscan conexiones significativas con los consumidores. Una vez que lo tengas claro, podrás adaptar tus estrategias específicamente a esas motivaciones y preferencias y, en última instancia, lograr una relación fructífera con los consumidores.

El proceso de toma de decisiones del consumidor

El proceso de toma de decisiones de los consumidores no es más que eso: un proceso. Pero no es sencillo. Es dinámico e intrincado, lleno de giros y vueltas a medida que la gente se plantea si comprar o no. Y aunque sea tan caótico, las etapas de este proceso nos muestran cómo los consumidores navegan por las opciones, evalúan las alternativas y, en última instancia, deciden lo que quieren o necesitan.

La primera etapa es el reconocimiento del problema. Esto ocurre cuando los clientes se dan cuenta de la diferencia entre dónde están ahora y dónde quieren estar. Existen muchos factores desencadenantes del reconocimiento del problema, como las necesidades insatisfechas, los deseos de mejora y las estratagemas publicitarias: todos ellos pueden incitar a alguien a gastar dinero para solucionar algo.

La búsqueda de información es el siguiente paso. Tras darse cuenta de que hay que abordar un problema o satisfacer un deseo, los consumidores buscan información que les ayude a comprender mejor lo que está ocurriendo y, en el mejor de los casos, a encontrar soluciones. Las formas de buscar información son infinitas: las experiencias personales y las recomendaciones de boca en boca son fuentes conocidas, pero las reseñas en línea o las opiniones de expertos también funcionan. El tiempo que una persona dedica a buscar información sobre su problema depende de su interés por resolverlo, de la complejidad del asunto y de sus preferencias personales.

La evaluación de alternativas surge después de haber completado una búsqueda de información, ya sea muy a fondo o apenas. En este punto del proceso de compra, los consumidores sopesan los pros y los contras de las distintas marcas o productos comparándolos entre sí. La calidad frente al precio y las características frente a la reputación influyen en la decisión final.

Por último, entramos en el territorio de la decisión de compra. Aquí es donde los clientes eligen qué opción comprar después de evaluar todas las alternativas. ¿Qué crees que influye más en su elección? ¿Son los atributos del producto elegido? ¿Las ofertas promocionales? ¿Los incentivos de venta? ¿Las recomendaciones de los compañeros? Sinceramente, no lo sé. Pero sea lo que sea, señala el final del viaje de evaluación.

La evaluación posterior a la compra lo resume todo. Una vez que el consumidor ha pagado por algo y lo ha utilizado, da un paso atrás para evaluar si se han cumplido sus expectativas, así como otras normas o necesidades. El grado de satisfacción con la compra puede depender del rendimiento percibido, la calidad, la satisfacción de las necesidades y otros factores. Estas evaluaciones determinan la toma de decisiones en el futuro, ya que influyen en la actitud hacia una marca y en la fidelidad a la misma.

A lo largo de este proceso, los factores psicológicos, sociales y situacionales trabajan juntos, o unos contra otros, para influir en cada etapa. Las consideraciones emocionales y la fidelidad a la marca también añaden más capas a un paisaje desordenado. Y aquí hay un giro final: a veces los consumidores vuelven a etapas anteriores después de haberlas superado una vez. Pero no siempre es así, depende del nivel de implicación que requiera la decisión.

Es posible que todas estas complicadas variables le hagan rascarse la cabeza, preguntándose cómo espera alguien que los profesionales del marketing conecten con su público objetivo. Pero, sinceramente, si analiza estas cinco etapas individualmente y lo que ocurre en ellas, encontrará toda la información que necesita para adaptar sus estrategias adecuadamente. Proporcione información relevante cuando la gente busque conocimientos sobre lo que quiere y necesita; aborde las preocupaciones cuando los clientes empiecen a comparar marcas; y cree experiencias positivas tras la compra, porque sabemos que la gente evaluará después lo satisfechos que están con su producto o servicio.

Este proceso es, sin duda, un reto, pero entenderlo ayuda a las empresas a generar confianza con sus clientes, algo cada vez más difícil a medida que nuestro mundo evoluciona.

Economía conductual: perspectivas del marketing

La mezcla de economía conductual y marketing bucea en lo más profundo de nuestro cerebro. El cerebro es algo misterioso. Con cada giro, revelamos cómo pensamos a la hora de tomar decisiones. La economía conductual puede sacar a la luz todos los sesgos, atajos cognitivos e influencias emocionales que intervienen en la elección de lo que queremos como consumidores. Es una forma de entender cómo los individuos toman decisiones al comprar.

En esencia, la economía conductual reconoce que la gente no siempre elige las cosas basándose únicamente en el pensamiento racional. Nos influyen las emociones, los sesgos cognitivos e incluso los contextos sociales. Los profesionales del marketing pueden aprovechar esta información para entender cómo los consumidores perciben el valor y responden a diferentes estímulos.

Una idea importante es el concepto de aversión a la pérdida. Según este concepto, preferimos no perder lo que ya tenemos a ganar algo nuevo de igual valor. Los profesionales del marketing pueden utilizar este concepto para crear una sensación de urgencia o para hacer que el riesgo de perderse algo parezca más importante de lo que realmente es.

Otra gran idea es el concepto de anclaje. Nuestros primeros pensamientos pueden quedarse con nosotros para siempre después de ver algo por primera vez. Esto es útil cuando los profesionales del marketing necesitan transmitir información o fijar precios estratégicos.

Cuando me dicen que no puedo tener algo, mi deseo de tenerlo se duplica. El efecto dotación sugiere que la gente valora más los objetos por el mero hecho de poseerlos. Con conocimientos como este, los profesionales del marketing podrían utilizar pruebas gratuitas u ofrecer muestras de productos o servicios que aumenten la probabilidad de compras posteriores.

Las opciones por defecto son seguras porque nos resultan familiares. La gente tiende a quedarse con las opciones por defecto porque teme que cualquier otra cosa no funcione tan bien como la única que sabe que funciona. Los profesionales del marketing deben posicionar las opciones preferidas como predeterminadas si quieren que esas opciones se alineen con los objetivos de la organización.

Las acciones y elecciones de los demás nos dicen qué es seguro y qué no lo es. Nos gusta sentirnos seguros, así que los profesionales del marketing pueden utilizar testimonios, opiniones de usuarios y apoyos en las redes sociales para crear un sentimiento de comunidad y confianza en las personas que podrían probar un nuevo producto.

Cuantas más opciones haya, peor para el consumidor y el vendedor. La paradoja de la elección sugiere que demasiadas opciones nos ponen ansiosos e insatisfechos con nuestra decisión final. Los vendedores deben tener esto en cuenta cuando intentan vender algo grande. Cuantas más opciones haya, más difícil les resultará a los clientes acotar lo que quieren. Siempre hemos dicho que la marca emocional es fundamental; ahora tenemos pruebas. Una vez que entendemos qué desencadena emociones en nuestro público objetivo, podemos apelar a ellas a través de anuncios, narrativas y experiencias.

Las percepciones de la economía conductual en el marketing le hacen pensar en todo lo que interviene en la elección de cualquier tienda. Comprender estos conocimientos le permite crear mejores estrategias adaptadas a los sesgos cognitivos, las respuestas emocionales y las influencias sociales. Esta intersección entre economía y psicología le proporciona un marco para crear campañas más eficaces que conectan las marcas con los consumidores a otro nivel.

4.6 Análisis de la competencia

Para sobrevivir en un mercado en constante cambio, hay que conocer a la competencia. Esta sección trata sobre el análisis de la competencia, una parte crucial de la gestión empresarial que le ayudará a tomar decisiones estratégicas en el clima económico actual. En ella analizaremos los métodos y conocimientos necesarios para que las empresas triunfen aventajando a sus rivales.

Saber a quién se enfrenta es la mitad de la batalla. Identificar a sus competidores implica pensar más profundamente que simplemente considerar quién ofrece productos o servicios similares. Se trata de reconocer los distintos elementos de la competencia, como sustitutos y posibles nuevos competidores. También tendrá que entender cómo encajan estos actores en su estrategia de posicionamiento para poder anticiparse a la dinámica del mercado.

Hablaremos de herramientas y marcos para el análisis de la competencia, que son necesarios para las empresas que buscan desglosar las cosas sistemáticamente.

Aprender de las estrategias y el posicionamiento de la competencia puede ser una de las partes más esenciales del análisis competitivo, porque permite conocer las preferencias de los consumidores y las posibles áreas de diferenciación entre empresas rivales. Examinar dónde han dejado otros huecos en sus estrategias de posicionamiento permite a las empresas identificar mejor los nichos potenciales y las oportunidades estratégicas que se alinean con sus puntos fuertes.

Identifique a sus competidores

Abrirse camino a través del panorama competitivo es una parte fundamental de la gestión estratégica a la hora de construir un negocio duradero. Conocer a sus competidores va más allá del mero reconocimiento de empresas con los mismos productos o servicios que usted. Requiere una mirada más amplia a la competencia, desde las empresas de su sector hasta las que le influyen indirectamente. Este conocimiento es crucial para todas las empresas que quieran posicionarse correctamente y anticiparse a la dinámica del mercado.

La mayoría de la gente piensa primero en sus competidores directos cuando oye la palabra "competencia". Todas estas entidades luchan por el mismo conjunto de clientes. Ofrecen productos o servicios muy similares y a menudo comparten público objetivo. Comprender las estrategias, los puntos fuertes y los puntos débiles de estos competidores puede proporcionarle un conocimiento básico de su panorama competitivo inmediato. Con este conocimiento, las empresas pueden averiguar cuál es la mejor manera de posicionarse capitalizando sus puntos fuertes únicos e identificando áreas en las que podrían destacar más. Otros factores que las empresas deben tener en cuenta son los sustitutos y las alternativas que satisfacen necesidades similares de los consumidores. Aunque pueden ser diferentes de lo que usted vende, cumplen objetivos comparables, por lo que sigue siendo esencial que las empresas los conozcan. Al conocer estas alternativas, las empresas pueden anticiparse a los cambios en las preferencias de los clientes e identificar las amenazas a la cuota de mercado antes de que sea demasiado tarde.

Los entrantes potenciales son otro aspecto de la competencia que merece la pena considerar. Estas empresas pueden estar operando actualmente fuera de su mercado específico, pero son lo suficientemente capaces y decididas como para aparecer un día no muy lejano. Evaluar a los posibles entrantes significa conocer sus puntos fuertes, sus recursos y las barreras a las que podrían enfrentarse al entrar en su mercado.

Además, algunos productos o servicios complementarios mejoran o complementan lo que usted ofrece. Es probable que piense en algo distinto a esto como competencia tradicional, pero pueden influir en las elecciones de los clientes y en el mercado. Mantener relaciones con proveedores complementarios puede crear oportunidades para establecer asociaciones mutuamente beneficiosas.

Vale la pena señalar que identificar a los competidores no debe hacerse una vez y luego olvidarse de ellos. Mantenerse al día con ellos, ya que cambian constantemente, es vital para mantenerse por delante de la competencia en su mercado. Evaluar el panorama con regularidad proporcionará a las empresas los conocimientos que necesitan para tomar decisiones estratégicas con conocimiento de causa, adaptarse rápidamente cuando las tendencias empiecen a cambiar y construir una defensa sólida frente a una competencia en constante evolución.

Herramientas y marcos para el análisis de la competencia (DAFO, las cinco fuerzas de Porter)

En el mundo de los negocios, conocer a la competencia es vital. Pero es más fácil decirlo que hacerlo. El panorama competitivo puede ser confuso y caótico. Hay muchos factores a tener en cuenta y caminos que tomar; puede parecer como navegar por un laberinto. Consideremos dos valiosas metodologías: El análisis DAFO y el marco de las cinco fuerzas de Porter.

DAFO es el acrónimo de puntos fuertes, puntos débiles, oportunidades y amenazas. Al crear esta matriz interna-externa, se obtiene información sobre el estado actual y el entorno estratégico de la organización. Los puntos fuertes y débiles miran hacia dentro; evalúan los recursos, las capacidades y los procesos internos. Reconocer estos factores permite a las empresas aprovechar sus puntos fuertes y abordar los débiles, optimizando las operaciones internas.

Las oportunidades y amenazas se refieren al mundo exterior en el que operan las organizaciones. Las empresas pueden adelantarse al crecimiento analizando las condiciones externas, como las tendencias emergentes o los mercados sin explotar. Por el contrario, las amenazas abarcan todos los retos de la empresa debidos a tendencias del mercado, acciones de la competencia o factores económicos. Ser consciente de estos peligros permite a las empresas sortearlos antes incluso de que surjan.

Michael E. Porter desarrolló las Cinco Fuerzas de Porter para ayudar a las empresas a comprender la rentabilidad de su sector a un nivel más profundo. Cinco fuerzas configuran la dinámica competitiva: la influencia de los compradores en las negociaciones, el papel de los proveedores en las conversaciones, la amenaza potencial que suponen los nuevos competidores, la posibilidad de productos o servicios sustitutivos y, por último, el nivel de la propia rivalidad competitiva.

El poder de negociación de los compradores es una medida del grado de influencia que tienen los clientes sobre las negociaciones de precios y las condiciones acordadas en los contratos. En otras palabras, ¿cuánto influyen los consumidores? Un alto poder de negociación significa que los clientes pueden dictar la mayoría de las cosas, dejando a las empresas con poco control, mientras que un bajo poder de negociación da a las empresas más voz en la toma de decisiones, lo que podría ser bueno para ellas. Del mismo modo, para los proveedores, un fuerte poder de negociación podría afectar negativamente al coste real de un bien o servicio.

En cuanto a los nuevos competidores, la entrada fácil y los costes baratos pueden ser desastrosos para las empresas existentes. Si nuevos competidores pueden penetrar fácilmente en el mercado, es hora de empezar a preocuparse. Cuantos más sustitutos haya en un sector, más difícil les resultará a las empresas conservar a sus clientes. Por último, la intensidad de la rivalidad competitiva examina la competencia entre las empresas existentes en el sector. Para ello se tienen en cuenta aspectos como la concentración del mercado y la diferenciación de los productos.

El análisis DAFO y el marco de las cinco fuerzas de Porter son dos herramientas que permiten comprender mejor el análisis de la competencia. El DAFO se centra principalmente en los factores internos y externos específicos de su organización, mientras que el de Porter amplía el alcance evaluando el panorama general del sector. Combinando estos enfoques, obtendrá una ventaja estratégica sobre su competencia al comprender mejor las capacidades internas y la dinámica del mercado externo, lo que le permitirá resistir y adaptarse a la evolución de la competencia.

Aprender de las estrategias y el posicionamiento de la competencia

En el vertiginoso juego de los negocios, siempre puedes seguir aprendiendo de las estrategias y las conspiraciones de tus competidores. No se trata solo de observar sus acciones sobre el terreno; también hay que analizarlas detenidamente, interpretarlas y convertirlas en combustible para tu estrategia ganadora.

Comprenda que el esquema general de un competidor a menudo contiene las claves del éxito o el fracaso. Puede diseccionar estas cosas examinando sus productos, servicios, sistema de precios... todo. Al hacerlo, puede encontrar patrones en lo que hacen que pueden contribuir a su éxito o tal vez incluso a su potencial de fracaso.

Otra cosa que querrá entender es cómo perciben su marca otras personas en comparación con sus competidores. La percepción lo es todo en este mundo. Eso significa que tendrá que analizar todos los aspectos de la presencia de su marca: la propia marca, los mensajes y la experiencia del cliente. Pero hay más que aprender de los competidores que las tácticas de marketing inteligentes.

Por ejemplo, si hay algo que todas las empresas podrían aprender de sus competidores es lo vital que es la adaptabilidad. En un mercado en constante cambio, ya sean las preferencias de los consumidores o los avances tecnológicos, quienes no se adaptan a los tiempos están condenados al fracaso.

Estudiar a sus rivales también podría revelar las formas prácticas en que se relacionan con los clientes. Esto incluye intentar averiguar cómo se comunican con los clientes y cómo gestionan las relaciones utilizando diversas estrategias. Esto no solo le proporcionará un conocimiento más profundo de las empresas rivales, sino que también le permitirá establecer mejores relaciones con los clientes.

Los competidores de éxito suelen adelantarse a las tendencias, prestando atención y estando en sintonía con los cambios en el comportamiento de los consumidores o las tendencias del sector. Y si no lo están, se adaptan e innovan constantemente con nuevas ofertas de productos basadas en necesidades insatisfechas de los propios consumidores.

Recuerda que estudiar a los competidores no significa emularlos directamente, porque, seamos sinceros, ¿por qué querrías ser un calco de otra persona? Sería aburrido. Siempre es bueno diferenciarse y descubrir lo que no hacen los competidores.

4.7 Análisis de las tendencias de la industria y el mercado

Comprender las tendencias de la industria y el mercado es esencial para navegar por las complejidades de los negocios. Esta sección profundiza en las metodologías para detectar las tendencias del mercado e identificar el impacto de las tendencias sociales, económicas y tecnológicas en las empresas y prever los cambios futuros.

La previsión de los futuros cambios del mercado exige que las empresas examinen las tendencias actuales, analicen los datos históricos y apliquen técnicas de modelización predictiva para prever lo que puede suceder a continuación en el panorama del mercado. Este proceso permite a las empresas elaborar estrategias informadas para sortear las incertidumbres, aprovechar las oportunidades emergentes y, en última instancia, mitigar los riesgos asociados a las futuras fluctuaciones del mercado. El análisis de las tendencias de la industria y el mercado debería ser útil para cualquier empresa que intente adaptar sus estrategias, innovar sus ofertas y posicionarse para el éxito en este mundo cada vez más competitivo.

Métodos para identificar las tendencias del mercado

En el mundo empresarial, mantenerse al día de las tendencias del mercado es esencial. Ayuda a las empresas a adaptarse a los cambios para aprovechar las oportunidades y seguir siendo competitivas. Hay muchos métodos para identificar las tendencias del mercado, cada uno diseñado para ayudar a las empresas a adelantarse a su competencia revelando patrones y desarrollos emergentes en industrias o mercados específicos. Estos métodos permiten a las empresas tomar decisiones con conocimiento de causa, anticiparse a los cambios, adaptar las estrategias y aprovechar la evolución de las preferencias de los consumidores.

La investigación de mercados es un método que utiliza la recopilación sistemática de datos para comprender la dinámica del mercado. Analiza encuestas, entrevistas, grupos de discusión y estudios de observación para conocer el comportamiento y las expectativas de los consumidores. Las empresas pueden conocer los factores que determinan las tendencias estudiando esta información cualitativa.

El análisis y la analítica de datos son métodos cuantitativos que permiten a las empresas examinar grandes conjuntos de datos de forma eficaz y extrapolar tendencias a partir de ellos. Este enfoque permite a las empresas saber qué correlaciones existen entre distintos puntos de datos. También pueden prever la evolución futura basándose en la pasada, lo que les da una perspectiva basada en datos sobre las tendencias emergentes.

El seguimiento de tendencias es un método por el que las empresas controlan diversos indicadores, como las menciones en las redes sociales o los debates en línea, para identificar patrones emergentes en el comportamiento de los consumidores. Los datos en tiempo real permiten dar respuestas rápidas y tomar decisiones ágiles en un entorno en constante cambio.

El análisis de la competencia indica a las empresas cómo les va a sus competidores en relación con ellas mismas. Las empresas obtienen información valiosa sobre la evolución de las demandas de los clientes investigando qué productos están lanzando, en qué iniciativas de marketing están participando o cómo se relacionan con los consumidores.

Las entrevistas a expertos ofrecen a los profesionales del sector una perspectiva única sobre las posibles tendencias, ya que cuentan con una amplia experiencia en sectores específicos. Además de otros métodos, las entrevistas a expertos añaden profundidad cualitativa al análisis de tendencias.

Los comentarios de los consumidores son esenciales porque proceden directamente de su público objetivo; usted sabe exactamente lo que sus clientes quieren o necesitan cuando los escucha personalmente en lugar de a través de una encuesta o una publicación en las redes sociales.

La planificación de escenarios permite a las empresas plantear distintos escenarios que podrían desarrollarse en el futuro. Este método permite a las empresas evaluar qué cambios deben introducir en sus estrategias en función de los distintos resultados plausibles.

Estos métodos crean una comprensión global de las tendencias del mercado. Permiten a las empresas responder rápidamente a los cambios, aprovechar las oportunidades emergentes y navegar por las complejidades de un mercado en rápida evolución.

Impacto de las tendencias sociales, económicas y tecnológicas en las empresas

En un panorama empresarial en constante cambio, son varios los factores que configuran su dinámica. Las tendencias sociales, económicas y tecnológicas influyen enormemente en el funcionamiento y la estrategia de las empresas. Esta sección examinará el impacto multidimensional de estas tendencias en el mundo empresarial.

Empezaremos con las tendencias sociales que reflejan el cambio de preferencias, valores y comportamientos. Recientemente, se ha producido un giro hacia la sostenibilidad y la responsabilidad social. Los consumidores prefieren ahora las empresas que se alinean con valores éticos; quieren saber exactamente en qué se están metiendo antes de comprar. También se pide a las empresas que practiquen actividades respetuosas con el medio ambiente para mantenerse en línea con las expectativas de sus consumidores y seguir siendo competitivas en este nuevo mercado ecoconsciente.

Al mismo tiempo, el auge de las redes sociales ha revolucionado la comunicación y la interacción con las marcas. Hoy en día, las empresas deben gestionar su reputación en línea y responder a las opiniones de los clientes a través de las redes sociales. Ahora, los clientes tienen todo el poder; pueden amplificar sus voces a través de plataformas como Twitter y Facebook, causando un daño significativo a la imagen de marca de cualquier empresa que no sea cuidadosa o receptiva.

Las tendencias económicas dictan la salud financiera de una empresa y su capacidad para afrontar situaciones de catástrofe con resiliencia. Durante los periodos de crecimiento económico, las empresas pueden invertir en I+D, ampliar su presencia en el mercado y atraer a los mejores talentos.

Cuando llegan las recesiones económicas, es necesario centrarse más en recortar gastos y diversificar las inversiones. Por tanto, sólo hay que poner una parte de los huevos en la misma cesta.

La globalización es otra tendencia económica que las empresas deben conocer si quieren seguir teniendo éxito a largo plazo. Las fronteras son cada día menos restrictivas, lo que significa que las empresas necesitan estrategias flexibles para sobrevivir a la competencia mundial, respetando al mismo tiempo los marcos normativos internacionales.

Las innovaciones tecnológicas han sacudido industrias a diestro y siniestro, provocando que algunas empresas que rechazan la transformación digital se queden rezagadas respecto a las que la adoptan. La automatización de la IA e Internet han traído disrupciones inesperadas. Las empresas deben aprender a aprovechar la tecnología para mejorar la eficiencia, agilizar los procesos y ofrecer productos y servicios innovadores.

Las decisiones ya no tienen por qué basarse en el instinto. El análisis de macrodatos ha permitido a las empresas extraer información de grandes conjuntos de datos, lo que permite tomar mejores decisiones estratégicas, personalizar la experiencia del cliente y optimizar la eficiencia operativa. Este nuevo enfoque en los datos podría ir en detrimento de la privacidad y la seguridad.

El baile entre estas tendencias crea un intrincado entorno empresarial, que exige un enfoque de planificación estratégica que sea a la vez holístico y adaptable. Las empresas de éxito pueden navegar entre estas fuerzas, aprovechando las oportunidades y mitigando los riesgos.

Previsión de futuros cambios en el mercado

Predecir el futuro es una medida inteligente para cualquier empresa que intente sobrevivir en este mundo competitivo y acelerado. En esta sección, hablaremos de predecir las tendencias del mercado y comprender los factores que entran en juego cuando lo hacen. Esto incluye cosas como el comportamiento de los consumidores, los avances tecnológicos y las fluctuaciones económicas.

Es importante saber qué hacen los consumidores antes de que lo hagan si quiere que su negocio perdure. A medida que la sociedad cambia rápidamente, también lo hacen las preferencias de los consumidores. En ello influyen los cambios culturales, demográficos y las tendencias emergentes.

Si se mantiene a la vanguardia de la tecnología, no tendrá tanto de qué preocuparse cuando intente subirse a la ola del cambio. Puede ofrecer a las empresas una nueva perspectiva sobre las preferencias de los consumidores y los cambios en la dinámica del mercado, dos cosas muy valiosas en esta época en la que todo acaba siendo sustituido por algo aún mejor. La inteligencia artificial, la automatización y otras tecnologías disruptivas requieren una atención constante si no quiere que sus procesos empresariales queden desfasados.

También es importante saber cómo afecta el cambio tecnológico a los bienes o servicios que ofrece su empresa. Comprender las tendencias macroeconómicas no sólo da derecho a presumir en las fiestas: las tasas de inflación, los tipos de interés y el crecimiento económico general pueden dar a las empresas una idea de hacia dónde se dirigen las condiciones del mercado y si el viaje será tranquilo. No estamos diciendo que nada vaya a ser perfectamente predecible, pero al menos estará más informado sobre estrategias de precios, oportunidades de inversión y asignación de recursos.

Hoy en día, no tiene más remedio que tener en cuenta los acontecimientos que ocurren al otro lado del planeta, ya que podrían afectar significativamente a su negocio, dependiendo de cuál sea. La interconexión de las economías es profunda, y cualquier cambio en los acuerdos comerciales, las tensiones geopolíticas o las normativas internacionales podría ponerlo todo patas arriba en un abrir y cerrar de ojos. Prever estas influencias puede ayudar a su empresa a prepararse para posibles perturbaciones y aprovechar las nuevas oportunidades que surjan.

La sostenibilidad y la responsabilidad social de las empresas se han convertido en componentes integrales de las estrategias empresariales. Aunque esto es bueno, complica un poco las cosas. Los cambios del mercado están ahora muy influidos por consideraciones medioambientales y sociales. Conocer el impacto de las normativas medioambientales, el cambio de actitud de los consumidores hacia la sostenibilidad y los posibles nuevos nichos de mercado le permitirá estar preparado para lo que venga.

Pensar en el futuro tampoco hace daño a nadie. Con la planificación de escenarios, puede imaginar varios escenarios y sus impactos antes incluso de que sucedan. Esto permitirá a su empresa desarrollar estrategias flexibles con las que adaptarse rápidamente a circunstancias imprevistas. Prever los futuros cambios del mercado es un reto, pero hacerlo permite a empresas como la suya navegar por las complejidades del mercado y posicionarse para el éxito en un mundo en constante cambio, lo que también significa un éxito sostenido.

4.8 Analizar la demanda de productos y el tamaño del mercado

En el centro del análisis práctico del mercado está saber qué quieren sus clientes. Esto significa comprender todo lo que interviene en la construcción de las preferencias: tendencias de edad, influencias culturales y evolución de los comportamientos. La forma tradicional de hacerlo es a través de encuestas y grupos de discusión, pero también puede utilizar análisis de datos y aplicaciones de IA.

Saber qué quieren los clientes es tan importante como saber cuánto pagarán. Las empresas tienen que fijarse en cómo se comportan los clientes actuales y, al mismo tiempo, estudiar las tendencias emergentes en tecnología o los cambios normativos que podrían atraer a otros nuevos. De ese modo, estarán preparadas con su estrategia cuando lleguen esos futuros clientes.

El equilibrio entre la oferta y la demanda lo determina todo, desde los precios hasta la disponibilidad y la salud general del mercado. Para saber a qué atenerse, hay que tener en cuenta la capacidad de producción, los canales de distribución y el entorno normativo, es decir, todo lo que conforma los sistemas de una empresa para comercializar sus productos. Aprender más sobre la demanda de productos y el tamaño del mercado ayudará a las empresas a tomar mejores decisiones, con una perspectiva de éxito a largo plazo.

Técnicas para estimar la demanda del mercado

Conocer el volumen de demanda de sus bienes y servicios es crucial para planificar una estrategia empresarial. Las innumerables técnicas de estimación de la demanda ofrecen distintas perspectivas sobre lo que prefieren los clientes y cómo se comportan.

Un enfoque básico son las encuestas. Las encuestas permiten a las empresas plantear preguntas directamente a su público objetivo para recopilar información valiosa sobre las preferencias, necesidades y hábitos de compra de los clientes. Si elabora cuidadosamente las preguntas de la encuesta y se asegura de que la muestra es suficientemente representativa, podrá recopilar datos significativos para calibrar el tamaño del mercado.

Otra forma de entender la demanda del mercado es a través de grupos de discusión. Reúna en una sala a un grupo de personas lo más variado posible para que discutan y compartan sus opiniones sobre un producto o servicio, y obtendrá información cualitativa. Dejando que las personas hablen entre sí, con una ligera orientación por parte de los moderadores, las empresas pueden saber qué peso tienen determinados factores en el proceso de toma de decisiones de los consumidores. También puede observar el comportamiento de los clientes en situaciones reales, lo que le dará una valiosa información sobre lo que quieren. En lugar de preguntarse por qué los clientes toman decisiones seguras cuando compran productos o interactúan con ellos en persona, podrá ver sus reacciones genuinas al hacerlo.

El análisis de datos se ha convertido en una de las herramientas más potentes para estimar con precisión la demanda del mercado. Dado que implica el análisis de grandes cantidades de información, permite a las empresas identificar tendencias y patrones que no habrían visto de otro modo, hechos que revelan más sobre el comportamiento de los consumidores que cualquier otra técnica.

Con el aumento constante de la popularidad de la monitorización de las redes sociales, no es de extrañar que muchas empresas la utilicen para estimar la demanda de sus productos o servicios hoy... y mañana. Las conversaciones en las redes sociales les permiten conocer los sentimientos de su público objetivo en un momento dado. Ese feedback en tiempo real ofrece a las empresas información útil sobre lo que probablemente querrán los clientes en el futuro.

Las aplicaciones de inteligencia artificial son otro enfoque moderno que las empresas han empezado a aprovechar. El uso de algoritmos de aprendizaje automático para analizar cantidades ingentes de datos históricos es otra forma de predecir la demanda futura de productos. Cuanto más precisa es la predicción, más informado está el proceso de toma de decisiones, lo que en última instancia conduce a mejores acciones. El filtrado colaborativo es una técnica que se utiliza habitualmente en el comercio electrónico y las plataformas en línea. Las empresas pueden hacer recomendaciones personalizadas estudiando lo que gusta y disgusta a clientes similares sobre productos o servicios concretos. Saben que sus recomendaciones influyen directamente en las decisiones de compra, lo que les ayuda a estimar cuántas personas querrán lo que están vendiendo.

Evaluación del potencial de mercado y previsiones de crecimiento

Averiguar el potencial del mercado es esencial para planificar el futuro de una empresa. Matemáticamente, el potencial de mercado es el punto máximo de ventas en un mercado. Las empresas pueden medirlo observando algunos factores que afectan a la demanda. Los cambios demográficos, las influencias culturales, los indicadores económicos y los avances tecnológicos desempeñan su papel en el tamaño de un mercado. Las empresas pueden utilizar estos conocimientos para crear estrategias que se adapten a las nuevas oportunidades.

Conocer las tendencias también es crucial a la hora de estimar la cantidad de crecimiento que se producirá. Ya sean impulsados por la tecnología o por la sociedad, estos nuevos desarrollos proporcionan a las empresas una buena información sobre lo que puede ocurrir a continuación en el mercado y cómo deben planificarlo. Los factores económicos también afectan en gran medida a las cifras que se ven tras analizar estos datos. Las empresas deben tener en cuenta el crecimiento del PIB, las tasas de empleo y la inflación para ver si hay espacio suficiente para ellas en un entorno económico.

Por último, tenemos la tecnología. Como siempre, los avances de hoy abren puertas y se prestan a la innovación y a más oportunidades de ganar dinero. Hemos visto a grandes empresas hacer cosas asombrosas manteniéndose al día como debían, aprovechando todo lo nuevo que se les lanzaba.

A la hora de proyectar el crecimiento futuro, las empresas también deben tener en cuenta el crecimiento de la población. No se trata sólo de la propia empresa; las tendencias del sector y los cambios normativos desempeñan un papel tan importante en el futuro que sería una tontería no prestar atención ahora.

Querrá saber quién es su competencia, independientemente de dónde trabaje o de si ya ha puesto en marcha su negocio. Observar a la competencia te permite saber quién está en el mercado y cuál es su cuota de mercado. Una vez que lo tengas, el mundo es tuyo.

Dinámica de la oferta y la demanda en el análisis de mercados

Comprender cómo interactúan la oferta y la demanda es vital para el análisis del mercado. Estas fuerzas configuran la fijación de precios, la disponibilidad y el equilibrio del mercado, que determina cómo se ajustan las empresas a los cambios en la demanda de los consumidores. Como concepto básico, la demanda se refiere al número de productos o servicios que los consumidores pueden comprar a un precio determinado. Entre los factores determinantes que las empresas deben explorar figuran las preferencias de los consumidores, el poder adquisitivo y factores externos como los cambios culturales o las condiciones económicas. Al conocer estos elementos, las empresas pueden adoptar estrategias de fijación de precios, esfuerzos de marketing y decisiones de posicionamiento de productos con conocimiento de causa.

La oferta se refiere a la cantidad de precios que los productores pueden ofrecer al mercado. Los factores que determinan la oferta son la capacidad de producción, la disponibilidad de recursos, los avances tecnológicos y las limitaciones normativas. La capacidad de las empresas para satisfacer la demanda depende de lo bien que gestionen sus cadenas de suministro y optimicen sus procesos de producción. En la fijación de precios es donde la dinámica demanda-oferta se vuelve interesante. El punto en el que se cruzan la oferta y la demanda se denomina punto de equilibrio; es el punto en el que el precio se estabiliza en un mercado equilibrado porque la demanda = la oferta. Si cualquiera de esos factores fluctúa, todo se desequilibrará y el mercado avanzará hacia un nuevo equilibrio.

La estabilidad de precios puede verse alterada por cambios en la oferta o la demanda, que acaban reflejándose en el precio. Las empresas deben sortear esas fluctuaciones con precisión si quieren maximizar sus ingresos sin dejar de ser competitivas. Mantener este equilibrio intacto es una ardua tarea para las empresas, porque cosas como los cambios en las preferencias de los clientes o acontecimientos inesperados pueden alterarlo todo.

Para medir cómo reaccionan los clientes a los cambios de precio, entra en juego la elasticidad de la demanda. La elasticidad mide la capacidad de respuesta de la cantidad demandada u ofrecida cuando se producen fluctuaciones de precios. La elasticidad ayuda a las empresas a anticipar el comportamiento de los clientes cuando se produce un cambio en los precios, lo que a su vez repercute en las decisiones de producción.

Los factores externos también influyen mucho en estas dos fuerzas, por lo que las empresas deben estar atentas a su evolución. Los cambios normativos, las recesiones económicas o las tendencias mundiales pueden influir significativamente en el comportamiento de estas fuerzas, por lo que las empresas deben adaptar sus estrategias para mantenerse al día. Comprender la oferta y la demanda es la clave del análisis de mercado, que ayudará a determinar los precios, la disponibilidad y el equilibrio general. Esto permite a las empresas responder más rápidamente a los cambios de los consumidores y optimizar su funcionamiento en este panorama empresarial en constante evolución.

4.9 Interpretación de datos e informes

Ahora que el mundo depende más que nunca de las decisiones basadas en datos, las organizaciones buscan análisis exhaustivos e informes perspicaces para orientar sus decisiones y obtener una ventaja competitiva en el mercado.

Reunir información a partir de distintos métodos de investigación es un buen comienzo, pero hace falta más. Los investigadores deben profundizar en las cifras brutas para descubrir todo lo que ocultan.

Convertir las cifras brutas en información real es todo un reto. Los investigadores deben utilizar métodos estadísticos adecuados, como la regresión o el análisis multivariante. El objetivo es garantizar que todas las conclusiones extraídas de los datos sean precisas, de modo que puedan utilizarse como puntos de referencia fiables para futuros proyectos o decisiones.

Los investigadores también deben presentar sus resultados de forma que cualquiera pueda entenderlos. Las tablas complejas llenas de números pueden tener sentido para alguien que sepa leerlas, pero confunden a cualquiera que las mire. Los diagramas de tarta y los gráficos son mucho más agradables a la vista y muestran patrones o valores atípicos de forma más intuitiva. Por muy exhaustiva que sea la investigación, si se transmiten bien las conclusiones, serán más útiles para quienes deban actuar en consecuencia, como las partes interesadas. Por eso los informes deben contener información práctica que ayude a los usuarios a avanzar hacia sus objetivos, ya sea optimizar las estrategias de mercado o atender las necesidades de los clientes.

Tener un control total sobre cómo interpretar los datos le proporcionará una base sólida para crear informes que impulsen el éxito empresarial. Una vez que aprendas a analizar correctamente los datos de los estudios de mercado, a utilizar métodos estadísticos y técnicas de visualización, y a crear informes y presentaciones procesables, podrás convertir las cifras brutas en perspectivas que fomenten la innovación y el crecimiento en cualquier empresa.

Análisis de datos de estudios de mercado

A la hora de descifrar los matices de los datos de los estudios de mercado, hay que asegurarse de extraer la información más valiosa posible. Esto significa analizarlos exhaustivamente utilizando diversas metodologías y técnicas. Todo comienza con la limpieza y el preprocesamiento de los datos. Durante este paso, los investigadores identifican las incoherencias, los errores o los valores que faltan en el conjunto de datos antes de hacer nada más. Al manipular estos datos correctamente, pueden asegurarse de que son precisos y fiables para el análisis en el futuro. También eliminan los sesgos que podrían obstaculizar los resultados finales durante esta etapa.

Una vez que los datos están limpios, las herramientas de exploración ofrecen a los investigadores una comprensión preliminar de con qué están trabajando. Los histogramas, diagramas de dispersión, resúmenes estadísticos y otras representaciones gráficas ayudan a identificar patrones, tendencias y valores atípicos en los datos que no podrían encontrarse de otro modo. Con un conocimiento básico de lo que están viendo a partir de sus hallazgos en el análisis exploratorio de datos (AED), los investigadores pueden pasar finalmente a analizar partes más específicas utilizando métodos estadísticos. Se utilizan varios, dependiendo de la información que se necesite explícitamente. Las estadísticas descriptivas resumen una visión general de todo el conjunto de datos, mientras que las estadísticas inferenciales ayudan a extraer conclusiones basadas en datos de muestra. Para diseccionar el comportamiento de los consumidores pueden utilizarse técnicas más avanzadas, como el análisis de conglomerados o de factores.

Aunque los métodos estadísticos son útiles para desglosar las cifras de forma rápida y sencilla, deben aplicarse técnicas cualitativas para obtener una mejor comprensión global. Métodos como el análisis temático o de contenido permiten comprender las actitudes de los consumidores más allá de las cifras, y ofrecen una imagen más clara cuando se combinan con los resultados cuantitativos.

Por último, hay que tener en cuenta los factores contextuales a lo largo de todo el proceso. Los investigadores tienen que comprender quiénes componen el grupo demográfico de su muestra, para saber con qué precisión estos resultados representan más adelante un mercado objetivo. El análisis de sensibilidad también comprueba cualquier sesgo presente durante la recogida de datos.

Analizar los datos de un estudio de mercado es un reto porque implica muchos pasos. Hacerlo correctamente es primordial para el éxito de una organización. Empleando las técnicas adecuadas y teniendo en cuenta el contexto, los investigadores pueden obtener información valiosa que les servirá para tomar decisiones estratégicas a largo plazo.

Utilización de métodos estadísticos y visualización de datos

Para realizar un estudio de mercado se necesita algo más que datos primarios. No te preocupes, lo dividiré en secciones más fáciles de digerir.

Los métodos estadísticos permiten encontrar patrones o tendencias en los datos. Estas estadísticas también pueden ayudarle a encontrar los valores centrales de sus datos, lo que resulta increíblemente útil a la hora de comparar variables.

La estadística inferencial permite predecir una población desconocida a partir de los datos de una muestra. La comprobación de hipótesis ayuda a los investigadores a validar sus hipótesis y tomar mejores decisiones con la información de que disponen. Las técnicas estadísticas avanzadas permiten a los investigadores examinar conjuntos de datos complejos con mayor profundidad. Suelen utilizarlas investigadores más experimentados que saben qué hacer con esta información.

Ahora, pasemos a visualizar todos esos molestos cálculos numéricos. Los diagramas y gráficos facilitan mucho la comprensión de las hojas de cálculo y ofrecen una visión general rápida sin perder demasiado tiempo. Los diagramas de barras y los gráficos circulares son ideales para mostrar la distribución, mientras que los diagramas de líneas y los de dispersión son los mejores para las relaciones entre variables a lo largo del tiempo.

Una vez que tengas esto bajo control, empieza a jugar con visuales interactivos como los mapas de calor y los gráficos de burbujas; cada uno de ellos revela nueva información sobre tu conjunto de datos que podrías haber pasado por alto. También existen visuales de mapas geográficos, que ofrecen un contexto espacial y facilitan el análisis regional y la cartografía de mercados. Las técnicas de narración infográfica combinan elementos visuales con la narración de historias para comunicar información esencial a distintos públicos.

Así que buena suerte. Ya tienes todo lo que necesitas para profundizar en tu investigación de mercado.

Capítulo 5

Desarrollar su modelo de negocio

Los modelos de negocio son el núcleo de cualquier empresa. Estructuran y definen el modo en que las empresas crean, ofrecen y captan valor. Los empresarios deben comprender los elementos clave que componen estos modelos para articular su propuesta de valor, identificar los mercados objetivo y establecer flujos de ingresos sostenibles. Analizando las estrategias de éxito de varios arquetipos de modelos de negocio, las personas pueden adaptarlas a sus circunstancias y objetivos particulares.

El capítulo también explora herramientas prácticas como el lienzo del modelo de negocio, un marco visual que desglosa el proyecto de su empresa en trozos del tamaño de un bocado. Las iteraciones de este lienzo ayudan a los empresarios a entender su propuesta de valor, los segmentos de clientes, los canales de distribución y las fuentes de ingresos, al tiempo que sientan las bases para la toma de decisiones estratégicas y la ejecución. La creación y la entrega de valor surgen aquí como temas centrales. Destaca la importancia de atender las necesidades de los clientes y aprovechar los recursos para ofrecer una oferta superior. La estrategia se analiza a través de las ventajas competitivas, haciendo hincapié en la diferenciación, el liderazgo en costes y el posicionamiento en el mercado para lograr un crecimiento sostenible.

Los aspectos financieros de cualquier empresa se centran en la generación de ingresos, la gestión de costes y la sostenibilidad económica: la rentabilidad, un buen flujo de caja y la asignación de capital garantizan la viabilidad y la resistencia a largo plazo. En una época en la que la conciencia medioambiental se ha convertido en algo primordial, la sostenibilidad es uno de los dos focos principales a través de esfuerzos como la incorporación de principios de sostenibilidad en las operaciones, ayudando así a buscar oportunidades de crecimiento que conduzcan a la expansión de la escalabilidad.

5.1 Introducción a los modelos de negocio

Explorar el concepto de modelo de negocio nos mostrará cómo operan las empresas en la economía. En esencia, un modelo de negocio engloba el marco más básico de cómo las empresas crean valor, aportan valor a los consumidores a través de las cadenas de suministro y captan valor a través de los beneficios.

Un modelo de negocio sólido sirve de hoja de ruta para la toma de decisiones estratégicas. Ayudará a orientar la asignación de recursos y las decisiones de posicionamiento en el mercado para que las empresas puedan adaptarse a la cambiante dinámica del mercado, aprovechar las oportunidades emergentes y gestionar los riesgos con eficacia.

A medida que la tecnología avanza con rapidez, las empresas deben seguir el ritmo de sus competidores innovando nuevos modelos que se adapten a las preferencias de los consumidores actuales.

Al comprender qué es lo que conforma un modelo de negocio, por qué son esenciales y cómo han crecido digitalmente con el tiempo, las personas pueden prepararse mejor para lo que venga a la hora de formar estrategias o desarrollar nuevas ideas en organizaciones de cualquier lugar.

Explorar el concepto de modelo de negocio

Un modelo de negocio es un plan que muestra cómo una empresa crea, entrega y retiene valor. Es el punto de partida de una organización cuando empieza a desarrollar sus estrategias, operaciones y flujos de ingresos. Este plan es esencial para directivos e inversores, ya que define lo que hace una empresa y cómo puede tener éxito.

Un modelo de negocio representa las partes esenciales de una empresa: su mercado objetivo, su propuesta de valor, su estructura de costes y sus actividades críticas. Estos elementos trabajan juntos para formar una estrategia cohesionada que lleve al equipo al éxito a largo plazo.

La primera parte de cualquier modelo de negocio consiste en identificar su mercado objetivo. Definir el público al que se quiere servir es crucial a la hora de personalizar los productos o servicios para adaptarlos a sus necesidades.

Una vez que sepa quiénes serán sus clientes, querrá ofrecerles algo que les mantenga a su lado. Una propuesta sólida atraerá a los clientes y mantendrá a raya a la competencia.

Las fuentes de ingresos son cruciales si quieres que tu modelo de negocio tenga éxito. Se trata de encontrar diferentes maneras de que su empresa pueda ganar dinero. Puede ser vendiendo productos directamente o utilizando ingresos publicitarios de otras fuentes.

Necesitas dinero antes de preocuparte por ganar más: aquí es donde entra en juego la comprensión de tu estructura de costes. Saber cuánto dinero gastas en cosas como los costes de producción frente a los gastos de marketing te da una idea de lo que se está comiendo los beneficios potenciales.

Las actividades clave impulsan el progreso para hacer realidad el modelo de negocio. Identificar estas tareas ayuda a las empresas a utilizar sus recursos con eficacia y a cumplir lo que se han propuesto.

Otros aspectos de los modelos empresariales, como las asociaciones o los canales de distribución, también pueden ser necesarios para el éxito.

Los clientes quieren cambios a menudo, por lo que mantenerse a la vanguardia es crucial para la longevidad en un mercado en constante evolución.

Al analizar y perfeccionar su modelo, puede identificar dónde optimizar las operaciones, lo que en última instancia le ayudará a prosperar.

La importancia de un modelo de negocio sólido

En primer lugar, un modelo de negocio sólido aporta claridad y dirección. Determinar aspectos como el mercado objetivo, la propuesta de valor y las fuentes de ingresos hace que todo el mundo comparta una misma visión. Todas las decisiones que se tomen después se basarán en lo que sea mejor para los objetivos de la empresa.

Un modelo bien diseñado también facilita la asignación de recursos. Al comprender cuánto se gasta en generar costes y crear valor, las empresas pueden optimizar sus operaciones para obtener la máxima eficiencia y rentabilidad.

También son importantes la diferenciación y la ventaja competitiva. Las empresas necesitan todas las bazas posibles para destacar en el cambiante mundo actual, en el que la competencia y las preferencias de la gente cambian constantemente. Una propuesta de valor única respaldada por un sólido modelo de negocio puede ser todo lo que una empresa necesita para diferenciarse del resto.

La resistencia, así como la adaptabilidad, son también factores vitales que aporta un modelo de negocio sólido. Los mercados están en constante cambio, por lo que ser capaz de sortear tendencias, tecnologías emergentes o perturbaciones imprevistas garantizará la longevidad cuando otros empiecen a flaquear.

Debes tener en cuenta la confianza de los inversores. A la hora de presentar tus ideas a posibles inversores u otros empresarios, nada habla más alto que un plan de acción claro sobre cómo vas a ganar dinero. Créeme cuando te digo que es imposible exagerar la importancia de un modelo de negocio sólido.

Evolución de los modelos de negocio en la era digital

La era digital ha cambiado la forma de gestionar las empresas. = Conceptos que antes estaban mal vistos ahora se han convertido en vitales =. Es una mentalidad de hundirse o nadar; si no te mantienes al día, es probable que tu negocio acabe en problemas.

Uno de estos conceptos es la "innovación disruptiva". Se trata de una idea relativamente nueva que ha surgido gracias a las tecnologías digitales. Los recién llegados pueden desafiar a las empresas establecidas porque pueden ofrecer productos y servicios innovadores que hacen volar a sus competidores por los aires. Por ejemplo, el transporte se revolucionó cuando se popularizaron las plataformas de viajes compartidos. Otro ejemplo sería el de los servicios de streaming, que han transformado la industria del entretenimiento tal y como la conocemos hoy.

La monetización de los datos también ha sido una parte importante de esta evolución de la tecnología. Dado que ahora es tan fácil acceder a los datos, las organizaciones han empezado a utilizarlos como un activo estratégico, y se ha demostrado que tiene éxito. Las empresas pueden utilizar el análisis de datos para optimizar sus operaciones y crear ofertas personalizadas para los consumidores. De este modo, las empresas han desbloqueado nuevas fuentes de ingresos y han creado experiencias de cliente a medida, lo que ayuda a mejorar la capacidad de toma de decisiones.

Los modelos de negocio basados en plataformas son otro concepto que ha surgido en los últimos años gracias a los avances tecnológicos. Las plataformas actúan como intermediarios conectando a usuarios, productores y consumidores bajo un mismo techo y permitiéndoles interactuar entre sí mediante transacciones o intercambios de valor. Mercados de comercio electrónico como Amazon conectan a compradores y vendedores, y plataformas de redes sociales como Instagram conectan a usuarios y anunciantes.

Por último, una de las mejores cosas de vivir en esta época es lo fácil que resulta para cualquiera crear su propia marca personal o iniciar un pequeño negocio. Basta con acceder a las redes sociales para anunciarse o vender productos en mercados online como Amazon o Etsy.

Gracias a la era digital, el espíritu empresarial no tiene límites. Las plataformas digitales y los mercados en línea brindan a las personas la oportunidad de monetizar sus habilidades, activos y tiempo de forma flexible. También permiten ganar dinero a personas con horarios de trabajo poco convencionales o a quienes quieren evitar atarse a un trabajo a tiempo completo. Esto puede aplicarse a autónomos que ofrecen servicios en plataformas digitales o incluso a conductores que participan en servicios de viajes compartidos.

Si lo pensamos bien, este cambio hacia modelos "basados en gigas" tiene implicaciones para los mercados laborales, los marcos reguladores y el futuro del propio trabajo. Con cada vez más sectores en esta dirección, el tiempo dirá hasta qué punto estos cambios son permanentes.

Mientras seguimos avanzando en esta era digital, una cosa es segura: los modelos de negocio nunca han sido tan dinámicos. Y si no estás preparado para adaptar tu modelo en función de los nuevos avances tecnológicos, tu empresa no sobrevivirá mucho tiempo.

5.2 Elementos básicos de un modelo de negocio

El éxito de cualquier empresa depende de su modelo de negocio, que actúa como marco para la creación, entrega y captación de valor. Los elementos centrales de cada modelo impulsan su viabilidad y sostenibilidad en el mercado. Dicho esto, estos elementos se presentan de muchas formas, como la propuesta de valor que se ofrece a los clientes, las estrategias utilizadas para generar ingresos y monetizar las ofertas, la estructura de costes y los márgenes de beneficio que conllevan las operaciones, y los canales de distribución utilizados para llegar a los clientes y relacionarse con ellos de forma eficaz.

La propuesta de valor al cliente se encuentra en el corazón de todo modelo de negocio. Es donde una empresa articula los beneficios o valores únicos que sus productos o servicios ofrecen a sus clientes objetivo. Una propuesta de valor convincente es esencial para atraer y retener clientes en un mercado competitivo. Si sabe quiénes son sus clientes, qué es lo que más necesitan y qué problemas quieren resolver, podrá diseñar su oferta en consecuencia y desmarcarse de la competencia.

La identificación de las fuentes de ingresos y el desarrollo de estrategias de monetización son cruciales para el éxito de un modelo de negocio. Los flujos de ingresos incluyen todas las fuentes de ingresos que genera una empresa, como las ventas de productos o los ingresos por publicidad. En cambio, las estrategias de monetización implican determinar estructuras de precios, como modelos de ingresos recurrentes que extraigan valor de su oferta.

Además de consolidar un flujo de ingresos, comprender la estructura de costes y los márgenes de beneficio asociados a la empresa ayudará a garantizar la sostenibilidad financiera y la rentabilidad. Es importante gestionar los gastos con prudencia en funciones como la producción o el trabajo administrativo, optimizando al mismo tiempo las estructuras de costes para maximizar los márgenes de beneficio.

Unos canales de distribución eficaces y unas relaciones sólidas con los clientes van de la mano en el funcionamiento de una empresa de éxito. Los canales de distribución son las formas en que se suministran los productos o servicios a través de ventas directas o asociaciones con otros minoristas. Por su parte, las empresas deben prestar atención a la creación de relaciones sólidas con los clientes, ya que la fidelidad de los clientes fomenta la repetición y las recomendaciones de boca en boca, lo que puede atraer a nuevos clientes de forma más eficaz que los métodos de marketing tradicionales.

Propuesta de valor para el cliente

Toda empresa de éxito tiene una propuesta de valor para el cliente. Es lo que la diferencia de sus competidores. Hay miles de opciones ahí fuera, así que estaría bien saber por qué deberíamos elegir su producto.

Una propuesta de valor para el cliente expresa los beneficios y el valor exclusivos que una empresa promete ofrecer a sus clientes objetivo. Es el corazón y el alma de cualquier estrategia empresarial y ayuda a orientar el desarrollo de productos, los esfuerzos de marketing y las iniciativas de captación de clientes.

Las empresas deben entender lo que su público objetivo necesita, quiere o incluso odia de los productos similares que venden. Las empresas pueden adaptar sus ofertas para satisfacer las demandas específicas de los clientes poniéndose en su lugar.

Estas ofertas personalizadas deben identificar los beneficios funcionales y tener en cuenta los emocionales y sociales. Esto ayudará a establecer conexiones más profundas con los clientes.

A los clientes no les importa lo grandes o pequeñas que creas que son tus prestaciones. Lo que les importa es cómo mejorará sus vidas o resolverá un problema que tengan delante. La propuesta de valor al cliente debe dirigirse directamente a ellos ofreciéndoles comodidad, ahorro de tiempo o un sentimiento de pertenencia, cosas con las que los clientes puedan identificarse personalmente.

Los clientes satisfechos tienden a convertirse en embajadores de la marca, lo que significa que abogarán por ella y la recomendarán a otras personas sin ni siquiera pedírselo.

Sin duda, el panorama empresarial actual es competitivo. Si se mantiene al día de las necesidades de los clientes, adopta la innovación y presta un servicio excepcional, cualquier empresa puede establecer una ventaja sobre todas las demás del mercado.

Fuentes de ingresos y estrategias de monetización

En el mundo empresarial, averiguar cómo ganar dinero y mantener las cosas en marcha es crucial. También quiere ser capaz de crecer. Esto puede ocurrir si sabe cómo monetizar su producto o servicio de forma eficaz. Los flujos de ingresos son las distintas formas de ingresos que genera una empresa a través de sus ofertas a los clientes. Una forma de conseguirlo es mediante la venta directa de productos a servicios basados en suscripciones. Tener múltiples fuentes de ingresos ayuda a las empresas a mantenerse en pie incluso cuando las cosas van mal.

Una estrategia de monetización implica encontrar formas de extraer valor de tus clientes sin hacerles sentir que están gastando demasiado dinero. Encontrar el precio adecuado para su producto es esencial para seguir siendo competitivo y maximizar los ingresos. Lo último que quieres es que los clientes piensen que hay una alternativa más barata en otro sitio.

Un modelo muy utilizado por las empresas es el modelo freemium. Este modelo ofrece a los usuarios acceso gratuito a las funciones básicas, pero las funciones adicionales tienen un coste. Aunque pueda parecer que estás intentando enganchar a la gente para que luego paguen más -lo cual es cierto-, esto da a los usuarios que aún no tienen suficiente incentivo para comprar ofertas premium la oportunidad de probarlo todo antes de comprometerse.

Los modelos basados en suscripciones son omnipresentes en las plataformas de streaming multimedia actuales, como Netflix y Spotify, y con razón: funcionan. Cobrar una cuota recurrente por una oferta continua permite a las empresas mantener sus libros equilibrados al saber cuánto dinero ganarán mensualmente solo con las suscripciones. Fuera de estos dos métodos principales de generación de flujo de caja, las empresas también pueden explorar estrategias de monetización indirecta como la publicidad, el patrocinio o el marketing de afiliación. Se trata de aprovechar la atención y el compromiso de los clientes con terceros anunciantes o socios.

Las empresas podrían plantearse aplicar tácticas que les ayuden a recopilar datos de las interacciones con los clientes y analizarlos posteriormente para encontrar oportunidades de optimizar lo que ya tienen o introducir nuevas campañas. Esto ayuda a crear una experiencia de cliente más personal, lo que puede aumentar la propuesta de valor en general.

Estructura de costes y márgenes de beneficio

La estructura de costes y los márgenes de beneficio son esenciales para un modelo de negocio. Afectan a la salud financiera, la sostenibilidad y la competitividad de una organización. Comprender y gestionar los costes es crucial para optimizar los beneficios, maximizar la eficiencia y tener éxito en el mercado a largo plazo.

La estructura de costes se refiere a los gastos en los que incurre una empresa al producir sus productos o servicios. Pueden dividirse en varias categorías: costes fijos, costes variables y costes semivariables. Los costes fijos, como el alquiler, los salarios y los servicios públicos, no cambian, independientemente de lo poco o mucho que se venda. Los costes variables, como las materias primas, la mano de obra y los gastos de distribución, cambian con la producción. Los costes semivariables comparten elementos de otras estructuras de costes: componentes fijos y variables que se ajustan en función de los niveles de actividad.

Optimizar la estructura de costes implica reducir gastos sin sacrificar la calidad ni la experiencia del cliente. En su caso, la racionalización de las operaciones puede implicar la renegociación de contratos con proveedores o incluso el uso de tecnología. Los márgenes de beneficio muestran la diferencia entre los ingresos por ventas y el coste de poner el producto o servicio a disposición de los clientes, expresada como porcentaje de los ingresos.

Los tres tipos principales de márgenes de beneficio son el margen bruto, que es la diferencia entre los ingresos y los gastos directos; el margen de explotación, que refleja la rentabilidad después de contabilizar los gastos indirectos; y el margen neto, que es la rentabilidad final una vez restados todos los gastos. Maximizar estos márgenes implica aumentar estratégicamente los precios o reducir los gastos directos, respectivamente, para obtener más de lo que se ingresa.

Canales de distribución y relaciones con los clientes

Un modelo de negocio necesita canales de distribución y relaciones con los clientes sólidos. Estas dos cosas pueden determinar cómo se entregan los productos o servicios a los clientes y cómo se alimentan las relaciones para impulsar la fidelidad.

Los canales de distribución pueden incluir ventas directas, asociaciones minoristas, plataformas de comercio electrónico, mayoristas, distribuidores y mercados de terceros. La elección del canal de distribución depende de la demografía del mercado de destino, las características del producto, el ámbito geográfico y los objetivos de la organización.

Los múltiples canales de distribución pueden permitir a las empresas ampliar su alcance y penetrar más rápidamente en nuevos mercados. Esto también les permite atender a las diversas preferencias y comportamientos de compra de los clientes. Optimizar la eficiencia y la accesibilidad son algunas de las cosas que hay que tener en cuenta cuando se trata de una gestión eficaz de los canales de distribución. Usted quiere que sus productos o servicios estén disponibles cuando y donde los clientes los necesiten.

Por otro lado, las relaciones con los clientes pueden implicar cualquier interacción entre las empresas y sus clientes. Esto incluye las consultas previas a la venta, la asistencia posterior a la venta y los mecanismos de retroalimentación. Generar confianza en una base de clientes es crucial. Cuando una empresa tiene un cliente satisfecho, éste tiende a comprarle más en repetidas ocasiones. Lo hacen porque les gusta lo que tienen hasta ahora, así que ¿por qué no volver a tenerlo? También recomendarán el producto o servicio de la empresa a otras personas y harán críticas constructivas.

Con el auge de la tecnología, las empresas han podido adaptar las interacciones específicamente a cada cliente, haciéndolas mucho más accesibles que nunca. Gracias a las aplicaciones móviles y las redes sociales, las empresas tienen ahora acceso a herramientas de análisis de datos para observar quién compra qué y ofrecer experiencias personalizadas que resuenen con cada cliente.

Ahora, las empresas pueden utilizar canales de marketing digital como el marketing por correo electrónico, la publicidad en redes sociales y el marketing de contenidos en todas las fases del proceso de compra, lo cual es fantástico. De este modo, las empresas pueden crear afinidad de marca, fidelizar a sus clientes y diferenciarse en un mercado saturado.

Los canales de distribución y las relaciones con los clientes son elementos fundamentales de un modelo de negocio. Influyen en la forma en que se entregan los productos o servicios a los clientes y en cómo se cultivan las relaciones para impulsar la fidelidad y la satisfacción. Mediante la optimización de los canales de distribución, el aprovechamiento de los avances tecnológicos y la priorización de las inversiones en iniciativas de gestión de las relaciones con los clientes, las empresas pueden mejorar la experiencia de los clientes, fomentar la fidelidad a la marca y lograr un crecimiento sostenible en el mercado.

5.3 Análisis de los arquetipos de modelos de negocio

El análisis de los arquetipos de modelos de negocio puede darnos una idea profunda de cómo funcionan las empresas de distintos sectores.

Sé que no existe una solución única para dirigir una empresa. Por eso he recopilado una amplia colección de resúmenes y ejemplos que te darán una idea de adónde podría llevarte tu próxima aventura.

Visión general de los modelos de negocio más comunes

Para comprender el panorama de los arquetipos de modelos de negocio es necesario examinar a fondo los patrones comunes que contribuyen al éxito de las empresas en los distintos sectores. Diseccionar estos patrones puede dar a los empresarios una comprensión más profunda de las estrategias de las empresas para crear valor, ganar cuota de mercado y fomentar el crecimiento.

El modelo de suscripción es muy popular hoy en día. Como hemos visto, las suscripciones permiten a las empresas ofrecer productos o servicios periódicamente a cambio de un pago. Las empresas que emplean este modelo suelen ofrecer un valor continuo mediante el acceso a contenidos exclusivos, actualizaciones de software o servicios premium. Las empresas de los sectores de medios de comunicación y entretenimiento, software y bienes de consumo han adoptado el modelo de suscripción como una forma eficaz de fomentar la fidelidad de los clientes, la previsibilidad e impulsar los ingresos a largo plazo.

Como ya se ha mencionado, el modelo freemium es otro arquetipo moderno. Consiste en ofrecer versiones básicas de productos o servicios de forma gratuita y cobrar por características premium o funcionalidades adicionales.

Los modelos de mercado, como el comercio electrónico y las plataformas, son esenciales en muchos negocios. Conectan a compradores con vendedores y ayudan a facilitar las transacciones entre ellos. Algunos ejemplos son las plataformas de venta al por menor en línea, los mercados de autónomos y las plataformas basadas en servicios, que ganan dinero a través de tarifas de transacción, comisiones o publicidad. Al construir economías escalables, los modelos de mercado crean valor para compradores y vendedores.

El modelo de servicios a la carta se ha hecho cada vez más omnipresente gracias a los avances tecnológicos que han trastornado sectores tradicionales como el reparto de comida a domicilio y los servicios de transporte por carretera. Como este modelo ofrece acceso instantáneo, la vida de las personas se ha vuelto cada vez más cómoda y flexible, y las empresas que operan dentro del modelo de servicios a la carta han aprovechado nuevas oportunidades de mercado.

El análisis de los modelos de negocio estándar ofrece a los empresarios perspectivas que pueden utilizar para llevar sus empresas al éxito. Ya se trate de modelos de suscripción, enfoques freemium o plataformas de mercado, las empresas pueden aprovecharlos para innovar y crear valor para sus clientes.

Adaptar modelos estándar a ideas empresariales únicas

Cuando los empresarios trabajan con arquetipos de modelos de negocio, cambian un poco los modelos para adaptarlos a sus ideas empresariales únicas. Estos modelos existentes te ofrecen una forma excelente de tener éxito, pero a veces no encajan con lo que estás haciendo. Cuando te das cuenta de esto, necesitas desarrollar formas de darles forma en tu propuesta de valor y atender a tu mercado objetivo.

A la gente le gusta modificar los marcos existentes para nichos o segmentos de clientes especializados. A la gente le encantan las cosas hechas a su medida, así que si se puede encontrar un nicho dentro de un sector, es más probable que los clientes te elijan a ti que a otra empresa. Por ejemplo, si alguien creara un servicio de suscripción de kits de comida basado en preferencias dietéticas o cocinas culturales, podría diferenciarse del resto del mercado de reparto de comida.

Otra cosa que la gente intentará es integrar nuevas tecnologías o procesos para mejorar la experiencia de sus clientes. Si la gente ve una nueva forma de hacer algo a lo que está acostumbrada, especialmente tendencias emergentes como la inteligencia artificial, querrá utilizarla en lugar de los métodos antiguos. Por ejemplo, en los préstamos P2P, alguien podría incorporar la tecnología blockchain, mejorando la transparencia y la confianza en el proceso y haciéndolo más atractivo.

Crear una identidad de marca sólida y centrarse por completo en ofrecer a los clientes una experiencia fantástica es fundamental en el mercado actual, donde la competencia es mayor que nunca. Aunque todo lo mencionado ayuda a atraer la atención hacia su marca, una vez que los clientes hacen clic en su sitio web, no esperarán menos que una marca fantástica si quiere que vuelvan.

A veces, al asumir riesgos, algunas adaptaciones no salen según lo previsto, lo cual es normal. Lo más importante a la hora de hacer cambios es ser lo suficientemente rápido para seguir el ritmo de los mercados cambiantes, de modo que cuando algo no funciona, se puede pasar al siguiente cambio. Las personas que adoptan una cultura de innovación y agilidad pueden recuperarse rápidamente de los fracasos.

Aunque siempre es fantástico inventar algo completamente nuevo, a veces se puede utilizar lo que ya existe y hacer algunos cambios para liberar todo su potencial. De este modo, podrías abrir puertas que nadie ha visto, diferenciarte de todos tus competidores y destacar incluso en los entornos empresariales más cambiantes.

5.4 Diseñar el lienzo de su modelo de negocio

El Business Model Canvas es una herramienta increíble para los emprendedores. Les ayuda a visualizar, analizar y perfeccionar sus ideas. Creado por Alexander Osterwalder e Yves Pigneur, proporciona una estructura para desglosar todos los aspectos de un negocio en partes separadas pero interrelacionadas. Con los nueve bloques de construcción, podrás entender tu visión mejor que nunca.

A continuación te explicaré qué hace cada segmento para que veas por qué es tan importante. Una vez que hayas comprendido su finalidad, podrás tomar mejores decisiones a la hora de rellenar cada bloque con información y datos relevantes.

El trabajo principal comienza con el relleno de cada segmento del lienzo. Aquí es donde se recopilan datos y se realizan estudios de mercado para rellenarlo con eficacia. Hay que identificar los segmentos de clientes objetivo, articular propuestas de valor únicas y planificar cómo llegar a ellos a través de los canales. Los recursos, las actividades y las asociaciones pueden ayudar a ofrecer propuestas de valor de forma eficaz y sostenible.

Se trata de un proceso continuo, ya que las percepciones del mundo real suelen dar lugar a ajustes en el lienzo. A medida que surgen nuevas oportunidades o se manifiestan retos a través de los comentarios de clientes o inversores, hay que hacer revisiones.

Guía paso a paso para utilizar el lienzo del modelo de negocio

El primer paso para utilizar el lienzo del modelo de negocio es conocer sus nueve bloques fundamentales. Cada bloque representa una parte integral de un modelo de negocio: segmentos de clientes, propuestas de valor, canales, relaciones con los clientes, flujos de ingresos, recursos clave, actividades clave, asociaciones clave y estructura de costes.

Una vez familiarizados con estos bloques, los empresarios pueden empezar a rellenar el lienzo como quieran. Esto significa identificar a qué grupos de clientes debe dirigirse la empresa y definirlos con la mayor precisión posible. Comprender las necesidades de los clientes ayudará a los empresarios a elaborar propuestas de valor que aborden los puntos débiles y ofrezcan soluciones perfectas.

Rellenar cada segmento del lienzo

Completar cada campo del Lienzo del Modelo de Negocio es esencial para establecer su empresa de forma integral y eficaz. Cada pieza representa un aspecto del negocio que, cuando se alinea correctamente, forma una estructura cohesiva para apoyar la estrategia y los objetivos.

Segmentos de clientes: El primer segmento determina los segmentos de clientes objetivo a los que se quiere llegar. Esto significa comprender sus necesidades, preferencias y comportamientos antes de categorizarlos en función de sus características o atributos comunes. Al hacer esto, los empresarios pueden personalizar las propuestas de valor y los esfuerzos de marketing para que tiren de las cuerdas adecuadas para cada grupo específico.

Propuestas de valor: Las propuestas de valor articulan lo que hace que su producto sea único. Puede ser algo tan sencillo como resolver necesidades insatisfechas, proporcionar mejores experiencias u ofrecer lo que nadie más hace. Para elaborar una declaración convincente, debe conocer los puntos débiles de los clientes, las tendencias del mercado y la dinámica de la competencia.

Canales: La sección de canales identifica todos los puntos de contacto y rutas de distribución a través de los cuales su empresa llegará a sus clientes. Entre ellos se incluyen las plataformas en línea, los puntos de venta físicos y cualquier asociación que pueda tener con distribuidores o revendedores. Los empresarios tienen opciones de canales casi ilimitadas, como equipos de venta directa o asociaciones, pero seleccionar los más eficaces le ayudará a maximizar sus esfuerzos de marketing.

Relaciones con los clientes: Este paso aborda cómo planea comunicarse con los clientes tras el lanzamiento. ¿Habrá interacciones personalizadas? ¿Consultas individuales? ¿O alguna opción de autoservicio? El objetivo es establecer relaciones positivas que fomenten la fidelidad, la satisfacción y la repetición.

Fuentes de ingresos: En este segmento se detalla de dónde procederá el dinero. ¿Ventas únicas? ¿Cuotas de suscripción? ¿Acuerdos de licencia?

¿Ingresos por publicidad? La diversificación de las fuentes de ingresos ayuda a mantener el flujo de caja sin problemas, al tiempo que garantiza la estabilidad financiera.

Recursos esenciales: El segmento de recursos esenciales identifica los recursos necesarios para ofrecer propuestas de valor y ejecutar estrategias con eficacia. Abarcan una amplia gama de activos físicos (equipos/instalaciones), propiedad intelectual (patentes/marcas registradas) y capital humano (empleados/socios). Cada uno de ellos desempeña un papel esencial en el éxito de su empresa.

Actividades clave: El segmento de actividades clave describe los procesos básicos que su empresa necesita para ofrecer valor a los clientes. Puede ser cualquier cosa, desde la atención al cliente o las ventas hasta la fabricación o la gestión de la cadena de suministro. Centrarse en las distintas actividades que impulsan la creación de valor y la diferenciación le ayudará a encontrar un equilibrio entre esfuerzo y eficiencia.

Asociaciones clave: El quid de las asociaciones clave se centra en los colaboradores externos que desempeñan un papel de apoyo al modelo de negocio y a la consecución de sus objetivos. Puede tratarse de suministros, proveedores, socios de distribución o alianzas estratégicas con otras empresas. Aprovechando estas relaciones, los empresarios pueden dar una ventaja a sus recursos, mejorando en última instancia la competitividad y escalabilidad de la empresa.

Estructura de costes: El segmento de estructura de costes describe los gastos de la empresa. Los costes fijos, como el alquiler y los salarios, permanecen constantes independientemente de los niveles de producción, mientras que los costes variables fluctúan en función de la cantidad de producto fabricado. Comprender ambos tipos de costes es fundamental para garantizar la sostenibilidad financiera y la rentabilidad de una empresa.

Rellenar cada segmento del lienzo del modelo de negocio es vital para diseñar un modelo de negocio completo y eficaz. Dedicar tiempo a considerar cada elemento garantiza el desarrollo de un plan bien alineado de arriba abajo: el valor para los clientes genera ingresos, lo que impulsa el éxito a largo plazo.

Iterar y perfeccionar el lienzo del modelo de negocio

La fase de desarrollo del modelo de negocio permite a los creadores adaptarse y mejorar a medida que reciben información y, a su vez, responden a las necesidades de los clientes y a la dinámica del mercado. Esta forma coherente de trabajar optimizará la asignación de recursos y hará que los creadores sean mejores en lo que hacen con el tiempo. Se trata de afinar sus estrategias, optimizar la asignación de recursos y hacer las cosas más eficaces para todos los implicados.

Una vez recabada la opinión de clientes, inversores y socios, puede empezar a reelaborar sus lienzos basándose en ella. Evalúe cada segmento de su lienzo actual por separado. A continuación, considere hasta qué punto está alineado con la estrategia y los objetivos generales de su empresa. Utilice esta información para priorizar los cambios que tendrán mayor impacto en el sector.

Los empresarios deben dar prioridad a la realización de estudios y análisis de mercado a lo largo de todo el proceso de iteración para reconocer las tendencias emergentes, las amenazas competitivas y las nuevas oportunidades. Este enfoque proactivo permite a los empresarios ajustar sus modelos de negocio con eficacia, aprovechando la evolución de las condiciones del mercado para mantener una ventaja competitiva.

Mientras trabajas en este proceso de ensayo y error con tus ideas actuales, deberías estar probándolas constantemente. La experimentación es clave aquí, así que no te lo tomes a la ligera. Si una idea sale diferente de lo planeado, pasa a otra hasta que sea perfecta.

A lo largo del proceso de iteración, los empresarios deben mantener una mentalidad flexible y adaptable, aceptando el fracaso como una oportunidad de aprendizaje y crecimiento. Algunas iteraciones darán los resultados deseados.

5.5 Creación y entrega de valor

Crear y aportar valor es esencial para el éxito en el mundo empresarial moderno. Es la clave para mantener una ventaja competitiva. Lo esencial es comprender cómo funciona el valor a medida que su empresa crece, se entrega a sus clientes y se mantiene a lo largo del tiempo. Esta sección profundiza en la creación y entrega de valor, ofreciendo consejos y estrategias para que los empresarios construyan empresas sostenibles que prosperen a largo plazo.

El primer paso en cualquier modelo de negocio es identificar cómo se crea valor. ¿Qué productos o experiencias únicas ofrece su empresa? La creación de valor debe ser la piedra angular de todo lo que hagas en tu empresa, desde la producción hasta la formación de los empleados o la relación con los clientes.

Una vez que haya averiguado qué ventajas añadidas aportará su producto o servicio, es hora de pensar en cómo llegará al cliente una vez que se lo compre. De principio a fin, debe existir un sistema optimizado que elimine los residuos y ofrezca calidad y comodidad. Al integrar la tecnología en aspectos como los canales de distribución y las cadenas de suministro, las empresas pueden descubrir formas de sortear los obstáculos que sus competidores podrían encontrar durante el crecimiento.

El control de calidad y la satisfacción del cliente son factores estrechamente relacionados que conviene recordar siempre. Los clientes satisfechos volverán cuando sepan que pueden confiar en cada producto de su cadena de montaje. En un mundo como el actual, dominado por las compras en línea, los compradores satisfechos están a una buena crítica de atraer a nuevos clientes, una forma gratuita de publicidad que ninguna empresa debería menospreciar.

La creación y la entrega de valor son el núcleo de todos los modelos empresariales de éxito en el vertiginoso mundo actual, impulsado por las campañas de marketing en las redes sociales. Al dar prioridad a estos valores en todos los aspectos de la estructura de su empresa, ya sea a través de la fabricación ajustada o de un excelente servicio al cliente, los emprendedores pueden construir una marca que no tendrá problemas para crecer y prosperar.

Cómo crea valor su empresa

En el centro de cualquier modelo de negocio está la pregunta: ¿cómo se crea valor? Entender y articular cómo su empresa genera valor para el cliente es necesario para un modelo de negocio sólido y sostenible.

La creación de valor empieza por saber lo que los clientes necesitan, quieren y odian. Mediante la investigación de mercado, la obtención de opiniones de los clientes y el análisis de las tendencias, los empresarios pueden descubrir formas de abordar las necesidades insatisfechas y ofrecer soluciones significativas que resuenen en su público objetivo. Este enfoque centrado en el cliente constituye la base para crear relaciones valiosas con él.

La innovación de productos es una de las formas en que las empresas añaden valor. Al desarrollar productos o servicios innovadores que ofrezcan características o ventajas que no ofrecen los competidores, las empresas pueden diferenciarse y atraer a clientes que buscan soluciones novedosas. Para ello, puede ser necesario invertir en I+D, utilizar tecnología totalmente nueva o asociarse con equipos externos para difundir nuevas ideas.

Otra estrategia es crear experiencias de servicio excelentes. Su reputación mejora cuando presta ayuda de forma rápida y amable; la gente considera sus ofertas más valiosas que las que no tienen un servicio personalizado. Para ejecutar este enfoque, forme bien a los empleados para que sepan cómo ayudar a cada tipo de cliente; implante sistemas que le digan lo que piensan los clientes; sin que ellos tengan que decirle nada a usted; y optimice los procesos para que cada experiencia de servicio parezca lo bastante fiable como para que la gente la recomiende a sus amigos.

Si lo consigue, la excelencia operativa también puede crear valor para los clientes. A la gente le gusta pagar menos por algo que podría encontrar en otro sitio. Garantizando que las operaciones se desarrollen sin problemas y sean lo suficientemente baratas, las empresas pueden producir bienes de alta calidad a precios bajos para los consumidores que quieren tanto fiabilidad como asequibilidad. Algunos pasos en este sentido son la adopción de principios lean, la automatización de procesos específicos o la negociación de buenos acuerdos para mantener los costes lo más bajos posible sin dejar de ser eficientes.

La reputación de una marca es valiosa para mucha gente. Si construyes tu reputación y te centras en los aspectos intangibles de la identidad de tu empresa, la credibilidad y las buenas vibraciones, los clientes verán más en lo que ofreces que en el propio producto o servicio. Si se pregunta cómo crear este tipo de ambiente, invierta dinero en marketing y marca, fomente la lealtad entre usted y los clientes y asegúrese de que siempre devuelve algo a sus accionistas, para que confíen en usted durante años.

Crear una propuesta de valor convincente para su empresa es un proceso polifacético. Requiere un conocimiento completo de las necesidades de los clientes, la dinámica de la competencia y las tendencias del mercado. Pero con una mentalidad centrada en el cliente, la innovación como máxima prioridad, un servicio excelente en primer plano, un funcionamiento óptimo en segundo plano y una reputación de marca inmejorable, los empresarios pueden crear algo valioso que se convertirá en la columna vertebral de su empresa.

Sistemas de suministro eficientes y eficaces

Crear formas rápidas e innovadoras de hacer llegar su producto a los clientes es fundamental para el éxito de una empresa. La creación de un sistema de entrega eficiente comienza con la racionalización del flujo de trabajo interno. Hay que asegurarse de que se produce lo máximo posible sin perder tiempo ni dinero, lo que permite entregar los bienes o servicios con la máxima eficacia. Mediante el uso de los principios Lean, las tecnologías automatizadas y las iniciativas de mejora continua, las empresas pueden funcionar de forma más eficiente y responder con mayor rapidez a la demanda de los clientes y a la evolución de los mercados.

Los procesos externos son cruciales a la hora de diseñar una infraestructura adecuada para sacar los productos al mercado. Por eso los sistemas deben estar bien diseñados teniendo en cuenta la distribución desde el principio. Sean cuales sean los canales que utilices -venta directa, mercados online o socios minoristas-, deben ser capaces de llegar a los clientes de forma eficaz para que pasen por ti y no por nadie más.

La gestión logística puede acelerar o frenar la velocidad de entrega. Incluye todos los pasos necesarios, como garantizar la disponibilidad del inventario y optimizar las rutas de transporte. Si lo hace bien, las cosas llegarán antes a su destino y los pedidos se coordinarán para que no haya retrasos ni errores por el camino. La precisión en los pedidos puede aumentar significativamente los niveles de satisfacción, porque la gente quiere evitar tener que lidiar con errores de envío.

La tecnología está en el centro de este proceso porque hace que todo sea más visible cuando se aplica correctamente. Permite ver todo lo que ocurre en tiempo real, para que las empresas no pierdan oportunidades.

Las medidas de control de calidad deben ser la norma en cualquier empresa. Supervisar y recoger las opiniones de los clientes ayudará a mejorar los niveles de servicio y la calidad de los productos, generando confianza y una reputación en la que los clientes puedan confiar constantemente. Para ello, las empresas deben centrarse en crear una experiencia satisfactoria para el cliente en lugar de ofrecerle lo mínimo.

Crear un sistema de entrega eficiente es la forma de construir un modelo de negocio de éxito. Optimizando los procesos internos, diseñando estratégicamente los modelos de distribución, gestionando eficazmente las operaciones logísticas y de cumplimiento, implantando mejoras tecnológicas y comprometiéndose con el control de calidad y la satisfacción del cliente, las empresas habrán construido algo lo bastante fiable como para perdurar en un futuro previsible.

Garantizar la calidad y la satisfacción del cliente

La calidad y la satisfacción del cliente son dos pilares vitales de cualquier modelo de negocio. Construir una base de clientes fieles, crear una buena reputación de marca e impulsar un crecimiento sostenible pasan por desarrollar un modelo de negocio centrado en estos aspectos.

Todo empieza con el compromiso de que todo debe hacerse al más alto nivel, ya sea el diseño del producto o el proceso de fabricación. Las empresas deben establecer normas de calidad rigurosas y atenerse a ellas sistemáticamente para que sus productos o servicios cumplan las expectativas de los clientes, si no las superan. Esto puede implicar la implantación de sistemas de gestión de la calidad, inspecciones y auditorías periódicas, e invertir en la formación de los empleados para garantizar que cumplen las normas establecidas.

La satisfacción del cliente es igualmente importante para las empresas, ya que les ayuda a comprender lo que los clientes necesitan o desean. Las opiniones pueden recogerse a través de encuestas, reseñas y canales de comunicación directa para identificar áreas de mejora y abordar rápidamente las preocupaciones. Escuchar a sus clientes de forma activa y rápida y atender sus comentarios demostrará el compromiso de una empresa con la prestación de un servicio de atención al cliente perfecto, creando así conexiones más fuertes con su público objetivo.

Por supuesto, la comunicación eficaz también desempeña un papel importante. Las empresas deben ser transparentes en su trato con los clientes: información clara sobre productos y precios. Responder rápidamente a las preocupaciones de los clientes demuestra un alto nivel de fiabilidad y no deja lugar a comentarios negativos.

Además de la calidad y la comunicación, la coherencia es igualmente importante. Los clientes deben tener una experiencia coherente al interactuar con su empresa, desde la interacción inicial hasta la asistencia posterior a la compra. La coherencia genera confianza entre la empresa y sus clientes, haciéndoles sentir que usted es fiable y animándoles a volver a comprarle.

Las empresas pueden diferenciarse ofreciendo servicios o características que mejoren la experiencia general de compra de los clientes, como recomendaciones personalizadas, opciones de pago cómodas o garantías ampliadas, que dan tranquilidad a quienes deciden comprarlas junto con sus productos o servicios. Al superar las expectativas de los clientes, las empresas pueden crear el potencial de clientes dispuestos a recomendar sus productos o servicios a otras personas.

Manteniendo la calidad en todo lo que hacen, escuchando activamente las opiniones de los clientes, comunicándose con eficacia, garantizando la coherencia y prestando servicios de valor añadido, las empresas pueden crear relaciones sólidas con sus clientes, posicionándose así para el éxito a largo plazo.

5.6 Ventaja competitiva y estrategia

En el vertiginoso mundo de los negocios de hoy en día, el éxito significa mantenerse en cabeza y encontrar una ventaja sobre sus rivales. Nos sumergimos en el meollo de la ventaja competitiva y la estrategia. Examina cómo las empresas pueden identificar, cultivar y aprovechar sus puntos fuertes exclusivos para superar a sus competidores y prosperar en un mercado cada vez más saturado.

Identificar y desarrollar ventajas competitivas requiere un profundo conocimiento de las fortalezas, debilidades, oportunidades y amenazas de una empresa. Mediante un análisis exhaustivo de las capacidades internas y la dinámica del mercado externo, las empresas pueden encontrar áreas en las que no tienen rival y, al mismo tiempo, áreas en las que pueden mejorar.

Esto podría significar canalizar fondos hacia la investigación y el desarrollo o aprovechar la tecnología propia o la propiedad intelectual para seguir desarrollando productos o servicios.

Alinear un modelo de negocio con una estrategia competitiva es vital para aprovechar plenamente una ventaja competitiva. Un modelo de negocio creado explícitamente con esta estrategia en mente permite una ejecución fluida al tiempo que maximiza el impacto. Por ejemplo, adaptar las propuestas de valor, los canales de distribución y los flujos de ingresos permite a las empresas asegurarse de que todos los ángulos están cubiertos, teniendo en cuenta sus puntos fuertes exclusivos antes de subir al ring.

Anticiparse y responder a las fuerzas competitivas implica ser consciente de los cambios que se avecinan y adaptar las estrategias para mantener el propio lugar dentro de la competencia. Siguiendo de cerca los movimientos de los competidores, así como las tendencias del sector y las preferencias de los clientes, las empresas pueden anticiparse a cualquier problema que pueda surgir antes de que lo hagan los demás y, de este modo, responder antes que nadie. Esto puede implicar ajustar los precios o mejorar los productos de forma preventiva frente a las amenazas de otras empresas que intentan robarle clientes. Sea cual sea la táctica concreta, todo se reduce a ser adaptable y rápido.

Identificar y desarrollar ventajas competitivas

A la hora de desarrollar un modelo de negocio, la identificación y el cultivo de ventajas competitivas marcarán o romperán la longevidad de una empresa en un mercado despiadado. Esta sección examina las diversas consideraciones estratégicas y metodologías para identificar y crear estas ventajas competitivas.

Esto puede hacerse mediante un análisis exhaustivo de los puntos fuertes internos de la empresa y de la dinámica externa del mercado. Al conocer sus capacidades únicas, sus tecnologías patentadas y sus propiedades intelectuales, las empresas pueden crear algo que saben que ningún competidor tiene.

Una vez identificadas, es esencial cultivar estas nuevas ventajas para que sigan siendo eficaces a largo plazo. Esto puede hacerse invirtiendo más dinero en I+D para poder innovar nuevos productos o servicios dentro de su marco. Un método popular para evitar la competencia consiste en crear barreras de entrada, como patentes o marcas registradas, que protegerían legalmente su trabajo de ser copiado en otro lugar.

Siempre hay que introducir mejoras continuas para seguir el ritmo de los cambios en los gustos y preferencias de los clientes, así como en el propio mercado. Para ir por delante de la competencia, las empresas pueden implantar circuitos de retroalimentación que recojan información de clientes y empleados. Las evaluaciones rutinarias del rendimiento ayudarán a poner de relieve dónde hay que mejorar internamente, y las iniciativas de formación adicional permitirán a los empleados aprender de esos errores. Siguiendo estos pasos, los empresarios se dan a sí mismos la mejor oportunidad posible de éxito sostenido en el brutal panorama empresarial actual.

Alinear el modelo de negocio con la estrategia competitiva

Lo ideal es alinear el modelo de negocio y la estrategia competitiva para lograr un éxito duradero en el mercado actual. Examinemos cómo lograr esta alineación y optimizar la utilización de los recursos para maximizar su ventaja competitiva. Definir los objetivos y prioridades estratégicos es el primer paso para alinear el modelo de negocio con la estrategia competitiva.

Esto significa comprender quién es su mercado objetivo, qué quiere y dónde encaja usted en el sector.

A continuación, necesita un conocimiento exhaustivo de su competencia: sus puntos fuertes, sus puntos débiles y cualquier otro aspecto que pueda aprovecharse para obtener una ventaja en el mercado. Con esta información, podrá desarrollar un modelo de negocio que aproveche los puntos fuertes de su empresa y minimice los riesgos. A partir de ahí, las empresas deben asegurarse de que su modelo de negocio está en consonancia con su propuesta de valor y su estrategia de posicionamiento. En términos más sencillos, ¿lo que vende tiene resonancia entre los clientes? Si no es así, puede que haya llegado el momento de pivotar.

Los elementos operativos también deben ajustarse a ambos modelos. Los canales de distribución deben llegar a los clientes objetivo de forma eficiente, las fuentes de ingresos deben diversificarse lo suficiente para que ninguna amenaza acabe con todo, y los costes también deben seguir siendo manejables. Adaptarse con rapidez permite a las empresas seguir el ritmo de los cambios en la competencia o la tecnología, lo que siempre beneficiará a quienes estén dispuestos a evolucionar según sea necesario.

Alinear estos dos planes puede ser un reto, pero si se hace bien, puede desbloquear el potencial sin explotar de cualquier organización, permitiéndole superar a sus competidores.

Anticiparse y reaccionar ante las fuerzas de la competencia

En el mundo de los negocios, anticiparse y reaccionar ante la competencia es crucial para el éxito de cualquier empresa.

Un plan de anticipación sólido empieza por conocer los puntos fuertes y débiles de sus competidores, las tendencias del mercado y la nueva competencia. El análisis periódico de la competencia permite ver quién podría amenazarle o qué le impulsaría, lo que permite a las empresas anticiparse a las fuerzas competitivas y formular respuestas estratégicas en consecuencia.

Estar atento a los cambios en las preferencias de los clientes es más fácil de lo que parece. Recopilar información a través de la investigación o conocer la opinión de la gente sobre sus servicios puede ayudarle a ajustar sus planes para satisfacer mejor sus necesidades que la competencia.

La empresa también debe ser consciente de sus retos internos. Esto implica evaluar los puntos fuertes y débiles de la empresa mediante un control constante de los análisis DAFO (Debilidades, Amenazas, Fortalezas y Oportunidades). Las reuniones periódicas permiten a las empresas anticiparse a los retos internos y diseñar estrategias eficaces. Debe asegurarse de que su empresa reacciona con rapidez cuando surge un reto. Esto requiere agilidad y flexibilidad para responder a las cambiantes condiciones del mercado, las amenazas de la competencia y las opiniones de los clientes.

Por último, llegamos al punto en el que comprobamos si todo ha funcionado bien. Para ello, hacemos un seguimiento de los indicadores clave de rendimiento, recogemos las opiniones de los clientes y ajustamos las estrategias en función de los datos en tiempo real.

5.7 Aspectos financieros de los modelos de negocio

En el mundo empresarial, para tener éxito hay que entender de finanzas. En esta sección se examina todo lo relacionado con las finanzas dentro de los modelos de negocio, desde los ingresos y los costes hasta las métricas y los ratios financieros, pasando por el análisis del punto de equilibrio y la planificación.

Proyectar ingresos y costes le permite estimar cuánto ganará o perderá su empresa a lo largo del tiempo. Tendrás que calcular cuánto puedes cobrar por tu producto, cuántas ventas puedes hacer en ese tiempo y cuánto cuesta producir una unidad o servicio de lo que vendas. Cuanto más precisa sea esta estimación, mejor le irá a tu empresa cuando llegue el momento de asignar recursos e invertir.

Las métricas y ratios financieros clave para evaluar la viabilidad del modelo de negocio son cifras que te dicen si tu plan va a funcionar o no a largo plazo. Son indicadores de rentabilidad, liquidez y eficiencia. Tener buenas puntuaciones en estas medidas significa que tu negocio es probablemente lo suficientemente estable desde el punto de vista financiero como para que puedas crecer más adelante.

El análisis del punto de equilibrio y la planificación financiera garantizan que su plan de negocio se mantenga en buen estado. El análisis del punto de equilibrio indica exactamente qué precio debe alcanzarse para que los ingresos totales generados por las ventas se correspondan con el coste total de realizarlas. La planificación financiera pretende alcanzar objetivos a largo plazo gestionando adecuadamente el flujo de caja, ya que todos sabemos que nada va a ir a ninguna parte en breve si no entra dinero.

Previsión de ingresos y gastos

Estimar los ingresos y los gastos es esencial para cualquier plan de empresa. Te da una idea de las finanzas de tu empresa y te ayuda a determinar si tu modelo de negocio es viable.

La proyección de ingresos puede hacerse de varias maneras. Puede consistir en predecir las fuentes y las cantidades de ingresos que puede generar la empresa, incluidas las ventas, los honorarios por servicios o los acuerdos de licencia. Para proyectar los ingresos con precisión, las empresas deben tener en cuenta la demanda del mercado, las estrategias de fijación de precios, el volumen de ventas y las posibles oportunidades de crecimiento. Analizando los datos históricos y los comentarios de los clientes, las empresas pueden comprender mejor qué es realista en relación con las previsiones.

La proyección de costes implica estimar todos los gastos que su empresa acumulará a lo largo del tiempo. Esto incluye los costes de producción, los costes laborales, los gastos generales y los gastos de marketing, por nombrar algunos. Para realizar proyecciones de costes precisas, las empresas deben tener en cuenta factores como los precios de los materiales, las tarifas laborales, el alquiler y los servicios públicos. Las empresas también deben llevar a cabo una investigación exhaustiva para dar sentido a sus proyecciones de costes estimados.

En este proceso suelen utilizarse modelos financieros como las cuentas de resultados y los estados de flujos de caja. Ayudan a las empresas a analizar los datos económicos para prever más rápidamente los resultados futuros y evaluar distintos escenarios para su salud financiera antes de tomar cualquier decisión sobre estrategias de precios o asignación de recursos. Recuerde que esto requiere un seguimiento y un ajuste continuos a medida que cambian las condiciones del mercado, para que el plan siga siendo pertinente.

Predecir los flujos de ingresos permite a las empresas saber cuánto dinero ingresarán durante un periodo determinado. Tomar estas medidas garantiza que las empresas utilicen los recursos con sensatez, sin despilfarrar dinero que no necesitan gastar.

Métricas y ratios financieros clave para evaluar la viabilidad del modelo de negocio

Comprender y aplicar las principales métricas y ratios financieros es fundamental para crear un modelo de negocio. Estas métricas ofrecen a las empresas información valiosa sobre su bienestar económico, su rendimiento operativo y su eficiencia. Con esta información, los responsables de la toma de decisiones pueden elegir con conocimiento de causa dónde mejorar sus negocios y mitigar los riesgos.

Una métrica fundamental en la que probablemente esté pensando es la de los ingresos. Tiene un peso significativo, ya que mide cuánto dinero ingresa su empresa haciendo lo que mejor sabe hacer: vender cosas o servicios. Analizar las tendencias de los ingresos a lo largo del tiempo puede revelar patrones e indicar la eficacia de las estrategias de ventas y marketing.

Los ratios de rentabilidad son esenciales para determinar si una empresa está obteniendo beneficios. En concreto, los márgenes de beneficio bruto, operativo y neto indican la eficacia con la que las operaciones de la empresa generan beneficios.

Las métricas de flujo de caja son vitales para evaluar la liquidez (la facilidad con la que se puede convertir el efectivo para pagar las facturas) y la solvencia general (piense en pagar la deuda). Cuantificar estas dos dimensiones te ayudará a entender el grado de estabilidad de tus finanzas.

Los ratios de eficiencia evalúan distintos aspectos del aprovechamiento de los recursos para generar más dinero. Examinaré la rotación de activos (ingresos generados por dólar invertido), la rotación de existencias (cuántas veces se vendieron existencias en un periodo) y la rotación de cuentas por cobrar (con qué eficiencia se pagaron las deudas).

Los ratios de apalancamiento ayudan a medir la gestión de la deuda, lo que tiene enormes implicaciones para los niveles de riesgo asociados con pedir prestado demasiado o no lo suficiente a los prestamistas.

Aunque hacer números es esencial, también hay que tener en cuenta lo que hacen otras empresas y su rendimiento. Compararse con los demás puede darle una mejor idea de dónde está teniendo éxito o dónde se está quedando atrás. A partir de ahí, puedes elaborar estrategias para mejorar tu rendimiento y mantener a raya a la competencia.

Hay muchas métricas y ratios que analizar en relación con las finanzas. Entrando en detalle, tanto empresarios como directivos pueden tomar decisiones informadas que encaminen a su empresa hacia un crecimiento sostenido.

Análisis del punto de equilibrio y planificación financiera

El análisis del punto de equilibrio es fundamental en la planificación financiera. Es una herramienta crucial para que empresarios y propietarios de empresas evalúen la viabilidad y capacidad de sus proyectos. Analizar el punto en el que los ingresos totales coinciden con los costes totales les da una idea de las ventas mínimas necesarias para cubrir gastos y generar beneficios.

El primer paso en el análisis del punto de equilibrio es contar los costes fijos y variables. Como hemos visto, los costes fijos permanecen constantes independientemente de los niveles de producción o ventas, lo que significa que los pagarás todos los meses. Los costes variables suben cuando aumenta la producción. Incluyen los gastos en materias primas, mano de obra y servicios públicos.

Al conocer los costes de funcionamiento de su empresa, los empresarios pueden calcular el umbral de rentabilidad, que representa el nivel de ventas necesario para mantener una posición financiera neutra, es decir, para cubrir todos los gastos.

Esta parte de su planificación le proporcionará información crítica sobre estrategias de precios, planes de producción y estrategia general.

Además de encontrar ese punto óptimo en el que los beneficios empiezan a aparecer en el libro de cuentas, la planificación financiera tiene en cuenta varios aspectos, como presupuestar los recursos de forma eficaz y prever los resultados a largo plazo para establecer objetivos sólidos para su empresa.

De cara al futuro, también implica utilizar escenarios como las pruebas de sensibilidad, que evalúan cómo afectarán a los resultados financieros los cambios en el volumen de ventas, la fijación de precios o los costes de explotación, de modo que los empresarios estén preparados para cualquier cosa.

También es crucial porque, aunque nadie quiera pensar en ello, a veces las cosas no salen bien. Con unas proyecciones financieras detalladas, los inversores pueden decidir si financian una empresa en función de su posible rentabilidad.

Para garantizar que esto ocurra, estas proyecciones deben demostrar una comprensión de su mercado, la dinámica del sector y el panorama competitivo.

En conclusión, desarrollar un plan de negocio sólido que incluya un análisis del punto de equilibrio, la comprensión de las estructuras de costes y una planificación minuciosa es fundamental para crear una base sólida para el éxito a largo plazo. Si lo haces bien, tu futuro te lo agradecerá.

Chapter 6

———————⌃———————

Redactar un plan de empresa completo

Redactar un plan de empresa completo es uno de los pasos más importantes para un emprendedor o una empresa consolidada que quiere crecer. En esencia, es la hoja de ruta que guía a tu organización a través de procesos operativos, movimientos estratégicos e hitos financieros.

El plan de empresa es un conjunto de objetivos, visión y estrategias que se combinan para dar forma a tu proyecto. En él se describen la misión, el mercado objetivo, la competencia y todo lo necesario para triunfar. Mediante el análisis de la investigación y la planificación a la antigua usanza, los empresarios pueden construir un concepto práctico para sus ideas, al tiempo que identifican posibles retos con soluciones reales.

El resumen ejecutivo actúa como una visión general con garra que capta los aspectos más críticos de su empresa. Un resumen bien elaborado puede suscitar suficiente interés en las partes interesadas como para que se queden con ganas de saber más sobre cómo vas a conseguir todo lo que te propones. Las secciones principales incluyen una propuesta de valor única y proyecciones financieras.

Después de terminar el resumen ejecutivo, describirá su empresa con todo detalle mediante una sección de descripción. En esta parte entrarás en detalles sobre el origen del concepto, su historia, su razón de ser, sus ventajas competitivas, su misión/visión y lo que lo hace único.

Para tener éxito en los mercados actuales, también necesitará un amplio estudio de mercado, para saber exactamente qué botones pulsar cuando intente atraer a los clientes. Al conocer las tendencias y los hábitos de los consumidores, las empresas pueden adaptar sus estrategias en consecuencia, lo que se traduce en mayores posibilidades de aprovechar eficazmente las oportunidades emergentes.

Si las cosas empiezan a despegar como deberían, tarde o temprano alguien tendrá que erigirse en el líder que lleve todo esto adelante. La gestión de la organización explica cómo debe posicionarse cada uno para que la empresa no tropiece en su camino hacia la grandeza. También ayuda a repartir algunas funciones y responsabilidades al equipo directivo, para que sepan lo que están haciendo.

Su empresa ofrecerá productos o servicios. Esta parte debe explicar con precisión lo que vende o presta a los clientes y por qué debería importarles. Al articular estos puntos de venta únicos, las empresas pueden resonar con su público y hacerse un hueco en el mercado.

El marketing y las ventas hacen lo que pone en la lata: cómo conseguir que la gente entre por la puerta o se conecte a Internet. En esta sección se describen todas las iniciativas de marca, campañas promocionales y tácticas de venta que se utilizarán para aumentar los ingresos. Los clientes son seres exigentes, pero un enfoque integral puede hacer que se queden un tiempo.

Ya tienes claros los planes, el producto y el marketing, así que ahora necesitas financiación. La parte de la solicitud de financiación de tu plan de empresa desglosará cuánto dinero necesitas de los posibles inversores. Para despertar aún más su interés, explíqueles cómo se devolverá este dinero más los intereses.

El perfeccionamiento de su plan de negocio se basa en la mejora continua. Eso significa que debe buscar constantemente información, analizar los parámetros y aplicar esas lecciones para que su plan sea más eficaz. El objetivo es tener un plan que sea ágil, resistente y competitivo, para que pueda resistir los retos del mercado.

Presentar tu plan de negocio es un juego de pelota totalmente diferente. Hace falta planificación y preparación para contar una historia atractiva y visual que convenza a la gente de arriesgar su dinero o su reputación en tu idea. Utiliza todas las herramientas a la hora de presentar, incluidas las historias, los elementos visuales y las narraciones convincentes.

En última instancia, la elaboración de un plan de negocio no consiste en marcar algunas casillas, sino en crear un plan estratégico para el éxito empresarial. Si eres capaz de articular tu visión de forma que resuene entre las partes interesadas, tendrás algo poderoso para impulsar tu empresa. Pero recuerde que llegar hasta ahí requiere visión, diligencia y creatividad. Sin embargo, la recompensa merecerá la pena.

6.1 Introducción a la planificación empresarial

Crear una empresa puede ser una perspectiva aterradora. Vas a ciegas y necesitas una hoja de ruta que te asegure que vas por el buen camino. Ahí es donde entra en juego el plan de empresa. Es como el plano de tu empresa: describe cómo irás del punto A al punto B, pero va mucho más allá.

Aquí exploraremos por qué los planes de negocio son una parte tan integral del éxito y veremos dos enfoques para elaborar uno: la planificación tradicional, que implica construir estrategias muy detalladas, y la planificación lean startup, que prioriza ser flexible y estar dispuesto a experimentar. Al conocer ambos métodos, podrás sentirte más preparado cuando entren en esta nueva fase de su trayectoria profesional.

Finalidad e importancia de un plan de empresa

Comprender los entresijos del mundo empresarial puede resultar confuso y complicado, pero no es imposible. Una hoja de ruta estratégica marca la diferencia. El plan de empresa establece todo lo que necesitas saber para poner en marcha tu propia empresa con éxito. En esta sección, profundizaremos en qué es exactamente un plan de empresa, por qué es esencial y cómo guía a empresarios como tú hacia el éxito.

Un plan de empresa no es un documento cualquiera; es un organismo vivo que encarna tu visión de la empresa, sus objetivos y su estrategia. Aspectos como el estudio de mercado, el análisis de la competencia y las proyecciones financieras pueden parecer desalentadores a primera vista, pero cuando los tienes listos, dispones de algo poderoso: una dirección.

Uno de los usos más importantes de un plan de empresa es servir de modelo para la toma de decisiones y la asignación de recursos. Disponer de un marco organizado desde el primer día te permitirá tomar decisiones informadas sobre qué acciones te ayudarán o dificultarán tu progreso diario. Este marco también ayuda a mantener todo alineado con tus objetivos generales, de modo que incluso cuando las oportunidades llamen a tu puerta, no te desvíen de tu rumbo.

La perspectiva de obtener financiación externa es el momento con el que sueña todo empresario. Pero ninguno de esos sueños se hará realidad sin un plan de empresa sólido. Los inversores buscan viabilidad, escalabilidad (capacidad de crecimiento) y rentabilidad prevista, todo ello claramente expuesto en cualquier plan de empresa completo que se precie. Además de infundir confianza a los posibles inversores, el mero hecho de tener uno terminado demuestra a los prestamistas o a las partes interesadas lo serio y entusiasmado que estás con la idea de dar vida a este proyecto.

La gente no seguirá a alguien que no sabe adónde va. Un plan de empresa sirve a los emprendedores para articular por qué les apasiona lo que hacen y les ayuda a decirlo de forma que entusiasme a la gente. Tanto si se trata de dirigirse a posibles inversores como de atraer a socios estratégicos o contratar a los mejores talentos, contar con una narrativa convincente que muestre la propuesta de valor única de tu empresa siempre tendrá un impacto más significativo que limitarse a decir: "Hago esto porque creo que puedo ganar dinero".

Elaborar un plan de empresa también exige a los empresarios ejercitar su capacidad de pensamiento crítico de un modo que otros procesos no exigen. Tienen que investigar a fondo el mercado y su sector, analizar las tendencias actuales y futuras y anticiparse a los retos. El resultado es un empresario que entiende su entorno empresarial mejor que nadie, lo que le sitúa muy por delante de cualquiera que intente competir con él.

Es mucho más fácil cambiar de rumbo cuando algo no funciona si puedes revisar tu plan con confianza y ver en qué se equivocaron las cosas. Además, la actualización periódica del plan te mantiene al día de las condiciones del mercado y te permite aprovechar nuevas oportunidades.

Tipos de planes de empresa: Tradicional vs. Lean Startup

Si tuviéramos que hacer un plan exhaustivo que describiera cada visión, objetivo y estrategia de nuestra empresa, se parecería a un plan de negocio tradicional. Estos documentos suelen abarcar todos los aspectos de la empresa, como el análisis de mercado y las proyecciones financieras. Ofrecen una visión en profundidad de todos los aspectos, incluidos los mercados objetivo y las estructuras operativas. También abordarán estrategias de marketing y previsiones económicas.

La principal ventaja de los planes de empresa tradicionales es su nivel de detalle. Al examinar las preferencias de los clientes y la dinámica de la competencia, los empresarios pueden tomar decisiones con conocimiento de causa y consolidar estrategias de crecimiento. Además, actúan como herramienta de comunicación al permitir a los empresarios compartir sus visiones con inversores o prestamistas.

El inconveniente de los planes de negocio tradicionales es que su elaboración requiere mucho tiempo y recursos. Además, este tipo de planes se vuelven rígidos una vez terminados y no permiten cambios rápidos en función de la información recibida o de nuevas oportunidades.

Existe un enfoque mucho más flexible de la planificación empresarial denominado "lean startups". Estos métodos altamente iterativos permiten experimentar con rapidez antes de llegar a conclusiones sobre las hipótesis empresariales. El objetivo principal no es crear un plan exhaustivo, sino poner los productos o servicios en las estanterías o en circulación lo antes posible, sin dejar de probar las hipótesis.

Las startups "lean" cambian con rapidez, en función de la información recabada poco después de su lanzamiento, de ahí que los documentos se modifiquen con frecuencia para adaptarse a las iteraciones de los emprendedores.

Las ventajas de este enfoque incluyen el hecho de que pueden ayudar a identificar posibles escollos desde el principio y permitir una solución rápida antes de que sean demasiado perjudiciales para el negocio. Se sabe que los planes de negocio Lean Startup fomentan la creatividad y la capacidad de adaptación de los miembros del equipo, estimulando la innovación y el deseo de mejora continua.

El enfoque lean startup no es adecuado para todas las empresas o sectores. Quienes trabajan en sectores que requieren una investigación exhaustiva o inversiones iniciales pueden tener dificultades para adoptar este método. Los que buscan financiación tradicional pueden tener problemas porque este tipo de documentos carecen de la profundidad y el detalle necesarios para conseguir grandes cantidades de dinero de inversores o bancos.

La decisión entre un plan de empresa tradicional o uno ajustado depende del carácter único de la empresa, los objetivos del empresario y el funcionamiento del mercado. Los planes de negocio tradicionales ofrecen una amplitud que es buena para las empresas que necesitan estrategias globales y un análisis exhaustivo del mercado. Por su parte, las startups lean dan prioridad a la agilidad y la experimentación para mantenerse adaptables en campos inciertos y cambiantes. Comprender sus puntos fuertes y débiles puede ayudarle a elegir el enfoque que mejor guiará su empresa hacia el éxito.

6.2 Resumen ejecutivo

Crear un resumen ejecutivo claro y convincente es fundamental para elaborar un plan de empresa. Actúa como la puerta de entrada al plan de empresa, permitiendo que los implicados en el proyecto sepan de qué va. Un buen resumen ejecutivo ofrecerá a las partes interesadas una breve imagen de la visión, los objetivos y las estrategias de tu empresa. En esta sección, nos adentraremos en el arte y la ciencia de elaborar un resumen ejecutivo que comunique eficazmente la esencia de tu plan de empresa, al tiempo que destaca los puntos clave que captan el interés.

El resumen ejecutivo, una herramienta estratégica, establece la forma en que la gente leerá tu plan de empresa. Su propósito es destilar toda la información más importante en algo rápido de leer pero lo suficientemente impactante como para dejar huella en la mente de los lectores.

Para redactar este tipo de declaración hay que tener en cuenta a quién va dirigida. Necesitas destilar tus ideas en un lenguaje sencillo. De este modo, cualquiera puede entenderlas. Y no sólo tienen que entenderlas, sino que también tienen que resonar con ellas. Los aspectos más relevantes y convincentes de tu trabajo deben brillar con luz propia.

Encontrar el equilibrio entre brevedad y exhaustividad puede ser complicado. Nadie quiere que su duro trabajo se pase por alto porque está escrito como unas instrucciones estereofónicas. Pero, al mismo tiempo, no hay que arrojárselo todo a la cabeza para no aburrir a nadie.

Su declaración debe destacar lo que le diferencia de sus competidores y le sitúa en una posición de éxito en general. Céntrate en ser único y específico sobre a quién te diriges y en mostrar lo que te hace mejor que los demás.

Deja que fluya la emoción. La gente suele prestar poca atención cuando lee algo relacionado con el trabajo o la escuela. Alguien que lea esto con fines de inversión o perspicacia va a necesitar algo que le atrape. Muestre confianza, muestre entusiasmo y déle a su declaración un pulso para que quien la lea pueda sentir lo que usted está tratando de hacer. De este modo, la gente recordará no sólo la información que les has dado, sino también cómo se han sentido mientras la aprendían.

Cómo redactar un resumen claro y convincente

Un resumen ejecutivo debe ser breve y conciso. Debe decir exactamente lo que necesitas para cautivar, persuadir e inspirar la acción.

Empiece por reducir el mensaje principal para crear algo más potente, eliminando por el camino cualquier detalle o complejidad innecesarios. Cada palabra debe ser importante, y el lector no debe tener ningún problema para seguir tu viaje.

Cuando escriba el resumen, procure que sea sencillo, porque la sencillez es fundamental. Evite la jerga o las frases complicadas; piense, en cambio, en explicar conceptos a los niños, lo bastante sencillos para ellos y, al mismo tiempo, claros.

Recuerda la urgencia. Se supone que escribir estos resúmenes lleva a la acción en la vida real. Tienes que asegurarte de que lo que ofreces hace clic en el corazón y el cerebro por igual, para que la gente sepa por qué debería importarle.

Hablando de hacer que la gente se interese, ten en cuenta exactamente quién consumirá este contenido en cada paso de la producción: ¿qué buscan estas personas? ¿Qué necesitan saber? ¿Sabes cuáles son sus aspiraciones o retos? Debería saberlo. De este modo, tus resúmenes se adaptarán a lo que quieren tus lectores.

Es hora de repasarlo con un peine fino. Cuando creas que has terminado de editar tu resumen, dale un repaso extra para asegurarte de que todo se lee sin problemas.

En definitiva, elaborar resúmenes ejecutivos que funcionen es una mezcla de arte y ciencia. Depende de lo creativo y conciso que seas y de que te asegures de que el lector entiende todo lo que tiene que entender. Si se hacen bien, estos resúmenes tienen el poder de atraer a las personas y hacer que actúen, conduciéndote a ti y a ellas hacia el éxito.

Destaque los puntos clave de su plan de empresa

La clave del éxito de una empresa es explicar claramente el concepto de negocio. Sin él, nada más importa. Tiene que definir claramente su producto o servicio, para que la gente sepa lo que hace. Esto debe incluir una propuesta de venta única y cómo esta cosa llenará un vacío en el mercado actual. Pinte una imagen vívida de lo que diferencia su idea de la competencia y por qué los clientes acuden a ella.

A continuación viene el análisis del mercado, en el que recopilarás datos sobre la competencia e identificarás los grupos demográficos objetivo. Es fantástico que tengas una idea para algo genial, pero si no hay demanda para ello, o si hay demasiados otros que ya hacen exactamente lo que tú quieres, entonces vas camino del fracaso. Destaca todos los hallazgos que validen tu idea de producto o servicio y demuestra que entiendes dónde se sitúa todo a tu alrededor.

Las estrategias son las siguientes, desde el marketing a las ventas, pasando por las finanzas: todas son importantes. Detallarlas es fundamental para demostrar que puedes alcanzar todas las metas y objetivos fijados por la dirección. También es una excelente oportunidad para demostrar lo bien que conoces tu empresa mediante sugerencias estratégicas que se basan en los puntos fuertes y mitigan los puntos débiles.

Una bola de cristal estaría bien, pero como no podemos usarla, tenemos proyecciones financieras. Nos dan una idea de nuestra situación económica antes incluso de empezar con cualquier otra cosa, con previsiones de ingresos, previsiones de gastos, estados de tesorería y análisis del punto de equilibrio.

Los inversores ven el mundo de los negocios de forma un poco diferente a como lo vemos nosotros, todo el mundo lo sabe. No es la idea lo que les atrae, sino también el equipo directivo. Quieren saber que hay experiencia detrás de todo esto y que no dirigido por un completo novato que va montando las cosas sobre la marcha. Señale las funciones y responsabilidades de su equipo y destaque a los asesores o mentores de cualquier nivel.

Por muy infalible que creas que es tu plan, basta un empujón para que todo se venga abajo. A menudo se pasa por alto la gestión de riesgos, aunque no debería ser así. Plantea los principales riesgos e incertidumbres con estrategias de mitigación, para que los inversores vean que eres lo bastante consciente de ti mismo y actúes de forma proactiva ante cualquier cosa que pueda amenazar su inversión.

Habla con pasión y propósito en cada sección de tu plan de negocio, análisis de mercado, estrategias, proyecciones financieras y en cualquier otro lugar que sea aplicable. De este modo, las personas que te importan sabrán cuánta sangre, sudor y lágrimas has invertido en todo esto desde el primer día, y verán la pasión que tienes por tu proyecto.

6.3 Descripción de la empresa

Independientemente de su tipo de negocio, cada parte necesita una declaración de misión descriptiva. Estas declaraciones ayudan a la gente a entender por qué existe su empresa en primer lugar. Piense en ella como una luz que guía los procesos de toma de decisiones que se alinean con sus valores y principios.

La declaración de visión va un paso más allá al describir vívidamente cómo te gustaría que fueran las cosas. Una declaración de visión bien hecha inspirará a todas las personas relacionadas con el proyecto y les dará un propósito. Estas dos afirmaciones parecen vacías por sí solas. Por eso existen los objetivos: proporcionan hitos y puntos de referencia concretos para que puedas medir los avances hacia las metas que estableciste antes.

Ahora entramos en los aspectos tangibles: la estructura y la historia. La estructura incluye todos los aspectos jurídicos, como la gobernanza y los impuestos. Explica todas las entidades jurídicas que hay detrás, cómo funcionan las operaciones y de dónde debe proceder la gobernanza. Cada tipo tiene ventajas e inconvenientes en función de la estructura de propiedad y gestión. Conocer el funcionamiento interno de la organización ayuda a crear expectativas razonables y a responsabilizar a todos los implicados. Mientras tanto, la historia establece credibilidad mediante la enumeración de triunfos, retos, contratiempos y fracasos. Al documentarlo todo a lo largo del camino, honra a quienes le precedieron, y los futuros empleados también pueden aprender de esta información.

La descripción de la empresa es la entrada al plan de negocio, un resumen que posiciona la empresa. Al esbozar la misión, la visión y los objetivos, los empresarios muestran lo que quieren conseguir. La descripción de la estructura y la historia ofrece información sobre cómo se crearon las cosas y hacia dónde se dirigieron. Cuando redactes tus planes, elabora esta sección con claridad y previsión. Si lo hace, tendrá éxito en el panorama empresarial.

Detallar la misión, la visión y los objetivos de su empresa

Organizar la misión, la visión y los objetivos de una empresa es fundamental en todo plan empresarial. Estos tres elementos conforman la dirección, las estrategias y los procesos de toma de decisiones de una organización. Al considerar detenidamente estos tres elementos, los empresarios pueden aclarar su propósito e inspirar a las partes interesadas.

Se dice que el primer elemento, la declaración de misión, es la estrella polar de cualquier empresa, que resume su propósito fundamental y su razón de ser. Sólo esta declaración debe guiar siempre sus iniciativas operativas y decisiones estratégicas, en consonancia con sus valores y aspiraciones. Una declaración de misión bien elaborada implica destilar la esencia de la empresa en una declaración concisa que comunique su propuesta de valor única y su impacto social. Debe responder a preguntas como por qué existe como empresa y cómo pretende marcar la diferencia.

Del mismo modo, el segundo elemento, la declaración de visión, pinta maneras de inspirar a la gente reuniéndolos en torno a visiones compartidas para el éxito en lugar de guiar planes a largo plazo. En esta declaración, los empleados también deben verse a sí mismos triunfando mientras se esfuerzan por alcanzar la grandeza o persiguen la excelencia con clientes o socios que trabajan junto a ellos.

Los objetivos proporcionan hojas de ruta para traducir las visiones en acciones, proporcionando hitos y, por lo tanto, realizando un seguimiento de los avances a medida que trabaja para alcanzar sus metas estratégicas. Este elemento debe ser específico, mensurable, alcanzable, pertinente y de duración determinada (SMART), ya que suele estructurarse en torno a puntos de referencia e hitos concretos que se utilizarán para analizar los progresos a lo largo del tiempo. Sea cual sea el objetivo, ya se trate de aumentar la cuota de mercado, expandirse a nuevos mercados o mejorar la eficiencia operativa, todo ello requiere centrar los esfuerzos y asignar eficazmente los recursos para que los avances puedan supervisarse y analizarse periódicamente con facilidad.

El plan de empresa está incompleto sin la misión, la visión y los objetivos. Éstos proporcionan un marco para la alineación estratégica y la coherencia organizativa, que orienta la toma de decisiones en todos los niveles de una organización. Al articular una misión, visión y objetivos claros y convincentes, los empresarios pueden inspirar a las partes interesadas y atraer talento, lo que es crucial para su crecimiento y éxito. Aunque es complejo, siempre es posible destilar estas ideas en declaraciones concisas que resuenen con autenticidad y claridad.

Debemos mencionar lo esencial que puede ser detallar esta parte de su plan de negocio; le ayuda a articular su propósito, inspirar a las partes interesadas y guiar la toma de decisiones estratégicas. Mediante la elaboración de declaraciones convincentes que comuniquen los valores fundamentales, las aspiraciones y las prioridades estratégicas, habrá alineado los esfuerzos hacia objetivos comunes, trazando un rumbo hacia el crecimiento sostenible y el éxito.

6.4 Análisis del mercado

A la hora de elaborar un plan de empresa, el análisis de mercado es la sección más esencial. Este componente crítico del plan de empresa ayuda a guiar a los empresarios a través de las complejidades del mercado, proporcionando una visión inestimable del funcionamiento de su empresa. No se trata de un examen superficial, sino de una inmersión profunda que requiere un análisis del sector y de los datos demográficos del mercado objetivo. La comprensión de estos elementos complejos le permitirá sentar las bases del crecimiento futuro.

Entender bien su mercado es fundamental para tener éxito en cualquier aventura empresarial, ya se trate de tendencias del sector o marcos normativos. Sumergirse en estos entresijos le ayudará a anticiparse a los retos y a identificar las oportunidades desde el principio. Debe recopilar datos de múltiples fuentes, como informes del sector y opiniones de expertos, y realizar investigaciones primarias como encuestas, grupos de discusión y entrevistas para conocer de primera mano las necesidades, preferencias y comportamientos de los clientes.

Analizar a la competencia también es esencial para investigar el mercado. Si conoce los puntos débiles de sus competidores, podrá aprovecharlos para diferenciarse de ellos. El análisis del sector también implica evaluar su posicionamiento estratégico, su oferta de productos, sus estrategias de precios, sus canales de distribución y sus tácticas de marketing.

Los datos demográficos del mercado objetivo proporcionan información sobre las características, necesidades y preferencias del cliente ideal. Conocer esta información permitirá a los empresarios identificar segmentos de clientes objetivo y adaptar sus estrategias de marketing en consecuencia. Además de variables como la edad, el sexo, los ingresos, la educación, la ocupación y la ubicación geográfica, los factores psicográficos también desempeñan un papel crucial en la comprensión del mercado objetivo.

Saber a qué te enfrentas es crucial en los negocios. Puede ayudarle a ver dónde están las lagunas y cómo aprovecharlas. Incluso conocer el mercado al dedillo hará maravillas en sus estrategias de ventas, marketing y distribución. Es una mentalidad excelente para desarrollar su estrategia y vencer a sus competidores. Si está empezando o lleva tiempo en el juego, analizarse a sí mismo en términos de los estándares de su sector es vital. A partir de ahí, evaluar quién tiene qué le ayudará a crecer con más eficacia que nunca.

Demostrar un profundo conocimiento del mercado

Ninguna sección de un plan de empresa es tan importante como demostrar que se conoce el mercado. Éste se convierte en la base de las decisiones estratégicas y la asignación de recursos de una empresa. Los empresarios deben saberlo todo sobre ese mercado concreto y sobre cómo se comportan sus clientes, para poder sortear a la competencia y encontrar su propio hueco en el mercado.

Conocer las tendencias y la dinámica del sector es fundamental para entender su mercado. Para ello, hay que tener en cuenta factores macroeconómicos como los marcos normativos, los avances tecnológicos y las preferencias de los consumidores. Saber lo que está pasando le ayuda a ver venir las amenazas potenciales mucho antes de que lleguen.

También es fundamental comprender el comportamiento de los consumidores. Saber qué motiva a los clientes le permitirá comprender por qué compran cosas en primer lugar. Dependiendo de su nicho, puede tratarse de preferencias de marca o expectativas de producto.

El análisis de la competencia permite conocer los puntos fuertes y débiles de los competidores para poder elaborar estrategias eficaces en torno a ellos y obtener una ventaja comparativa. Al evaluar las estrategias de posicionamiento de la competencia, las empresas pueden identificar lagunas en los servicios que no ofrecen, lo que les da margen para diferenciarse. La investigación de mercado también es vital porque proporciona información basada en datos reales, lo que reduce las posibilidades de fracaso.

Análisis del sector y datos demográficos del mercado destinatario

Comprender los entresijos del panorama industrial es tan importante como saber quién es su mercado objetivo. Un conocimiento profundo, basado tanto en el análisis del sector como en información demográfica, puede llevar a una empresa al éxito.

Analizar un sector implica examinar todos los aspectos en los que usted competiría. Esto incluye competidores, oportunidades, normativas y tendencias. Hacer esto te permite saber en qué te estás metiendo antes de hacerlo. Podrá saber quiénes son sus competidores y dónde son débiles. Verá áreas de crecimiento o disrupción que quizá merezca la pena explorar. Y, lo que es más importante, estará al tanto de cosas como las preferencias cambiantes de los consumidores y los cambios en las normas reguladoras que podrían afectar a su empresa algún día.

Una vez que haya analizado todo lo que ofrece su sector, es hora de examinar a todos los competidores. Mediante el análisis de la competencia, puede evaluar sus puntos fuertes, sus puntos débiles y sus estrategias. Una vez que sepamos cómo actúan nuestros competidores, podremos encontrar huecos en el mercado en los que destaquemos más que ellos. Los datos obtenidos nos permitirán desarrollar estrategias para obtener una ventaja sobre ellos.

6.5 Organización y gestión

La sección dedicada a la organización y la gestión es crucial. Detalla cómo está estructurada una empresa y perfila a todos los responsables de su dirección. Al esbozar las jerarquías y presentar a las personas que dirigen las cosas, los empresarios dan a las partes interesadas una idea clara de cómo se mueve su inversión.

En el centro de toda organización se encuentra su estructura, que es una forma elegante de describir cómo funciona. Las funciones son clave, las responsabilidades son esenciales y las relaciones de subordinación mantienen todo en orden. Tradicionales o planas, las estructuras se eligen para mostrar qué tipo de empresa dirige este equipo. ¿Están las funciones claramente definidas o hay más espacio para la colaboración y la autonomía? El reparto de funciones y los flujos de información pueden parecer pequeños detalles, pero permiten comprender mejor cualquier operación.

Luego está el equipo directivo. Este grupo marca la pauta, sobre todo en lo que respecta al liderazgo. Se encargan de las operaciones diarias y de vigilar los objetivos a largo plazo. Estos líderes reúnen diferentes conjuntos de habilidades y bases de conocimientos, todo lo cual contribuye al éxito. Su aspecto puede variar, pero estos equipos suelen incluir a personas visionarias, que piensan a lo grande, y a genios operativos que hacen que las cosas sucedan. Al trazar el perfil de estas personas, el empresario da a los interesados una idea de lo que les mueve.

Las estructuras organizativas tienen muchas formas y tamaños. Probablemente sepas que las empresas de nueva creación suelen tener algo suelto al principio, para dejar margen al cambio y al crecimiento más adelante. Los distintos sectores pueden necesitar cosas diferentes de los equipos, así que la flexibilidad es clave.

Ya hemos dicho que los equipos directivos pueden tener distintos aspectos, en función de las necesidades. Depende de la experiencia en el sector, las habilidades funcionales, las cualidades de liderazgo, el ajuste cultural y mucho más. Puede acabar con profesionales experimentados o con un grupo de chavales recién salidos de la universidad, extraordinariamente decididos y dispuestos a aprender unos de otros. El equipo marca la pauta de toda la operación.

La parte del plan de empresa que trata de la organización y la gestión es el proyecto para dirigir una empresa. Permite que todo el mundo sepa quién está al mando y cuál es su trabajo. De ese modo, cada uno puede rendir cuentas de aquello de lo que es responsable. Una estructura organizativa sólida facilita la toma de decisiones y el crecimiento. Cuando las empresas están bien organizadas, les resulta más fácil utilizar sus recursos y mantenerse a la cabeza del mercado.

Esbozar la estructura organizativa de su empresa

La estructura organizativa de una empresa se refiere a su disposición formulada de cargos, responsabilidades y relaciones de subordinación; define la autoridad y la jerarquía, establece las líneas de comunicación y perfila los procesos de toma de decisiones. Dependiendo del tamaño de la empresa, el tipo de sector o los objetivos estratégicos, pueden existir varias estructuras organizativas comunes, cada una con sus ventajas e inconvenientes.

Un tipo común son las estructuras jerárquicas (o piramidales); estos modelos tradicionales reflejan un flujo de autoridad descendente. Cada nivel de gestión subsiguiente supervisa las actividades de los inferiores mientras el poder se acumula progresivamente en la cúspide. Aunque este sistema aporta claridad en cuanto a las relaciones de subordinación y responsabilidad, puede provocar burocracia, ralentizar los procedimientos de toma de decisiones y limitar la autonomía de los empleados.

Por el contrario, las organizaciones planas promueven un enfoque igualitario al reducir las capas de gestión en favor de más oportunidades de colaboración para los empleados y mayores tasas de empoderamiento. La autoridad para tomar decisiones se descentraliza y los empleados adquieren más libertad para elegir dentro de sus áreas de especialización, lo que fomenta culturas innovadoras que dan cabida a la flexibilidad y la adaptabilidad.

Las estructuras matriciales son otro modelo alternativo que combina elementos de los sistemas jerárquicos y planos. Aquí, los empleados responden ante directores funcionales (por ejemplo, marketing, finanzas) y directores de proyecto, dependiendo de la tarea específica en la que estén trabajando en cada momento. Esta relación dual permite una mayor flexibilidad en las colaboraciones interfuncionales. Sin embargo, también puede generar conflictos si no se gestiona con eficacia, ya que abre múltiples puertas a malentendidos sobre qué responsable tiene la última palabra sobre un asunto o proyecto.

La elección de una estructura organizativa depende en gran medida de una amplia gama de factores, como el tamaño de la empresa, la dinámica del sector, la fase de crecimiento y las prioridades estratégicas. Las pequeñas empresas o las startups pueden beneficiarse más de la adopción de una estructura plana o matricial, ya que ofrecen flexibilidad, agilidad e innovación. A medida que las empresas maduran, puede ser mejor pasar a un modelo jerárquico para garantizar la escalabilidad, la eficacia operativa y la centralización de los protocolos de toma de decisiones.

Aparte de la estructura general que decidan las empresas, el plan de negocio debe especificar también las funciones y responsabilidades exactas de cada persona clave dentro de la empresa. Esto incluye a jefes de departamento, líderes de todos los niveles y cualquier otro cargo crítico para impulsar el éxito de la empresa. Definir claramente las funciones permite a los empresarios asegurarse de que sus equipos están alineados a la hora de realizar las tareas y llevar a cabo la toma de decisiones.

Perfiles de su equipo directivo

Dentro de un plan de negocio, cuando los empresarios crean perfiles para su equipo, dan a las partes interesadas una idea de quién dirigirá el barco y dará forma al futuro de la empresa. Estos perfiles generan confianza entre los implicados en el proyecto al demostrar que estos miembros tienen suficiente liderazgo, visión y experiencia para hacerlo realidad.

Toda empresa de éxito tiene en su centro a un líder dinámico con excepcionales cualidades visionarias que marca el rumbo e inspira a los demás a seguir su ejemplo. Que esta persona sea un emprendedor con ideas originales o un ejecutivo con años de experiencia a sus espaldas no es lo que más importa; lo que importa es que haga todo lo posible por guiar al equipo hacia la consecución de sus objetivos. El estilo de liderazgo, los valores y los objetivos marcan la pauta de cualquier organización -grande o pequeña- y ayudan a conformar su cultura, permitiendo la innovación, la colaboración y el crecimiento.

Todo equipo de gestión está formado por personas cuyas habilidades, experiencias y perspectivas benefician colectivamente a la empresa. Puede tratarse de ejecutivos especializados en finanzas, operaciones, marketing/ventas o tecnología; alternativamente, puede haber especialistas responsables del desarrollo de productos o de recursos humanos. No obstante, todos ellos tienen cualidades que complementan los puntos fuertes de los demás, de modo que juntos pueden afrontar los retos de frente y estar preparados al 100% si las cosas no salen según lo previsto.

Los perfiles de cada miembro de este grupo proporcionarán a las partes interesadas una visión profunda de su trayectoria profesional y sus logros, al tiempo que arrojarán luz sobre lo mucho que cada individuo ha contribuido hasta ahora. Esta información incluye detalles como el historial laboral -¿dónde empezó esta persona? Cualificaciones educativas-¿ha cursado estudios en su sector? Experiencia en el sector: ¿qué conocimientos tiene? Logros: ¿puede nombrar algo significativo que haya hecho? Al destacar lo completo que es el equipo, los empresarios demuestran que han pensado en los talentos de cada persona y en lo que aportan.

No son los logros profesionales los que conforman un gran perfil; también lo son las dotes de liderazgo, las habilidades interpersonales y el pensamiento estratégico; estas personas guiarán a la empresa hacia adelante. Puede haber ejemplos que ilustren los estilos de liderazgo de los miembros; la forma en que toman decisiones e inspiran a quienes les rodean demostrará aún más su valía.

Además de destacar los logros y cualificaciones individuales, los perfiles del equipo directivo también pueden referirse a sus funciones y responsabilidades dentro de la organización. Esto incluye esbozar las áreas específicas de supervisión y autoridad para la toma de decisiones de cada miembro y sus contribuciones a iniciativas y proyectos estratégicos críticos. Al aclarar las funciones y responsabilidades del equipo directivo, los empresarios fomentan la rendición de cuentas, la alineación y la colaboración dentro de la organización, garantizando que todo el mundo sabe lo que tiene que hacer.

6.6 Productos o servicios

Las descripciones de sus productos o servicios son la base sobre la que se construye todo su plan de negocio. Estas ofertas encarnan lo que diferencia a su empresa de otras de su sector. Es posible que ofrezca soluciones innovadoras a problemas comunes, o que presuma de un valor y una comodidad únicos para los clientes. En cualquier caso, una comprensión muy clara de lo que vende ayudará a las partes interesadas a entender mejor cómo esta empresa planea lanzarse con éxito.

Además de describir estas ofertas en detalle, otra cosa que merece la pena considerar es durante cuánto tiempo serán relevantes, así como la forma en que se entregarán al mercado (el método de prestación de servicios).

Comprender el proceso de entrega agilizará las operaciones de cualquier empresa de servicios.

Estos dos componentes ponen de relieve la ejecución operativa y la planificación estratégica de cualquier idea empresarial. Al detallar las características y la forma en que un artículo resuelve los problemas de los clientes, los empresarios demuestran su capacidad para satisfacer la demanda del mercado.

Esbozar la prestación de servicios demuestra su previsión y su pensamiento estratégico, y demuestra a sus socios potenciales que ha pensado en la adaptación cuando se enfrenta a cambios en las condiciones del mercado o en las expectativas de los clientes.

Descripciones de sus productos o servicios

El núcleo de todo plan de empresa es una descripción detallada de los productos o servicios que constituyen el centro de la empresa. Esta sección es vital para comunicar la propuesta de valor, las características únicas y los beneficios que distinguen a la empresa en el mercado.

Las descripciones de productos o servicios empiezan por articular su propuesta de valor principal: el principal beneficio o solución que ofrecen a sus clientes. Ya se trate de resolver un problema, cubrir una necesidad o mejorar la calidad de vida, esta propuesta comunica el valor único que ofrecen a sus clientes. Al definirla con claridad, los empresarios sientan las bases para las descripciones posteriores estableciendo un beneficio global que todos los usuarios pueden esperar de sus ofertas.

Además de enumerar estos valores, algunas características y funcionalidades únicas pueden ayudar a distinguirlos de la competencia. Puede tratarse de especificaciones del producto, capacidades técnicas y elementos de diseño. La idea es sencilla: destacar las características distintivas demuestra innovación, creatividad y atención al detalle, reforzando la propuesta de valor en este feroz mercado.

Estas descripciones también proporcionan información sobre las ventajas y beneficios que los clientes pueden esperar de estos productos. Puede tratarse de cosas tangibles, como el ahorro de costes, o intangibles, como la tranquilidad, el estatus o la satisfacción emocional. Con esta lista, los empresarios intentan demostrar que comprenden las necesidades de los clientes y su capacidad para satisfacerlas y llegar al público objetivo.

También necesitará información sobre precios y opciones de entrega, lo que ayuda a poner en contexto cuánta calidad se ofrece y a qué coste. La transparencia en torno a estos datos genera confianza entre los consumidores y facilita la toma de decisiones con conocimiento de causa, lo que aumenta las probabilidades de venta.

Información sobre el ciclo de vida del producto o el método de prestación de servicios

El ciclo de vida de un producto empieza con una idea y pasa por varias iteraciones antes de alcanzar su forma final. Cada fase tiene sus propios obstáculos y oportunidades. La primera fase es el desarrollo puro, que incluye investigar, probar y diseñar el producto perfecto. Después viene la introducción, en la que comercializas, vendes y distribuyes esta nueva creación para darla a conocer. Llevas imaginando la fase de crecimiento desde que se te ocurrió la idea. Es entonces cuando las ventas se disparan y la producción nunca ha sido tan rápida. Después del crecimiento viene la madurez, cuando las ventas se estabilizan. Entonces no queda más remedio que seguir adelante o encontrar algo nuevo que llame la atención.

Otro aspecto del ciclo de vida de un producto es cómo llega a las puertas de los clientes (o el método de entrega que se utilice). Estos canales pueden adoptar muchas formas diferentes, ya sean físicos o digitales. Esto también incluye el servicio de atención al cliente si algo va mal durante la experiencia de los clientes con su empresa.

La diversión comienza una vez que integras estos conocimientos en tu plan de negocio, porque los planes pueden elaborarse explícitamente en torno a etapas específicas del ciclo de vida de un producto o de un método de prestación de servicios. Esto incluye la mejora de estrategias actuales como la fijación de precios y el marketing. Deben estar dentro de los límites establecidos por estos conocimientos, manteniendo al mismo tiempo la satisfacción del cliente en primer plano. Con estas cosas en mente, podrá mantener su producto relevante y próspero en los años venideros.

Todo plan de empresa que se precie debe incluir información sobre el ciclo de vida del producto o el método de prestación del servicio. Los empresarios deben comprender cómo se gestionarán los productos y servicios, principalmente a lo largo de su ciclo de vida y el método de prestación. Hacerlo ayuda a desarrollar estrategias que se adaptan y evolucionan con un mercado y una base de clientes en constante cambio. Con una combinación de planificación y ejecución estratégica, los empresarios pueden situarse en la mejor posición para encontrar el éxito a largo plazo y un crecimiento sostenible en el dinámico mercado actual,

6.7 Estrategia de marketing y ventas

La sección de estrategia de marketing y ventas sirve de brújula para orientarse en un mercado en constante evolución, esbozando las estrategias y tácticas que impulsarán la captación de clientes, la generación de ingresos y el crecimiento sostenible. En esencia, esta sección sienta las bases del éxito al definir cómo una empresa atraerá a los clientes, los atraerá con su producto o servicio, los convertirá en clientes, generará ingresos para financiar las operaciones y, en última instancia, se expandirá.

Aquí es donde encontrará los planes detallados sobre las estrategias y tácticas que empleará su empresa para llegar a su público objetivo, crear conciencia de marca e impulsar las ventas. Ya se trate de métodos publicitarios tradicionales o de romper barreras con esfuerzos de venta directa a través de la participación en las redes sociales o el marketing digital, estos planes proporcionan una hoja de ruta para llegar a los clientes y alcanzar los objetivos de ingresos cuando se siguen correctamente. Es necesario definir objetivos claros, audiencias objetivo y estrategias de mensajería para garantizar que todos los aspectos de la estrategia de marketing estén alineados con los objetivos generales. El concepto de marketing mix es una parte integral del marketing en general, por lo que, naturalmente, también se incluiría aquí.

Las cuatro P: producto, precio, lugar y promoción, apuntan todas ellas a decisiones en torno al desarrollo del producto, como las estrategias de fijación de precios al tiempo que se utilizan canales de distribución y tácticas promocionales para atraer el interés del cliente. Mediante la elaboración cuidadosa de estos elementos en su próxima gran cosa, puede crear algo que resuene con los clientes mientras impulsa las ventas mediante el análisis de las tendencias del mercado y la dinámica de la competencia antes de desarrollar estrategias para diferenciarse.

Además de todo esto, tenemos la previsión de ventas, que nos proporciona proyecciones sobre cómo podrían ser las cifras de ventas en el futuro basándose en un análisis tanto de la demanda del mercado de nuestros productos o servicios actuales como de nuestras propias estrategias de venta de productos o servicios. Esta herramienta fundamental para la planificación financiera puede utilizarse para tomar decisiones sobre producción, gestión de existencias e inversiones en marketing. Los empresarios pueden utilizar esta herramienta para anticipar flujos de ingresos, identificar posibles cuellos de botella o desafíos y desarrollar estrategias para mitigar riesgos y capitalizar oportunidades. Analizando los datos históricos de ventas, las tendencias del mercado y el comportamiento de los clientes, puede crear una previsión realista que le permita ceñirse a los objetivos de su empresa.

Hablamos de tácticas y actividades específicas que se emplearán para hacer realidad nuestros objetivos. Podrían incluir detalles sobre campañas publicitarias, actos promocionales, promociones de ventas, actividades de generación de clientes potenciales y estrategias de gestión de las relaciones con los clientes. Al esbozar estas actividades específicas, los empresarios se aseguran de que sus esfuerzos de marketing y ventas se dirigen a objetivos mensurables, que deben alinearse con el objetivo general de la empresa.

La sección de estrategia de marketing y ventas de un proyecto empresarial ayuda a atraer clientes, aumentar las ventas y ganar dinero. Los empresarios lo harán definiendo claramente sus planes de marketing y ventas, diciendo cómo comercializarán sus productos y adivinando cuánto dinero creen que ganarán. Mediante una planificación cuidadosa, una ejecución precisa y un perfeccionamiento constante, los empresarios pueden preparar sus negocios para un futuro brillante en el que crezcan de forma constante y ganen dinero. Dicho todo esto, el mercado cambia constantemente, por lo que es esencial ser flexible y estar preparado para adaptarse en cualquier momento.

Definir sus planes de marketing y ventas

En cuanto a la planificación empresarial, hay que tener en cuenta la importancia de definir planes integrales de marketing y ventas. Estos planes se convierten en hojas de ruta estratégicas que ayudan a guiar a los empresarios a través de las complejidades de la captación de clientes, el posicionamiento de la marca y la generación de ingresos. Cuando los objetivos, las estrategias y las tácticas están claros para los empresarios, se aseguran de que sus esfuerzos de marketing y ventas se centran en lo que deben.

Un conocimiento profundo del mercado objetivo es la base de todo plan de marketing: las personas u organizaciones a las que una empresa quiere atraer y servir. Esto incluye la realización de estudios de mercado exhaustivos para conocer los datos demográficos de los clientes más importantes, así como encuestas sobre sus preferencias, comportamientos y puntos débiles. ¿Pueden las empresas adaptar eficazmente sus estrategias segmentando los mercados en grupos basados en características o necesidades comunes? Pero no se trata sólo de entender a sus clientes; si quiere mantenerse en cabeza, también tiene que estar atento a las tendencias de su mercado.

Una vez que haya definido su mercado objetivo a partir de su trabajo anterior, los empresarios tienen algo real en lo que basarse. Averiguar cómo utilizar esta información es lo más divertido. ¿Qué tipo de estrategias les gustan a estas personas? ¿Qué productos les han funcionado bien antes? La lista continúa.

Los canales de venta también requieren cierta atención a la hora de hablar de su plan de ventas. Fijar objetivos y formar a los equipos de ventas requiere cierto esfuerzo. Una vez planificado todo esto, los clientes deberían tener una experiencia cohesiva tras otra, una navegación tranquila hasta que decidan si quieren lo que tenemos.

Los KPI (Indicadores Clave de Rendimiento) son formas de medir el progreso en estos aspectos, por lo que es necesario reflexionar sobre ellos. Algunas ideas a tener en cuenta son métricas como el coste de adquisición del cliente (CAC), el valor del ciclo de vida del cliente (CLV), las tasas de conversión, la velocidad del proceso de ventas y el retorno de la inversión (ROI). Al fijar objetivos concretos, los empresarios pueden hacerse una idea del efecto de su marketing en las ventas, lo que les permite hacer ajustes.

Marketing Mix y previsión de ventas

El marketing mix y la previsión de ventas de una empresa son cruciales para su éxito. Estos dos componentes clave ayudan a orientar la toma de decisiones estratégicas, asignar los recursos de forma eficiente e impulsar el crecimiento de los ingresos.

El marketing mix, también conocido como las cuatro P -producto, precio, plaza y promoción-, es un marco fundamental para crear y aplicar estrategias de marketing. Cada elemento cumple una función única a la hora de configurar la experiencia del cliente e influir en sus decisiones de compra.

Producto: Se refiere a los beneficios tangibles o intangibles que las empresas ofrecen a los clientes. No sólo incluye los servicios, sino también las características, el envase, la marca y otros elementos de valor añadido. Las empresas deben comprender las necesidades y preferencias de su mercado objetivo para desarrollar productos que satisfagan o superen sus expectativas.

Precio: Refleja cuánto están dispuestos a pagar los clientes por los productos o servicios. Las estrategias de fijación de precios pueden variar en función de los niveles de competencia, el valor percibido (cuánto valor creen los clientes que están recibiendo), la estructura de costes y la demanda en determinados mercados. Analizando de cerca el comportamiento de los clientes en mercados específicos, las empresas pueden encontrar precios que maximicen los ingresos y, al mismo tiempo, sean lo suficientemente competitivos como para seguir siendo rentables.

Lugar: se refiere al lugar donde los productos o servicios se ponen a disposición de los clientes. Los canales de distribución pueden ir desde tiendas físicas, como mayoristas y distribuidores, hasta plataformas digitales, como sitios web o aplicaciones móviles. El objetivo principal aquí es encontrar qué canales de distribución funcionarán mejor para tu mercado objetivo, de modo que sepas que verán tu oferta en el momento adecuado.

Promoción: incluye diversas técnicas de venta utilizadas para comunicar su propuesta de valor a los clientes potenciales antes de persuadirles para que realicen una compra. Algunos ejemplos son las campañas publicitarias, las relaciones públicas y el correo directo. Mediante la creación de mensajes convincentes, las empresas son capaces de dar a conocer sus ofertas, lo que conduce a un mayor interés y conversiones.

Además de definir el marketing mix, las empresas también deben elaborar una previsión de ventas para estimar los volúmenes de ventas e ingresos futuros. Estos datos son valiosos para planificar y asignar los recursos de forma eficaz. Para empezar a elaborar una previsión de ventas, es necesario analizar los datos históricos de ventas, las tendencias del mercado y otros factores que pueden influir en el rendimiento. Al identificar patrones, las empresas pueden realizar previsiones más precisas, lo que permite tomar mejores decisiones.

Es importante tener en cuenta que las empresas deben basarse en algo más que en sus datos históricos, porque esto podría llevarlas en la dirección equivocada. Deben tener en cuenta factores como las condiciones del mercado, los cambios en las preferencias de los consumidores y los nuevos competidores o productos. La actualización periódica de estas previsiones permitirá a los empresarios adaptarse rápidamente y seguir siendo competitivos frente a posibles amenazas.

6.8 Solicitud de financiación

En el complejo mundo de la planificación empresarial, la sección de solicitud de financiación es fundamental para lograr el éxito empresarial. Esta parte del plan es una hoja de ruta para adquirir los recursos financieros necesarios para convertir la visión en realidad e impulsar el crecimiento. Los empresarios exponen en esta sección sus necesidades y peticiones financieras, además de otras estrategias financieras futuras.

En esencia, la solicitud de financiación presenta las necesidades de capital de los empresarios para poner en marcha, explotar y ampliar la empresa. Deben analizar los costes de puesta en marcha, los gastos operativos y las necesidades de inversión en múltiples ámbitos, como el desarrollo de productos, el marketing, las ventas y las infraestructuras. Tras cuantificar sus necesidades financieras de forma concisa pero precisa, pueden ofrecer a las partes interesadas una visión honesta de cuánto dinero se necesitará para que la empresa tenga éxito.

Al presentar sus necesidades financieras, los empresarios deben presentar una solicitud de financiación que especifique de dónde quieren el dinero.

Puede tratarse de financiación de capital o plataformas de crowdfunding, entre otras. Alinear estas solicitudes con lo que necesitan de los proveedores demuestra sus conocimientos sobre visiones estratégicas y perspicacia financiera.

El extremo de la planificación futura abarca la forma en que los empresarios esperan controlar y asignar los activos en el futuro, de modo que haya suficiente apoyo para las operaciones en curso y la expansión de la empresa. Con proyecciones detalladas, como presupuestos o previsiones de tesorería, los directivos saben cuándo entrará dinero y cuándo saldrá. De este modo, pueden tomar decisiones informadas sobre la asignación de recursos para que la rentabilidad siga siendo alta.

Además de las operaciones cotidianas, aquí también se consideran cuestiones monetarias, como la gestión de los ingresos. Mantener la sostenibilidad exige pensar a largo plazo porque las condiciones del mercado pueden cambiar rápidamente. No sólo hay que comprobar el rendimiento actual, sino también prever los indicadores futuros al tiempo que se adapta la estrategia. Al exponer claramente las necesidades y las solicitudes de financiación, los empresarios se preparan para asumir inversiones que se ajusten a sus objetivos.

Presentar sus necesidades financieras y su solicitud de financiación

Una de las partes más esenciales de un plan de empresa es mostrar cuánto dinero necesitas y cómo vas a conseguirlo. Esta sección es el núcleo de tus necesidades financieras. Detallarás el capital que necesitas en cada fase de tu negocio: puesta en marcha, funcionamiento y crecimiento. Si calculas estas necesidades con precisión, podrás articular exactamente cuánto dinero quieres solicitar a inversores o prestamistas.

El primer paso para evaluar las necesidades financieras es desglosar todos los lugares en los que se utilizará el capital en su empresa. Los empresarios evaluarán los costes de puesta en marcha, los gastos operativos y las necesidades de inversión teniendo en cuenta el desarrollo del producto, la infraestructura tecnológica y la dotación de personal.

Una vez que los empresarios saben cuánto dinero necesitan para sus negocios, empiezan a solicitar fondos a diversas fuentes en función de los objetivos de su empresa o sector. Pueden considerar la financiación de capital, la financiación de deuda, el capital riesgo, los ángeles inversores o las plataformas de crowdfunding. A los inversores les gusta ver una solicitud de financiación personalizada porque demuestra que los empresarios han investigado previamente qué tipo de oportunidades de inversión existen en su mercado específico.

No basta con pedir dinero; los empresarios también deben ofrecer una razón convincente de por qué alguien debería darles fondos. Esto incluye explicar la oportunidad de mercado para su producto o servicio en comparación con los competidores y respaldar las afirmaciones con estudios y análisis de mercado exhaustivos. La infusión de capital permitirá a las empresas de los emprendedores alcanzar hitos estratégicos más rápidamente que si no recibieran ninguna inversión, por lo que vale la pena señalar que desarrollar un argumento aquí podría hacer o deshacer la decisión de un inversor.

Las partes interesadas no quieren explicaciones vagas sobre el uso que se dará a los fondos: quieren saber a qué se destina cada dólar, para que se sientan más seguros a la hora de prestar dinero. Con un desglose claro de las iniciativas, los empresarios pueden mostrar a los inversores que tienen un plan y darles la tranquilidad de que su dinero no se malgastará en gastos innecesarios. Esto hará que los interesados se sientan más inclinados a invertir en sus empresas.

Planificación financiera futura

En el contexto de un plan de empresa, la planificación financiera futura es como una brújula, que permite a los empresarios navegar por el turbulento y siempre cambiante mercado con aplomo y precisión. Esta sección fundamental esboza estrategias para gestionar los recursos financieros, optimizar los flujos de ingresos y garantizar la rentabilidad y sostenibilidad a largo plazo de la empresa. Mediante la predicción de los resultados financieros futuros, la detección de riesgos y oportunidades potenciales y el desarrollo de estrategias capaces de mitigar los obstáculos y aprovechar las oportunidades, los empresarios pueden sentar unas bases sólidas para su negocio.

En esencia, la planificación financiera futura implica crear proyecciones detalladas. Los empresarios calculan el volumen de ventas, el presupuesto de gastos y las proyecciones de tesorería para comprender el futuro. No sacan estas cifras de la nada, sino que utilizan datos históricos y tendencias del mercado para que sean lo más realistas y acordes posible con sus objetivos. Con esta información, prever el rendimiento se convierte en algo sencillo, que permite a las empresas conocer mejor las posibles fuentes de ingresos, las estructuras de costes y la dinámica del flujo de caja.

Otro aspecto fundamental de la planificación financiera futura es identificar los posibles riesgos e incertidumbres que pueden afectar a la salud o las finanzas de la empresa. Puede tratarse de cualquier cosa, desde cambios en la normativa o recesiones económicas hasta problemas operativos o interrupciones de la cadena de suministro. Una vez conocidos estos problemas, los empresarios pueden desarrollar planes de contingencia que ayuden a minimizar cualquier daño causado por ellos.

Evitar el desastre no es suficiente para la mayoría de las empresas: también quieren aspirar al éxito. Por eso, la planificación financiera del futuro también incluye estrategias para optimizar los flujos de ingresos y maximizar la rentabilidad. Para ello, las empresas suelen ampliar sus mercados a nuevos territorios o lanzar nuevos productos o servicios. Otras formas son intentar mejorar la eficiencia, de modo que bajen los costes y aumenten los márgenes de rentabilidad.

Más allá de las operaciones cotidianas, también se necesita capital para que una empresa funcione. Por eso la planificación financiera futura también implica evaluar la estructura y las opciones de financiación de la empresa para garantizar un uso óptimo. Podrían estudiar qué tipo de préstamos tienen o incluso salir a buscar otras fuentes, como inversores de capital riesgo. Pero una vez que todo está en su sitio, permite a las empresas minimizar sus costes, mantener cierta flexibilidad y posicionarse para el éxito a largo plazo.

La planificación financiera futura dentro de un plan de negocio es esencial para garantizar que una empresa pueda sobrevivir a largo plazo y, al mismo tiempo, ser rentable. Mediante la creación de proyecciones, la identificación de riesgos y oportunidades, la optimización de los flujos de ingresos y la evaluación de las estructuras de financiación, los emprendedores pueden construir un conjunto de estrategias que les permitirán vadear aguas complejas con facilidad.

6.9 Previsiones financieras

Las proyecciones financieras tienen más peso que la mayoría de las proyecciones dentro del proyecto de una empresa. Esta parte del plan sirve de columna vertebral económica y ofrece a las partes interesadas información sobre la viabilidad y sostenibilidad de la empresa. Utilizando datos complejos de proyecciones y estados financieros, los empresarios pueden ofrecer una visión de cómo será la salud financiera de una empresa en el futuro. Pueden utilizar el análisis del punto de equilibrio para evaluar la posición de una empresa y fundamentar adecuadamente la toma de decisiones y la planificación estratégica.

El núcleo de esta sección es la representación de datos financieros mediante proyecciones y estados. Se pueden utilizar datos históricos, estudios de mercado y referencias del sector para prever los ingresos, gastos y flujos de caja futuros. Las proyecciones nos dan una visión detallada de la evolución probable de una empresa a lo largo del tiempo. Muchas personas toman decisiones basándose únicamente en estas proyecciones, por lo que hay que tomarlas muy en serio.

Además del análisis del umbral de rentabilidad, los empresarios también analizan ratios clave, como la solvencia en términos de liquidez y las métricas de rentabilidad, para hacerse una idea del valor que están creando para las partes interesadas. A través de este análisis, podrán evaluar aspectos como el margen de beneficio bruto y la relación entre deuda y fondos propios, lo que les permitirá calibrar su situación financiera en un momento dado.

Puede que la idea de planificación financiera le haga pensar en cuando las empresas invierten en algo nuevo, como expandirse a nuevos mercados o invertir en el desarrollo de productos, pero eso no es lo principal. Estas proyecciones se utilizan para iniciativas que implican optimizar la eficiencia operativa. Cuando los empresarios saben a qué se van a dedicar antes de hacerlo, pueden avanzar con confianza, lo que se traduce en éxito a largo plazo.

Representación de datos financieros mediante proyecciones y estados financieros

En un plan de empresa, la parte más dinámica suele ser la información financiera. Utiliza proyecciones y declaraciones para ayudar a las partes interesadas a determinar el grado de salud financiera y viabilidad de la empresa. Esta sección debe ofrecer una instantánea en profundidad de los resultados financieros que se espera que se produzcan a lo largo de un periodo determinado, ofreciendo información sobre la dinámica del flujo de caja y la gestión de gastos. Mediante la creación de estas predicciones detalladas, los empresarios pueden guiar sus negocios hacia el crecimiento y el éxito.

El proceso comienza con datos financieros anteriores, como cuentas de resultados, balances y estados de flujo de caja. Los empresarios repasan esta información para encontrar tendencias o patrones de los que puedan aprender. Puede tratarse de averiguar qué productos se venden mejor que otros o qué factores pueden haber llevado a su empresa a ir mal un año. Si saben qué ha ido mal, les resultará más fácil evitar que vuelva a ocurrir.

Una vez analizados los datos pasados, los empresarios utilizarán técnicas de previsión para comprender los resultados futuros. Esto podría implicar examinar la demanda del mercado o las estrategias de fijación de precios para posibles proyecciones de ventas, lo que ayudaría a los empresarios a estimar con mayor precisión los gastos e ingresos futuros.

Pero los empresarios no se limitan a estimar los ingresos, sino que también elaboran proyecciones de balance. Las proyecciones de balance muestran los activos, pasivos y fondos propios a lo largo del tiempo, de modo que los empresarios pueden ver si las cosas van bien o no en el futuro. Si todo parece ir bien sobre el papel durante unos seis meses, pero los cambios recientes no han sido positivos para la liquidez (efectivo en caja), la solvencia (capacidad de pagar deudas) o la estabilidad de la empresa, lo mejor sería no aplicar una nueva estrategia.

También elaboran proyecciones de tesorería porque es esencial tener en cuenta cuándo entra dinero y cuándo sale (y cuánto). De este modo, los empresarios pueden prever cuándo las necesidades de tesorería pueden ser más exigentes y si podrán hacer frente a sus obligaciones financieras.

Incorporar todas estas proyecciones al plan de empresa le dará más estructura y facilitará su comprensión. Los investigadores han descubierto que las tablas, los cuadros, los gráficos y las descripciones narrativas son las herramientas más eficaces para ilustrar las métricas financieras clave de la forma más comprensible para cualquiera que las mire.

Análisis del punto de equilibrio y situación financiera

Cuando se trata de planes de negocio, el análisis del punto de equilibrio y la evaluación de la situación financiera son esenciales para comprobar la rentabilidad, gestionar los costes y garantizar la sostenibilidad de la empresa. Al realizar estos análisis críticos, los empresarios y las partes interesadas pueden determinar si sus empresas pueden cubrir los gastos, cuánto beneficio pueden obtener y si tienen una base financiera sólida en el mercado. El punto crítico en el análisis del punto de equilibrio consiste en determinar cuándo los ingresos totales igualan a los costes totales, lo que significa que no hay beneficios ni pérdidas. Este punto sirve de gran hito para que los empresarios sepan qué nivel de ventas o ingresos se necesita para que la empresa pueda cubrir sus costes fijos y variables. Cuando realicen este análisis, obtendrán información sobre cuál debe ser el volumen de ventas, las estrategias de fijación de precios y las estructuras de costes que impulsarían el éxito.

Todo el proceso comienza cuando los empresarios son capaces de identificar todos los tipos de costes fijos y variables relacionados con su negocio. Una vez fijados, los empresarios pueden calcular con mayor precisión cuál debe ser su siguiente paso.

Por ejemplo, para obtener números exactos, utiliza esta fórmula:

Punto de equilibrio = Costes fijos / (Precio de venta por unidad-Costes variables por unidad).

Saber exactamente cuántas unidades hay que vender permite a los empresarios evaluar su rendimiento hasta el momento y ver dónde pueden introducirse mejoras.

Además de conocer tu propio umbral de rentabilidad, también es bueno saber cuál es tu situación financiera en comparación con otras empresas del mercado. Para ello, hay que analizar ratios financieros vitales, como los de liquidez, solvencia (por ejemplo, ratio deuda-capital, ratio de cobertura de intereses) y rentabilidad (por ejemplo, margen de beneficio bruto, margen de beneficio neto). Mediante la evaluación de estas métricas, los empresarios pueden determinar su capacidad para hacer frente a las obligaciones a corto plazo, gestionar las deudas y generar beneficios.

Conocer la situación financiera de su empresa también le permite comprender cuál es su posición en el mercado. Una corriente podría mostrar signos prometedores de liquidez, pero también demasiados activos ociosos que necesitan ser utilizados. Mientras tanto, un bajo coeficiente deuda-capital podría mostrar una infrautilización del apalancamiento o una estrategia de financiación excesivamente conservadora. Esta información permite a los empresarios tomar decisiones con conocimiento de causa, optimizando su posición financiera y maximizando el valor para el accionista. Cuando los empresarios obtienen toda esta información, pueden tomar decisiones estratégicas sobre el futuro de su empresa. Es hora de averiguar qué están haciendo bien y mal para poder centrarse en hacer más cosas bien. Si el umbral de rentabilidad es demasiado alto, pueden buscar oportunidades de reducir costes o aumentar el volumen de ventas para garantizar la sostenibilidad a largo plazo. Al mismo tiempo, si hay restricciones de liquidez o problemas de solvencia, sabrán que es el momento de mejorar el flujo de caja, fortaleciendo financieramente sus posiciones empresariales.

6.10 Perfeccionar el plan de empresa

Perfeccionar tu plan de empresa para convertirlo de una idea en algo factible es crucial. Es el paso que separa a los que hablan de ello de los que lo hacen. En esta sección, repasaremos el proceso de revisión, edición y pulido de tu plan para que represente fielmente la visión que tienes de tu empresa. También hablaremos de cómo adaptarlo a diferentes audiencias, porque algunas personas quieren oír todo lo que dices.

El proceso comienza con una revisión de lo que ya tienes. Te ayudará repasar cada sección con un peine de púas finas, analizando su claridad y cuestionando su coherencia. Tendrás que considerar si lo que has escrito te acercará a tus objetivos y si falta información o hay errores en general. El objetivo es sencillo: eliminar lo malo para sustituirlo por lo bueno.

Después de la revisión viene la edición, y ahora estamos cada vez más cerca de terminar con esto. Asegurarnos de que todo el documento es comprensible resume este paso, pero hay otras cosas que debemos tener en cuenta. No queremos que nadie lea nuestro plan y piense que ha vuelto a clase de ciencias; mantén la jerga fuera de aquí. A la gente también le gustan los mensajes cortos, así que asegúrate de que los conceptos críticos se comunican con eficacia. Una vez dicho y hecho todo esto, podemos pulirlo y convertirlo en algo brillante. Las imágenes ayudan a ilustrar las ideas más rápido que las palabras. También hay que comprobar que la gramática es correcta y que el formato es claro.

Además de nuestro pulido general, también tenemos que asegurarnos de que nuestras distintas versiones no sean copias. Por ejemplo, no presentaremos nuestro documento de socio inversor durante una reunión con posibles inversores. Cada persona tiene sus intereses y prioridades, así que intenta personalizar tu presentación para satisfacer sus necesidades.

El proceso consiste en hacer que el documento sea mejor de lo que era al principio. Mediante un cuidadoso proceso de perfeccionamiento y personalización, convertirás tu visión en algo tangible. De momento, es hora de ponerse manos a la obra.

Adaptar el plan a distintos públicos

No existe un plan de negocio único. Los empresarios saben que tienen que adaptar su mensaje a los distintos públicos para obtener los mejores resultados. Tanto si te diriges a inversores, socios o partes interesadas internas, el objetivo siempre es establecer una conexión y conseguir apoyo.

Cuando se trata de inversores, les gusta ver números. Centrarse en la propuesta de valor y el potencial de crecimiento de tu empresa puede ayudarles a ver signos de dólar. También querrá destacar las proyecciones financieras y de ingresos más importantes. Y no te olvides de la escalabilidad y la ventaja competitiva: estas palabras de moda atraen importantes inversiones. Tendrás más probabilidades de conseguir financiación si haces hincapié en lo que más les importa.

Los socios potenciales requieren un enfoque diferente. En lugar de intentar demostrar lo rentable que es su empresa, tiene que demostrar la alineación estratégica. Muéstreles cómo su asociación beneficiará a ambas partes en términos de beneficios y potencial de crecimiento. Pero no olvide que la colaboración es una calle de doble sentido: asegúrese de mostrar su propio historial y capacidades para que también confíen en usted. Con este enfoque, fomentarás la credibilidad y encontrarás aliados que te ayudarán a hacer crecer tu negocio.

Las partes interesadas internas, como los empleados o los miembros del consejo de administración, tienen preocupaciones totalmente distintas. Quieren saber cómo se alinea su plan con sus objetivos dentro de la organización, si es que los tiene. Deje claro qué necesita cada parte interesada para que el plan tenga éxito; de este modo, todos sabrán desde el principio dónde encajan en el rompecabezas. Muéstreles cómo contribuye cada función al éxito; es más probable que la gente acepte si se siente valorada desde el primer día.

Además de adaptar el contenido a los objetivos y la cultura, los empresarios también deben ajustar el tono cuando sea necesario; la presentación del lenguaje es importante cuando se trata de atraer los intereses de una audiencia. Lo que puede sonar atractivo o formal en una reunión puede no sonar así en otra. Un tono persuasivo y conversacional puede convencer a la audiencia, mientras que uno más analítico puede parecer demasiado seco para algunos.

Hay que tener en cuenta diferentes formatos a la hora de presentar los distintos planes. Por ejemplo, no conviene presentar a los inversores un documento de 100 páginas. En su lugar, proporciónales un resumen ejecutivo o un pitch deck fácilmente digerible que destaque las características clave de tu empresa. En cambio, los interesados internos necesitarán más información, así que no temas profundizar en sus documentos: es lo que esperan. Si adaptas el formato a cada público, evitarás que se sientan abrumados o que se pierdan algo importante.

Es imprescindible adaptar el plan de empresa a los distintos públicos. De este modo se garantizará que su impacto sea máximo y que siga siendo pertinente y eficaz como herramienta estratégica. Puedes aumentar la aceptación cambiando el contenido, los mensajes, el tono, el lenguaje, el formato y el medio con el que presentas tu idea para que resuene entre inversores, socios y otras partes interesadas o audiencias. Se trata de comunicar con eficacia para obtener apoyo para su empresa. Utilizar este enfoque estratégico puede ayudarle a comunicar la propuesta de valor de la visión y la estrategia de su empresa.

6.11 Presentar su plan de empresa

Dar a conocer tu plan de empresa por primera vez puede ponerte nervioso, pero también es una forma emocionante de mostrar todo el trabajo duro que has invertido en crear y diseñar algo fabuloso. Esta sección te ayudará a entender cómo hacer la presentación perfecta para atraer a cualquier persona interesada en invertir, unirse a tu equipo u ofrecer una crítica constructiva. Subir y presentar información puede parecer una tarea sencilla, pero hay mucho más que eso. Los empresarios tienen un único trabajo cuando presentan un plan de negocio: conseguir que todo el mundo escuche y se interese por lo que está oyendo. Tienes que conseguir que tanto los inversores como los miembros de tu junta directiva se vayan con la piel de gallina porque están entusiasmados con lo que han oído. Y, a veces, eso requerirá que te salgas del guión y cuentes historias llenas de energía: créeme, funciona.

Diversificar su enfoque tiene mérito. Su público responderá mejor a los gráficos bonitos o a las historias reales de otras personas que han tenido éxito en empresas similares. Se trata de averiguar cómo hacer que la gente piense "guau" en cada momento. También hay que estar preparado para cualquier pregunta o comentario. La capacidad de responder a las preguntas sin vacilar ayuda a dar la impresión de estar bien informado y ser digno de confianza. Por muy buena que sea tu idea ahora, siempre se podrá mejorar en el futuro. Sería inteligente no sólo aceptar los comentarios, sino también buscarlos activamente. Tanto si alguien tiene una sugerencia como si quiere que le aclares algo de lo que has dicho antes en la reunión, asegúrate de implantar una cultura de aceptación y aprendizaje continuo. Su plan de negocio cambiará y evolucionará con el tiempo, pero siempre avanzará en la dirección correcta si sigue estas estrategias.

Presentar tu plan de empresa es algo muy importante. Es como el momento en que pasas del nivel amateur al profesional en el mundo empresarial. Por eso requiere mucha preparación. Hay que planificar, prepararse para cada pregunta y practicar para ejecutar la presentación a la perfección. De este modo, los emprendedores tienen más posibilidades de hacer una presentación convincente que llegue a la gente y consiga que apoyen la empresa.

Estrategias para una presentación eficaz

Su público es vital. Si su mensaje no coincide con lo que quieren, será difícil convencerles. La investigación es lo primero; estudie sus antecedentes, preferencias y expectativas para poder hablar su lenguaje específico. Cuando lo haga, su compromiso se multiplicará por diez.

A continuación viene la narración, algo que a todo el mundo le encanta. Se trata de tejer una narración que ponga de relieve el problema o los problemas que estás resolviendo con tu proyecto empresarial. Hacerlo desde el principio transmite la esencia de tu visión. Los elementos visuales son siempre imprescindibles en las presentaciones. Incorporar diapositivas y otras ayudas visuales ayuda a ilustrar el objetivo de tu empresa desde una perspectiva diferente.

Mantén el dinamismo. Mantener el contacto visual, siempre que sea posible, establece una fuerte conexión; los gestos y las variaciones vocales garantizan que la gente no se quede dormida. La organización es importante. A nadie le gusta que le metan información de golpe. Desglosar las cosas poco a poco en trozos fáciles de digerir garantiza que la gente entienda mejor cada punto antes de pasar al siguiente.

Por último, pero no por ello menos importante, interactúe con el público durante toda la presentación. Pídales cualquier respuesta, siempre que permanezcan comprometidos y atentos, ya sean preguntas o comentarios sobre sus ideas. Fomentar el diálogo crea un ambiente en el que ambas partes se sienten escuchadas; también ayuda a mejorar la comprensión que puedan necesitar antes de comprometerse plenamente o apoyar lo que hayas presentado. Es fundamental estar preparado para adaptar y dar la vuelta a la presentación en función de cómo reaccione el público. Ajústese y responda rápidamente a su compromiso, interés o comprensión. Prepárate para cambiar el ritmo, el contenido o el estilo sobre la marcha para mantener la atención del público. Mantenga el interés de la audiencia y asegúrese de que captan su mensaje respondiendo con rapidez y flexibilidad.

Las estrategias de presentación valiosas son esenciales para transmitir la visión clara, el plan y el potencial de su empresa a las partes interesadas. Saber a quién te diriges, crear una narrativa inspiradora, utilizar bien las ayudas visuales, tener confianza durante toda la presentación -incluso si te estás volviendo loco-, estructurarla de forma lógica, hacer que participen activamente y estar preparado para recibir comentarios.

Preparación para preguntas y comentarios

Presentar una idea de negocio no es simplemente dar un discurso; se trata de conversar, discutir las preocupaciones y utilizar los comentarios para mejorar el plan. La capacidad de anticiparse a las preguntas y prepararse para recibir comentarios es vital, ya que le permitirá demostrar a las partes interesadas que está preparado, seguro y receptivo.

El primer paso para prepararse para las preguntas y respuestas es revisar el plan de negocio. Examine cada sección en profundidad para determinar posibles preguntas o conflictos. Preste especial atención al análisis de mercado, las proyecciones financieras y las iniciativas estratégicas. Cuanto más pueda entender y explicar el contenido de estas secciones de su plan, mejor preparado estará para responder a las preguntas. Cuando prevea preguntas y comentarios, tenga en cuenta que los inversores pueden querer saber datos financieros, mientras que los clientes pueden preguntar sobre la interacción de los usuarios con su producto o servicio. Para dar respuestas adaptadas, es esencial estar preparado para responder desde múltiples perspectivas.

Cada respuesta debe ser concisa pero detallada. Sea claro, sin ser vago ni evasivo; apoye las respuestas con datos cuando disponga de ellos. Así confiarán en tus conocimientos sobre el tema. Para que todo vaya sobre ruedas cuando llegue el momento de la sesión de preguntas y respuestas, practique de antemano. Responder sobre la marcha puede dar lugar a respuestas sin sentido que suenen poco educadas. Perfeccione los mensajes ensayando lo que diría hasta que no quede margen de mejora.

Durante la presentación, es importante crear un ambiente en el que se fomenten las preguntas. De este modo se abre la conversación entre ambas partes, se refuerza la comprensión de las ideas y se fomenta la confianza entre todos los implicados. Los comentarios son cruciales para evaluar la acogida que ha tenido la presentación entre el público. Puede ayudar a señalar los puntos fuertes y débiles de la presentación que, de otro modo, podrían haber pasado desapercibidos. Utiliza estos comentarios para mejorar tu plan de cara al futuro. Siempre hay margen de mejora, por muy buena que creas que ha sido tu presentación. Recuerda que no se trata sólo de presentar una buena idea, sino también de demostrar que sabes lo que haces y que mereces el apoyo de los interesados.

Capítulo 7

Navegar por la legalidad: Creación de empresas y cumplimiento de la normativa

El marco jurídico de las empresas es complejo, pero ignorarlo puede acarrearle problemas más adelante. Más vale prevenir que curar, ¿verdad? Determinar la estructura de su empresa es uno de los primeros pasos para convertirse en una empresa que cumple la ley. Determina aspectos como la protección de la responsabilidad, las normas fiscales y las normas de gobierno. Este capítulo ofrece orientación para seleccionar la estructura más adecuada en función de la propiedad, los objetivos de protección de la responsabilidad, las opciones de tratamiento fiscal y los requisitos normativos.

Aunque esta guía pretende darle las herramientas que necesita para ocuparse de muchos asuntos legales, habrá ocasiones en las que necesitará ayuda externa. Las leyes cambian con frecuencia, por lo que necesitará a alguien que esté atento a las novedades legislativas que puedan afectar a sus operaciones o a las normas del sector, así como a alguien que pueda ayudarle a sortear situaciones jurídicas complejas, en caso de que surjan a lo largo del ciclo de vida de su empresa. No dude en ponerse en contacto con nosotros si necesita orientación o ayuda de asesores o consultores jurídicos.

7.1 Introducción a la legalidad empresarial

Entrar en el mundo de la empresa es un viaje emocionante lleno de promesas y oportunidades. Cuando los engranajes empiezan a girar, los empresarios deben recordar que poner en marcha un negocio implica complejas cuestiones legales. Es esencial saber cómo manejar estas trabas y obstáculos, desde la firma de acuerdos hasta el cumplimiento de la normativa. Cumplir las leyes y normativas es importante, ya que no hacerlo puede llevar a las nuevas empresas a multas o, peor aún, a un juicio. Familiarizarse con las leyes específicas del sector desde el principio ayudará a garantizar que no haya riesgos legales desde el principio. De este modo, los empresarios garantizan a su empresa una base sólida y allanan su camino hacia el éxito duradero. Hacerse una idea general de las necesidades legales de su nueva empresa le ayudará a estar al tanto de todo a lo largo de su vida. Desde el proceso de registro hasta la gestión de riesgos, tendrás una idea de los problemas que puedes encontrarte en tu andadura como emprendedor. Estructurar adecuadamente las entidades empresariales y revisar a fondo los contratos son algunas de las formas de garantizar la seguridad en el futuro. El espíritu empresarial está lleno de infinitas posibilidades. Entiendo lo difícil que debe ser centrarse en la legalidad en lugar de en la creatividad cuando se crea algo nuevo. Pero con mi orientación, espero que puedas dejar a un lado esas preocupaciones y seguir creciendo sin vacilar. El camino que tienes por delante parece largo, pero sabes que merecerá la pena. Créeme cuando te digo que ocuparte de los aspectos legales lo antes posible te ahorrará dolores de cabeza más adelante.

Importancia de comprender los requisitos legales

Comprender los requisitos legales es crucial a la hora de poner en marcha o ampliar su empresa, pero también puede llevar tiempo comprenderlos. El cumplimiento legal es la base de un entorno seguro y estable para cualquier empresa. Proporciona la estructura que ayuda a las empresas a funcionar, tomar decisiones e interactuar con las partes interesadas. Conocer a fondo las obligaciones legales le permitirá reducir riesgos, proteger sus intereses y lograr la sostenibilidad y el éxito a largo plazo.

Cuando comprenda estas responsabilidades, podrá cumplir las leyes que rigen las operaciones empresariales, ahorrándose cuantiosas multas, sanciones o incluso el cierre de su empresa. El desconocimiento de estas normas puede acarrear otras consecuencias graves, como demandas judiciales o daños a la reputación. Por ello, debe invertir tiempo en conocer las obligaciones legales específicas de su tipo de negocio.

Con el conocimiento de las leyes laborales, sabrá cómo crear ofertas de empleo justas y conformes, por lo que no habrá lugar a conflictos laborales en primer lugar. Del mismo modo, saber cómo funciona la propiedad intelectual le permitirá proteger legalmente sus productos, lo que le dará una ventaja competitiva. Además de todo lo demás, comprender los requisitos legales es esencial para proteger activos e intereses. Las empresas corren riesgos financieros a diario, pero atenerse a los principios legales reduce significativamente la exposición. Las empresas crean contratos todos los días, ya sea con clientes o con empleados. Si se atiene a la ley de contratos, puede asegurarse de que sus acuerdos son legalmente vinculantes y evitar disputas. Por último, si demuestra a sus clientes que respeta las leyes de protección del consumidor, ganará confianza y, en última instancia, reducirá los daños derivados de demandas judiciales.

Un sólido conocimiento de la ley creará una cultura basada en la transparencia dentro de su organización, lo que le ayudará a crecer más rápidamente que aquellos a su alrededor que carezcan de esta fortaleza. Los empleados que trabajan bajo un liderazgo que da prioridad a la integridad tienen más probabilidades de seguir su ejemplo con una conducta ética y prácticas empresariales responsables. Las partes interesadas externas, como los inversores, observarán su compromiso con la transparencia y se sentirán más inclinados a trabajar con usted en lugar de con sus competidores.

Para que los empresarios continúen su crecimiento de forma legal y constante, deben comprender los requisitos que lo acompañan. El conocimiento en estas áreas les mantendrá en el buen camino y les permitirá minimizar los riesgos. De este modo, podrá erigirse en una autoridad dentro de su sector.

Consideraciones jurídicas para las nuevas empresas

Formación y estructura

Elegir la estructura adecuada para su empresa es una de las primeras decisiones que tomará y una de las más importantes. La estructura de su empresa puede determinar responsabilidades, obligaciones fiscales y requisitos de gestión. La mayoría de las empresas tienen una de estas cuatro estructuras principales: sociedades unipersonales, sociedades colectivas, sociedades anónimas y sociedades de responsabilidad limitada (SRL). Los empresarios deben evaluar sus opciones en función de los derechos de propiedad, la protección de la responsabilidad, las implicaciones fiscales y la flexibilidad operativa, cada una de las cuales tiene sus pros y sus contras.

Registro y licencias

Una vez que su empresa esté correctamente estructurada, es hora de registrarla. Los empresarios deben registrarse ante las autoridades locales y obtener las licencias y permisos pertinentes para su negocio. Los requisitos de registro varían enormemente en función de factores como el tipo de negocio, la ubicación y el sector. Si los propietarios no lo hacen, pueden enfrentarse a multas o sanciones o, peor aún, a consecuencias legales más graves en el futuro. Investigue a fondo desde el principio para no verse atrapado en situaciones difíciles más adelante.

Protección de la propiedad intelectual

Asegurar los activos de propiedad intelectual (PI) crea una base sólida para salvaguardar ideas, innovaciones y creaciones únicas de ser robadas o utilizadas por la competencia. Estos activos pueden incluir marcas comerciales, derechos de autor, patentes y secretos comerciales. Los empresarios deben identificar estos activos de PI y, a continuación, adoptar medidas para protegerlos legalmente mediante mecanismos de registro, como el registro de marcas. De este modo, podrán impedir el uso no autorizado por parte de terceros, preservando así la ventaja competitiva en los mercados.

Contratos y acuerdos

Los acuerdos legales son esenciales a la hora de definir los derechos, obligaciones y expectativas de las relaciones empresariales. Los empresarios deben ser diligentes y adoptar todas las medidas necesarias para proteger sus intereses y mitigar los riesgos. Entre los tipos de contratos más comunes se encuentran los acuerdos con clientes, los contratos con proveedores, los contratos de trabajo y los acuerdos de asociación. Retirarse un poco y ser calculador es crucial en este paso porque no querrá ponerse en ninguna posición vulnerable. Lo mejor para los empresarios es buscar asesoramiento jurídico a la hora de redactar o negociar estos contratos, ya que pueden ayudar a garantizar la claridad, la aplicabilidad y el cumplimiento de la legislación vigente.

Cumplimiento de la normativa

Cumplir las normas, reglamentos y estándares del sector es necesario para cualquier empresa. Esto incluye áreas como la fiscalidad, el empleo, la protección del consumidor y la privacidad de los datos. Los empresarios deben mantenerse informados sobre estos temas si quieren que su empresa evite problemas en el futuro. La aplicación de políticas y procedimientos desempeñará un papel fundamental a la hora de garantizar que todo funcione sin problemas, por lo que es esencial tenerlo en cuenta desde el principio.

Gestión de riesgos y seguros

Identificar y gestionar los riesgos será vital para protegerse financieramente. Evaluando los riesgos potenciales, podrá aplicar estrategias que le permitan evitar que se produzcan más adelante y mitigar los riesgos asociados. Ya sabe lo que dicen: "más vale prevenir que curar". Obtener una cobertura de seguro adecuada, como un seguro de responsabilidad civil general, le proporcionará más protección frente a imprevistos y responsabilidades, lo que podría salvarle el pellejo más adelante.

Gobierno corporativo y cumplimiento:

Cuando se pone en marcha una nueva empresa, hay que pasar por muchos obstáculos legales. Desde el registro de la empresa hasta la creación de acuerdos entre accionistas, cada paso es esencial a su manera. Es fácil pasarlos por alto con todo lo que sucede a nuestro alrededor. Lo lamentable es que hacerlo puede acarrear graves problemas en el futuro.

Debe tomar medidas clave desde el principio para evitar estos problemas. Construir una sólida base de gobierno corporativo puede contribuir en gran medida a garantizar el éxito y la sostenibilidad. Puede que no haya oído hablar de esto antes, pero es tan sencillo como establecer políticas, procedimientos y estructuras diseñadas para supervisar y gestionar su empresa de forma responsable. Contar con un buen consejo de administración y un acuerdo de accionistas también puede ayudar a garantizar el cumplimiento de todas las leyes pertinentes.

Además, unos controles internos sólidos pueden ayudar a detectar comportamientos poco éticos. Todo parece complicado, y puede serlo, pero eso no significa que esté destinado al fracaso si no lo hace todo correctamente desde el principio. Asegúrese de que es consciente de lo que hay que hacer de cara al futuro y de lo importante que es para su crecimiento futuro. Si te dejas asesorar ahora por profesionales cualificados, estarás mejor preparado para lo que venga cuando las cosas empiecen a crecer. Acuérdate de las pequeñas cosas cuando estés trabajando en tu nueva aventura empresarial. Cuidarlas hoy te preparará para el éxito mañana.

7.2 Elegir la estructura empresarial adecuada

Cuando se trata de montar un negocio, elegir la estructura perfecta es vital. Puede parecer una tarea fácil, pero lo cierto es que hay montones de opciones y factores que hay que tener en cuenta. Para empezar, hay que tener en cuenta las implicaciones fiscales, la protección de la responsabilidad civil, la flexibilidad operativa y el cumplimiento de la normativa. Esta sección se centrará en ayudarle a elegir un modelo de negocio óptimo que se adapte a sus necesidades y en explorar tablas comparativas de empresas.

Encontrar el marco empresarial adecuado lleva tiempo porque hay que analizar diversos factores, como los objetivos empresariales, los niveles de tolerancia al riesgo, los planes de crecimiento y los requisitos normativos. Desde empresas unipersonales y sociedades colectivas hasta sociedades anónimas y de responsabilidad limitada, cada tipo de entidad tiene sus propias normas de propiedad, gobernanza, fiscalidad y responsabilidad.

Sopesar los pros y los contras de cada entidad le ayudará a orientarse sobre qué es lo mejor para su empresa, es decir, ¿necesita simplicidad o flexibilidad operativa? ¿Protegen la responsabilidad civil? ¿Cómo tributan? Aunque esto pueda parecer desalentador, consultar a asesores jurídicos y financieros hará maravillas.

Una vez marcadas todas esas casillas, es hora de ponerse en marcha. Registrar su empresa ante las autoridades es una necesidad si quiere ser legal, así que no se lo salte. Después, asegúrate de obtener todos los permisos o licencias que necesites. Una vez completados estos pasos, es importante mantenerse al día con las estructuras de gobierno y los procedimientos de cumplimiento para mantener adecuadamente su entidad legalmente constituida.

Elegir la estructura adecuada puede ser a veces tan difícil como elegir qué ropa ponerse por la mañana. Pero déjame decirte que, una vez que encuentras una que se alinea perfectamente con tus objetivos, todo resulta más fácil a partir de ahí. Mediante una planificación estratégica basada en una cuidadosa reflexión, los empresarios pueden sortear las complejidades con confianza y sentar las bases de un crecimiento y una prosperidad sostenibles.

Empresarios individuales:

Una empresa unipersonal es una forma sencilla de tener una pequeña empresa. Es fácil de constituir y gestionar, por lo que no requiere demasiado esfuerzo por su parte. Otras personas pueden participar si lo desean, pero todas las decisiones dependen en última instancia del propietario. Sin embargo, la falta de separación entre los activos personales y los de la empresa significa que usted, como propietario, tiene una responsabilidad personal ilimitada por las deudas de su empresa.

Asociaciones:

Consiste en que dos o más personas se unen para explotar un único negocio. Hay dos tipos principales de sociedades: las sociedades colectivas y las sociedades comanditarias. Una sociedad colectiva significa que cualquier deuda u obligación recae por igual en todos los socios implicados, independientemente de sus aportaciones individuales. Una sociedad comanditaria se compone de socios colectivos que gestionan la empresa y socios comanditarios que aportan capital pero tienen una responsabilidad limitada por las deudas de la empresa.

Corporaciones:

Las sociedades anónimas son interesantes en comparación con otros tipos porque se consideran entidades jurídicas separadas de sus propietarios y accionistas. Esto permite a los accionistas acceder a una "protección de responsabilidad limitada". Esto significa que si las cosas se tuercen en su andadura empresarial, sus bienes personales no pueden ser reclamados por los prestamistas ni para pagar obligaciones por deudas o pleitos.

Sociedades de responsabilidad limitada (SRL):

Como ya se ha mencionado, las LLC ofrecen un equilibrio entre la protección de la responsabilidad limitada y la flexibilidad operativa. Suelen ser utilizadas por empresas de nueva creación o pequeñas empresas que pueden requerir un cuidado especial en esas dos áreas. Una gran ventaja es que las LLC ofrecen una "tributación indirecta", lo que significa que los beneficios y las pérdidas obtenidos por su empresa se transmiten a usted y se declaran en sus declaraciones fiscales. Esto puede ahorrar mucho dinero.

Consideraciones para elegir la entidad empresarial adecuada:

A la hora de decidir qué tipo de entidad elegir, hay que tener en cuenta la propiedad, la protección de la responsabilidad, la fiscalidad, la gobernanza y las necesidades operativas. Las empresas unipersonales y las sociedades colectivas pueden resultar atractivas por su sencillez y flexibilidad, pero tenga cuidado porque no protegen su patrimonio personal en caso de deudas. Las sociedades anónimas siempre protegerán su patrimonio personal de ser vendido si su empresa se endeuda o es demandada, pero a costa de una doble imposición fiscal. Las LLC ofrecen un equilibrio entre ambos lados de la mesa.

Al fin y al cabo, todas las decisiones deben basarse en lo grande o pequeña que vaya a ser su nueva empresa y en los objetivos que se haya marcado, tanto a corto como a largo plazo. Es esencial tomarse tiempo para evaluar los riesgos que conlleva cada estructura antes de hacer ningún movimiento rápido.

Cómo elegir la estructura empresarial adecuada a sus necesidades

Elegir la estructura empresarial adecuada es una decisión importante que afecta a los aspectos jurídicos, financieros y operativos de su empresa. Con diferentes opciones disponibles, cada una con sus ventajas y consideraciones, es esencial analizar sus necesidades y objetivos específicos a la hora de decidir cuál es la estructura más adecuada para su empresa.

Estos son algunos factores vitales a tener en cuenta a la hora de buscar la estructura empresarial adecuada:

Propiedad y control:

Piense en cuántos propietarios quiere para su empresa o si desea encontrar un socio. Las empresas unipersonales y las sociedades colectivas ofrecen a los propietarios pleno control sobre la toma de decisiones, al tiempo que mantienen las cosas sencillas y flexibles. Las sociedades anónimas y las LLC ofrecen una estructura más formal, con accionistas o socios que comparten la propiedad.

Protección de la responsabilidad civil:

Evalúe qué nivel de protección de responsabilidad necesita. Las empresas unipersonales y las sociedades colectivas exponen a los propietarios a una responsabilidad personal ilimitada por las deudas de la empresa. Las sociedades anónimas y las LLC ofrecen una protección limitada que, en la mayoría de los casos, protege el patrimonio de los propietarios.

Implicaciones fiscales:

Asegúrese de comprender las implicaciones fiscales de su estructura. Las empresas unipersonales y las sociedades colectivas pasan los beneficios directamente a la declaración de la renta personal, mientras que las sociedades anónimas tributan dos veces, a nivel de empresa y de accionista. Las SRL permiten al propietario elegir entre la tributación directa o la corporativa.

Flexibilidad operativa:

Piense en la flexibilidad que necesita para llevar a cabo sus operaciones sin problemas. Las sociedades colectivas tienen unos requisitos normativos mínimos y, al mismo tiempo, son sencillas. Las sociedades anónimas y las

LLC tienen más exigencias de gobierno, como reuniones anuales, mantenimiento de registros y cumplimiento de la normativa.

Crecimiento y financiación:

Considere de dónde procederá su financiación y sus planes de crecimiento. Las empresas que buscan financiación externa mediante la venta de acciones a inversores prefieren las sociedades anónimas. Las pequeñas empresas pueden encontrar atractivas las LLC debido a sus estructuras de gestión flexibles.

Cumplimiento de la normativa:

Comprenda todos los requisitos normativos que conllevan estas estructuras para asegurarse de que todo se hace correctamente. Las sociedades anónimas y las LLC tienen procedimientos de registro específicos de cada estado, como los estatutos de constitución u organización, mientras que las empresas unipersonales y las sociedades colectivas tienen menos, pero deben cumplir los requisitos fiscales y de concesión de licencias locales.

Objetivos a largo plazo:

Considere sus objetivos a largo plazo y su estrategia de salida. Asegúrese de que la estructura que elija esté en consonancia con todo lo que planea hacer, como crecer, planificar la sucesión, vender y salir a bolsa.

Asesoramiento profesional:

No dude en buscar ayuda profesional durante este proceso. Las diferentes estructuras son complejas, y ayuda recibir asesoramiento de alguien que sabe de lo que habla. Abogados, contables o asesores empresariales pueden aportar valiosas ideas y garantizar el cumplimiento de los requisitos legales y normativos.

Si tiene en cuenta estos factores y busca ayuda profesional cuando la necesite, tendrá más posibilidades de tomar una decisión informada que se ajuste a sus necesidades. La elección afectará significativamente a las operaciones, la fiscalidad, la responsabilidad y el potencial de crecimiento de su empresa. Tómese su tiempo para pensar en estas cosas antes de elegir un camino.

El proceso de constitución de una entidad jurídica empresarial

Hay pocas cosas más complejas que la jerga jurídica. Entender el proceso de constitución de una entidad empresarial legal puede ser alucinante. Siguiendo estos pasos y teniendo en cuenta los detalles clave, su empresa puede cumplir la normativa y pisar terreno firme.

Elegir el nombre comercial adecuado:

Una vez que sepas qué tipo de estructura empresarial quieres, es hora de darle a tu bebé un nombre impresionante. Asegúrate de que sea pegadizo y apropiado, pero asegúrate de que no lo utilice otra persona. Busca la normativa estatal para estar seguro.

Registre el nombre de la empresa:

Recuerde que el nombre debe ser memorable, reflejar la identidad de la marca y cumplir la normativa estatal. Rellene todos los documentos que le pida su administración estatal o local, para que sea real. Y no lo olvides: quieres este nombre para siempre, así que asegúrate de que no infrinja marcas registradas o derechos de autor existentes. Una vez elegido el nombre, aún queda mucho trabajo por hacer antes de empezar a imprimir logotipos en gorras y pegárselos a los clientes en la cabeza, pero no te preocupes, ese día llegará. El siguiente paso es registrar el nombre ante las autoridades gubernamentales que supervisan este tipo de cosas, lo que suele significar presentar un DBA o registro de nombre ficticio ante entidades gubernamentales locales o estatales.

Preparar y presentar los documentos de formación:

Justo cuando pensaba que lo peor ya había pasado, llegan más trámites. Rellene todos los formularios necesarios asociados a la estructura empresarial que haya elegido. La escritura de constitución de una sociedad anónima o la escritura de constitución de una sociedad de responsabilidad limitada exigen todo tipo de información básica sobre la nueva empresa, como el nombre, la dirección y los propietarios.

Obtenga los permisos y licencias necesarios:

Otra tarea necesaria es tramitar permisos y licencias. Los requisitos específicos dependen del lugar exacto que ocupe tu empresa dentro de estas categorías: tipo de industria (¿es un restaurante o un cultivador de microvegetales?), ubicación (¿está dentro o fuera de la ciudad?) y cómo piensas operar (¿necesitarás ingenieros en plantilla?). Averigua todo esto y empieza a presentar solicitudes.

Cumplir los requisitos fiscales:

Nadie se libra de evadir impuestos, salvo quizá las corporaciones multimillonarias chupasangres. Pero ese es un tema totalmente distinto. Asegúrate de que lo haces todo según las normas, porque nadie quiere enfrentarse a la ira del Tío Sam.

Establecer una estructura de gobierno:

Parece que ya hemos hecho un millón de cosas, pero créeme, hay muchas más por delante. Es el momento de establecer estructuras de gobierno para gestionar la empresa con la mayor eficacia posible. Los estatutos de las sociedades anónimas, los acuerdos de funcionamiento de las SRL o los acuerdos de asociación de las sociedades colectivas definirán los derechos, responsabilidades y procesos de toma de decisiones de cada uno.

Mantener el cumplimiento y la buena reputación:

Una vez constituida y establecida su empresa, es hora de pensar en su mantenimiento, lo cual suena aterrador, pero no podemos detenernos ahora. Para mantener su situación legal en buen estado, siga estos pasos: requisitos de presentación anual, pago de impuestos y renovación de permisos. Si te retrasas, verás cómo toda tu operación se va al garete con multas, sanciones o pérdida de privilegios.

Crear una empresa legal implica varios pasos y factores clave que debe tener en cuenta. Debe cumplir la ley y tener una base sólida para su empresa. Con apoyo profesional y una planificación cuidadosa, puede superar este proceso y crear una empresa que tenga éxito y esté en el lado correcto de la ley.

7.3 Registro y licencias

Las normativas y los requisitos de concesión de licencias impuestos por los gobiernos federal, estatal y local se aplican en distintos sectores. Estas licencias relativas a normas de salud y seguridad o reglamentos específicos de la industria son cruciales. Encontrará todo tipo de permisos que difieren entre sí en función de la ubicación o el tipo de actividades que se vayan a llevar a cabo. Si su empresa se dedica a la alimentación, necesitará permisos sanitarios y de manipulación de alimentos. Las empresas de construcción necesitan permisos de obra, así como medioambientales. El proceso de adquisición de estas licencias puede ser confuso, por lo que los empresarios deben llevar a cabo su propia investigación. Identificar qué licencia o permiso se aplica es esencial para evitar problemas legales y sanciones posteriores. Tras esta investigación, es posible que descubra que se necesita cierta documentación, como solicitudes o tasas, para la aprobación de la presentación. Dependiendo de la jurisdicción, algunos pueden obtenerse en línea a través de portales, mientras que otros requieren una visita en persona a oficinas gubernamentales o agencias reguladoras. Y sí, se exigen algunos requisitos previos antes de conceder la aprobación.

El registro no es cosa de una sola vez: requiere un trabajo continuo que podría prolongarse durante toda su carrera como empresario. Las renovaciones y actualizaciones deben hacerse periódicamente para garantizar el cumplimiento de la normativa. Dependiendo de dónde esté ubicada su empresa, esto puede implicar la actualización de información o el pago de tasas. Compruébelo todo dos veces, pida ayuda a profesionales cuando sea necesario y manténgase informado sobre los cambios normativos para mantener su negocio en plena forma.

Aspectos básicos del registro mercantil

Es el primer paso para poner en marcha su empresa, pero puede ser complicado. El registro de una empresa parece sencillo: formalizar la entidad, elegir un nombre y rellenar unos formularios. Pero hay muchas partes en movimiento. Y saber cuáles son es crucial para cualquiera que quiera hacer realidad sus sueños empresariales.

Elegir la estructura empresarial adecuada: No existe una fórmula única a la hora de elegir la estructura de su empresa. Sociedad unipersonal, sociedad colectiva, sociedad anónima... son las opciones más comunes, y cada una tiene sus propias implicaciones fiscales, de responsabilidad, de propiedad y de gobierno. Hay que estudiarlas detenidamente antes de tomar una decisión.

Elegir el nombre de la empresa: Una vez elegida la estructura, es hora de ponerle nombre. A menudo es más fácil decirlo que hacerlo: encontrar el equilibrio perfecto entre singularidad y adecuación puede resultar difícil. El nombre debe ser memorable, reflejar la identidad de la marca y cumplir la normativa estatal. Y no olvide que quiere un nombre para siempre, así que asegúrese de que no infringe marcas registradas o derechos de autor.

Registrar el nombre de la empresa: Ya ha elegido el nombre, pero aún le queda mucho trabajo por hacer antes de empezar a imprimir logotipos en gorras y ponérselos a los clientes en la cabeza, pero no se preocupe, ese día llegará. El siguiente paso es registrar el nombre ante las autoridades que supervisan este tipo de cosas, lo que suele significar presentar un DBA o registro de nombre ficticio ante las autoridades locales o estatales.

Cumplimentar el papeleo necesario: Ahora que su nueva empresa tiene un título oficial, debe rellenar todo tipo de documentos legales antes de que los reguladores le tomen en serio como propietario de un negocio; y antes de que pueda abrir esas cuentas comerciales. Lo que necesite exactamente dependerá de la estructura elegida y del lugar en el que opere. Los estatutos son necesarios para las sociedades anónimas, y los de las LLC, para las sociedades de responsabilidad limitada. Estos documentos incluyen detalles sobre la empresa, como su nombre, dirección y estructura de propiedad.

Obtener un número de identificación de empresa (EIN): Además de registrar su nombre y rellenar todo el papeleo, es posible que los empresarios también necesiten obtener un número de identificación patronal (EIN) del IRS. Este número es exclusivo de las empresas y se utiliza a efectos fiscales. Es necesario si su empresa tiene empleados o funciona como sociedad anónima o colectiva.

Registro de impuestos estatales y locales: No importa a qué tipo de negocio se dedique, en algún momento tendrá que pagar impuestos. Dependiendo de dónde esté ubicada su empresa y a qué se dedique precisamente, deberá registrarse para diferentes tipos de impuestos sobre ventas, ingresos y nóminas. Asegúrese de tener todo esto claro desde el principio, para no encontrarse en el lado equivocado del Tío Sam.

Licencias y permisos necesarios para diversos tipos de empresas

Independientemente del sector empresarial en el que trabaje o de lo grande que sea su empresa, siempre va a estar sujeta a normas estrictas que requieren atención jurídica. Una forma de asegurarse de que cumple estas normas es adquirir las licencias y permisos adecuados que le permitan desarrollar su actividad empresarial de forma segura. En esta sección cubriremos una amplia gama de estos tipos de licencias que se requieren en diversas industrias.

Certificaciones profesionales: Para ejercer profesionalmente en su sector, los abogados, médicos, contables, ingenieros y agentes inmobiliarios deben tener certificados profesionales. Estos certificados los expiden las juntas estatales de licencias o las agencias reguladoras. Los requisitos suelen incluir unos niveles mínimos de educación y formación en temas específicos durante un periodo de tiempo determinado.

Licencias comerciales: Independientemente del tipo de negocio que sean, la mayoría de las empresas necesitarán algún tipo de licencia o permiso comercial general para operar legalmente. Estas licencias las expiden las administraciones locales o los municipios en función de distintos factores, como la ubicación, el sector y el nivel de actividad. Regulan el comportamiento de las empresas en una zona y, de paso, generan ingresos para las administraciones locales.

Certificación sanitaria y de seguridad: Algunas empresas, como proveedores de servicios alimentarios, hospitales, clínicas, servicios de guardería y salones de belleza, y tiendas, necesitan permisos sanitarios. Obviamente, esto tiene sentido debido a la naturaleza de sus ofertas de productos. También ayudan a hacer cumplir las normas sanitarias.

Certificación medioambiental: Si su empresa produce algo tóxico, necesitará un certificado medioambiental. La mayoría de las pequeñas empresas no entran en esta categoría. Pero si produce residuos de un modo u otro, le conviene familiarizarse con la legislación local sobre emisiones para poder eliminar correctamente cualquier residuo perjudicial para el medio ambiente.

Licencias de alcohol y tabaco: No creo que a nadie le sorprenda saber que estas dos industrias tienen unos requisitos de licencia bastante estrictos... ¿Pero sabías que están reguladas por agencias estatales y federales? No es de extrañar que los nuevos propietarios de negocios relacionados con el alcohol tarden tanto en poner en marcha su negocio...

Certificaciones de obras y construcción: Si su negocio implica algún tipo de construcción, necesitará un permiso de obras. No importa si se trata de proyectos residenciales o comerciales: ambos requieren un permiso.

Certificación de transporte: Cualquier empresa que utiliza vehículos para servicios de transporte como taxis o Ubers tendrá que asegurarse de que sus conductores tienen las certificaciones adecuadas. La mejor parte de esto es que una vez que su conductor obtiene su certificación también se puede utilizar en cualquier otro lugar, van.

Certificaciones especializadas del sector: Algunas profesiones requieren ciertos tipos de formación para operar legalmente. Por ejemplo, un agente de seguros que trabaja con valores necesitará certificaciones diferentes a las de un abogado que trabaja para la comisión del juego. Asegúrese de saber qué tipo de licencia se aplica específicamente a usted. Como ya hemos dicho, hay muchas normas que las pequeñas empresas deben cumplir al abrir un negocio, pero tener las licencias adecuadas es, sin duda, lo primero de la lista. Si no está seguro de cómo obtener una, no hay nada malo en pedir ayuda a alguien que lo sepa, aunque le cueste más dinero de lo esperado.

7.4 Conocer y gestionar los impuestos

Una empresa no puede tener éxito sin conocer los impuestos. Son vitales para la situación monetaria de una empresa y afectan a todo, desde los beneficios hasta el cumplimiento de normativas estrictas. Cada estructura jurídica diferente tiene sus propias obligaciones y consideraciones. Independientemente de si su empresa es una sociedad unipersonal o una SRL, conocer las obligaciones de la estructura es clave para el cumplimiento y la gestión eficaz de las finanzas. Las distintas estructuras tienen tratamientos fiscales diferentes, como tipos impositivos incoherentes, opciones deducibles y requisitos de información. Al comprender qué tipo de implicaciones tiene la estructura empresarial que ha elegido, podrá tomar decisiones informadas para optimizar su posición.

Aparte de los impuestos sobre la renta y las nóminas, el impuesto sobre las ventas es el más común para las empresas. Se aplica a las ventas de productos y servicios, como su nombre indica, y normalmente se recauda para los gobiernos estatales o locales. Conocer sus obligaciones en materia de impuestos sobre las ventas, como los requisitos de nexo, es fundamental si quiere evitar sanciones. Otra consideración importante para las empresas es el impuesto sobre la renta, ya que afecta al flujo de caja y a la rentabilidad. Los ingresos netos que obtiene una entidad empresarial están sujetos al impuesto sobre la renta de las empresas, que luego pasa por las leyes federales, estatales y locales. Conocer las deducciones, créditos y requisitos de información ayudará a minimizar la responsabilidad en los beneficios después de impuestos. Los impuestos sobre la nómina incluyen diferentes impuestos deducidos de los salarios de los empleados junto con las contribuciones de los empleadores como la Seguridad Social o Medicare. Hacer un seguimiento de estos cálculos a tiempo y mantener las reclamaciones puede ahorrar toneladas de costes potenciales si se hace bien. Gestionar los impuestos con eficacia exige utilizar buenas prácticas contables y mantener siempre bien organizados los registros financieros. Los contables desempeñan un papel muy importante a la hora de ayudar a las empresas con su planificación, cumplimiento y presentación de informes cuando se trata únicamente de impuestos. También ayudan a los clientes examinando los datos financieros al preparar las declaraciones y dando consejos que reduzcan la responsabilidad. El software y los sistemas contables desempeñan un papel importante a la hora de hacer que los registros sean más precisos, los análisis financieros más exactos y los informes fiscales más fáciles de leer. Utilizar la tecnología en todo su potencial puede facilitar el proceso a todos los implicados, al tiempo que se cumplen las obligaciones.

Principales obligaciones fiscales de las distintas estructuras empresariales

Las distintas estructuras jurídicas conllevan distintas obligaciones y consideraciones fiscales para las empresas. Comprender estos requisitos es crucial para gestionar eficazmente los asuntos financieros de una empresa y garantizar su cumplimiento.

Empresa unipersonal: En esta estructura, el propietario y la empresa se consideran una sola entidad a efectos fiscales. Por lo tanto, el propietario declara los ingresos y gastos de la empresa en su declaración de la renta personal utilizando el Anexo C (Formulario 1040). Los propietarios únicos deben pagar impuestos de autoempleo, incluidos los impuestos de la

Seguridad Social y Medicare, basados en los ingresos netos del autoempleo. Deben realizar pagos estimados de impuestos a lo largo del año para cubrir las obligaciones fiscales sobre la renta y el trabajo por cuenta propia.

Sociedad colectiva: Las sociedades colectivas son entidades que canalizan los beneficios y las pérdidas a través de la declaración de la renta de cada socio. La sociedad no paga el impuesto sobre la renta; cada socio declara su parte de los ingresos o pérdidas de la sociedad en su declaración de la renta personal. Las sociedades colectivas deben presentar una declaración informativa anual (Formulario 1065) al IRS en la que figuren sus ingresos, deducciones y créditos. Las sociedades colectivas pueden tener obligaciones fiscales estatales y locales, dependiendo de la jurisdicción.

Sociedad de responsabilidad limitada (SRL): Las LLC ofrecen flexibilidad en cuanto a la fiscalidad: los propietarios pueden elegir entre ser tratadas como una entidad no considerada, una sociedad, una corporación S o una corporación C. Por defecto, las LLC unipersonales son tratadas como entidades no consideradas, por lo que el propietario incluye los ingresos y gastos en su declaración personal. Por defecto, las LLC de un solo miembro se tratan como entidades no consideradas, por lo que el propietario incluye los ingresos y gastos de la empresa en su declaración personal. Por otro lado, las LLC de varios miembros se consideran sociedades a efectos fiscales federales; los miembros declaran su parte de beneficios o pérdidas en declaraciones individuales. Las LLC también pueden tributar con arreglo a las normas de las corporaciones S o C si cumplen determinados requisitos.

Corporación S: Al igual que las sociedades colectivas, las corporaciones S son entidades de reparto que distribuyen los beneficios y las pérdidas empresariales entre los accionistas. Se debe presentar al IRS una declaración anual de la sociedad (Formulario 1120S) para declarar los ingresos, las deducciones y los créditos. Los accionistas pagan impuestos sobre su parte proporcional de los ingresos corporativos, independientemente de si se les distribuyen o no como dividendos. Las corporaciones S tienen ciertos requisitos de elegibilidad, como no tener más de 100 accionistas y ser propiedad de personas físicas, patrimonios o determinados fideicomisos.

Corporación C: Las corporaciones C son entidades legales separadas de sus propietarios y están sujetas al impuesto de sociedades sobre los beneficios. Se debe presentar anualmente una declaración de sociedades (Formulario 1120) para declarar esta información, junto con las deducciones y los créditos. Los accionistas también están sujetos a tributación cuando reciben dividendos de las sociedades C, lo que puede provocar una doble imposición de los beneficios empresariales. Estas estructuras ofrecen ventajas como tipos impositivos más bajos sobre los beneficios no distribuidos y la posibilidad de reunir capital mediante la venta de acciones.

Los empresarios deben conocer las obligaciones fiscales de las distintas estructuras empresariales. Conocer los entresijos de estas obligaciones es fundamental, porque le ayuda a saber cómo navegar por el panorama fiscal con eficacia. Ya se trate de una empresa unipersonal, una sociedad colectiva, una LLC, una corporación S o una corporación C, su empresa debe cumplir la ley y las normativas fiscales pertinentes. El objetivo es garantizar que su empresa declare sus impuestos con exactitud y mitigue sus responsabilidades en la medida de lo posible. Puede salir airoso de todo esto trabajando con profesionales fiscales cualificados que le darán el asesoramiento adecuado a la vez que se mantienen actualizados sobre cualquier novedad fiscal.

Consideraciones sobre el impuesto sobre las ventas, el impuesto sobre la renta y el impuesto sobre la nómina

Navegar por el panorama fiscal es crucial para mantener las finanzas bajo control, pero puede ser un laberinto. Los entresijos de consideraciones fiscales como las ventas, los ingresos y las nóminas recaen sobre ti para garantizar que tu empresa cumpla la ley. En esta sección, desglosaremos estas consideraciones fiscales y compartiremos consejos sobre cómo navegar con éxito a través de ellas.

Consideraciones sobre el impuesto sobre las ventas: El impuesto sobre el consumo puede sonar como algo que su empresa no necesita, pero entender los bienes o servicios sujetos a impuestos es esencial para todas las empresas. Averiguar a quién o a qué tiene que pagar el impuesto sobre las ventas es un reto, con múltiples normas que imponen diferentes impuestos a nivel estatal, local o municipal. Conocer las conexiones entre estas jurisdicciones y qué tipo de transacciones están exentas de impuestos le mantendrá en línea con la ley.

Consideraciones sobre el impuesto sobre la renta: Además de afectar al flujo de caja, que también es esencial, los ingresos se ven afectados por otra consideración importante: el impuesto sobre la renta. Tienes que preocuparte de las leyes federales, estatales y locales, además de pagarte a ti mismo el dinero suficiente. Los tratamientos varían en función de si eres un empresario individual, una sociedad, una corporación o una LLC, por lo que informar con exactitud se convierte en algo esencial. Pagar a tiempo cualquier cantidad adeudada evitará que aumenten las sanciones.

Consideraciones sobre el impuesto de nóminas: Como si los costes de los empleados no fueran ya suficientes, el impuesto sobre nóminas añade aún más a la factura. Esto incluye la Seguridad Social, Medicare, Fed, y los impuestos estatales retenidos de su cheque de pago y las contribuciones de desempleo realizadas por los empleadores. Estos deben ser pagados regularmente en cantidades responsables, dependiendo de la situación de cada empleado.

Contabilidad fiscal: La gestión de los impuestos requiere prácticas contables de primera línea, ya que la ley exige registros precisos en torno a los créditos de deducción de ingresos. Para hacer un seguimiento de todas estas cifras y normas, las empresas deben mantener todo, desde los balances hasta los estados de flujo de caja, y cualquier otra cosa que pueda contabilizarse. Una vez más, el uso de software de contabilidad mitigará el dolor de cabeza que suponen los impuestos y acelerará el proceso de auditoría.

Estrategias de planificación fiscal: Por el lado bueno, hay formas de reducir legalmente tus impuestos. Dado que las deducciones y los créditos se conceden con moderación, conviene utilizarlos en la medida de lo posible. La sincronización de ingresos y gastos puede ser una forma inteligente de optimizar sus finanzas y estructurar las transacciones comerciales de manera eficiente. Podría seguir hablando de esto, pero sólo diré una cosa: piensa constantemente en evitar legalmente pagar más de lo necesario. Puede gestionar sus obligaciones de forma eficaz, optimizar sus posiciones y alcanzar sus objetivos teniendo en cuenta las implicaciones del impuesto sobre las ventas, el impuesto sobre la renta y el impuesto sobre nóminas (y aplicando estrategias de planificación eficaces). La comunicación periódica con profesionales de la fiscalidad puede ayudarle a cumplir las leyes y, al mismo tiempo, maximizar las oportunidades de ahorrar dinero.

El papel de la contabilidad en la gestión de los impuestos

Una de las principales funciones de la contabilidad en la gestión de los impuestos es mantener registros financieros precisos. Los contables hacen un seguimiento de los ingresos, gastos, activos y pasivos utilizando programas y sistemas de contabilidad. Estos sirven de base para calcular los ingresos imponibles, preparar las declaraciones de impuestos y garantizar el cumplimiento de las leyes y normativas fiscales. Al mantener registros precisos, las empresas pueden informar de sus actividades con exactitud. Esto minimiza el riesgo de errores o discrepancias que podrían dar lugar a auditorías o sanciones.

Los profesionales de la contabilidad también desempeñan un papel esencial en la creación de estrategias para reducir las obligaciones y maximizar los beneficios. Analizan los datos financieros y evalúan su efecto en los impuestos. A continuación, buscan oportunidades para ahorrar en impuestos. Algunas estrategias habituales son el aplazamiento de ingresos, la maximización de créditos y deducciones, la reestructuración de transacciones o la búsqueda de exenciones e incentivos. Una planificación proactiva le ayudará a optimizar sus ventajas fiscales al tiempo que minimiza su deuda.

Una de las principales responsabilidades de los contables es asegurarse de que las empresas cumplen todas las leyes fiscales. Se mantienen al día de cualquier cambio en los plazos y requisitos de presentación. Los profesionales preparan expedientes para varios tipos de impuestos: sobre la renta, sobre las ventas, sobre las nóminas, sobre actividades económicas, dependiendo de lo que haga su empresa o de la ayuda que necesite. Como todo el mundo sabe por experiencia personal, cuando se trata con los gobiernos, hay una alta probabilidad de que algo salga mal, lo que puede dar lugar a auditorías, y luego multas y sanciones; pero no si estábamos preparados para ello. Al responder a avisos y facturas, los contables saben exactamente lo que se espera de ellos porque ya han pasado por ello antes, lo que les ayuda a mitigar posibles sanciones.

Los profesionales también generan cuentas de resultados, balances y estados de flujo de caja, que aportan más información sobre el funcionamiento de la empresa. Al identificar tendencias y patrones, los contables pueden ayudar a decidir mejor qué hay que hacer a continuación para optimizar los impuestos o mejorar las estrategias existentes. Las previsiones y proyecciones son otras dos cosas que hacen para ayudar a las empresas a tomar decisiones informadas sobre planificación fiscal y estrategia.

Los profesionales de la contabilidad siempre ofrecen apoyo y orientación en la gestión de leyes y normativas complejas. Normalmente, estos profesionales representan a las empresas cuando se comunican con las autoridades. Las consultas, negociaciones y disputas entran dentro de su ámbito de actuación. La contabilidad desempeña un papel importante en la gestión de los impuestos de las empresas, así que hay que prestarle atención.

7.5 Legislación y reglamentación laboral

Cuando se trata de dirigir una empresa, es vital cumplir la legislación laboral. Los empresarios deben cumplir muchos requisitos legales que dictan cómo debe gestionarse la relación empresa-empleado. El cumplimiento de estas normas, desde la contratación hasta la retribución y las prestaciones, ayuda a las empresas a evitar riesgos legales y a tratar a los empleados con equidad. La contratación de trabajadores presenta muchas zonas grises. Los empresarios deben tener en cuenta las leyes contra la discriminación, la comprobación de antecedentes y los requisitos de inmigración a la hora de contratar a nuevas personas. No hacerlo puede poner a los empleados en apuros, con acusaciones de discriminación o prácticas desleales. Entender estas normas es vital para captar a los mejores empleados sin meterse en problemas legales. Las empresas también deben proporcionar a sus trabajadores determinadas prestaciones, como seguro médico, planes de jubilación y días de baja por enfermedad. Al diseñar estos paquetes de prestaciones, los empresarios deben tener una idea de lo que exigen programas como ACA y ERISA. Deben respetarse los niveles salariales mínimos y las leyes de pago de horas extraordinarias.

Los contratos y manuales de los empleados son también documentos esenciales con importantes implicaciones jurídicas. En ellos se describen los derechos, responsabilidades y expectativas de ambas partes implicadas en las relaciones laborales. Las empresas deben asegurarse de que redactan contratos férreos que puedan resistir ante los tribunales, al tiempo que protegen a la empresa de posibles litigios.

La legislación laboral puede ser compleja de entender, pero no hacerlo puede acarrear importantes multas o demandas contra empresas, grandes o pequeñas. Las empresas pueden mitigar con éxito estos riesgos tratando bien a sus empleados mediante prácticas de contratación justas y una comunicación honesta sobre la remuneración, las prestaciones, los requisitos y las obligaciones. En las secciones siguientes, examinaremos con más detalle diversos aspectos de la legislación laboral, para que sepa a qué se enfrenta.

Contratación de empleados y cumplimiento de la legislación laboral

La contratación de nuevos empleados es crucial para crear un equipo cualificado y productivo, pero puede ser un campo de minas legal. Las leyes federales, estatales y locales garantizan que los solicitantes de empleo reciban un trato justo durante la contratación, especialmente en lo que respecta a la discriminación. Los empresarios no pueden tomar decisiones basadas en la raza, el color, la religión, el sexo, la nacionalidad, la edad, la discapacidad o la información genética. Leyes como el Título VII de la Ley de Derechos Civiles y la Ley de Discriminación por Edad en el Empleo (ADEA) exigen a los empresarios que se centren en los méritos a la hora de contratar. Siga estas normas para evitar acabar con costosas demandas y daños a su reputación.

Los empresarios suelen recurrir a la comprobación de antecedentes para conocer mejor a los candidatos antes de hacerles una oferta. Pero también hay normas estrictas al respecto. Antes de empezar a indagar en el pasado de alguien, hay que obtener su consentimiento y seguir procedimientos específicos para proteger sus derechos en caso de que salga a la luz alguna información negativa. También hay que cumplir las leyes de inmigración al contratar trabajadores. Toda persona necesita la documentación adecuada que acredite que está autorizada a trabajar en Estados Unidos. Los empresarios deben verificar a cada solicitante mediante el formulario I-9 y conservar otros documentos de cada empleado. No hacerlo puede acarrear fuertes multas y sanciones.

Las leyes sobre salarios y horarios varían de un estado a otro, pero hay algo que no varía: debe pagar adecuadamente a sus empleados. Los salarios mínimos y los requisitos de pago de horas extraordinarias pueden cambiar en función de la ubicación de su empresa, pero siempre existirán. Los empresarios deben clasificar correctamente a los empleados como exentos o no exentos del pago de horas extraordinarias y cumplir la normativa sobre trabajo infantil. La privacidad es otro factor importante a la hora de considerar nuevas contrataciones. Toda la información sensible recopilada durante el proceso debe almacenarse de forma segura y utilizarse únicamente con fines legítimos. Las leyes de notificación de violación de datos varían significativamente de un estado a otro, así que asegúrese de que su operación cumple toda la legislación pertinente. No deje que ninguno de estos requisitos legales le disuada de contratar a un amplio abanico de personas. Si respeta las normas y mantiene un funcionamiento justo, transparente e inclusivo, podrá atraer y retener rápidamente a los mejores talentos.

Comprender las prestaciones, el salario mínimo y las normas sobre horas extraordinarias

Prestaciones: Los beneficios son imprescindibles. Ayudan a las empresas a atraer y retener talento, sobre todo del bueno. Estos paquetes suelen incluir cosas como seguro médico, planes de jubilación, tiempo libre remunerado y otras ventajas adicionales destinadas a dar a los empleados un pequeño incentivo extra para quedarse. Todos salimos ganando.

Seguro médico: Las empresas pueden ofrecer cobertura a través de un plan de seguro médico. La Ley de Asistencia Asequible (Affordable Care Act, ACA) exige el cumplimiento de una serie de requisitos específicos. En ella se establece que los empleadores deben ofrecer cobertura a los empleados que reúnan los requisitos y a sus dependientes, proporcionar las prestaciones necesarias y disponer de opciones asequibles para los trabajadores y sus familias, todo ello siguiendo el protocolo correcto en cada paso del proceso.

Planes de jubilación: Patrocinar planes de jubilación es otra opción. Los planes 401(K) son habituales para este fin porque ayudan a los empleados a ahorrar para la jubilación sin dañar sus carteras desde el principio. Pero, al igual que ocurre con los seguros médicos, hay normas que deben cumplirse para que los participantes en el plan estén contentos y protegidos por la ley.

Tiempo libre remunerado: A los empleados les encantará que les deje tomarse un día libre de vez en cuando, por supuesto, con paga. El PTO (tiempo libre remunerado) es una prestación excelente que puede cubrir las bajas por enfermedad o las vacaciones. Aunque no hay muchas leyes federales sobre el PTO, algunos estados sí tienen mandatos sobre cuánto tiempo libre se debe dar a los trabajadores.

Salario mínimo: La cantidad mínima que los empresarios están legalmente autorizados a pagar a un empleado por hora se denomina salario mínimo. La tasa varía en función de múltiples factores, como la ubicación y el tipo de industria, pero esta cifra no puede ignorarse ni rechazarse; de lo contrario, podrías encontrarte con graves consecuencias legales.

Normas sobre horas extraordinarias: Si tu empleado trabaja más de lo que se consideraría una semana laboral estándar, tiene derecho al pago de horas extraordinarias, que es esencialmente una compensación adicional. Las tarifas de las horas extraordinarias también varían según el estado, así que asegúrate de conocer bien la normativa que se aplica en el lugar donde está ubicada tu empresa.

Creación de contratos y manuales para empleados

Contratos de trabajo: Los contratos de trabajo son acuerdos vinculantes entre empresarios y trabajadores en los que se detallan las condiciones de empleo. En ellos se describen los derechos, responsabilidades y expectativas de ambas partes, para evitar malentendidos o disputas en el lugar de trabajo. Al redactarlos, los empresarios deben tener en cuenta:

Funciones: Exponga detalladamente las funciones y responsabilidades del empleado. Esto incluye sus tareas, proyectos y métricas de rendimiento.

Retribución: Especifique los detalles de la remuneración, como el salario, las bonificaciones, los sueldos y las prestaciones. No olvide incluir las condiciones de pago y el derecho a las prestaciones.

Duración: Indique la duración de la relación laboral. Indique si se trata de un empleo a voluntad o de duración determinada. Incluye los periodos de prueba y las condiciones de rescisión.

Confidencialidad: Añade disposiciones que protejan la información sensible de tu empresa.

No competencia: Considere la posibilidad de añadir cláusulas que impidan a los exempleados participar en actividades competitivas tras la rescisión.

Manuales del empleado Los manuales **del empleado** proporcionan guías completas para todo lo que un empleado pueda necesitar durante su tiempo con usted. Abarcan la conducta en el lugar de trabajo, desde las políticas de permisos hasta los procedimientos disciplinarios, todo lo esencial. A continuación le indicamos los aspectos que debe tener en cuenta a la hora de crear uno:

Políticas y procedimientos: Detallar políticas claras sobre asistencia, código de vestimenta y puntualidad. Asegúrese de que estos procedimientos son coherentes y cumplen las leyes y normativas.

Políticas contra la discriminación: Crear directrices que prohíban el acoso o la discriminación por características protegidas, como la raza o el sexo, en el lugar de trabajo.

Política de permisos: Indique cómo funcionan las vacaciones y los días de baja por enfermedad o festivos.

7.6 Contratos y acuerdos jurídicos

La columna vertebral de una empresa se basa en contratos y acuerdos legales. Rigen las relaciones, protegen los activos y garantizan el cumplimiento de la ley. Los contratos ayudan a formalizar los acuerdos entre empresas, clientes, socios y proveedores. Es crucial redactar estos contratos con eficacia, siendo claros en cuanto al alcance, los resultados, las condiciones de pago y los mecanismos de resolución de conflictos. La negociación de contratos requiere una comunicación estratégica y la comprensión de los intereses de cada parte, para que pueda ser mutuamente beneficiosa.

Las empresas deben proteger sus derechos de PI para evitar el uso no autorizado de innovaciones o marcas. Los distintos mecanismos jurídicos, como las patentes, las marcas y los derechos de autor, ofrecen diferentes formas de protección para los distintos tipos de propiedad intelectual. Los acuerdos de confidencialidad, también conocidos como acuerdos de no divulgación (NDA), desempeñan un papel fundamental en la protección de la información sensible compartida durante las negociaciones o colaboraciones empresariales. Restringen el acceso a información confidencial que podría poner en peligro su empresa si cayera en las manos equivocadas.

A lo largo de esta sección profundizaremos en estos temas proporcionando ideas y las mejores prácticas para navegar por las complejidades de la redacción de contratos en el contexto de su negocio. Comprender cómo redactar correctamente un contrato ayuda a mitigar los riesgos, a la vez que protege los activos de su empresa y fomenta el éxito de las relaciones en un mercado en constante evolución.

Redacción y negociación de contratos comerciales

Comprender el alcance y los objetivos: Antes de iniciar el proceso contractual, un paso importante es comprender el alcance y los objetivos del acuerdo. Esto implica identificar los derechos, obligaciones y expectativas de cada una de las partes implicadas y definir por qué se hace el trato en primer lugar, junto con lo que ambas partes quieren obtener de él. Teniendo esto en cuenta de antemano, las partes pueden personalizar contratos que se ajusten exactamente a sus necesidades.

Identificar los términos y condiciones clave: El siguiente paso en la creación de acuerdos comerciales es determinar qué términos se establecen y quién regirá este acuerdo. La mejor manera de hacerlo es definiendo el trabajo o los servicios prestados en ambos extremos, especificando los entregables, esbozando los detalles de pago y, a continuación, estableciendo plazos e hitos. Pueden incluirse disposiciones relativas a garantías, indemnizaciones, limitaciones y cláusulas de rescisión.

Adaptar los contratos para reducir riesgos: Al redactar los contratos empresariales, se tienen en cuenta los riesgos potenciales que pueden surgir durante este acuerdo para poder mitigarlos. Esto significa revisar todos los riesgos legales y empresariales que acompañan a esta transacción, como el cumplimiento de la normativa, los derechos de propiedad intelectual, las obligaciones de confidencialidad y las responsabilidades financieras. Una vez examinados todos ellos, es el momento de desarrollar estrategias y disposiciones que puedan incluirse para proteger los intereses y limitar la exposición a responsabilidades y disputas.

Negociar las condiciones y llegar a un acuerdo: Tras redactar inicialmente un borrador de este contrato, ambas partes deben negociar sus términos y condiciones hasta llegar a un acuerdo. Este proceso implicará un tipo de negociación de toma y daca en el que cada parte defiende su punto de vista pero hace todo lo posible por encontrar un terreno común. Aquí es donde entran en juego la comunicación activa, el compromiso efectivo y la flexibilidad, para ayudar a abordar las preocupaciones y llegar a un consenso sobre cuestiones críticas. Participar y colaborar con la otra parte durante este paso puede ser crucial para lograr resultados favorables.

Finalización y ejecución del contrato: Después de que ambas partes hayan acordado los términos y condiciones finales, es el momento de finalizar todo mediante la ejecución del contrato. Para ello, las partes deben revisar el contrato que se ha redactado y asegurarse de que todos los términos están establecidos y acordados por ambas partes. Una vez que todo esté correcto, ambas partes firman el documento, vinculándose oficialmente a las obligaciones descritas en su acuerdo. Es aconsejable que las empresas implicadas en este acuerdo guarden copias de todos los contratos firmados para asegurarse de que cumplen los requisitos legales.

Protección de los derechos de propiedad intelectual

Los derechos de propiedad intelectual (PI) son preciosos para las empresas; incluyen las creaciones de inventores, artistas y diseñadores. Esto incluye inventos, obras de arte, diseños, identificación de marcas como logotipos o símbolos, nombres de empresas o productos e imágenes comerciales. Es necesario protegerlos para evitar que otros los roben o copien, ya que esto puede vulnerar su ventaja competitiva en el mercado. Una protección adecuada de la PI es esencial para que florezcan la innovación y la creatividad. Existen varias alternativas legales a disposición de los empresarios que deseen proteger su tipo específico de creación.

Una patente se concede a un inventor si crea una nueva invención que ofrece una solución original que resultaría oscura tras analizar trabajos anteriores. Este derecho exclusivo impide que otros se beneficien de su invención sin permiso. Normalmente, este tipo de protecciones duran unos 20 años después de que usted haya presentado su solicitud. Para obtener una patente, debe presentar la información pertinente sobre su invención en la oficina de patentes correspondiente.

Las marcas ayudan a los clientes a distinguir los productos y servicios de diferentes empresas mediante el uso de signos o frases que son marcas distintivas legalmente reconocidas. Una vez adquirida, le otorga derechos exclusivos sobre esa marca para los productos y servicios específicamente enumerados en su solicitud. La protección de la marca garantiza que los competidores no puedan utilizar marcas similares, que podrían confundir a los clientes y hacerles comprar productos de imitación pensando que son suyos.

Los derechos de autor protegen las obras originales de los autores, incluidas la literatura, la música, el arte, etc., si se han expresado en algún medio tangible como la palabra escrita o la grabación de vídeo. Los titulares de los derechos de autor tienen derechos exclusivos para reproducir, distribuir, exhibir y ejecutar públicamente la obra de la forma que deseen, dentro de lo razonable, durante un tiempo limitado, que suele durar hasta la muerte más 70 años adicionales antes de que pase al dominio público, donde cualquiera puede utilizarla libremente.

Los secretos comerciales no abarcan las ideas creativas; en cambio, la información patentada y confidencial es mantenida en secreto por unas pocas personas dentro de una empresa que necesitan conocerla para tener una ventaja competitiva frente a otras empresas que trabajan en el mismo sector y que no conocen esta información. Proteger los secretos comerciales es tan sencillo como mantenerlos en secreto y asegurarse de contar con protecciones que impidan que personas no autorizadas obtengan esta información clasificada.

La protección de la propiedad intelectual es una estrategia crucial para que las empresas conserven el valor de sus ideas y su identidad de marca única. Conociendo las opciones de que disponen y aplicando estrategias desde el principio, los empresarios pueden asegurarse de que sus innovaciones sigan siendo exclusivas, lo que maximizará sus beneficios a largo plazo.

7.7 Cumplimiento de la normativa en su sector

En esta sección analizaremos el cumplimiento de la normativa en su sector. Seguir estas prácticas es esencial para el éxito de las empresas. Existen normativas específicas de cada sector en diversos ámbitos, como la seguridad de los productos y la protección del medio ambiente. Una vez comprendidas todas ellas, podemos establecer protocolos de cumplimiento que mitiguen los riesgos potenciales. Los controles continuos del cumplimiento son cruciales. Hay que asegurarse constantemente de que todo va según lo previsto. Es esencial realizar auditorías periódicas de cumplimiento y establecer sistemas de control sólidos. Si una empresa necesita actualizarse con los últimos requisitos legales, ya se está quedando rezagada con respecto a sus competidores. Las empresas deben buscar la ayuda de expertos jurídicos y en cumplimiento normativo a la hora de abordar las normativas y evaluar cualquier laguna en su modelo de negocio. Sanciones legales, multas, daños a la reputación, interrupciones del negocio y pérdidas financieras son algunas de las consecuencias que aguardan a quienes descuidan el cumplimiento de la normativa.

Identificación de la normativa específica del sector

En el mundo de los negocios hay muchas partes móviles. No se puede hacer un seguimiento de todas ellas. Por eso tenemos reglamentos que dictan qué normas deben cumplir las empresas en sus respectivos sectores. Estas normas las establecen diversas entidades, agencias gubernamentales, asociaciones industriales y organismos internacionales. Garantizan que todo se desarrolle de forma segura, justa e íntegra.

La normativa de cada sector varía en función de su objeto. Por ejemplo, el sector sanitario cuenta con la HIPAA para regular la privacidad de los pacientes, mientras que la FDA supervisa la seguridad de los medicamentos. En los servicios financieros, la Ley Dodd-Frank de Reforma de Wall Street mantiene bajo control a las instituciones financieras y pretende evitar otra crisis. Para encontrar estas normativas, las empresas tienen que dedicar tiempo a investigar y analizar cada una de las leyes que les afectan directamente. Deben examinar las leyes federales y las leyes estatales y locales. Si quieren estar al día con el resto del mundo, puede que necesiten investigar el comercio internacional.

Una vez que encuentre esas normativas, probablemente necesitará entender cómo funcionan con las operaciones de su empresa. Al diseccionar los requisitos normativos, incluidos los plazos, las obligaciones de información y los mecanismos de aplicación, cualquier empresario se da cuenta de cuándo las cosas van mal. Estas normativas están ahí para que todo el mundo sepa inmediatamente qué hacer tras echarles un vistazo. No se puede esperar que nadie las entienda de memoria, y mucho menos que recuerde cuáles se han modificado recientemente. Identificar las normas es un paso para utilizarlas en la práctica, así que mantente informado sobre las actualizaciones o cambios que se vayan produciendo.

Cuando las empresas saben cómo actuar legal y éticamente en sus respectivos sectores, todos ganan a largo plazo. Empiece por comprender cuál es su situación desde el punto de vista normativo y, a continuación, cree estrategias de cumplimiento y la confianza de las partes interesadas a lo largo del tiempo.

Estrategias para mantener el cumplimiento en curso

Mantener el cumplimiento continuo de la normativa específica del sector es una tarea dinámica y polifacética que requiere una planificación proactiva, sistemas sólidos y una supervisión continua. Las auditorías periódicas de cumplimiento son fundamentales para evaluar la adhesión de la organización a las normas reglamentarias e identificar cualquier área de incumplimiento. Estas auditorías implican una revisión sistemática de las políticas, procedimientos y prácticas internas en relación con los requisitos normativos, lo que permite a las empresas abordar rápidamente las deficiencias y aplicar medidas correctoras.

La implantación de sistemas sólidos de supervisión del cumplimiento permite a las empresas hacer un seguimiento de los cambios normativos, supervisar las actividades de cumplimiento e identificar los riesgos de cumplimiento emergentes. Las organizaciones pueden agilizar los procesos de supervisión del cumplimiento aprovechando la tecnología y las herramientas de automatización, que proporcionan alertas en tiempo real sobre la evolución de la normativa y abordan de forma proactiva las lagunas en el cumplimiento. Educar a los empleados sobre las normativas específicas del sector y los requisitos de cumplimiento es esencial para fomentar una cultura de cumplimiento dentro de la organización. Los programas de formación y las iniciativas de concienciación deben adaptarse a las funciones y responsabilidades de los empleados, garantizando que comprendan sus obligaciones y las consecuencias del incumplimiento. Las empresas pueden reforzar sus esfuerzos de cumplimiento y minimizar los incidentes relacionados con el cumplimiento dotando a los empleados de los conocimientos y recursos necesarios para adherirse a las normas reglamentarias.

Recurrir a la orientación de expertos jurídicos y en materia de cumplimiento normativo puede aportar información muy valiosa para interpretar normativas complejas, evaluar los riesgos de cumplimiento y desarrollar estrategias de cumplimiento eficaces. El asesoramiento jurídico puede ayudar a las empresas a cumplir los requisitos normativos, mitigar los riesgos y garantizar que las medidas de cumplimiento se ajustan a las obligaciones legales y a las mejores prácticas del sector. El establecimiento de controles y procedimientos internos garantiza que los esfuerzos de cumplimiento se integren en las operaciones cotidianas. Esto incluye la documentación de las políticas de cumplimiento, la definición de funciones y responsabilidades, y la aplicación de controles y equilibrios para prevenir y detectar el incumplimiento. Al formalizar los procesos y procedimientos de cumplimiento, las empresas pueden aumentar la transparencia, la responsabilidad y la eficacia en la gestión de los riesgos de cumplimiento. Mantenerse al corriente de la evolución de la normativa y de las nuevas tendencias en materia de cumplimiento es fundamental para mantener el cumplimiento en curso. Las empresas deben hacer un seguimiento activo de los cambios normativos, las normas del sector y las prioridades de aplicación, y adaptar sus estrategias de cumplimiento en consecuencia.

Consecuencias del incumplimiento

El incumplimiento de las normas en cualquier tipo de empresa puede ser un problema grave. Los problemas que se derivan de ello pueden ir desde asuntos legales hasta pérdidas financieras, daños a la reputación y trastornos operativos. Para que las empresas comprendan siquiera a qué deben dar prioridad, es necesario entender estas consecuencias. No hacerlo hará que sus beneficios desaparezcan, llevándose consigo la estabilidad de su empresa.

El incumplimiento también es malo para las empresas en otros aspectos. Los clientes no confiarán en usted si no se esfuerza lo suficiente para ganarse su confianza, los inversores no querrán tener nada que ver con usted si perciben siquiera un tufillo de mala gestión empresarial o falta de honradez, y los socios comerciales le soltarán la mano como una patata caliente. Los retrasos en la producción debidos a infracciones normativas pueden llevar a los clientes a buscar suministros en otra parte, lo que significa una pérdida de oportunidades de mercado para usted. Si se están llevando a cabo investigaciones o procedimientos contra su empresa, su atención, tiempo y dinero estarán ocupados en este proceso en lugar de en cuestiones empresariales más importantes. También puede haber costes indirectos, como los gastos de litigio o los esfuerzos para remediar el cumplimiento de la normativa, y podría imponerse a la empresa un aumento de las primas de las pólizas de seguros. Es demasiado fácil para las empresas contemplar la normativa con una actitud de "eso no me va a pasar a mí". Pero una vez que comprenden todos los riesgos que conlleva su incumplimiento, no hay razón para que no le den prioridad.

7.8 Legislación sobre protección de datos y privacidad

En el mundo actual, los datos son vitales para el éxito de una empresa. Para muchos, son el alma de sus operaciones y procesos de toma de decisiones. El aumento de la dependencia conlleva un riesgo inherente. Cuanto más dependemos de los datos para todo, desde almacenar información hasta realizar ventas, más susceptibles son las empresas de sufrir infracciones y ataques.

Todas las empresas recopilan información sensible, por lo que es necesario proteger esos datos a toda costa. Por eso existe una normativa sobre seguridad y privacidad de los datos. Estos marcos legales están diseñados para evitar el acceso no deseado o la divulgación de datos y la usurpación de identidad. Cumplir estas leyes garantiza la confianza entre empresas, clientes y partes interesadas.

La normativa más destacada es el Reglamento General de Protección de Datos (RGPD) establecido por la Unión Europea (UE). El GDPR exige un cumplimiento estricto por parte de cualquier empresa que recopile o procese información personal. Los requisitos de consentimiento y las notificaciones de infracción responsabilizan a las empresas al tiempo que protegen los datos personales de los residentes en la UE.

Existe otra normativa específica para los proveedores de asistencia sanitaria: La Ley de Portabilidad y Responsabilidad del Seguro Médico (HIPAA). Esta ley se implantó específicamente para proteger la información sanitaria de las personas mediante la imposición de normas de manipulación de la PHI, exigiendo determinadas cosas a los proveedores de atención sanitaria.

Dependiendo de su sector o ubicación, pueden aplicarse otras muchas leyes, como la Ley de Privacidad del Consumidor de California (CCPA), que otorga a los consumidores derechos sobre su información personal, como el de optar por no venderla.

Garantizar que su empresa cumple todas las directrices establecidas en estas leyes puede llevar tiempo y esfuerzo. La mejor manera de llevar a cabo este proceso es elaborar políticas que se adapten a sus necesidades y cumplan al mismo tiempo los requisitos normativos. Explicar cómo se manejan los datos puede facilitar el cumplimiento por parte de los empleados y contribuir a tejer una cultura basada en las buenas prácticas. Además, el desarrollo de programas de formación garantizará que todos sepan cómo cumplir la normativa y qué hacer en caso de infracción. Y lo que es más importante, este compromiso con la protección de datos demostrará a las partes interesadas que usted se preocupa por ellas.

La importancia de la normativa sobre seguridad y privacidad de los datos

Las normas de seguridad y privacidad de los datos son fundamentales en un mundo en el que todos los aspectos de la actividad empresarial se desarrollan en línea. Estas normas son la base para proteger la información sensible de accesos no autorizados o usos indebidos. La normativa sobre seguridad y privacidad de los datos salvaguarda el derecho a la intimidad de las personas y garantiza la confidencialidad de sus datos personales. Estas normas desempeñan un papel fundamental en la creación de confianza entre clientes, partes interesadas y socios. Al establecer normas claras para la protección de datos, las personas pueden confiar en que su información personal será tratada de forma responsable por las organizaciones. La confianza lo es todo cuando se trata de su reputación entre el público. Si la gente cree que usted es responsable con su información, confiará en que también lo es en otros ámbitos.

La transparencia también es clave en esta normativa. Las empresas deben ser honestas sobre cómo utilizan los datos personales y obtener el consentimiento de las personas antes de utilizarlos. La transparencia permite la rendición de cuentas, lo cual es estupendo porque da a las personas el control sobre su propia información y refuerza aún más el derecho a la intimidad. Cumplir toda la normativa también ayudará a proteger su empresa de ciberataques. Este tipo de violaciones pueden tener consecuencias devastadoras, no sólo financiera y legalmente, sino también en términos de reputación pública. Cuando esto ocurra, sus clientes dejarán de considerarle digno de confianza, lo que dañará la credibilidad de la marca.

Cumplimiento del GDPR, la HIPAA u otras leyes pertinentes

Leyes como el Reglamento General de Protección de Datos (RGPD) y la Ley de Portabilidad y Responsabilidad de los Seguros Médicos (HIPAA) establecen requisitos precisos para proteger los derechos de privacidad de las personas y aplicar normas estrictas de seguridad en el tratamiento de datos. Las organizaciones deben comprender estas normativas, ya que las salvará de posibles consecuencias legales en el futuro.

El RGPD fue implantado por la Unión Europea y es una de las normativas más estrictas en materia de protección de datos en todo el mundo. Aunque su empresa no esté en un país de la UE, tendrá que cumplirla si recopila o procesa datos personales de residentes en la UE. Algunos de los principios establecidos por el RGPD son obtener el consentimiento de las personas antes de procesar sus datos, garantizar que todos los datos sean exactos y seguros, y protegerlos contra el acceso o la divulgación no autorizados. Si una empresa no cumple estos principios, se le pueden imponer sanciones masivas: multas de hasta 20 millones de euros, 24 millones de dólares o el 4% de la facturación anual global.

Paralelamente al RGPD, la HIPAA establece sus propias normas para las instituciones sanitarias, con el fin de proteger la información sanitaria privada (PHI) de los pacientes. Las empresas que prestan servicios sanitarios o seguros deben cumplir las normas de privacidad, seguridad y notificación de infracciones de la HIPAA. La normativa impone salvaguardias sobre la PHI, como implantar medidas de seguridad administrativas, técnicas y físicas, organizar pruebas periódicas de evaluación de riesgos para garantizar el buen funcionamiento de los sistemas de seguridad y trabajar en la solidificación del proceso de transmisión, para que no se produzcan filtraciones. Las infracciones acarrearán importantes sanciones, que van desde multas monetarias a cargos penales.

Aparte del GDPR y la HIPAA, existen otras leyes diseñadas para diferentes industrias, como la CCPA (California Consumer Privacy Act), que otorga los derechos a los consumidores que viven en California sobre sus propios datos personales, otorgándoles derechos como acceder a ellos siempre que lo deseen o eliminar cualquier información personal no deseada almacenada. Normativas como ésta permiten a los consumidores optar por no compartir sus datos personales con las empresas. Otra normativa específica del sector, la Payment Card Industry Data Security Standard (PCI DSS), se creó para prevenir el fraude y las violaciones de datos; regula cómo se manejan los datos de las tarjetas de pago en los servicios financieros.

Para cumplir con el GDPR, la HIPAA y otras leyes similares, las empresas deben empezar por analizar su forma actual de gestionar los datos y encontrar cualquier fallo o riesgo. Esto puede hacerse desarrollando un sólido conjunto de políticas de protección de datos e identificando posibles amenazas mediante auditorías y evaluaciones. Los empleados deben recibir constantemente formación sobre la mejor manera de proteger la información personal de los clientes, y deben establecerse mecanismos para que puedan atenderse rápidamente las demandas de los clientes en relación con sus solicitudes en la materia, así como cualquier infracción de la que se tenga noticia.

Las organizaciones deben nombrar a un responsable de protección de datos que supervise todos los esfuerzos de cumplimiento. Esta persona también interactuará con las autoridades reguladoras siempre que sea necesario o cuando las personas deban manejar mejor su información privada. Al mantenerse al tanto de todos los avances normativos, las organizaciones sabrán siempre si algún cambio les obligará a modificar su sistema actual. Esto requiere mucha atención al detalle por parte de los empleados. Si estos pasos se dan con sinceridad, las empresas evitarán consecuencias legales, al tiempo que podrán manejar datos sensibles con confianza.

Elaboración de políticas de protección de datos para su empresa

Elaborar una política de protección de datos sólida y robusta es crucial. Garantiza el cumplimiento de las leyes de protección de datos, reduce las amenazas y mantiene a salvo la información personal. Estas políticas crean directrices y mejores prácticas para manejar los datos de forma segura a lo largo de su ciclo de vida dentro de la organización. He aquí cómo su empresa puede desarrollar eficazmente estas políticas: Intenta definir el objetivo y el alcance de las políticas lo antes posible. Esto te ayudará a desarrollar el resto más adelante. Deberá establecer qué tipo de datos cubren estas políticas e identificar cualquier requisito legal o normativo que deba cumplir su empresa. Una vez fijados los objetivos, es hora de clasificar todos los datos. Crea categorías que tengan sentido para saber cómo debe tratarse cada tipo específico cuando se documenta en línea o fuera de línea.

Permitir que sólo el personal autorizado con necesidad legítima de conocer tenga acceso a los datos sensibles es esencial para protegerlos contra el acceso o la divulgación no autorizados. Define funciones y responsabilidades para las personas que vayan a acceder a esta información, de modo que haya ojos vigilando a cualquiera que pueda estar realizando alguna actividad sospechosa. Conviene establecer medidas de seguridad para evitar cualquier intento de acceso no autorizado y evitar que la información se destruya por accidente. El cifrado y otras medidas de seguridad lo mantendrán a salvo tanto en reposo como durante su uso.

Si alguna vez se produce una violación de su sistema de información, preparar un plan de antemano permitirá una respuesta rápida cuando el tiempo apremia. Una estrategia ideal incluiría los pasos a seguir por determinadas personas cuando se produce una violación, quién notifica a quién y sus funciones.

Las auditorías y evaluaciones periódicas le ayudarán a identificar cualquier amenaza antes de que se convierta en un problema en su organización. Establecer una disciplina para quienes no sigan las normas le ayudará a mantener una cultura en la que todos sepan lo necesarias que son estas medidas para su negocio. Cuando desarrolle nuevos productos, servicios o procesos, tenga en cuenta la privacidad. Integre los principios de privacidad y protección de datos lo antes posible para limitar la posibilidad de que la información de terceros sea pirateada o se vea comprometida. Revisar periódicamente estas políticas garantizará que se tengan en cuenta todas las nuevas leyes, normativas y avances tecnológicos.

7.9 Gestión de riesgos y seguros

En los negocios, el éxito consiste en encontrar el equilibrio en un entorno impredecible. Por eso, comprender y gestionar el riesgo es fundamental para mantenerse a flote. Esta sección explora la gestión de riesgos y los seguros, dos formas cruciales de que las empresas se hagan más fuertes y resistentes.

Si hay algo que todos sabemos sobre los riesgos es que adoptan muchas formas. A veces, son económicos o normativos; otras, las catástrofes naturales amenazan nuestra supervivencia. Pero independientemente de cómo aparezcan, debemos examinarlos de cerca para poder detectar nuestras vulnerabilidades y contraatacar con una estrategia a medida.

La belleza de los seguros reside en su capacidad para proporcionar ayuda financiera exactamente cuando más se necesita, por ejemplo, después de que los daños materiales o una reclamación por responsabilidad civil hayan mermado sus fondos. De este modo, las empresas pueden recuperarse más rápido que nunca. Un buen seguro no sólo ayuda a su empresa a recuperarse de forma más eficiente, sino que también hace que las partes interesadas confíen más en usted. Saber que están protegidos frente a posibles daños hará que los accionistas duerman más tranquilos por la noche.

Tipos de pólizas de seguros para empresas

Comprender el abanico de pólizas de seguros para empresas puede resultar confuso, pero es crucial para que las organizaciones se protejan de posibles riesgos y responsabilidades. Exploramos algunos de los tipos más comunes de cobertura de seguros y su importancia para proteger a las empresas de diversas amenazas e incertidumbres.

El seguro de responsabilidad civil general es una cobertura fundamental que protege a las empresas de reclamaciones de terceros. Cubre lesiones corporales o daños a la propiedad. Se construye como una red de seguridad frente a demandas debidas, por ejemplo, a accidentes en las instalaciones de la empresa o durante sus operaciones. Al proporcionar cobertura para los costes de defensa jurídica y daños y perjuicios, el seguro de responsabilidad civil general ayuda a las empresas a hacer frente a los riesgos financieros.

El seguro de propiedad es otro componente vital en la gestión del riesgo. Ofrece protección contra daños o pérdidas de activos físicos como edificios, equipos, inventario y mobiliario. La cobertura protege a las empresas de riesgos como incendios, robos, vandalismo y catástrofes naturales, para que puedan recuperarse rápidamente cuando se produzcan sucesos desafortunados.

El seguro de responsabilidad profesional está pensado para empresas que prestan servicios profesionales. Les protege frente a reclamaciones por negligencia o trabajo inadecuado presentadas por los clientes. La cobertura cubre los gastos de defensa jurídica y los daños y perjuicios concedidos en demandas por errores u omisiones profesionales. El seguro de responsabilidad profesional es indispensable para consultores, abogados y contables, porque ofrece tranquilidad y protección financiera frente a posibles litigios.

El seguro de ciberresponsabilidad es cada vez más importante para los empresarios. Esta cobertura especializada proporciona apoyo financiero a las empresas que se enfrentan a las consecuencias de incidentes cibernéticos como la violación de datos. Con la prevalencia de los ciberataques y el estricto escrutinio normativo en torno a las leyes de privacidad de datos, el seguro de responsabilidad cibernética se ha convertido en una necesidad en la gestión de riesgos, independientemente del tamaño o la industria de su organización.

Si su empresa requiere vehículos operados por los empleados mientras están en horario de trabajo, el Seguro de Auto Comercial es esencial. Ofrece protección contra daños a la propiedad, lesiones corporales y gastos médicos derivados de accidentes en los que estén implicados vehículos de la empresa. Si usted tiene una flota de camiones de reparto o un coche de empresa, seguro de auto comercial asegura que las empresas siguen siendo financieramente protegidos, mientras que en la carretera.

El Seguro de Indemnización por Accidentes de Trabajo es obligatorio por ley en muchas jurisdicciones. Cubre los gastos médicos, los salarios perdidos y las prestaciones por incapacidad de los empleados que se lesionan o enferman en el trabajo. Al indemnizar a los trabajadores lesionados y proteger a las empresas de demandas relacionadas con lesiones laborales, el seguro de indemnización por accidentes laborales fomenta la seguridad en el lugar de trabajo y protege tanto a empresarios como a empleados.

El empresario diligente necesita tener una póliza de seguro comercial de responsabilidad civil. Su objetivo es proporcionar una cobertura de responsabilidad civil adicional más allá de los límites de las pólizas de seguro primarias. Esto significa que estarán protegidos frente a pérdidas catastróficas sustanciales y demandas que superen los límites de las pólizas principales, lo que siempre es positivo. También añade una capa adicional de protección para las empresas con una exposición de alto riesgo.

El Seguro de Administradores y Directivos (D&O) está diseñado para proteger a las personas que ocupan cargos directivos en una empresa de la responsabilidad personal por sus acciones o decisiones tomadas en el desempeño de sus funciones; es como tener códigos de trucos ilimitados para el juego de la vida. Proporciona cobertura para los gastos legales y los daños y perjuicios que se deriven de demandas por actos o decisiones ilícitos de directores y directivos.

A fin de cuentas, mantener su empresa a salvo de diversos riesgos y responsabilidades debe ser siempre una prioridad absoluta. No considere la cobertura de seguros como dinero malgastado; piense en ella como dinero ahorrado. Invertir en la cobertura de seguro adecuada a sus necesidades le garantizará la viabilidad y el éxito a largo plazo en un entorno empresarial en constante cambio.

Evaluar los riesgos empresariales y elegir la cobertura de seguro adecuada

Evaluar los riesgos empresariales y seleccionar la protección de los seguros es una parte crucial de la gestión de riesgos de cualquier organización. Implica evaluar las amenazas y problemas potenciales de cara al futuro y adecuar los riesgos a las soluciones de pólizas adecuadas. He aquí cómo evaluar los riesgos empresariales y navegar por el caos para conseguir la mejor cobertura. La pelota echa a rodar con un estudio exhaustivo de todos los peligros potenciales que podrían interrumpir las operaciones de la empresa, dañar sus activos o perjudicar su bienestar financiero. Las amenazas pueden provenir de muchas fuentes, como catástrofes naturales, accidentes, demandas, ciberataques, recesiones económicas y cambios en las leyes y normativas. Averiguar qué es lo que acecha en la oscuridad dará a las empresas una mejor idea de contra qué deben defenderse primero.

Una vez que haya hecho una lista de sus amenazas sobre el papel, es hora de clasificarlas en función de la probabilidad de que se produzcan y de la magnitud del impacto que tendrían en su empresa si ocurrieran. Poner números a la probabilidad y gravedad de cada una permitirá a las empresas observar cuáles son las que más deben preocuparles y dedicarles su energía. Así se podrá asignar el dinero adecuado para que todo funcione lo mejor posible, incluso si estas emergencias llegan a producirse.

El siguiente paso es que las organizaciones exploren pólizas que protejan contra estos peligros. Esto significa conocer los tipos de cobertura disponibles en todo el mundo y ver cómo se ajustan a las vulnerabilidades específicas de su empresa. Conviene estar al tanto de aspectos como los límites de las pólizas, que dictan cuánto se recuperará si algo sale mal, las franquicias, las exclusiones y cuánto hay que pagar cada vez antes de que empiecen a asumir los costes.

Al considerar las distintas opciones, las empresas deben asegurarse de que el alcance cubierto por el seguro se ajusta a su exposición al riesgo, de modo que no queden lagunas en las que puedan producirse pérdidas significativas. A veces, esto significa contratar varias pólizas de seguro para cubrir distintas situaciones. En otros casos, puede significar obtener una póliza complicada adaptada a las necesidades únicas de su empresa. No existe una solución única para todos los casos, por lo que cada organización debe dedicar tiempo a determinar sus requisitos específicos.

Algunas empresas pueden necesitar más que una cobertura de seguro estándar. En estos casos, conviene explorar formas alternativas de gestionar la financiación del riesgo, como el autoseguro o los grupos cautivos. Estos métodos pueden dar a las empresas más libertad y control sobre la gestión de riesgos, pero siguen exigiendo una evaluación cuidadosa para garantizar que el nuevo sistema funcione.

En última instancia, evaluar los riesgos empresariales y encontrar una cobertura de seguros adecuada es un proceso interminable que debe gestionarse con cautela deliberada. Sin embargo, mediante una gestión proactiva y la elección de las pólizas adecuadas, las empresas pueden asegurarse de que están debidamente defendidas frente a posibles pérdidas, lo que les permite garantizar el éxito a largo plazo en lo que sea que estén tratando de hacer.

El papel del seguro en la planificación de la continuidad de la actividad empresarial

El sector de los seguros desempeña un papel muy importante en la planificación de la continuidad de la actividad empresarial, actuando como red de seguridad para las empresas. Éstas siempre intentan garantizar su resistencia ante acontecimientos inesperados. Los seguros desempeñan muchas funciones en la planificación de la continuidad de la actividad empresarial, como la protección financiera, la transferencia de riesgos y el apoyo estratégico para ayudar a las empresas a recuperarse y prosperar tras una catástrofe o crisis.

A la hora de la verdad, la principal prioridad de los seguros es, obviamente, el aspecto financiero. Una de las principales funciones de los seguros en la planificación de la continuidad de la actividad empresarial es proporcionar protección financiera contra las pérdidas ocasionadas por acontecimientos imprevistos. El seguro de interrupción de la actividad empresarial, por ejemplo, reembolsa a las empresas la pérdida de ingresos y los gastos de explotación durante los periodos de inactividad causados por riesgos cubiertos, como catástrofes naturales, incendios u otros sucesos perturbadores. Durante esos periodos en los que su negocio se detiene temporalmente debido a algo totalmente fuera de su control, estos tipos le tienen cubierto. Esta cobertura ayuda a las empresas a mantener su estabilidad financiera y cubrir los gastos esenciales mientras se esfuerzan por restablecer la normalidad de sus operaciones.

Al transferir el riesgo de determinados sucesos a una aseguradora, las empresas pueden protegerse de las consecuencias financieras potencialmente catastróficas de esos sucesos. Con este peso sobre sus hombros, pueden centrarse en lo que importa: dirigir una empresa de éxito.

Cuando se trata de la reputación de una empresa, también la tienen cubierta. Ganarse la confianza de las partes interesadas, como clientes o inversores, puede ser difícil, pero contar con una cobertura de seguros facilita mucho las cosas. Puede infundir confianza en las partes interesadas y asegurarles que la empresa ha tomado medidas proactivas para proteger sus activos, operaciones y continuidad.

Al fin y al cabo, sea cual sea su sector, dedicar tiempo a planificar en consecuencia es de gran ayuda. El papel de los seguros no se limita a la protección financiera, sino que va más allá y abarca la gestión estratégica de riesgos y el desarrollo de la resiliencia. Lamentamos las malas noticias, pero las interrupciones son inevitables, pero si mantiene sus activos a salvo, estará preparado cuando vuelvan a producirse.

7.10 Gobierno corporativo y ética

El gobierno corporativo y la ética son los dos aspectos más importantes de los negocios. Orientan el comportamiento y la toma de decisiones, garantizando la transparencia, la responsabilidad y la conducta ética en todos los asuntos empresariales. En esencia, el gobierno corporativo trata de cómo se dirigen y controlan las empresas. Se centra en definir las funciones de las principales partes interesadas, como accionistas, miembros del consejo de administración, ejecutivos y directivos, y en encontrar formas de supervisar sus actividades para que todos rindan cuentas. Con esta estructura, su organización se guiará con integridad al tiempo que salvaguarda los intereses de los accionistas.

Las buenas prácticas desempeñan un papel igualmente importante en la configuración del comportamiento organizativo. Seguir principios como la transparencia, la responsabilidad y la conducta ética puede ser el catalizador que le impulse un paso por delante de otras empresas que no dan prioridad a estas cosas. Establecer una supervisión independiente por parte del consejo de administración o implantar controles internos son excelentes puntos de partida a la hora de elegir qué principios deben integrarse en sus operaciones.

La ética ayuda a guiar la brújula moral de las personas durante su permanencia en la empresa. Defender los principios de justicia, honestidad e integridad es crucial para mantener relaciones a largo plazo con las partes interesadas. Actuar en el mejor interés de los empleados por sí solo podría provocar un cambio en la sociedad, gracias al esfuerzo colectivo.

Elaborar un código de conducta es cada vez más importante debido a lo interconectadas que están las empresas a través de las redes sociales. Ayuda a esbozar normas y expectativas éticas y ofrece orientación sobre cuestiones como conflictos de intereses, sobornos y problemas de corrupción. En cuanto a las políticas de RSC, son una forma de garantizar que se está haciendo un esfuerzo donde más se necesita, la responsabilidad social y el compromiso con la comunidad sin perder de vista la creación de valor para los accionistas.

En última instancia, estos principios fomentan la confianza de los principales actores, como empleados y clientes, al tiempo que salvaguardan los intereses de los accionistas. Adóptelos y vea cómo su organización florece ante sus ojos.

Buenas prácticas de gobierno corporativo

Las mejores prácticas de gobierno corporativo son principios fundamentales que guían a las empresas en el mantenimiento de la transparencia, la responsabilidad y la conducta ética en sus operaciones. Sirven como directrices esenciales para una supervisión eficaz, que garantice que las empresas operan en el mejor interés de las partes interesadas, manteniendo al mismo tiempo la integridad y las normas éticas. Un consejo de administración independiente es el primer aspecto esencial del buen gobierno corporativo. Formado por consejeros no afiliados a la empresa o a su dirección, un consejo independiente proporciona una supervisión imparcial y ayuda a mitigar los conflictos de intereses. Estos consejeros aportan perspectivas y conocimientos diversos, lo que permite tomar mejores decisiones y atender adecuadamente a los intereses de los accionistas.

Otro elemento crucial es la definición de funciones y responsabilidades, un aspecto que nunca se insistirá lo suficiente. Limitando las funciones de los miembros del consejo, la alta dirección, los comités del consejo y otros participantes clave, las organizaciones pueden reducir la confusión, promover la transparencia y facilitar procesos eficaces de toma de decisiones. Este entendimiento garantiza que todos sepan lo que se espera de ellos, fomentando así una cultura de responsabilidad dentro de la organización. Los valores éticos y un código de conducta sólido constituyen otro componente fundamental del gobierno corporativo. Un código exhaustivo describe el comportamiento esperado de los empleados, directores y ejecutivos hacia sus colegas, clientes, proveedores y otras partes interesadas. Al promover la conducta ética y la integridad en estas interacciones, las organizaciones protegen la confianza, mejoran la reputación y reducen los factores de riesgo de infracciones éticas.

Toda empresa debe contar con estructuras de gestión de riesgos adecuadas para anticiparse a los riesgos antes de que se manifiesten. Una gestión proactiva del riesgo salvaguarda el valor y los activos de los accionistas y mejora los procesos de toma de decisiones. La transparencia y la divulgación de información son elementos fundamentales de la gobernanza empresarial. Las partes interesadas necesitan información puntual y precisa sobre su situación financiera, sus resultados no financieros, su estrategia y sus riesgos, para decidir si invierten más en la empresa o la abandonan. Una comunicación transparente fomenta la confianza entre todas las partes implicadas, mejora la rendición de cuentas y permite a los interesados tomar decisiones acertadas. La participación de los accionistas es esencial en el gobierno corporativo, porque promueve la democracia de los accionistas y la alineación de intereses. Las organizaciones sólo pueden conocer sus puntos débiles y su margen de mejora si entablan un diálogo regular con sus accionistas. Al comprometerse con ellos, las organizaciones pueden entender sus preocupaciones, responder a sus preguntas y solicitar su opinión sobre cuestiones de gobierno. La diversidad es otro elemento que debe tenerse en cuenta a la hora de crear un consejo sólido. Los consejos con una combinación equilibrada de capacidades, experiencias y trayectorias son más capaces de identificar nuevos riesgos y oportunidades con las tendencias emergentes. Estas prácticas mejoran la transparencia, la responsabilidad y la confianza, impulsando así la creación de valor a largo plazo y manteniendo la confianza de accionistas, empleados y clientes, entre otras partes interesadas.

Consideraciones éticas en la toma de decisiones empresariales

Las consideraciones éticas abundan en los negocios. Son los principios que seguimos para tomar decisiones sensatas que mantengan a las organizaciones responsables y moralmente rectas. Examinemos qué significa el pensamiento ético para las empresas. La honestidad, la integridad y la equidad están en la base de la toma de decisiones éticas. Se trata de tomar decisiones teniendo en cuenta cómo pueden afectar a todos los implicados en la empresa. Hay que tener en cuenta a empleados, clientes, proveedores, accionistas e incluso a toda la comunidad.

La transparencia es un aspecto esencial para dirigir una empresa ética. Significa comunicarse con las partes interesadas de un modo que revele información precisa sobre cómo funciona su empresa y toma decisiones críticas. La comunicación transparente puede generar confianza y responsabilidad con los socios al demostrar su compromiso con la honestidad y la ética. La imparcialidad es crucial en la toma de decisiones. Cuando trate con empleados, proveedores u otras partes implicadas en su empresa, los prejuicios nunca deben influir en sus acciones. Hay que mantener la igualdad de oportunidades para todos si se quiere crear un entorno de trabajo de confianza y una reputación sólida.

La integridad también desempeña un papel importante a la hora de tomar buenas decisiones éticas. Incluso cuando surgen decisiones difíciles u oportunidades tentadoras, es indispensable basarse en valores morales. Con la integridad como base, las empresas pueden cumplir las obligaciones contractuales y tratar a los clientes con honestidad en cada interacción. Otra cosa que hay que recordar: la responsabilidad social. Una empresa siempre debe intentar tener un impacto positivo en las comunidades en las que opera, minimizando al mismo tiempo los daños al medio ambiente. El aprovisionamiento ético, las prácticas de sostenibilidad medioambiental y la filantropía son ejemplos excelentes de responsabilidad social sin dejar de aspirar al éxito.

Y luego están las cuestiones de gobernanza y cumplimiento. Los estatutos legales sólo sirven como directrices para evitar sanciones por infringir las leyes, y las normas éticas le ayudan a asegurarse de que está haciendo las cosas bien a puerta cerrada, independientemente de lo que esas directrices le sugieran que haga. Los consumidores de hoy exigen una conducta ética a las empresas y no aceptan menos. Si una empresa no toma decisiones morales cuando es necesario, su reputación puede quedar por los suelos y la confianza de los clientes puede no recuperarse nunca. El pensamiento ético es una forma inteligente de construir relaciones sólidas con los consumidores y aumentar la lealtad a la marca a largo plazo.

Las consideraciones éticas son la base para tomar decisiones empresariales acertadas. Cuando mejora su relación con los clientes, los proveedores, el personal y la comunidad defendiendo la integridad, la transparencia, la equidad, la responsabilidad social y el cumplimiento, está mejorando su propia organización. Y eso le hace ganar algo más que puntos morales. Esas decisiones consolidan la resistencia y la reputación para que pueda mantenerse en la cima del mundo empresarial actual.

Desarrollar un código de conducta y políticas de responsabilidad social de la empresa

Desarrollar un sólido código de conducta y políticas de responsabilidad social corporativa (RSC) es una de las cosas más importantes que puede hacer una empresa para asegurarse de que sus empleados se comportan bien y respetan a la sociedad y el medio ambiente. Un código de conducta establece las expectativas sobre lo que deben hacer todas las personas implicadas en una organización. Establece los valores y principios fundamentales que deben seguirse. De este modo, establece una cultura de integridad, respeto y responsabilidad.

De forma similar pero diferente a un código de conducta, las políticas de RSE destacan más sobre la empresa. Muestran su dedicación a prácticas sostenibles que van más allá de los beneficios. Ayudan a la sociedad y al medio ambiente señalando las áreas en las que la ayuda es más necesaria. Los detalles pueden ir desde iniciativas de equidad social hasta estrategias de abastecimiento ético. En última instancia, no se trata de un simple trozo de papel: al formalizar estas políticas, las empresas asumen la responsabilidad de sus acciones y se comprometen a marcar una diferencia positiva.

Es crucial que estos marcos se desarrollen con la colaboración en primer plano. Para incluir tantas perspectivas como sea posible en los procesos de toma de decisiones, la mejor práctica sería implicar a diversas partes interesadas, como empleados, directivos, clientes, proveedores y las propias comunidades. Involucrar a estos grupos hace que se sientan más identificados con las políticas o documentos resultantes. Para ser eficaces a la hora de impulsar el comportamiento ético en toda la cadena de mando de una organización, estos marcos deben alinearse adecuadamente entre sí y con la declaración de misión de una organización. La filosofía es que, si la práctica ética se integra en todos los aspectos de las operaciones diarias, el crecimiento se producirá de forma natural, al tiempo que se beneficia a la sociedad en general.

La transparencia ayuda a generar confianza entre las organizaciones y todas las personas relacionadas con ellas, incluidas las partes interesadas. Por lo tanto, es esencial comunicar las iniciativas éticas y de responsabilidad social de forma abierta y honesta. Esto significa divulgar información sobre los esfuerzos de RSE, para que las partes interesadas puedan pedir cuentas a las organizaciones y contribuir a mejorar su reputación. También son necesarias actualizaciones periódicas para garantizar que estos marcos sigan siendo pertinentes. Como todos sabemos, hoy en día las prácticas empresariales cambian día a día. Para seguir siendo relevantes en los tiempos modernos, revisar periódicamente el código de conducta y las políticas de RSE puede ayudar a identificar áreas de mejora, lo que conduce a la innovación, todo ello respaldado por el compromiso con la conducta ética y la responsabilidad social que implican estas políticas.

Para cualquier organización que desee navegar por las complejidades del mundo actual y, al mismo tiempo, defender la ética, tener un impacto social significativo y ganar dinero de forma sostenible, no hay mejor manera que desarrollar un código de conducta y unas políticas de RSE exhaustivos.

7.11 Mantenerse informado y buscar asistencia jurídica

Buscar ayuda jurídica y mantenerse al día son aspectos cruciales de la gestión de una empresa. Especialmente ahora, con un panorama normativo en constante cambio, las empresas deben ser capaces de adaptarse. Esta sección profundiza en lo importante que es esto y subraya por qué hay que buscar asesoramiento experto para proteger el negocio. En un mundo que cambia con rapidez, estar informado sobre la normativa y las normas del sector es vital para las empresas. Les ayuda a sortear posibles problemas y a aprovechar las oportunidades. Esto significa estar al día de los cambios en la legislación, las sentencias judiciales y cualquier nueva norma que pueda afectar a su sector. En última instancia, permite identificar los riesgos a tiempo y adaptarse en consecuencia. Estar informado también significa ir un paso por delante de los demás. Las empresas pueden cumplir las leyes y tomar decisiones más éticas si se mantienen al corriente de la evolución jurídica.

Saber todas esas cosas sólo puede llevarte hasta cierto punto si no entiendes los entresijos de los asuntos legales. En algún momento, es necesario acudir a un experto para que le oriente. Ellos podrán evaluar los riesgos mejor que nadie y ayudar a guiar tu proceso de toma de decisiones de forma que te permita mantenerte fiel a tus objetivos. Los expertos jurídicos están ahí para redactar contratos, resolver conflictos o garantizar el cumplimiento de la normativa. El aspecto más beneficioso es la mitigación de riesgos. Los abogados están explícitamente capacitados para detectar agujeros en las operaciones o políticas antes de que causen problemas importantes. Esto ahorra dinero y, lo que es más importante, tiempo, que siempre será su activo más importante como empresario.

Otro papel fundamental de los abogados es garantizar el cumplimiento de las leyes y normativas. Con tantos requisitos diferentes en los distintos sectores, es todo un reto, sobre todo si se cuenta con el apoyo de los expertos adecuados en cada paso. Le ayudarán a desarrollar políticas específicas para sus necesidades, de modo que pueda evitar multas a toda costa. La ayuda jurídica es crucial en los tribunales. Desde disputas contractuales hasta infracciones, los abogados pueden luchar en su nombre y trabajar para llegar a un acuerdo que de otro modo sería imposible. Su experiencia le da una oportunidad de luchar y podría salvar el futuro de su empresa. La conclusión es sencilla: busque ayuda jurídica y manténgase informado. Haciendo siempre esas dos cosas, las empresas no sólo pueden protegerse, sino también posicionarse para el éxito a largo plazo en el entorno actual de rápidos cambios.

Capítulo 8

Captación de capital y financiación

La obtención de capital implica la adquisición de fondos para operaciones empresariales, inversiones o proyectos de expansión. Es un proceso complejo que exige una planificación meticulosa, una toma de decisiones estratégica y una ejecución eficiente. Al comprender las distintas fuentes de recursos materiales con las que podrían financiar el crecimiento de sus empresas, los empresarios pueden navegar eficazmente por los sistemas de intermediación financiera y posicionarse en empresas de éxito.

Para reunir capital de forma eficaz, hay que conocer los distintos tipos de opciones de financiación disponibles. Los empresarios pueden elegir entre varias fuentes, como los préstamos bancarios y la financiación de capital, para financiar sus nuevas empresas. Cada alternativa tiene sus propios méritos y deméritos, por lo que corresponde al empresario analizar detenidamente sus necesidades antes de tomar una decisión.

Muchos empresarios optan por el bootstrapping para poner en marcha sus iniciativas. Esta estrategia consiste en autofinanciar una empresa utilizando ahorros personales, ingresos de explotación o préstamos de amigos y familiares. Aunque el bootstrapping permite un mayor control y flexibilidad sobre la empresa, también puede limitar las perspectivas de crecimiento.

Otra opción habitual entre los empresarios que buscan capital adicional a sus recursos personales es solicitar préstamos y créditos bancarios. Los establecimientos como los bancos prestan servicios de préstamo adaptados expresamente a las empresas; por ello, ofrecen diversos productos, como préstamos a plazo, líneas de crédito y préstamos de la Administración de Pequeñas Empresas (SBA) para satisfacer las variadas necesidades de estas entidades. Por lo tanto, es crucial comprender el proceso de solicitud de préstamos, los criterios de elegibilidad y las condiciones de reembolso.

La financiación de capital implica la venta de una parte de la propiedad, a menudo a inversores de capital riesgo (venture capitalists, VC), inversores ángeles o incluso grupos de capital privado que desean compartir el riesgo sobre una base de inversión con empresas jóvenes que tienen un alto potencial de escalabilidad. Los empresarios siempre han necesitado ayuda para reunir capital propio, ya que necesitan vender eficazmente sus ideas de negocio y negociar condiciones favorables con los inversores.

En los últimos años, las plataformas de crowdfunding y microfinanciación han surgido como otras fuentes prácticas de capital empresarial. Con estas plataformas, las empresas pueden llevar a cabo campañas en línea que atraen fondos de un gran número de particulares, también denominados avalistas. El crowdfunding ofrece una oportunidad única para validar el propio concepto de negocio y generar preventas.

Aparte de las opciones de financiación tradicionales, los empresarios pueden considerar las ayudas y subvenciones proporcionadas por organismos gubernamentales, organizaciones sin ánimo de lucro y asociaciones industriales. Estas fuentes de financiación pueden proporcionar un valioso apoyo a iniciativas de investigación y desarrollo, proyectos de innovación e iniciativas comunitarias. Las subvenciones suelen implicar procesos competitivos, en los que los solicitantes deben asegurarse de que cumplen unos criterios de elegibilidad específicos.

A la hora de planificar actividades de captación de fondos, los empresarios deben elaborar planes de negocio completos, proyecciones financieras y materiales de presentación de inversiones. Los posibles inversores o editores exigen que usted, como empresario, demuestre su visión sobre la empresa, el tamaño del mercado, cómo se diferenciará el producto o productos de los de otros en la misma línea y los medios a través de los cuales se pueden obtener ingresos.

Una vez preparados, los empresarios pueden empezar a recaudar fondos localizando canales de financiación adecuados, interactuando con los inversores y presentando sus propuestas empresariales. El proceso de captación de fondos suele implicar varios pasos, desde el contacto preliminar con posibles inversores, la diligencia debida y la negociación, hasta el cierre. Los empresarios pueden aumentar sus posibilidades de obtener inversión para el crecimiento de la empresa si lo enfocan de forma sistemática y utilizan los recursos disponibles.

Este capítulo sirve de manual completo para orientar a los empresarios que se enfrentan a la tarea de reunir capital para financiar sus empresas. Ilustra a los empresarios sobre las diferentes oportunidades y retos a los que se enfrentan en materia financiera para que puedan tomar decisiones informadas con vistas a un crecimiento continuado a lo largo del tiempo.

8.1 Introducción a la captación de capital

En su centro, el capital es una fuerza significativa para promover el crecimiento de cualquier empresa. Desde la creación de nuevas empresas hasta la ampliación de las operaciones existentes o la expansión de las funciones de investigación y desarrollo, el acceso a recursos financieros suficientes permite a los empresarios aprovechar las oportunidades, negociar los retos y cumplir los objetivos con eficacia. En este sentido, el capital es un facilitador de la innovación. Permitirá a las empresas invertir en tecnología y recursos humanos, incluidas las mejores infraestructuras que les ayudarán a obtener una ventaja competitiva en el mercado.

Los empresarios pueden utilizar un esquema de las etapas y fuentes de financiación para navegar por el complejo mundo del acceso a fondos para sus empresas. En cada etapa, desde la financiación inicial hasta la Serie A, B, etc., otros inversores han establecido diferentes requisitos de financiación. Al apreciar estos hitos, los empresarios pueden planificar estratégicamente sus actividades de captación de fondos.

Estas opciones incluyen fuentes de financiación tradicionales como las líneas de crédito de los bancos, que proporcionan apoyo financiero a largo plazo para operaciones o necesidades de liquidez a corto plazo. Más concretamente, los fondos de los inversores de capital riesgo proporcionan a las empresas de nueva creación de alto crecimiento asistencia financiera y estratégica, como experiencia en el sector, mientras que los inversores ángeles actúan como sociedades de capital que ofrecen servicios de financiación empresarial, incluida la orientación a lo largo de fases críticas como la salida a bolsa.

Del mismo modo, han surgido plataformas de crowdfunding en las que los emprendedores pueden obtener inversiones de grandes sociedades sin la intervención de intermediarios. A través de campañas basadas en recompensas, similar a la campaña de financiación de capital , y el modo de campaña de financiación de deuda, los emprendedores pueden utilizar un enfoque masivo para obtener los fondos necesarios durante el periodo de puesta en marcha hasta que demuestren que sus conceptos son viables y busquen inversiones más profundas. Las subvenciones de los gobiernos, los subsidios y los incentivos fiscales son otra fuente de fondos que mantienen la propiedad y, por tanto, son los preferidos por las empresas centradas en la investigación, la innovación y el impacto social.

La captación de fondos es un proceso tridimensional que implica planificación estratégica, creación de redes y comunicación eficaz. Los empresarios que comprenden el papel que desempeña el capital en el crecimiento empresarial pueden navegar cómodamente por las etapas de la financiación y saber dónde pueden conseguirla. Esto les situará en una buena posición a la hora de conseguir capital, de modo que sus empresas puedan tener más éxito en el mundo empresarial.

El papel del capital en el crecimiento empresarial

El capital actúa como la línea sanguínea de las empresas, la energía primaria que las mueve hacia el crecimiento, la continuidad y la prosperidad. En todos los rincones del funcionamiento de una organización, permite la innovación, el crecimiento y la competitividad permanente. La falta de capital adecuado atrapa a las empresas, haciéndolas incapaces de aprovechar las oportunidades o de abordar eficazmente los retos de las mismas. Por esta razón, los empresarios y los responsables de las empresas deben comprender el papel polifacético del capital a la hora de impulsar el crecimiento empresarial.

El capital permite a las empresas apoyar sus instintos creativos, estimular el desarrollo de productos y servicios y seguir el ritmo de las cambiantes necesidades de los clientes asignando recursos a iniciativas de investigación y desarrollo. La inversión estratégica pretende mejorar la competitividad y posicionar a las empresas como líderes en sus respectivos sectores, capaces de influir en las nuevas tendencias y adaptarse a las tecnologías emergentes.

El capital también constituye una piedra angular para la ampliación de las empresas, ya que proporciona financiación para aventurarse en nuevos mercados, diversificar productos o establecer operaciones adicionales. Acceder a recursos financieros a través de enfoques orgánicos o adquiriendo otras empresas de su sector permite a las empresas ampliar todas las dimensiones de sus ingresos, ya que así pueden acceder a nuevas bases de clientes. A través de este enfoque expansionista, muchas empresas consiguen generar ingresos junto con una mayor presencia en el mercado y un mayor conocimiento de la marca, lo que conduce a la sostenibilidad a largo plazo y a un crecimiento constante.

El capital es un requisito previo para adquirir el talento que se necesita. Las empresas que buscan abrirse paso en este mercado laboral ferozmente competitivo deben mantener un alto nivel de retención del talento. Tenga en cuenta que el personal cualificado puede tomar decisiones de empleo basadas en los paquetes de remuneración total ofrecidos por las empresas, por lo que necesita recursos suficientes para la formación de los empleados y un buen entorno de trabajo.

El capital amortigua la incertidumbre económica, ya que protege a las empresas contra imprevistos que pueden perturbar sus operaciones. Una liquidez y unas reservas financieras suficientes también permiten a las empresas resistir las caídas del mercado y adaptarse a los cambios de la normativa. Esto garantiza la continuidad de la empresa y protege el valor de los accionistas.

El capital desempeña diversas funciones en el crecimiento empresarial que no pueden ignorarse. Los empresarios y directivos no tienen más remedio que dar prioridad a unas técnicas de asignación de capital y una gestión financiera sólidas para poder aprovechar las oportunidades.

Etapas y fuentes de financiación

La primera fase de financiación, la fase semilla, es en la que se inicia una idea o concepto de negocio. Durante esta fase, los emprendedores suelen emplear ahorros personales, aportaciones de familiares y amigos o el bootstrapping para sufragar gastos iniciales como estudios de mercado, desarrollo de productos y pruebas de concepto. La financiación inicial es una base para que las startups validen su modelo de negocio, construyan prototipos o atraigan a los primeros adoptantes o inversores.

Las empresas de nueva creación pueden necesitar financiación adicional para ampliar sus operaciones y escalar una vez que han superado la fase inicial y han demostrado cierta tracción en el mercado. En este punto, conocido como fase inicial o de puesta en marcha, los ángeles inversores, los inversores de capital riesgo o los fondos de riesgo de fase inicial suelen participar en las actividades de captación de fondos. La participación de inversores particulares en el capital de estas empresas favorece el rápido desarrollo de productos por parte de las nuevas empresas, que pueden así ampliar su base de clientes mediante una estrategia de comercialización.

Una vez que una empresa ha alcanzado un crecimiento sustancial, con capacidades probadas de generación de ingresos, puede pasar a la fase de crecimiento o expansión. Las empresas que se encuentran en este nivel pueden buscar varios tipos de métodos de capitalización, como la financiación mediante capital riesgo, la inversión de capital privado y las asociaciones estratégicas, entre otros. Mediante la provisión de fondos, estas fuentes permiten a las empresas ampliar sus operaciones entrando en otros mercados, dominando así a otros actores en esos mercados.

Además de los mecanismos tradicionales de financiación de capital, la financiación de la deuda puede considerarse una opción potencial. La práctica de la financiación de la deuda consiste en pedir dinero prestado a instituciones financieras como bancos, prestamistas alternativos o incluso programas de préstamos respaldados por los gobiernos, que deben devolverse en un plazo determinado, normalmente con tipos de interés aplicados a la cantidad pendiente de pago más los intereses devengados durante un periodo de pago especificado. Los préstamos bancarios, las líneas de crédito renovables y los préstamos de la Agencia Federal para el Desarrollo de la Pequeña Empresa (SBA) son algunos tipos comunes de financiación de la deuda que se adaptan principalmente a las diferentes necesidades y riesgos de las empresas.

El crowdfunding se ha hecho famoso entre las startups y las pequeñas empresas que buscan atraer capital de diversos inversores o patrocinadores. Plataformas como Kickstarter, Indiegogo o GoFundMe permiten a los emprendedores presentar sus proyectos o productos a la población mundial con la oportunidad de obtener financiación a cambio de recompensas, pedidos anticipados o capital.

Además de las fuentes de financiación externas, la financiación no dilutiva puede ayudar a las empresas a financiar proyectos específicos mediante subvenciones, ayudas o incentivos gubernamentales. Los departamentos gubernamentales, las organizaciones industriales y los organismos filantrópicos proporcionan este tipo de ayuda financiera para apoyar actividades o proyectos específicos sin diluir los intereses de propiedad ni aumentar los pasivos en el balance.

8.2 Comprender las opciones de financiación En

Esta sección, investigaremos la mecánica básica de la financiación mediante deuda y capital, desentrañando las complejidades que conlleva cada vía y ofreciéndole una visión sobre cómo determinar la combinación adecuada para las necesidades únicas de su empresa.

Existe una amplia gama de opciones de financiación a disposición de empresarios y líderes empresariales. En primer lugar, veamos la financiación mediante deuda y la financiación mediante capital propio. La financiación mediante deuda consiste simplemente en pedir dinero prestado a fuentes externas con la obligación de devolver el principal más los intereses a lo largo de un periodo determinado. Este tipo de financiación permite un acceso instantáneo al capital sin renunciar a la propiedad o al control; por lo tanto, resulta atractiva para las empresas que tienen previsto utilizar sus recursos existentes o poner en práctica objetivos estratégicos. Impone un calendario de reembolsos, que puede afectar negativamente al flujo de caja, y crea restricciones financieras, sobre todo en momentos de incertidumbre sobre los resultados económicos.

La financiación mediante acciones significa que los inversores inyectan fondos en la empresa comprando una parte de sus acciones. Mediante la venta de participaciones en la propiedad, una empresa puede obtener fondos sin endeudarse, lo que crea un enfoque más flexible para la adquisición de capital. También proporciona un grupo de partes interesadas que pueden aportar la experiencia, las redes y los recursos necesarios para impulsar la trayectoria de crecimiento de la empresa a lo largo del tiempo.

La decisión entre financiación mediante capital o deuda depende de varios factores, como la salud financiera de la empresa, sus perspectivas de rentabilidad, su propensión al riesgo y sus objetivos a largo plazo. Otros factores externos, como las condiciones del mercado y el entorno normativo, incluida la confianza de los inversores, influyen en las decisiones de las empresas sobre estrategias financieras, lo que exige planteamientos proactivos y adaptables hacia la gestión del capital.

Encontrar el equilibrio perfecto entre financiación mediante deuda y capital propio es como caminar por una delgada línea que maximiza los beneficios al tiempo que minimiza los riesgos. Una excesiva dependencia del endeudamiento puede crear una carga financiera excesiva, mientras que una dependencia excesiva del capital propio podría diluir la estructura de propiedad, además de plantear problemas de control. Por consiguiente, es esencial comprender cómo interactúan la financiación mediante deuda y la financiación mediante capital propio y adaptar las estrategias financieras a las circunstancias específicas de la empresa para lograr un crecimiento sostenible y capacidad de recuperación.

Financiación de deuda frente a financiación de capital

La financiación mediante deuda y la financiación mediante capital propio son dos medios fundamentales que adoptan las empresas para obtener fondos, cada uno con sus ventajas, preocupaciones e implicaciones. Los empresarios y líderes empresariales que tienen que maniobrar para adquirir y asignar capital en un entorno complejo deben ser capaces de distinguir entre las alternativas de financiación.

Una ventaja significativa que tiene la financiación de la deuda sobre la financiación de capital es que puede predecirse. Mientras que los financiadores de capital disfrutan como accionistas de una empresa, con derecho a los beneficios (y a las pérdidas), los que optan por la financiación mediante deuda les cobran unas condiciones de reembolso fijas, incluido el tipo de interés y el calendario de amortización. Esto permite a las organizaciones planificar eficazmente sus flujos de tesorería, lo que permite una correcta gestión del dinero y toma de decisiones.

Las empresas pueden beneficiarse de la financiación mediante deuda si disponen de flujos de ingresos constantes o pueden pignorar cualquier activo que posean como garantía. Las empresas pueden obtener tipos de interés más bajos a la vez que obtienen préstamos en condiciones favorables si utilizan los activos corrientes de esta forma. El pago de intereses sobre las deudas también puede ayudar a recortar los gastos fiscales anuales, reduciendo así los costes para las empresas. Las opciones de financiación mediante deuda conllevan ciertos riesgos y consideraciones. Por un lado, siempre habrá un requisito que deberá cumplirse en primer lugar: la obligación de devolver la suma prestada. Las empresas deben seguir atendiendo las cuentas de los acreedores, lo que sin duda afectará a los flujos de tesorería corrientes, especialmente en épocas de recesión o de caída de las ventas.

Si las empresas dependen demasiado del endeudamiento, se exponen a un mayor riesgo de insolvencia y quiebra cuando incumplen sus obligaciones de deuda. Los altos niveles de endeudamiento también pueden reducir la flexibilidad financiera, limitando así las oportunidades de crecimiento, ya que una gran parte de los ingresos se destinará al servicio de dichas deudas.

La financiación mediante acciones se caracteriza por una mayor flexibilidad que la financiación mediante deuda. En lugar de conceder préstamos y otras formas de reembolso, como el cobro de intereses, los inversores ofrecen capital y se convierten en tomadores de riesgos conjuntos con la dirección.

En tales situaciones, se evitan los pasivos por ventas, especialmente cuando es probable que el flujo de caja a corto plazo sea volátil o incierto.

Por otro lado, la financiación de capital puede atraer a interesados con buenas fuentes financieras respaldadas por amplias redes de experiencia, entre otras muchas aportaciones. Estos inversores se denominan capitalistas de riesgo o inversores ángeles porque pueden orientar a las empresas durante el proceso de planificación estratégica y acceder más rápidamente a los clientes gracias a sus amplios contactos, lo que acelera la promoción del ritmo de crecimiento de las organizaciones.

La financiación mediante acciones sólo es apropiada para algunas empresas, especialmente las que tienen planes de crecimiento ambiciosos y futuras estrategias de salida. La venta de participaciones puede reducir las oportunidades de obtener capital o de controlar el destino de la empresa. La financiación mediante acciones suele ser más cara con el tiempo, ya que los accionistas suelen exigir una tasa de rentabilidad más elevada como compensación por los riesgos inherentes a las inversiones en acciones.

Elegir entre financiación mediante deuda o mediante capital propio implica sopesar diversos factores, como la situación financiera de la empresa, sus perspectivas de crecimiento, su propensión al riesgo y sus objetivos a largo plazo. Esto significa que no existe una solución única, ya que la combinación óptima de deuda y capital dependerá de la situación específica de cada empresa.

Las empresas deben sopesar las ventajas y consideraciones de cada opción, empezando por el coste del capital y la flexibilidad financiera dentro de parámetros como los niveles de control personal o la propensión al riesgo. Algunas organizaciones pueden emplear un método híbrido para aprovechar las ventajas de uno u otro tipo y evitar al mismo tiempo los aspectos negativos.

Las condiciones del mercado, los marcos normativos y el sentimiento de los inversores son variables externas que afectan a la viabilidad y el atractivo de las distintas opciones de financiación. Por lo tanto, las empresas deben permanecer atentas y, al mismo tiempo, ser lo bastante flexibles para revisar continuamente sus estrategias de financiación y adaptarlas a una dinámica cambiante, aprovechando así el aumento de valor a través de las oportunidades de crecimiento.

Determinar la combinación adecuada para su empresa

Las distintas organizaciones tienen diferentes antecedentes financieros, objetivos de crecimiento y actitudes ante el riesgo, por lo que determinar la mejor combinación de opciones de financiación requiere un planteamiento contemplativo y estratégico, que tenga en cuenta diversos aspectos y factores. En algunos casos, las empresas de nueva creación o en fase inicial pueden carecer del historial o las garantías necesarias para acceder a la financiación de deuda tradicional. En consecuencia, la financiación mediante acciones puede resultar una alternativa eficaz, ya que permite a estas empresas obtener fondos sin incurrir en deudas adicionales.

Las empresas consolidadas con activos seguros y flujo de caja podrían encontrar en la financiación mediante deuda una opción más atractiva. Al aprovechar los activos o flujos de ingresos existentes, estas entidades pueden ofrecer sus préstamos a un tipo de interés mejor, reduciendo los costes asociados a los préstamos de capital. Las empresas también disfrutan de previsibilidad en cuanto al reembolso de sus deudas, ya que saben cuánto tienen que devolver y en qué plazo.

Otro aspecto que requiere atención son los niveles de aversión al riesgo. Algunas empresas están dispuestas a endeudarse más para obtener mayores beneficios, mientras que otras prefieren minimizar los niveles de endeudamiento para mitigar los riesgos financieros. No se puede determinar qué combinación de finanzas es la adecuada sin conocer el nivel de tolerancia al riesgo de la empresa y si se ajusta a sus objetivos a largo plazo.

Las empresas deben considerar cómo afectarán sus decisiones sobre financiación a su propiedad y control. La financiación participativa comprende la venta de acciones de propiedad de la empresa, con lo que se diluyen los derechos de propiedad y el control sobre la gestión. Aunque ofrece una base de conocimientos práctica y bien experimentada para el proceso de toma de decisiones de una entidad empresarial, junto con recursos, este tipo conlleva ciertos inconvenientes, como la pérdida de autonomía frente a los beneficios que conlleva la captación de capital externo.

Si una empresa recurre a la financiación mediante endeudamiento, tiene plena autoridad sobre la gestión, ya que los prestamistas no tienen voz ni voto en los procesos de formulación de políticas dentro de esas empresas. No obstante, una excesiva dependencia del endeudamiento puede aumentar el nivel de apalancamiento financiero y reducir las perspectivas de crecimiento futuro, ya que una gran proporción de los beneficios se destinará al servicio de la deuda.

Las empresas también tienen que considerar cómo afectan sus decisiones de financiación a su estructura general de capital. La estructura de capital se refiere a la combinación de fuentes de financiación de una empresa, como deuda, capital social y beneficios no distribuidos. La estructura de capital de una empresa debe ser equilibrada para mantener la estabilidad y flexibilidad financieras y maximizar el valor para los accionistas.

A la hora de determinar qué opción de financiación es la adecuada para su empresa, también debe tener en cuenta el coste del capital. Por coste de capital se entiende generalmente el coste global en que incurre una organización cuando pide dinero prestado o utiliza otras formas de financiación, como la emisión de acciones, para obtener los fondos necesarios para invertir. Los empresarios deben comparar los costes asociados a cada fuente de financiación antes de tomar cualquier decisión.

Las empresas deben considerar los efectos potenciales de las decisiones de financiación sobre el crecimiento y la supervivencia a largo plazo. A pesar de su ventaja en términos de acceso inmediato al capital, las empresas tienen que considerar las implicaciones futuras de incurrir en una deuda adicional. Aunque la financiación de capital puede permitir a una empresa obtener valiosos recursos y experiencia adicionales, los empresarios deben considerar las ramificaciones de diluir sus participaciones en la propiedad.

Debe determinarse una combinación adecuada de opciones de financiación tras considerar distintos factores, como la aversión al riesgo. La toma de decisiones acertadas sobre los fondos que se utilizarán para apoyar el crecimiento y la sostenibilidad debe basarse en las fases de desarrollo de la empresa, los niveles de preferencia por el riesgo frente a los objetivos de control y propiedad de las partes interesadas financieras, las estructuras de capital y los hitos de los planes de crecimiento a largo plazo.

8.3 Puesta en marcha de la start-up

Bienvenido a la sección "bootstrapping" de tu viaje de arranque hacia un espíritu empresarial marcado por la independencia, la perseverancia y la inventiva. Este capítulo profundiza en el arte y la ciencia que hay detrás de la puesta en marcha y el crecimiento de una empresa con un capital externo mínimo mediante el uso de fondos personales, la generación de ingresos por ventas tempranas y estrategias creativas para reducir las necesidades iniciales de capital.

En esencia, el bootstrapping significa alejarse de los enfoques convencionales para obtener fondos. En su lugar, permite a los fundadores utilizar sus recursos y su ingenio para hacer realidad sus sueños. Aplicando ahorros personales, liquidando activos o utilizando líneas de crédito personales, los fundadores han demostrado a menudo su dedicación a la idea de su negocio y han conservado el 100% de la propiedad, así como el control sobre la trayectoria de desarrollo de su empresa.

La frugalidad debe estar en primer plano cuando se hace bootstrapping en lugar de esperar inversiones externas. Se trata de una situación diferente a la de otras start-ups que dependen de financiación externa, ya que no se centran tanto en la propuesta de valor a los clientes, sino que venden los productos rápidamente después de lanzarlos. Cuando se hace esto, un flujo de ingresos se convierte en algo crucial; primero es una prueba de concepto con respecto a esta idea de puesta en marcha, además de actuar como fuente de los flujos de caja necesarios para mantener las operaciones, apoyar las iniciativas de crecimiento y perfeccionar las características del producto basándose en la retroalimentación del mercado.

El bootstrapping va más allá de utilizar los propios ahorros y aprovechar los primeros ingresos: implica un enfoque global que trata de minimizar el desembolso inicial de capital, maximizando al mismo tiempo la eficiencia en el uso de los recursos. Implica varios métodos, como la adopción de metodologías ajustadas y la producción de productos mínimos viables (MVP), el uso de software de código abierto y la subcontratación de actividades no esenciales. Los emprendedores son expertos en aprovechar al máximo los recursos limitados, optimizando así cada parte de su empresa.

Las empresas de arranque pueden lograr excelentes resultados, a pesar de disponer de poco dinero, si adoptan una actitud frugal, ingeniosa y ágil. Gracias a la resistencia y la determinación necesarias para adaptarse en los momentos difíciles de la empresa, los emprendedores bootstrap suelen salir fortalecidos de las dificultades del emprendimiento. Crean empresas sostenibles y sólidas desde cero, sin el peso de las exigencias o limitaciones que suelen acompañar a los inversores externos.

Aprovechamiento de fondos e ingresos personales

Para las personas que desean estabilidad y crecimiento financieros, es esencial comprender las complejidades del aprovechamiento de las finanzas y los ingresos personales. Uno de los aspectos críticos del uso eficaz de los fondos es la prudencia en la gestión financiera. Los riesgos y beneficios potenciales deben evaluarse mediante una investigación y un análisis exhaustivos antes de comprometer fondos personales en cualquier empresa. Esto incluye el conocimiento de la dinámica del mercado, las tendencias del sector y los atributos relacionados con inversiones u oportunidades de negocio específicas.

La diversificación se ha convertido en una estrategia vital a la hora de maximizar la eficacia de las finanzas personales. Repartir los recursos entre varios activos u oportunidades en lugar de concentrarse en una sola inversión o proyecto empresarial ayuda a reducir los riesgos al tiempo que aumenta la resistencia de la cartera. Además, la diversificación aporta cierto nivel de protección frente a posibles pérdidas, pero también abre nuevas vías para aprovechar diversas fuentes de ingresos. Al diversificar sus carteras, los particulares pueden limitar la exposición a la volatilidad asociada a cualquier sector o mercado, mejorando la estabilidad financiera general.

Otra cosa que hay que tener en cuenta al apalancar fondos personales es el equilibrio entre riesgo y recompensa. Por un lado, las inversiones de alto riesgo pueden proporcionar rendimientos sustanciales, pero conllevan una mayor incertidumbre y una mayor vulnerabilidad a las fluctuaciones del mercado. Por otro lado, las estrategias de inversión conservadoras proporcionan estabilidad, pero pueden dar lugar a menores rendimientos a largo plazo con el paso del tiempo.

El crecimiento sostenible de las finanzas depende en gran medida de la reinversión estratégica derivada de los beneficios personales. En lugar de retirar los beneficios pasivamente, reinvertirlos en la empresa o en la cartera de inversiones puede acelerar la acumulación de riqueza, creando así margen para la expansión. Esta reinversión cíclica de fondos les permite aprovechar sus recursos existentes para obtener ingresos y activos adicionales, fomentando una trayectoria de crecimiento autosostenido.

También es esencial mantener reservas de liquidez para hacer frente a gastos imprevistos o aprovechar oportunidades a plazo fijo. Aunque destinar todos los fondos disponibles a inversiones o proyectos empresariales pueda resultar tentador, un colchón de liquidez garantiza la agilidad y resistencia financieras. Las reservas de liquidez sirven de colchón durante las recesiones económicas o las emergencias, evitando que tenga que pedir prestado a tipos de interés exorbitantes o vender inversiones a largo plazo antes de su vencimiento.

Para tener éxito financiero a largo plazo, es crucial crear una base sólida para las finanzas, como establecer objetivos financieros claros, elaborar presupuestos, gestionar la deuda de forma responsable y priorizar el ahorro y las inversiones. Al proporcionar una base sólida para la seguridad financiera, puedes navegar a través de tiempos económicos difíciles sin perder tus sueños. Adoptar una mentalidad de resiliencia y adaptabilidad es vital para navegar por las incógnitas del horizonte. La resiliencia proviene de tener actitudes constructivas ante los contratiempos y los retos, lo que hace a las personas más robustas.

Formas creativas de reducir los requisitos de capital inicial

Comprender cómo disminuir de forma creativa las necesidades de capital inicial puede ser decisivo para las personas o empresas que desean iniciar nuevas actividades o ampliar las actuales. Una de las formas creativas es explorar asociaciones y empresas conjuntas con otras empresas o personas complementarias. Estas alianzas ponen en común recursos y conocimientos, compartiendo así la carga financiera y reduciendo los riesgos que conlleva la puesta en marcha de una nueva empresa. Estas asociaciones crean un potencial sinérgico de promoción cruzada que permite a los socios aprovechar las redes y las bases de clientela en beneficio mutuo.

Otra forma creativa de reducir las necesidades iniciales de capital es utilizar eficazmente los activos y recursos existentes. En lugar de depender totalmente de financiación externa, las personas pueden identificar recursos infrautilizados para generar ingresos adicionales. Esto puede implicar el arrendamiento de oficinas, maquinaria o patentes desocupadas, creando así otras fuentes de ingresos que no requieran una fuerte inversión inicial.

El crowdfunding ha surgido como una popular opción de financiación alternativa para los emprendedores que buscan reunir capital sin recurrir a préstamos o inversiones tradicionales. Los sitios web de crowdfunding como Kickstarter, Indiegogo o GoFundMe permiten a la gente presentar sus proyectos ante muchos patrocinadores potenciales que dan pequeñas donaciones a cambio de algunas recompensas o incluso participaciones en el capital. Por ejemplo, permite a las empresas de nueva creación obtener financiación antes de lanzar cualquier producto, lo que las prepara para el mercado.

Otra forma de minimizar los gastos primarios es buscar fuentes no convencionales como los préstamos/micropréstamos P2P. A diferencia de los típicos préstamos bancarios, las plataformas en línea de préstamos P2P ponen en contacto directo a los prestatarios con prestamistas individuales que ofrecen tipos de interés competitivos. Por su parte, los microcréditos son pequeños préstamos concedidos a empresarios y pequeñas empresas que no pueden o no quieren acceder a los productos bancarios convencionales. Las opciones improvisadas son más inclusivas y flexibles, lo que implica que una persona puede obtener dinero sin pasar por los estrictos criterios del prestamista.

Las técnicas de Bootstrapping constituyen un medio excelente para reducir los costes de capital inicial de las pequeñas y jóvenes empresas. Se trata de utilizar el mínimo disponible y reducir los costes mediante la frugalidad y el ingenio. Por ejemplo, se puede trabajar desde casa, utilizar productos de software de código abierto, intercambiar bienes o servicios, o incluso negociar con proveedores y vendedores para obtener mejores condiciones. Al adoptar un enfoque ajustado de las operaciones empresariales, los empresarios pueden utilizar sus limitados recursos para hacer más cosas.

La preventa de productos o servicios antes de su pleno desarrollo y lanzamiento es una forma de generar liquidez y comprobar la demanda. Los descuentos anticipados o las ofertas exclusivas pueden fomentar los pedidos anticipados, de modo que haya dinero suficiente para financiar la producción y el desarrollo. Esto garantiza beneficios inmediatos al tiempo que reduce los posibles riesgos financieros relacionados con inversiones en artículos o servicios no verificados.

Los métodos de financiación creativos, como los acuerdos de reparto de ingresos, son otra opción para reducir las necesidades iniciales de capital. En lugar de pagos o inversiones iniciales, los empresarios pueden negociar acuerdos con proveedores, contratistas o inversores basados en un porcentaje de los ingresos o beneficios futuros. Esto alinea los intereses de todas las partes implicadas y proporciona un incentivo para el rendimiento y el éxito, al tiempo que minimiza la necesidad de importantes inversiones de capital iniciales.

Otra forma de reducir los requisitos de capital inicial para las personas o empresas que reúnan los requisitos es explorar las subvenciones o incentivos gubernamentales para apoyar el espíritu empresarial y la innovación. Además, muchos gobiernos conceden ayudas, subvenciones o créditos fiscales para fomentar la investigación y el desarrollo, la creación de empleo o la inversión en industrias o sectores específicos. También es posible que los empresarios utilicen estos programas para adquirir financiación no dilutiva que puedan utilizar para poner en marcha sus empresas de nueva creación o compensar los costes de adquisición de capital.

Para minimizar el despilfarro y optimizar los recursos, hay que adoptar un enfoque de puesta en marcha ágil, lo que implica probar e iterar sobre las ideas de forma rápida y rentable. El uso de metodologías ágiles, como la creación rápida de prototipos, la retroalimentación de los clientes y el desarrollo iterativo de productos, permitirá a los empresarios validar ofertas refinadas y reducir el riesgo de fracasos costosos. Una estrategia iterativa de este tipo permite a los emprendedores preservar el capital mientras pivotan las estrategias en respuesta a las reacciones del mercado en tiempo real, aumentando así las posibilidades de éxito y minimizando las necesidades de capital inicial.

8.4 Búsqueda de préstamos y créditos

Teniendo en cuenta los aspectos personales y empresariales de las finanzas, acumular capital es un proceso continuo que implica una importante toma de decisiones y pensamiento estratégico. La búsqueda de préstamos y créditos constituye el núcleo del proceso, y es fundamental para impulsar el crecimiento, aprovechar las oportunidades y superar los obstáculos financieros para particulares y empresas, respectivamente. Esta sección ofrece una guía completa para maniobrar en el complejo mundo de la búsqueda de préstamos, profundizando en las diversas opciones de financiación y sus implicaciones para los prestatarios.

Los préstamos bancarios tradicionales pueden dar al prestatario acceso a enormes sumas globales con plazos y condiciones fijos. Las entidades financieras establecidas los ofrecen, a menudo para facilitar inversiones a largo plazo como la compra de terrenos o la expansión de empresas. Sólo se puede conseguir un préstamo bancario tradicional si se cumplen unos estrictos criterios de calificación, como un historial crediticio sólido, ingresos estables y activos valiosos que puedan servir de garantía.

Las líneas de crédito y otras opciones de préstamo a corto plazo están disponibles para hacer frente a las necesidades inmediatas de tesorería, al tiempo que ofrecen soluciones de financiación flexibles. Los prestatarios pueden utilizar líneas de crédito hasta un límite específico en el que los intereses sólo se aplican a las cantidades prestadas. Por ejemplo, el crédito renovable es conveniente porque ayuda a las personas a gestionar las fluctuaciones de sus flujos de caja, permitiéndoles hacer frente a gastos imprevistos con prontitud. Por el contrario, las opciones de préstamo a corto plazo, como los descubiertos o los préstamos de día de pago, pueden resultar costosas, por lo que hay que reflexionar detenidamente sobre su conveniencia o sostenibilidad.

Los programas de financiación respaldados por el gobierno, incluidos los préstamos de la Agencia Federal para el Desarrollo de la Pequeña Empresa (SBA), ofrecen importantes oportunidades a las pequeñas empresas y a los empresarios que desean obtener fondos para crecer. Los paquetes de préstamos de la SBA tienen condiciones favorables, que incluyen tipos de interés reducidos, plazos de amortización más amplios, además de menores exigencias de garantías que los hacen accesibles incluso cuando los empresarios no pueden dirigirse a los prestamistas convencionales. Además de los vinculados a las actividades de préstamo de la SBA, existen otros gestionados por las administraciones federal, estatal y local, todos ellos destinados a impulsar el desarrollo económico, crear empleo o fomentar las innovaciones. Estos programas pueden ofrecer subvenciones, subsidios y garantías de préstamo, entre otros beneficios, a diferentes personas o entidades empresariales según los requisitos.

Aparte de los préstamos bancarios tradicionales y los programas de financiación respaldados por el gobierno, las fuentes alternativas de financiación, como las plataformas de préstamos entre particulares y la financiación basada en activos, ofrecen a los prestatarios varias opciones para obtener fondos. Las plataformas de préstamos entre particulares ponen directamente en contacto a los prestatarios con inversores particulares dispuestos a pedir prestado, ofreciendo opciones de préstamo más flexibles y accesibles que los bancos tradicionales. Mientras que la financiación basada en activos se basa en el uso de activos como bienes inmuebles o inventario como garantía, es útil para empresas con activos valiosos pero poca liquidez.

Los factores que hay que sopesar incluyen los criterios de elegibilidad, los términos y condiciones del préstamo y las obligaciones de reembolso que conlleva antes de solicitar préstamos o créditos. Debe conocer los detalles de los distintos préstamos bancarios tradicionales, líneas de crédito, opciones de préstamo a corto plazo, préstamos de la SBA y vías de financiación.

Préstamos bancarios tradicionales

Los préstamos bancarios estándar han sido un pilar de la financiación para personas y empresas durante bastante tiempo. Estos préstamos los conceden instituciones financieras bien establecidas, como bancos y cooperativas de crédito, para que los prestatarios puedan acceder a dinero para diversos fines, como comprar una vivienda, crear una empresa o pagar gastos imprevistos. Los préstamos bancarios tradicionales difieren de otros métodos de financiación, como los préstamos entre particulares o el crowdfunding, ya que suelen seguir prácticas de préstamo establecidas y directrices normativas.

Otra característica definitoria de este tipo de préstamo es la constitución de garantías. Los bancos suelen pedir a los prestatarios que pignoren garantías. Esta garantía actúa como prueba para los prestamistas de que pueden recuperar sus activos en caso de impago. Los préstamos garantizados suelen tener tipos más bajos que los no garantizados, porque son menos arriesgados por parte del prestamista.

Cuando se solicitan préstamos bancarios tradicionales, hay que someterse a un riguroso escrutinio, que incluye el historial financiero, la puntuación crediticia y la capacidad para pagar el importe del préstamo solicitado. Las entidades financieras evalúan si usted es solvente basándose en sus fuentes de ingresos estables, el nivel de deudas en comparación con lo que gana cada mes, sus antecedentes laborales y la información sobre sus antecedentes crediticios. Los banqueros realizan estas evaluaciones basándose en la información facilitada en los informes de crédito obtenidos de cualquiera de las principales CRB (oficinas de referencia de crédito) nacionales.

Una vez aprobado, el prestatario recibirá dinero en efectivo, que deberá devolver según un calendario acordado. Los bancos ofrecen diferentes tipos de préstamos tradicionales que se adaptan a las distintas necesidades de los prestatarios, incluidos los préstamos hipotecarios para inversiones inmobiliarias, los préstamos para automóviles que financian la compra de un coche y los préstamos para empresas, destinados explícitamente a actividades empresariales. Cada tipo de préstamo tiene sus propios criterios, condiciones y plazos.

Aunque los préstamos bancarios tradicionales tienen muchas ventajas, como tipos de interés asequibles, plazos de amortización estructurados y límites de préstamo más importantes, también conllevan limitaciones y riesgos. Las estrictas normas de cualificación pueden hacer imposible que algunos obtengan estas ventajas. El proceso de solicitud y confirmación de estos créditos por parte de los bancos tradicionales suele ser largo debido a los diversos trámites que conllevan, por lo que puede no funcionar cuando se necesita financiación rápida.

Líneas de crédito y opciones de empréstito a corto plazo

Los bancos ofrecen una amplia gama de productos financieros que satisfacen las necesidades de financiación a corto plazo de empresas y particulares. Entre ellos se incluyen líneas de crédito y opciones de préstamo a corto plazo, que pueden ser flexibles a la hora de ayudar con las fluctuaciones de tesorería, financiar gastos imprevistos o aprovechar oportunidades inmediatas. Por eso es esencial que los prestatarios conozcan estas herramientas para encontrar soluciones eficaces y cómodas.

Las líneas de crédito son límites de crédito ya preaprobados por las entidades financieras para que los prestatarios puedan disponer de fondos hasta el límite acordado cuando lo necesiten. En comparación con los préstamos tradicionales, en los que los prestatarios reciben la suma global por adelantado y luego la devuelven en un plazo definido, las líneas de crédito son más elásticas a la hora de pedir prestado y devolverlo. Los prestatarios pueden retirar dinero cuando lo necesiten y pagar intereses sólo por lo prestado; por tanto, son útiles para gestionar flujos de tesorería fluctuantes.

Una de las principales ventajas de las líneas de crédito es que son renovables, lo que significa que, a medida que los prestatarios pagan las cantidades que deben, los límites disponibles se renuevan, permitiendo así un acceso continuo a los fondos. Esta característica hace que las líneas de crédito sean valiosas, especialmente para las empresas cuyo flujo de caja depende de cambios estacionales o ingresos irregulares. Las líneas de crédito permiten a las empresas utilizar los fondos disponibles para oportunidades de crecimiento, gastos de explotación o situaciones de emergencia sin interrumpir el funcionamiento normal.

Las líneas de crédito suelen ofrecer tipos de interés muy competitivos, sobre todo para quienes tienen un buen historial crediticio. Las entidades financieras pueden ofrecer líneas de crédito seguras, que requieren garantías como bienes inmuebles o existencias, o no seguras, respaldadas únicamente por la credibilidad del prestatario, entre otros tipos. Los tipos garantizados suelen conllevar comisiones bajas, ya que disminuye la exposición al riesgo de los prestamistas, mientras que los no garantizados conllevan un ligero aumento del tipo de interés.

Aparte de eso, los bancos también ofrecen más opciones de préstamo a corto plazo orientadas a necesidades específicas; por ejemplo, los descubiertos permiten a los titulares de cuentas llegar a saldos negativos sujetos a ciertos cargos e intereses. Aunque este servicio es una fuente rápida de dinero en casos de emergencia, es esencial controlar el grado de utilización de los descubiertos para evitar cargos enormes o incluso dañar el historial crediticio.

Otra opción de préstamo a corto plazo consiste en utilizar tarjetas de crédito para empresas que ofrecen líneas de crédito renovables similares a las líneas de crédito tradicionales, pero que pueden utilizarse para realizar compras directamente con la tarjeta. Las tarjetas de crédito para empresas suelen estar equipadas con programas de recompensas, herramientas de seguimiento de gastos, etc., por lo que son las preferidas por las pequeñas empresas y los empresarios que buscan formas flexibles de gestionar los gastos.

Los bancos también pueden conceder préstamos o anticipos a corto plazo especializados, como la financiación de facturas, los anticipos en efectivo a comerciantes o la financiación de equipos, cuyo objetivo principal es hacer frente a necesidades de financiación específicas. Estas alternativas podrían beneficiar a las empresas que necesitan capital a corto plazo contra activos y fuentes de ingresos, ya que agilizan el acceso a la financiación utilizando los activos existentes.

Préstamos de la SBA y otras financiaciones públicas

La financiación subvencionada por el Gobierno, como los préstamos de la Agencia Federal para el Desarrollo de la Pequeña Empresa (SBA), es un recurso crucial para que las empresas accedan a opciones de financiación baratas y las encuentren. Estos programas ofrecen incentivos mediante condiciones más accesibles y garantías de préstamo para estimular el crecimiento económico, apoyar el espíritu empresarial y facilitar la creación de empleo. La Administración de Pequeñas Empresas es una agencia federal que apoya a las pequeñas empresas a través de diversos programas, entre ellos las garantías de préstamos. A diferencia de los préstamos directos del gobierno, los préstamos de la SBA garantizan partes de los préstamos concedidos por prestamistas participantes, como bancos o cooperativas de crédito. Esta garantía reduce el riesgo de los prestamistas, por lo que están más dispuestos a conceder créditos a las pequeñas empresas que no reúnen los requisitos para los préstamos tradicionales.

Uno de los programas de préstamos de la SBA más conocidos es el 7(a), que financia cosas como capital circulante, adquisición de equipos, compra de inmuebles y refinanciación de deudas. En comparación con los préstamos convencionales, ofrece condiciones flexibles a tipos de interés asequibles durante períodos de amortización más largos, lo que lo hace atractivo para las empresas de nueva creación que buscan financiación adicional a medida que crecen sus operaciones. Otro importante programa de préstamos de la SBA es el CDC/504, que financia activos fijos como propiedades o equipos. En colaboración con los prestamistas, las Empresas de Desarrollo Certificadas (CDC) administran este programa, que ofrece financiación a largo plazo a tipo fijo que requiere un pago inicial menor y mejores condiciones para las pequeñas empresas que desean comprar o rehabilitar propiedades o adquirir maquinaria importante.

Otras formas de ayuda financiera con apoyo gubernamental pueden consistir en subvenciones o créditos fiscales destinados a industrias específicas o a abordar disparidades económicas. Pueden correr a cargo de distintos organismos federales, además de los gobiernos estatales o locales, y proporcionar subvenciones para investigación y desarrollo, financiación para el fomento de las exportaciones, formación de la mano de obra necesaria y financiación para proyectos comunitarios.

Las iniciativas de financiación apoyadas por el gobierno suelen dirigirse a comunidades desfavorecidas, como empresas propiedad de mujeres, empresas propiedad de minorías, empresas propiedad de veteranos y corporaciones rurales. El objetivo de estos programas es garantizar la igualdad de acceso a los recursos y el capital esenciales para que estas entidades puedan prosperar en el mercado. En el marco de los planes de financiación respaldados por el gobierno, puede disponerse de ayudas para catástrofes. Esto ayuda a las empresas a recuperarse de catástrofes naturales, recesiones económicas u otros acontecimientos negativos, mediante préstamos a bajo interés, subvenciones y otras formas de ayuda.

Los programas de préstamos de la SBA, al igual que otros apoyados por el gobierno, sirven como importantes medios de acceso a financiación asequible para empresas de diferentes tamaños e industrias. De este modo, los empresarios y propietarios de pequeñas empresas no sólo se mantienen por encima del umbral de la pobreza, sino que también contribuyen al crecimiento del PIB, crean empleo y mejoran la comunidad a través de diversos proyectos de responsabilidad social.

8.5 Fuentes de financiación

Garantizar una amplia financiación suele ser un ancla para el éxito en el viaje empresarial. Entre las innumerables opciones de financiación disponibles, los fondos propios son una plataforma sólida para las empresas de nueva creación y las ya establecidas. Esta sección examina a fondo tres fuentes fundamentales de financiación de capital: los ángeles inversores, el capital riesgo y el capital privado.

Los inversores ángeles son partidarios tempranos de proyectos empresariales; aportan algo más que dinero a bordo. Su amplia experiencia en diversos campos, sus contactos en el sector y su dirección estratégica pueden influir en la trayectoria de las jóvenes empresas. A la inversa, las empresas de capital riesgo representan la savia del ecosistema de las startups, ya que aportan inversiones sustanciales y asociaciones estratégicas, fomentando así la innovación y el crecimiento. A través de ellas, las startups pueden obtener fondos y otros recursos necesarios para su ampliación, incluido un inestimable asesoramiento en cuestiones tecnológicas.

A medida que las empresas maduran y exploran posibilidades de expansión o reestructuración, el capital riesgo de los mercados de capitales se convierte en una opción. Las empresas de capital riesgo invierten en empresas establecidas, con el objetivo de inyectar capital que impulse la eficiencia operativa, mejore los niveles de rentabilidad y desbloquee el valor latente, entre otras cosas. El enfoque a través del cual estas entidades realizan sus intervenciones está siempre planificado, e implica una ejecución rigurosa dirigida a maximizar los rendimientos tanto para las partes interesadas como para los inversores.

Ángeles inversores: Cómo encontrarlos y presentar su idea

Conseguir financiación de ángeles inversores puede cambiar las reglas del juego a la hora de sacar adelante una empresa incipiente. A diferencia de las fuentes de financiación convencionales, los ángeles inversores disponen del capital necesario para ofrecer una experiencia y unos contactos inestimables. Para atraer a los inversores ángeles adecuados y presentar eficazmente sus ideas, necesitará una planificación estratégica, un alcance específico y una narrativa convincente.

Una de las formas más eficaces de conectar con inversores providenciales es a través de la creación de redes. Participa en eventos del sector, reuniones de empresas emergentes y conferencias empresariales en las que puedas encontrar inversores providenciales. Mantén conversaciones significativas sobre tu visión e interés en sus puntos de vista compartiéndolos en plataformas de redes sociales como LinkedIn o Twitter. Generar confianza es esencial para la credibilidad.

Las plataformas en línea para empresarios que buscan inversores potenciales, como AngelList, Gust o SeedInvest, resultan útiles. Mediante la creación de perfiles en estos sitios web, las empresas de nueva creación pueden mostrar sus ideas de negocio y ponerse en contacto con posibles ángeles que compartan características similares de alineación del sector con la fase de su propia empresa y sus criterios de inversión.

Averigüe si existen redes o grupos de inversores ángeles de su zona y de los sectores que le interesan. Este tipo de grupos suele atraer dinero de personas adineradas interesadas en encontrar proyectos empresariales en los que invertir juntos. Es un ámbito en el que las empresas de nueva creación atraen a muchas personas a la vez. Investiga las comunidades locales de inversores providenciales que tengas cerca y participa en sus reuniones, aprovechándolas para mostrar lo que has hecho.

Establecer relaciones con profesionales de renombre, como antiguos actores del sector o empresarios de éxito, también puede dar lugar a que se conviertan en inversores ángeles, porque aumenta tu prestigio y te hace más visible entre tus colegas financieros. Tienes que pensar en tu discurso y en tu lenguaje. Empieza por crear una frase introductoria emocionante que capte la atención de cualquier inversor. A continuación, haz un breve resumen de tu producto o servicio, mercado objetivo, competidores y modelo de precios. Explica qué te diferencia del resto y por qué tu empresa tendrá éxito.

Demostrar la tracción mediante la presentación de métricas clave como el coste de adquisición de clientes, la tasa de crecimiento de los ingresos, los hitos en el desarrollo de productos y las asociaciones estratégicas que demuestren la escalabilidad del negocio". Mostrar pruebas concretas de progreso genera confianza entre los inversores, reduciendo así los riesgos percibidos.

Asegúrese de que la oportunidad de inversión está bien articulada, incluyendo cuánto dinero necesita, cuánto capital está dispuesto a ceder a cambio y de qué dependerá su plan estratégico una vez recibidos los fondos. Exponga su calendario de financiación, los hitos previstos y las posibles vías de salida para gestionar las expectativas de los inversores y mostrarles al mismo tiempo una vía de retorno.

Establezca relaciones y realice un seguimiento proactivo después de su presentación inicial, abordando cualquier pregunta o preocupación y proporcionando actualizaciones sobre su progreso. Los correos electrónicos de seguimiento personalizados, las reuniones o las invitaciones a eventos pueden estrechar los vínculos y mantener el compromiso de los inversores durante todo el proceso de captación de fondos.

Capital riesgo: Cómo funciona y qué buscan las sociedades de capital riesgo

El capital riesgo es un factor crítico en el crecimiento de la innovación, ya que financia con fondos propios a las empresas de nueva creación con gran potencial. Para conseguir fondos que les permitan ampliar sus negocios, los empresarios deben entender cómo funciona el capital riesgo y qué buscan los capitalistas de riesgo. El proceso de capital riesgo suele abarcar varias fases, cada una de ellas con distintos conjuntos de criterios y objetivos:

Recaudación de fondos: Los capitalistas de riesgo recaudan dinero de inversores institucionales como compañías de seguros, fundaciones y particulares adinerados para crear un fondo que respalde a las empresas emergentes. Estos fondos suelen estructurarse como sociedades limitadas, en las que la empresa de capital riesgo actúa como socio general encargado de gestionar los fondos.

Búsqueda de operaciones: Las sociedades de capital riesgo buscan posibles operaciones de inversión estableciendo contactos con empresarios, asistiendo a actos del sector o utilizando las relaciones existentes en la comunidad de empresas emergentes. También pueden ser remitidos a otros inversores por incubadoras, aceleradoras o conocedores del sector.

Diligencia debida: Tras identificar una posible oportunidad de inversión, los inversores de capital riesgo llevan a cabo comprobaciones de diligencia debida para evaluar la viabilidad y factibilidad de la empresa emergente objetivo. Esto incluye la evaluación del equipo, el tamaño del mercado, la competencia en productos y tecnología, el modelo de negocio y la escalabilidad de la proyección financiera.

Decisión de inversión: Los inversores de capital riesgo revisan sus conclusiones tras realizar la diligencia debida antes de tomar una decisión de inversión. Supongamos que consideran que la oportunidad encaja bien con la tesis y los criterios de inversión de su empresa. En ese caso, negociarán las condiciones del acuerdo, como el importe de la financiación, la valoración, el porcentaje de participación y los derechos de gobernanza.

Gestión de cartera: Los inversores de capital riesgo siguen apoyando y supervisando activamente a las empresas de su cartera, proporcionándoles dirección estratégica, ayuda operativa y acceso a la red de contactos, según sea necesario. También pueden ser miembros del Consejo de Administración. Como presidentes supervisan algunos aspectos de estas empresas, mientras que sus consejos asesores proporcionan orientación y actividades de supervisión.

Salida: Los inversores de capital riesgo suelen buscar una estrategia de salida a través de OPI, ofertas públicas iniciales, fusiones, actividades de adquisición, fusiones y adquisiciones, o ventas secundarias. El momento y la forma de la salida vienen determinados por diversos factores, como la situación del mercado, la trayectoria de crecimiento y las preferencias de los inversores.

Los inversores de capital riesgo tienen en cuenta varios factores clave a la hora de evaluar posibles oportunidades de inversión:

Equipo: Las sociedades de capital riesgo valoran la experiencia, los conocimientos y el historial del equipo fundador, que influyen considerablemente en las decisiones de inversión. Buscan fundadores con conocimientos del sector, experiencia relevante en la industria, sólidas dotes de liderazgo y una visión clara del crecimiento de la empresa.

Oportunidad de mercado: El capital riesgo evalúa el tamaño del mercado, las tasas de crecimiento y los competidores antes de invertir en estas empresas. Se fijan en las empresas emergentes que se dirigen a grandes mercados desatendidos con soluciones innovadoras que podrían alterar los sectores existentes o incluso crear otros nuevos.

Producto o tecnología: Las sociedades de capital riesgo analizarán la singularidad, escalabilidad y capacidad de defensa del producto de una empresa emergente. Evaluarán si cualquier oferta de la misma tendrá la mejor propuesta de valor, ventaja competitiva y alto potencial de adopción generalizada.

Tracción e hitos: Las sociedades de capital riesgo quieren algunas pruebas de tracción y progreso, incluida la tasa de adopción por parte de los clientes, las asociaciones o alianzas para el desarrollo de ingresos y la solidez del balance. Esto significa que los inversores dan preferencia a aquellas empresas que han alcanzado ciertos hitos o han demostrado tracción.

Modelo de negocio: Los inversores de capital riesgo analizan la información financiera, incluidos los flujos de ingresos, las estrategias de fijación de precios y la rentabilidad de la trayectoria, para evaluar los niveles de sostenibilidad de la empresa, la capacidad de ampliación, el crecimiento a largo plazo, la capacidad y los planes de obtención de beneficios.

También evalúan las posibilidades de salida de sus inversiones, incluida la probabilidad de una OPV o de una adquisición por parte de un comprador estratégico. Buscan empresas de nueva creación que ofrezcan a los inversores rendimientos significativamente altos en un plazo razonable. El capital riesgo contribuye a la innovación y el crecimiento a través de la financiación, proporcionando capital y orientación estratégica principalmente a empresas de nueva creación con gran potencial. Los empresarios que intentan obtener fondos para hacer crecer sus negocios necesitan comprender cómo operan los inversores de capital riesgo y qué tienen en cuenta a la hora de seleccionar oportunidades de inversión.

Capital riesgo: Cuándo es una opción y sus ventajas y desventajas

El capital riesgo (PE) es una vía a través de la cual las empresas establecidas pueden obtener financiación y reconstituirse. Las empresas incipientes suelen ser coto privado de los capitalistas de riesgo, a diferencia de las empresas de capital riesgo que se ponen al frente de empresas maduras que tienen ingresos fiables o potencial de crecimiento. Los empresarios deben saber cuándo considerar la posibilidad de recurrir al capital riesgo y a qué pueden renunciar a cambio.

Situaciones específicas o el apoyo estratégico pueden hacer de la PE una alternativa para muchas empresas. Las iniciativas de crecimiento, las nuevas entradas en el mercado o las adquisiciones estratégicas son razones por las que las empresas deciden recurrir al capital riesgo para cubrir sus necesidades de capital y experiencia para expandirse. Las empresas de capital riesgo proporcionan amplios recursos financieros y servicios de asesoramiento. También hay compras de empresas por sus directivos (MBO), planificación de la sucesión familiar u otras situaciones en las que el capital riesgo/inversión puede facilitar fácilmente las transiciones de propiedad. La esencia de estas asociaciones reside en el hecho de que su empresa seguirá creciendo después de que se retiren de ella porque la continuidad seguirá asegurada tras su jubilación.

Los fondos de capital riesgo/inversión también pueden financiar estrategias de reconversión o ejercicios de reestructuración para salvar empresas en dificultades o de bajo rendimiento con problemas operativos o financieros. Además, el capital riesgo puede proporcionar liquidez a los propietarios que deseen monetizar sus inversiones. Por atractiva que parezca, esta opción de inversión tiene varias contrapartidas y no es adecuada para todos los empresarios.

Es práctica común entre la mayoría de las instituciones invertir en valores privados, y buscarán participaciones sustanciales en la propiedad comprando en tales organizaciones. En consecuencia, los empresarios pueden perder el control sobre los procesos de toma de decisiones y las operaciones diarias, ya que el inversor se implica activamente en las cuestiones de gobernanza. Los inversores que destinan fondos a este modelo esperan obtener rendimientos atractivos en un plazo determinado, normalmente de cinco a siete años. Si se opta por la inversión de capital riesgo en lugar de otras opciones, la empresa se verá sometida a un mayor escrutinio para alcanzar ambiciosos objetivos de crecimiento, eficiencia operativa y mejora de los resultados financieros.

Las empresas de capital riesgo son conocidas por utilizar algunos trucos de ingeniería financiera, como el apalancamiento o la reestructuración del capital, para maximizar el rendimiento para sus accionistas, especialmente cuando se trata de añadir valor. Aunque pueden generar crecimiento a corto plazo, también pueden aumentar la exposición de una empresa a los riesgos relacionados con las finanzas y la carga de la deuda. El objetivo de los inversores de capital riesgo es obtener capital mediante la venta, la OPI o una oferta secundaria. Un empresario debe considerar cuidadosamente si asociarse con una empresa de capital riesgo merece la pena por las implicaciones potenciales.

Aunque los fondos de capital riesgo aportan capital y experiencia con fines de crecimiento y transformación, es posible que se pierda el control y se ejerza presión para realizar ingeniería financiera y alinear los objetivos de salida. La decisión de buscar inversiones de capital riesgo debe guiarse por los objetivos estratégicos de la organización y la visión empresarial a largo plazo para su éxito. Las empresas en fase inicial suelen ser el coto de los capitalistas de riesgo, más que de las empresas de capital riesgo, que se ponen al frente de empresas maduras que tienen ingresos fiables o algún potencial de crecimiento. Los empresarios deben entender cuándo tiene sentido considerar el capital riesgo como una opción y a qué pueden renunciar a cambio.

8.6 Crowdfunding y microfinanciación

En el mundo actual, caracterizado por la hiperconectividad y la digitalización, estos modelos alternativos de financiación han cambiado la forma en que particulares y empresas obtienen fondos, eliminando los obstáculos tradicionales al crédito. Esta sección pretende explorar los entresijos del crowdfunding y la microfinanciación, determinando así su relevancia para la financiación de pequeñas empresas o startups.

El crowdfunding ha dado poder democrático a particulares, artistas, inventores y escritores, que pueden utilizarlo para conseguir apoyo financiero para sus proyectos. Por ejemplo, una persona que desee lanzar un nuevo producto puede recurrir a las plataformas de crowdfunding para hacer visibles sus ideas a los miembros del público, que aportarán ayuda monetaria en forma de donaciones si así lo desean. Lanzar con éxito una campaña de crowdfunding requiere una planificación cuidadosa, una ejecución estratégica y un compromiso eficaz con los mecenas. Varios factores que contribuyen al éxito en la recaudación de fondos a través de crowdfunding son el establecimiento de objetivos claros, la construcción de narrativas atractivas y la utilización de la prueba social mientras se interactúa con los inversores a través de conversaciones transparentes o actualizaciones.

La microfinanciación, especialmente en forma de microcréditos, se ha convertido en el único salvador para las pequeñas empresas y los empresarios que viven en comunidades pobres de todo el mundo. A diferencia de las instituciones bancarias convencionales, que a menudo exigen garantías o préstamos a plazos como criterios de préstamo, las IMF ofrecen préstamos sin garantía, sin exigir garantías como títulos de propiedad y con una documentación mínima. Estos préstamos a pequeña escala permiten a las personas excluidas de las principales oportunidades de financiación debido a sus niveles de pobreza establecer o ampliar operaciones empresariales, lo que les genera ingresos y mejora sus condiciones de vida. Estos microcréditos pueden promover el espíritu empresarial, aliviar la pobreza y fomentar la inclusión en los sistemas económicos formales.

El crowdfunding es una forma innovadora de generar fondos para pequeñas empresas y startups. Al facilitar el acceso al capital para todos y promover el espíritu empresarial a nivel de base, el crowdfunding y la microfinanciación pueden permitir el crecimiento económico, la creación de empleo y el impacto social. Los empresarios, inversores y responsables políticos que deseen fomentar un cambio positivo en el mundo a través de campañas de crowdfunding e iniciativas de microfinanciación deben entender cómo funcionan.

Cómo lanzar con éxito una campaña de crowdfunding

Una de las cosas más importantes que puede hacer una persona para tener éxito en una campaña de crowdfunding es planificarla correctamente, contar una buena historia e implicarse para atraer a posibles financiadores y simpatizantes. Hay que definir las metas y objetivos de su campaña; esto es esencial. Sepa cuánto dinero necesita, cómo se utilizará y los resultados deseados. Unos objetivos específicos y mensurables le ayudarán a concentrar esfuerzos y a comunicar eficazmente la visión de su proyecto a los posibles financiadores.

Elaborar una historia atractiva le ayudará a captar la atención de su público. Comparta el trasfondo de su proyecto, que debe exponer qué problema resuelve, su impacto y por qué es importante. Las historias personales, combinadas con la pasión y la inspiración, pueden hacer que la gente se identifique emocionalmente con su proyecto y se anime a apoyarlo.

Su página de recaudación de fondos en crowdfunding sirve como eje central de todos sus esfuerzos de recaudación de fondos. Asegúrate de dedicar suficiente tiempo a crear una página atractiva que explique detalladamente de qué trata tu proyecto, sus objetivos y recompensas. También debe utilizar imágenes de alta calidad para mostrar mejor sus proyectos y atraer a los visitantes para que se conviertan en financiadores.

Ofrecer incentivos valiosos atrae a más patrocinadores a cualquier campaña de financiación. Deben ofrecerse varias recompensas a distintos precios para atraer a otros grupos de personas. Debes asegurarte de que todos estos incentivos sean pertinentes y gratificantes y puedan servir a los intereses de quienes podrían respaldarte.

Deben fijarse objetivos de financiación realistas para el éxito de una campaña. Evite establecer objetivos elevados que puedan ser alcanzables o realistas, dado el alcance de su proyecto o su público objetivo. Dividir un objetivo en hitos más pequeños y alcanzables puede crear impulso y animar a los contribuyentes. Para alcanzar eficazmente los objetivos de recaudación de fondos, es necesario contar con estrategias de promoción eficaces. Utiliza las redes presentes, las plataformas de medios sociales y las listas de correo electrónico para informar a más personas sobre esta iniciativa, al tiempo que diriges el tráfico hacia tu página. Colaborando con personas influyentes o blogueros, podrá amplificar su mensaje para llegar a un público más amplio.

La comunicación regular es esencial para mantener a los patrocinadores implicados e informados. Proporcione información actualizada sobre el progreso, los hitos y los logros de la campaña. La transparencia y la comunicación abierta generan confianza y credibilidad entre los patrocinadores, creando así un sentimiento de comunidad en torno al proyecto. Responda con prontitud a los comentarios o preguntas de los colaboradores. Fomente conversaciones en las que la gente pueda dar su opinión o agradecer el apoyo prestado. Cuanto más valorados se sientan los colaboradores, más fuerte será su conexión con un proyecto concreto.

Cumplir lo que uno ha dicho es esencial para mantener la confianza de quienes ya le han apoyado. Hay que mantener informados a los patrocinadores sobre la marcha de las recompensas y otros entregables que deban cumplirse. Si algo va mal, hay que abordarlo abiertamente. Hay varias cosas que pueden permitir a una persona tener éxito en una campaña de crowdfunding: una planificación adecuada, una buena narración de la historia y el compromiso con los posibles financiadores. Tus campañas deben tener objetivos claros. Debes saber cuánto dinero necesitas, cómo se utilizará y los resultados previstos. Establecer objetivos específicos y mensurables le ayudará a concentrar sus esfuerzos y a comunicar eficazmente a los posibles patrocinadores la visión de su proyecto.

Contar historias ayuda a crear una narración que capte la atención de sus oyentes. Comparta con ellos el trasfondo de este proyecto, como qué problema resuelve, su impacto y por qué es importante. Con anécdotas personales impregnadas de pasión e inspiración, se puede crear un vínculo emocional entre uno mismo y su público. Como tal, su página de recaudación de fondos representa un eje central sobre el que se apoyarán estas actividades de recaudación de fondos hasta que se consiga con éxito la financiación. Asegúrese de crear una página web interesante que hable más de lo que trata su proyecto, incluidos sus objetivos y recompensas.

Se necesitan incentivos valiosos que recompensen a la gente por apoyar una campaña de financiación. Estos incentivos deben ser relevantes y gratificantes y deben apelar a los intereses de los financiadores objetivo. Para que una campaña tenga éxito hay que fijar objetivos de financiación realistas. Evite objetivos demasiado ambiciosos e inalcanzables, teniendo en cuenta el alcance y el público de su proyecto. Una vez desglosado el objetivo de financiación, pueden establecerse hitos alcanzables que generen impulso y atraigan a los patrocinadores.

Una promoción eficaz es esencial. Las personas pueden utilizar sus listas de correo electrónico, plataformas de medios sociales o incluso las redes existentes para promocionar esta campaña, al tiempo que pretenden atraer tráfico a sus páginas.

8.7 Preparación de la recaudación de fondos

La preparación para la captación de fondos es un hito fundamental en el camino de cualquier nueva empresa o emprendedor. Un buen plan de negocio, un modelo financiero, un discurso persuasivo y una presentación a los inversores son elementos esenciales de esta preparación. Estos elementos fundamentales preparan a su empresa para el éxito en un entorno de financiación difícil, comunicando adecuadamente su visión, su propuesta de valor y sus perspectivas de crecimiento a los inversores potenciales. Un plan de negocio sólido actúa como una hoja de ruta para su empresa, delineando lo que pretende conseguir en el mercado, quiénes son sus competidores, dónde encuentra clientes, qué componentes pueden venderse y a qué precio, y cómo puede crecer el negocio.

Además de tener un plan de negocio, debe desarrollar un modelo financiero impresionante que demuestre si su empresa es económicamente viable o incluso escalable. Debe mostrar previsiones de ingresos y gastos, especialmente estimaciones de flujo de caja a lo largo de un periodo de tres a cinco años. Es necesario incluir en el modelo financiero supuestos como el tamaño del mercado, la estrategia de precios, los costes de adquisición de clientes, las tasas de crecimiento y el análisis de sensibilidad de diversos escenarios que afectan al rendimiento financiero de la empresa. Un modelo financiero elaborado pero pragmático garantiza a los inversores la generación de un ROI sostenible y una gestión eficaz de los riesgos financieros.

Cómo elaborar una presentación convincente para inversores

Para comunicar eficazmente su concepto de negocio, su propuesta de valor y su potencial de crecimiento a posibles inversores, debe crear un discurso y una presentación para inversores convincentes. Para ello, es necesario comprender quién es su público, lo que puede hacerse investigando su orientación inversora, su experiencia en el sector y sus criterios de inversión para adaptar el mensaje a sus intereses, preferencias y expectativas. De este modo, personalizará su discurso para hablar de sus intereses y preocupaciones específicas.

La introducción debe comenzar con un gancho que permita captar la atención del público desde el principio. Utilizando técnicas narrativas, cree una conexión emocional con el público, atrayéndolo hacia su relato. Utilice preguntas provocadoras, estadísticas o anécdotas memorables para despertar la curiosidad y preparar el terreno para su presentación.

Exponga qué distingue el valor de su empresa del de sus rivales y por qué los clientes preferirían adquirir sus productos o servicios. Destaque las ventajas y los beneficios exclusivos de su solución para ilustrar cómo abordará las necesidades o los puntos críticos del mercado. Para convencer a los inversores de las perspectivas de éxito de su empresa, muéstreles datos sobre la validación del mercado y la tracción en un sector relevante. Destaque los hitos críticos alcanzados y los testimonios de clientes significativos que validen la demanda del producto o servicio. La confianza en la viabilidad comercial puede obtenerse demostrando el interés en los mercados, la adopción por parte de los clientes, el aumento de los ingresos y las actividades de asociación.

Describa las características y las ventajas funcionales presentando una solución clara con ejemplos concretos, como demostraciones, capturas de pantalla y prototipos. Las visualizaciones ayudan a mostrar el valor de las soluciones. Describa cómo se obtienen, generan, obtienen y captan los ingresos. Especifique la estrategia de precios, los canales de distribución y los métodos de captación de clientes. Haga proyecciones que respalden este modelo de ingresos en términos de escalabilidad y rentabilidad.

Destaque los puntos fuertes, las cualidades y los logros que hacen que una persona sea adecuada para formar parte del grupo. Describa la experiencia pertinente en el sector, los conocimientos de dominio y los éxitos anteriores, mostrando la capacidad del equipo para ejecutar y obtener resultados. Diga cuánto capital necesita y en qué se gastará ese dinero. Debe incluir una explicación persuasiva de por qué los inversores deberían invertir en su empresa y los beneficios potenciales que pueden esperar de ella.

Practique a fondo su discurso para perfeccionar la pronunciación, el ritmo y el mensaje. Conozca los aspectos más débiles de su discurso y trabaje en ellos. Pregunte por el tono y el lenguaje corporal. Los presentadores deben hacer que sus discursos sean precisos, para inspirar confianza a los miembros de la audiencia.

8.8 El proceso de recaudación de fondos

La creación de redes y la identificación de posibles inversores son los aspectos más esenciales de la captación de fondos. Los empresarios deben tener conexiones sólidas dentro de la comunidad inversora para acceder a valiosos recursos y oportunidades. Se puede conocer a inversores potenciales a través de eventos industriales, conferencias o incluso amigos comunes que los conozcan, lo que permite crear una relación más sólida debatiendo diversas cuestiones relativas a las inversiones disponibles en el mercado.

La fase crítica aquí es la diligencia debida, en la que los inversores examinan la viabilidad de un plan de negocio, los riesgos asociados o su atractivo como opción de inversión. Los inversores tienen en cuenta muchos factores, como el modelo de negocio, el tamaño de la oportunidad de mercado y otros factores. Los empresarios deben proporcionar información completa sobre los distintos puntos planteados durante este proceso, siendo transparentes.

Cuando se firma un acuerdo que sella una inversión realizada en usted para entender los documentos de inversión, especialmente las hojas de términos, que contienen términos vitales como la valoración, los derechos de gobernanza, la cantidad invertida por una empresa durante su etapa de establecimiento, y las etapas de financiación. El cierre de una operación requiere atención al detalle, habilidades prácticas de comunicación y trabajo en equipo.

Creación de redes e identificación de inversores potenciales

Las empresas de nueva creación deben establecer contactos e identificar a posibles inversores como primer paso en el proceso de recaudación de fondos. Para que una campaña de captación de fondos sea eficaz, es fundamental mantener buenas relaciones con personas con recursos, con información privilegiada y con personas afines dentro del sector de la inversión. Esta sección destaca algunas de las estrategias que pueden ayudarle a mejorar sus habilidades para establecer contactos e identificar posibles inversores.

Participar en ferias y conferencias: Los empresarios pueden utilizar las ferias comerciales o las conferencias para conocer a inversores y discutir sus ideas de negocio. Busque eventos, seminarios y talleres específicos en los que haya posibilidades de conocer a estas personas. Estas formas de intercambiar conversaciones suelen facilitarse a través de mesas redondas que permiten al empresario conocer a estos socios potenciales.

Emplear plataformas en línea y grupos de contactos: Los aspirantes a empresarios pueden unirse a plataformas en línea como LinkedIn y AngelList y formar parte de una comunidad de empresas emergentes para ampliar su red de posibles grupos de inversores. Además, también es esencial unirse a grupos del sector, que deberían ofrecer la oportunidad de participar en debates aprovechando las redes sociales, para demostrar los conocimientos que se tienen sobre estos temas y conectar con patrocinadores dispuestos.

Pida presentaciones a conexiones mutuas: Es beneficioso si tienen conexiones mutuas que te presenten a posibles inversores durante el periodo empresarial. Los emprendedores podrían utilizar estratégicamente los vínculos existentes de miembros de grupos afines en el lugar de trabajo, mentores o asesores, incluidos antiguos alumnos, para ponerse en contacto con posibles financiadores en torno a sus amigos de la zona. Las referencias personales que te den aumentarán tu credibilidad a la hora de conseguir reuniones con inversores.

Asistir a concursos de pitch y jornadas de demostración: Los estudiantes emprendedores pueden participar en concursos de pitch o jornadas de demostración organizados por incubadoras como aceleradoras o concursos de start-ups, en los que hay muchos capitalistas entre el público invitado. También puedes considerar la posibilidad de unirte a programas de aceleración o jornadas de demostración en las que puedas presentar tu proyecto empresarial, recibir comentarios sobre él y relacionarte con equipos de inversores ángeles.

Participar en reuniones de presentación de inversores: Otra forma de conseguir una reunión con un inversor potencial es participar en reuniones de presentación de inversores o concertar charlas individuales. Busque a aquellos inversores de capital riesgo que hayan invertido anteriormente en ideas similares a la suya y concierte reuniones con ellos.

Cultivar relaciones auténticas: Los empresarios deben concentrarse más en establecer relaciones sólidas y auténticas con los inversores que en las oportunidades inmediatas de financiación. Un empresario necesita mucho tiempo y energía para desarrollar una relación personal con los posibles patrocinadores, conocer sus políticas de inversión y ajustar los detalles de la puesta en marcha a los requisitos de los inversores. Ganar la confianza fundamental de estos inversores permitirá futuras conversaciones sobre finanzas y una asociación empresarial.

Haga un seguimiento y manténgase en contacto: Siempre que conozca a alguien interesado en su empresa durante las reuniones o después de las conversaciones iniciales, es necesario enviarle un correo electrónico lo antes posible, agradeciéndole su tiempo y ofreciéndole información adicional cuando sea necesario. El empresario debe mantenerse en contacto con estos simpatizantes mediante boletines informativos en los que comunique cualquier avance realizado hasta el momento, así como emitiendo informes basados en los hitos alcanzados durante un periodo determinado. La comunicación constante indica que un fundador se toma su producto lo suficientemente en serio y garantiza un crecimiento constante antes de aceptar dinero de cualquier ángel.

Mediante la creación activa de redes y la identificación de posibles fuentes de financiación, los empresarios tienen más posibilidades de llegar a muchos clientes, conseguir los fondos necesarios para las operaciones cotidianas y crear alianzas estratégicas que pueden facilitar el progreso ulterior de esas empresas. Aunque la creación de una red fiable de financiadores requiere tiempo, esfuerzo y persistencia, garantiza el acceso al capital necesario para lograr un rápido crecimiento de las ventas.

Explicación del proceso de diligencia debida

El proceso de captación de fondos incluye la fase de diligencia debida, en la que los inversores potenciales evalúan las ideas empresariales del emprendedor, así como su viabilidad y riesgo. Esta fase confirma la historia del empresario, revela oportunidades de beneficio y señala posibles peligros. Para facilitar el proceso de diligencia debida, los inversores suelen pedir a los empresarios que presenten una serie de documentos y materiales. Estos pueden incluir, entre otros, planes de negocio, estados financieros, proyecciones de ingresos, contratos con clientes, acuerdos legales, registros de propiedad intelectual o registros reglamentarios. Los empresarios deben tener todas las manos en la masa para proporcionar información completa y precisa dentro del plazo estipulado para que todo vaya sobre ruedas.

Durante el proceso de diligencia debida, pueden celebrarse reuniones o entrevistas entre los inversores y miembros fundamentales del equipo del empresario, como fundadores, ejecutivos o asesores. Estas sesiones pueden ayudar a un inversor a conocer mejor las ideas del fundador sobre las estrategias de creación de una visión. Los inversores también pueden desear más información sobre aspectos relacionados con una idea empresarial concreta o sus riesgos potenciales.

Tendrán que determinar la oportunidad de mercado y el panorama competitivo para saber si hay suficiente demanda y perspectivas de crecimiento para el producto o servicio de un empresario. Es importante que el inversor valide las hipótesis y proyecciones del empresario mediante estudios de mercado, análisis de la competencia, entrevistas con clientes e incluso evaluaciones comparativas del sector.

Durante la diligencia debida financiera, se realiza un examen exhaustivo de los estados financieros de los empresarios, incluidas las previsiones de ingresos, las previsiones de tesorería y las prácticas contables. Se examinan las fuentes de ingresos y las estructuras de costes, junto con los márgenes de beneficio y otros indicadores financieros esenciales que dicen algo sobre la sostenibilidad de la empresa en cuestión. También se evalúan los resultados históricos y las perspectivas de crecimiento futuro, junto con otros posibles riesgos y contingencias.

Algunos inversores quieren conocer cualquier riesgo legal o reglamentario que pueda afectar a las operaciones o perspectivas de la empresa como parte de sus comprobaciones de diligencia debida sobre las empresas de los emprendedores. Esto incluye, entre otras cosas, la evaluación de las prácticas de gobierno corporativo, las obligaciones contractuales, los acuerdos de empleo y los derechos de propiedad intelectual. Al llevar a cabo la diligencia debida, los emprendedores deben confirmar que su empresa opera en consonancia con las leyes y reglamentos vigentes, al tiempo que abordan las cuestiones jurídicas derivadas del proceso.

A lo largo del proceso de diligencia debida, se evaluarán el riesgo y la incertidumbre relacionados con esta inversión y el plan del empresario para reducir estos riesgos. Estas conversaciones implican revisar las estrategias de gestión del riesgo, los planes de contingencia y otros factores atenuantes que podrían afectar al éxito de tales iniciativas. Los inversores siempre están dispuestos a escuchar a aquellos empresarios que puedan responder de forma convincente y, al mismo tiempo, tranquilizarles sobre su capacidad para gestionar el riesgo de forma eficaz.

El proceso de diligencia debida suele tener un calendario acordado con hitos y plazos específicos para los distintos pasos. El resultado final de la diligencia debida determina si los inversores hacen una oferta de inversión, negocian nuevas condiciones o se retiran por completo de la inversión.

Cerrar el trato: entender los pliegos de condiciones y los documentos de inversión

El cierre de una operación es un gran hito en el proceso de captación de fondos. Es el momento en que empresarios e inversores firman su acuerdo de inversión y legalizan las condiciones de la operación. La clave de este proceso es entender las hojas de condiciones y los documentos de inversión, que establecen los términos que definen una inversión. Las hojas de condiciones no son contratos vinculantes, sino que establecen las condiciones básicas de una inversión entre empresarios e inversores. Aunque no son jurídicamente vinculantes, sirven de base para la negociación y proporcionan una guía para estructurar la transacción. Una hoja de condiciones típica incluirá elementos como la cantidad invertida, la valoración, los derechos de gobernanza, las preferencias de liquidación, la participación en la propiedad, las cláusulas antidilución y las estrategias de salida.

Una vez que las partes han acordado todos los términos de la hoja de condiciones, pueden redactarla como documento de inversión jurídicamente vinculante. Puede tratarse de acuerdos de suscripción, acuerdos de accionistas o cualquier otro documento jurídico necesario para cerrar acuerdos empresariales. La cantidad de dinero invertida en una empresa de capital riesgo es un aspecto crucial que debe figurar en toda buena hoja de condiciones y su valoración. La primera se refiere a cuánto dinero en efectivo han comprometido quienes asumen el riesgo, mientras que la segunda detalla las valoraciones antes y después realizadas durante las negociaciones con los inversores potenciales. Para asegurarse un control suficiente sobre su empresa, los fundadores deben esforzarse por satisfacer las expectativas de rentabilidad de los inversores mediante valoraciones justas que reflejen su potencial.

La participación en la propiedad es el porcentaje de capital que un inversor obtiene de su inversión, lo que le otorga cierto control sobre las decisiones de la empresa. Además de las participaciones en los pliegos de condiciones, hay que definir si los puestos del consejo pertenecen a los inversores de capital riesgo o a los fundadores. Aquí deben destacarse las funciones de gestión compartidas con los propietarios de estas participaciones. Antes de hacerlo, los empresarios deben evaluar si esta acción les permitirá mantener el control sobre su empresa y, si no es así, deben negociar mejores condiciones.

Poco después de que ambas partes acuerden la hoja de condiciones, ésta se plasma en acuerdos de inversión jurídicamente vinculantes. Estos incluyen acuerdos de inversión, acuerdos de suscripción, acuerdos de accionistas y otros documentos legales que puedan ser necesarios para consumar la transacción. El documento protege los derechos de los empresarios en sus estructuras de propiedad, mientras que los inversores se benefician de la seguridad jurídica.

Las cifras determinarán el porcentaje de capital que adquiere un inversor, junto con una valoración previa expresada como importe o ratio. Todo fundador de una startup debe buscar la valoración más favorable mediante negociaciones justas que se basen en el verdadero potencial del negocio y sigan siendo capaces de proporcionar rendimientos razonables en términos del porcentaje de participación esperado por los capitalistas. También indican cómo se repartirán entre los accionistas los fondos procedentes de eventos de liquidación como ventas o disoluciones, en función de su jerarquía. Por ejemplo, los derechos de adquisición pueden dar prioridad a la devolución del dinero a un capitalista o capitalistas de riesgo antes que a cualquier otra persona. Existen cláusulas antidilución destinadas a proteger a los inversores iniciales de la dilución de su participación en acciones ordinarias debido a emisiones posteriores.

Las estrategias de salida también pueden incluirse en los pliegos de condiciones, que describen cómo recuperará el inversor su dinero más los beneficios, lo que se traduce en ganancias sobre las inversiones realizadas. Las vías típicas de salida implican OPV, fusiones y adquisiciones, o incluso acuerdos de recompra, por separado o combinados. Suele ser necesario que los propietarios de la empresa y los financieros se pongan de acuerdo sobre el método preferido para salir y fijen las condiciones que puedan maximizar la recuperación de la inversión para todas las partes implicadas.

A la hora de negociar las cláusulas de las hojas de condiciones y los documentos de inversión, es necesario que ambas partes presten especial atención y realicen un examen jurídico. Los emprendedores deben contratar a abogados que les ayuden a comprender las implicaciones jurídicas del acuerdo y a comprobar si están actuando con suficiente inteligencia; esto incluye asesorar a los fundadores sobre la jerga utilizada en los círculos jurídicos, así como sobre lo que podría desencadenar disputas entre las partes contratantes que, de otro modo, se pasarían por alto durante las fases de finalización, en las que se podrían conseguir mejores ofertas.

La operación sólo se cerrará si los términos de la transacción de inversión se establecen y reflejan en documentos de inversión legalmente exigibles. La ejecución de los acuerdos de inversión, la transferencia de dinero y la emisión de acciones a los inversores forman parte del cierre de la operación. Los empresarios deben cumplir todos los requisitos legales y reglamentarios relativos a la transacción, tal como se indica en la hoja de condiciones y otros documentos de inversión.

Capítulo 9

Fundamentos de la marca y el marketing

En el corazón de toda organización de éxito hay una marca fuerte que resuena entre sus consumidores. Apreciar lo que significa el branding exige reconocer cómo las marcas pueden despertar emociones, impactar en la mente de los clientes y servir como propuesta de valor en el mercado. Una marca potente ayuda a diferenciar a una organización de otras del sector, determina la actitud de los consumidores hacia ella, impulsa las decisiones de compra y fomenta la fidelidad.

Un plan de marca bien elaborado sienta las bases para crear una identidad de marca convincente y orientar todas las actividades de marketing. Esto implica esbozar la misión, la visión, los valores y la posición de la empresa en el mercado, al tiempo que se define quién es el público objetivo, junto con sus necesidades y preferencias. Un planteamiento integrado de la marca complementa los objetivos generales de la empresa, ya que orienta la coherencia de los mensajes sobre la imagen de marca, el aspecto visual y la experiencia del cliente.

La identidad de marca engloba todos los elementos visuales asociados a una empresa, como logotipos, esquemas de color, fuentes o tipografías e imágenes utilizadas durante las comunicaciones. Desarrollar una identidad implica crear activos estéticamente agradables que ayuden a grabar en la mente de los consumidores la personalidad de este logotipo y sus valores, entre otras cosas. Un concepto de marca fuerte capta la atención, lo que influye en el volumen de ventas a través del comportamiento de compra repetida.

Crear un mayor nivel de conciencia de marca (cómo perciben los clientes a su empresa) requiere importantes inversiones en múltiples plataformas, como campañas publicitarias, relaciones públicas, redes sociales y creación de contenidos.

Una distribución bien orientada empieza por un conocimiento profundo del mercado, los competidores y el grupo destinatario. La investigación y el análisis de marketing implican recopilar y analizar datos para conocer mejor el comportamiento de los consumidores, las tendencias del mercado y la dinámica del sector. Esto nos ayuda a tomar decisiones basadas en hechos disponibles en tiempo real, lo que nos llevará a identificar oportunidades de crecimiento y a desarrollar estrategias de marketing que resuenen. Un plan de promoción bien elaborado define objetivos, estrategias y tácticas para llegar a los clientes objetivo e implicarlos con éxito. La segmentación del mercado, la fijación de objetivos, el posicionamiento, la fijación de precios, la distribución y la publicidad son algunos de los componentes incluidos en un buen plan de marketing. Dirige las actividades de marketing, de ahí su importancia para evaluar la eficacia de los programas de la empresa.

Las cuatro P tradicionales (producto, precio, plaza y promoción) constituyen el marketing mix, una herramienta esencial para desarrollar las estrategias o planes de marketing de una empresa. El marketing contemporáneo amplía este marco para abordar más aspectos, como los procesos de las personas, la presencia física y las asociaciones. Cada elemento es esencial a la hora de dar forma a las estrategias generales de marketing para beneficiar a los clientes. Las empresas crean y comparten contenidos valiosos, relevantes y coherentes en el marketing de contenidos para atraer a su público objetivo. La narración de historias es un componente fundamental de la estrategia de marketing de contenidos que permite a las empresas conectar con la gente, estimular las emociones y expresar eficazmente la narrativa de su marca. Las empresas pueden captar nuevos clientes creando historias que sean significativas para ellos.

Construir relaciones sólidas con los clientes y fomentar su fidelidad es vital para el éxito empresarial a largo plazo. Las empresas deben interactuar con los clientes en todos los puntos de contacto utilizando estrategias de retención, al tiempo que abordan cualquier pregunta o preocupación de forma rápida y excepcional. De este modo se consigue un cliente satisfecho que se mantiene fiel a través de compras repetidas. Toda empresa debe centrarse en satisfacer a sus consumidores, ya que ello conllevará una publicidad positiva y la repetición de las compras, lo que será gratificante en términos de generación de ingresos.

Para navegar por el complejo mundo del branding y el marketing, las empresas necesitan un enfoque estratégico que integre estos principios y estrategias fundamentales. Por ejemplo, entender el branding, establecer una estrategia de marca unificada, desarrollar una identidad de marca atractiva y aumentar el conocimiento de la marca y las relaciones con los clientes son las claves definitivas para obtener un alto rendimiento de la inversión en un mercado competitivo. Un fuerte vínculo entre una empresa y sus clientes sólo puede crearse a través de diversas iniciativas, como discusiones sobre los objetivos para futuros productos o servicios, proporcionando experiencias únicas que aumenten el reconocimiento del producto para que la comunicación no se pierda en el ruido, y construyendo procesos en torno a los clientes existentes.

9.1 Comprender el poder de la marca

Una marca fuerte es la base del éxito de cualquier empresa. No se trata sólo de una buena imagen, sino de crear vínculos emocionales con los clientes para que confíen en usted, sean fieles a su producto o servicio y hablen positivamente de él. Estas marcas se distinguen de las demás creando una identidad exclusiva. La marca es, por tanto, un capital estratégico que permite a las empresas avanzar acelerando el crecimiento, la rentabilidad y la sostenibilidad.

Para entender qué es la marca, debemos fijarnos primero en tres componentes esenciales: Identidad, Imagen y Equidad. Por identidad de marca se entiende todo lo que representa su empresa, incluidos los valores, las creencias y la personalidad. Los elementos tangibles e intangibles, como los logotipos, los colores o lo que se dice, llevan a cabo la misión constituyen la voz de marca de una organización o empresa. Además, los mensajes de marca contribuyen a crear una imagen en la mente de los consumidores. Al establecer la disposición de los consumidores a pagar primas a lo largo del tiempo, el valor de marca ayuda a crear resistencia en el mercado.

Al investigar el impacto del branding en las empresas, se puede comprender hasta qué punto influye en los logros empresariales y la intrincada dinámica del branding. Esto implica desarrollar un claro sentido de identidad de marca, cultivar una imagen de marca atractiva y positiva y fomentar la lealtad de los clientes invirtiendo en ventajas posicionales a largo plazo, es decir, en el valor de marca. Estos atributos corporativos ayudan a cultivar fuertes vínculos entre fabricantes, empresas y compradores, conduciéndolos así hacia un desarrollo sostenible a través de la lealtad en el contexto del mercado.

El papel de la marca en el éxito empresarial

La marca es algo más que logotipos, colores o frases llamativas; es un activo estratégico vital que puede influir significativamente en el éxito de una empresa en el mercado. En esencia, la marca representa el alma de una empresa: sus valores, su misión, su personalidad y su promesa a los clientes. Constituye la base sobre la que las empresas construyen relaciones con los clientes, se diferencian de la competencia y generan crecimiento y rentabilidad.

Uno de los papeles fundamentales de la marca en el éxito empresarial es crear identidad y diferenciación en el mercado. En una era en la que los consumidores se ven bombardeados de opciones, una imagen de marca claramente definida permite a las empresas ocupar un lugar exclusivo en el mercado, facilitando que sus clientes se identifiquen con su empresa. Al comunicar una identidad de marca clara y convincente, las empresas pueden atraer al público deseado, generar confianza y fomentar la fidelidad a lo largo del tiempo.

La marca desempeña un papel fundamental a la hora de conformar las percepciones de los clientes e influir en su comportamiento de compra. Una marca fuerte crea buenos sentimientos y asociaciones entre los compradores, haciéndoles más propensos a elegir una marca frente a otras. Así, la marca ayuda a establecer vínculos emocionales con los consumidores, fomentando la confianza, la fiabilidad y la credibilidad. Este vínculo emocional puede conducir a compras repetidas y a la defensa de la marca.

La marca permite a las empresas obtener precios más altos, lo que aumenta su rentabilidad. Las marcas bien establecidas con una sólida reputación entre los clientes fieles pueden justificar precios más altos para sus productos o servicios. En muchos casos, los consumidores están dispuestos a pagar más por marcas de confianza que ofrecen un valor percibido en comparación con el nivel de rendimiento de la competencia.

El branding asegura la coherencia de los mensajes en todos los puntos de contacto, garantizando la congruencia a lo largo de todo el recorrido del consumidor, de modo que los clientes disfruten de una experiencia unificada a través de los distintos puntos de contacto dentro de una determinada esfera de marca. Cada interacción con la marca, desde las comunicaciones publicitarias hasta el diseño del producto, engloba la forma en que los consumidores entienden la marca.

En la era digital actual, el branding ha ido más allá de los canales de marketing tradicionales para incluir plataformas en línea como las redes sociales. Las redes sociales ofrecen a las empresas la oportunidad de interactuar directamente con su público objetivo, amplificar el mensaje de la marca y establecer una comunidad de seguidores fieles. Un branding eficaz en las redes sociales puede humanizar su marca, aumentar la notoriedad y promover el compromiso y la conversión.

No se puede exagerar el papel de la marca en el éxito empresarial. Una marca fuerte es un activo inestimable que crea diferenciación, influye en la percepción del cliente, fomenta la lealtad y, en última instancia, contribuye al crecimiento y la rentabilidad a largo plazo. Al invertir en esfuerzos de branding y cumplir continuamente sus promesas de marca, las empresas se posicionan para el éxito en el competitivo mercado actual.

Definir una marca: Identidad, imagen y equidad

La identidad de marca es la base sobre la que se construye la historia de una marca. Encarna las creencias, valores y aspiraciones fundamentales que definen la identidad o el propósito de una empresa. La identidad de marca se manifiesta a través de rasgos físicos como logotipos, paletas de colores, tipografía, elementos de diseño y cualidades intangibles como el tono de voz utilizado en los mensajes o la personalidad general de este producto.

La imagen de marca se refiere al paisaje perceptivo en el que se mueven los consumidores cuando conocen una marca. Engloba las percepciones, afiliaciones o sentimientos de los clientes hacia un artículo. No sólo existe como parte de las comunicaciones de marketing o la publicidad, sino en todos los puntos en los que los consumidores entran en contacto con las marcas, empezando por los encuentros con el servicio de atención al cliente, las recomendaciones boca a boca, las interacciones en las redes sociales e incluso las experiencias con los productos. Todo ello afecta a la imagen que la gente tiene del nombre de su empresa. Una imagen positiva crea una fuerte conexión emocional con los compradores, dándoles confianza y lealtad. Por el contrario, una imagen negativa puede reducir la confianza del consumidor y provocar un descenso de las ventas.

El valor de marca refleja el valor numérico y la influencia que tiene el nombre de una persona en la mentalidad de los compradores. Representa la buena voluntad colectiva desarrollada a lo largo del tiempo. Un valor de marca sustancial permite a una organización dominar el mercado, competir con éxito y mantener el crecimiento y los ingresos.

Definir una marca requiere una comprensión y una combinación globales de identidad, imagen y valor. Al crear una identidad única para sí misma, gestionar su reputación y alimentar su valor en el mercado, una buena marca puede mantener su existencia en la mente de los consumidores. Se trata de una medida sólida que se traduce en relaciones significativas con los consumidores, lo que aumenta las posibilidades de éxito.

9.2 Crear una estrategia de marca

Crear una estrategia de marca es una parte integral del crecimiento empresarial; es la estrella que guía el viaje de una marca en el mundo de la competencia. Establecer los valores y la misión de la marca ayuda a definir qué representa una marca y por qué existe. Al autentificar estos valores o redactar una declaración de misión concisa que atraiga a los clientes, las marcas pueden establecer relaciones significativas con su público objetivo y alinearse con sus aspiraciones y creencias.

Para que una organización se diferencie de sus competidores y atraiga la atención de los clientes, debe contar con una Propuesta Única de Venta (USP) convincente. La USP explica cómo se beneficiarán los clientes del uso del producto o servicio, diferenciándolo de la competencia e influyendo en la percepción del cliente.

El posicionamiento y la personalidad de su marca definen cómo la ven los consumidores. El posicionamiento se refiere a que los profesionales del marketing sitúan estratégicamente sus marcas frente a productos rivales, pero la personalidad hace que los consumidores asocien su empresa con rasgos o cualidades humanas, aumentando así sus interacciones.

Hablaremos de cada una de ellas por separado, destacando su importancia y ofreciendo soluciones para desarrollar estrategias de marca convincentes. Hoy en día es crucial saber lo vital que es contar con una estrategia de marca que hable directamente al corazón del cliente sin perder de vista los objetivos de la organización.

Establecer los valores y la misión de la marca

La base de cualquier marca próspera es establecer los valores y la misión de su marca. En esta fase, la esencia de una marca se define identificando su personalidad, esperanzas, sueños y principios rectores. Desarrollar los valores y la misión de la marca no es una tarea, sino un intenso viaje reflexivo en el que las marcas profundizan en sus creencias fundamentales, sus motivaciones y el impacto previsto en la sociedad.

Los valores de marca sirven como brújula moral de la marca, que expresa los ideales y principios que guían las acciones y decisiones. La identidad de la marca se construye sobre estos cimientos, reflejando idealmente un compromiso con la integridad, la autenticidad y la responsabilidad social. La articulación clara y auténtica de los valores de la marca hace que sean algo más que meras palabras en una página; se convierten en la fuerza que impulsa cada acción de la marca que influye en las estrategias empresariales, incluido el desarrollo de productos o el servicio al cliente. Las empresas que se mantienen fieles a sus valores se ganan la credibilidad de su público y fomentan la fidelidad de sus clientes a largo plazo.

La misión de una marca es su estrella polar. Comunica lo que representa la empresa y los cambios que pretende provocar en el mundo. Una misión vital inspira a las partes interesadas internas a la vez que resuena en el público externo, de modo que personas de distintos ámbitos de la vida puedan unirse en torno a ella y crear objetivos con propósito dentro de sus visiones compartidas. Cuando las empresas tienen misiones claras que van más allá de la obtención de beneficios, unen a sus grupos de interés en torno a iniciativas para lograr un cambio positivo o el bien de la sociedad.

Para elaborar estos valores y misiones de marca, es necesaria una reflexión colaborativa entre las principales partes interesadas, como los empleados, los clientes y el equipo directivo. Debe haber un diálogo abierto para que en esas conversaciones se respeten las diversas voces. En entrevistas, talleres o sesiones de feedback, las marcas pueden descubrir qué creencias les guían y definen quiénes son.

Una vez establecidos, los valores y la misión de la marca dictarán diversos aspectos de la formulación de la estrategia. Determinan las estrategias de posicionamiento, los mensajes y la comunicación, que deben diseñarse de modo que estén en consonancia con la identidad y las aspiraciones de la marca.

En un mercado tan dinámico como el actual, en el que los consumidores buscan autenticidad, propósito y significado en las marcas que apoyan, es más importante que nunca que las marcas establezcan valores y misiones de marca. Adoptar de verdad esos valores, no de boquilla, es lo que hace que una marca destaque, lo que le permite resonar profundamente con su público. Una empresa que vive de verdad sus valores y encarna una misión clara tiene mejores cimientos.

Desarrollar una propuesta única de venta

Una propuesta única de venta (PUE) es una de las formas más eficaces de diferenciar una marca y captar la atención de los consumidores en un mercado saturado. La USP resume en qué se diferencia una marca de sus competidores y en qué es mejor que ellos.

Una gran USP debe basarse en el conocimiento del público objetivo y de sus necesidades, deseos y puntos débiles. Para identificar necesidades insatisfechas o segmentos de mercado sin explotar que puedan utilizarse para la diferenciación, las marcas deben realizar una amplia investigación de mercado y un análisis de los consumidores. Comprender lo que diferencia a este público objetivo de los demás y lo que impulsa su comportamiento de compra permitirá a las marcas desarrollar una USP centrada que resuene con ellos y aborde eficazmente sus necesidades específicas.

Una USP convincente tiene que ir más allá de las características o ventajas del producto. Ya se trate de calidad superior, tecnología innovadora, excelente servicio de atención al cliente o una experiencia única, la PVE debe comunicar algo real además de beneficios intangibles. Debe responder a la pregunta fundamental: "¿Por qué los consumidores deberían elegir nuestra marca en lugar de otras?".

La creatividad, la innovación y el cuestionamiento de la sabiduría convencional son requisitos fundamentales para el desarrollo de la USP. Las marcas deben pensar más allá de lo convencional para descubrir ángulos o puntos de vista distintivos que las diferencien de sus rivales. Puede tratarse de utilizar tecnología propia, ofrecer ventajas exclusivas, recompensar con programas de fidelización o prestar un servicio de atención al cliente que asombre a los clientes superando sus expectativas. Una USP convincente se establece sobre la credibilidad y la autenticidad. Las marcas deben cumplir siempre las promesas que hacen en su USP. Las empresas pueden mejorar su USP y crear lealtad y defensa a largo plazo desarrollando confianza y fiabilidad.

Las marcas deben evaluar y perfeccionar continuamente su USP para responder a los movimientos del mercado, las cambiantes demandas de los consumidores y las presiones de la competencia. Deben ser capaces de adaptarse a la vez que innovan para seguir siendo competitivas frente a la evolución de los mercados y los competidores emergentes. Esto implicaría revisar su público objetivo, reevaluar su propuesta de valor o explorar nuevas oportunidades de diferenciación. Conociendo a su público objetivo, descubriendo necesidades insatisfechas y presentando una oferta de valor convincente, las marcas pueden establecer sólidos puntos de venta únicos que las diferencien de la competencia e impulsen el éxito en los mercados.

Posicionamiento de marca y personalidad

El branding no consiste sólo en el posicionamiento y la personalidad de la marca, sino en lo que ésta representa, su identidad y cómo se distingue de las demás. El posicionamiento de la marca implica decidir cómo deben percibir los consumidores el producto de una empresa en relación con lo que existe en el mercado. Consiste en encontrar el punto óptimo en el que las características, ventajas y valores únicos de una marca satisfacen las necesidades y deseos de las personas a las que se dirige. Este proceso se basa en una inmersión profunda en los conocimientos de marketing y en la comprensión de las estrategias de los competidores y las características de los consumidores, para identificar esas zonas sin explotar con potencial que las marcas pueden ocupar. El éxito de este arte estratégico depende de una comprensión clara de a quién se dirige la marca, qué les motiva y cuáles son sus aspiraciones. Las marcas deben ponerse en la piel de los clientes para comprender lo que realmente les importa.

Por su parte, la personalidad confiere a las marcas atributos similares a los humanos a través de rasgos y características emocionales que generan un vínculo entre ellas y los consumidores. Como las personas, cada marca tiene su personalidad, que forma parte de cómo son percibidas o recordadas. Algunos ejemplos son ser fiable, como un viejo amigo al que conoces desde hace años; innovadora, como alguien que piensa en el futuro; o incluso juguetona, como una pareja fácil de llevar. De este modo, las empresas pueden mejorar su imagen estableciendo un vínculo con los clientes.

Desarrollar una personalidad de marca implica elegir cualidades de carácter esenciales que reflejen su identidad y sus valores. Esto puede incluir ser sincero, inventivo, fiable o empático, entre otras cosas. Manteniendo la uniformidad en las distintas plataformas, incluida la experiencia de servicio al cliente y los mensajes de comunicación publicitaria, las marcas pueden construir identidades fuertes capaces de evocar un significado a nivel doméstico entre ellas y los clientes individuales.

La adhesión al posicionamiento y la personalidad de marca deseados es esencial. Los mensajes, elementos visuales y acciones de las marcas deben corresponderse con cómo desean ser vistas y cómo les gustaría que su clientela las percibiera. Así, las empresas mantendrán su identidad y, al mismo tiempo, ganarán vínculos más fuertes a largo plazo.

9.3 Diseñar su identidad de marca

La identidad visual de una marca va más allá de un logotipo o una combinación de colores. Es como si su alma tomara forma tangible encapsulando todo aquello en lo que cree, su personalidad y sus aspiraciones. En este contexto, el logotipo actúa como un ancla en torno a la cual gira todo, simbolizando así lo que representa la empresa. Un buen logotipo no tiene que ver con la belleza, sino con el vínculo emocional entre los clientes y la empresa. Los colores también son esenciales, ya que cuentan una historia sobre una marca. La elección de cada tonalidad evoca determinados sentimientos o ideas, dando profundidad a la comunicación sobre un determinado producto o servicio asociado a ella. Sin embargo, cuando se trata de la percepción del usuario, es esencial tener en cuenta que los colores afectan significativamente al comportamiento del consumidor.

Además, la tipografía también desempeña un papel integral en la expresión de las marcas a través de tipos de letra y formas, que pueden decir mucho sobre sus identidades. Los estilos típicos varían desde los atrevidos que exigen atención a los elegantes que sugieren sofisticación, creando espacio para varios matices de significado y amplificando algunos mensajes al tiempo que conectan con el público objetivo a niveles profundos. En cuanto a la coherencia dentro de los materiales de marca, las características tipográficas pueden aportar coherencia en todos los demás canales. La tipografía debe ser coherente para que, cada vez que la gente vea algo relacionado con el texto, piense inconscientemente: "Esta marca nunca cambia".

El verdadero poder de una identidad de marca fuerte reside en la coherencia en todos los puntos de contacto e interacciones. Por ejemplo, ya sea en un anuncio digital, en el envase de un producto o en el escaparate de una tienda, cada encuentro con la marca debe representar sus valores y su carácter. A largo plazo, unos elementos de marca cohesionados crean una experiencia de marca integrada que genera confianza y fidelidad en el consumidor, al tiempo que refuerza la posición de la empresa en el mercado.

Al diseñar la identidad de una marca, hay que equilibrar el aspecto artístico con el pensamiento estratégico, ya que cada elemento debe estar bien pensado como parte de una narrativa convincente para los consumidores. Al entender el diseño del logotipo, las combinaciones de colores y la tipografía utilizada, las marcas pueden hacer que su identidad visual sea más cercana a su público, lo que la mantendrá relevante, incluso con el paso del tiempo.

Los elementos de la identidad de marca: Logotipo, colores y tipografía

La identidad de una marca no es sólo un logotipo o una elección de colores; su esencia la separa de los numerosos competidores que aspiran a una cuota de atención. Los elementos centrales de esta identidad son un triunvirato de símbolos: el logotipo, los colores y la tipografía. En conjunto, constituyen el cimiento sobre el que se construye la historia visual de cualquier marca para crear una narrativa convincente con un inmenso atractivo que enganche al público en su conciencia.

El logotipo es el buque insignia de la identidad de la marca: representa visualmente su misión y sus valores, reducidos a un solo símbolo. Es una de las primeras cosas con las que los consumidores entran en contacto , atrayéndolos a explorar más el mundo de la marca. Un buen diseño va más allá de la mera estética: capta algo de una marca que puede verse fácilmente. Desde los arcos dorados de McDonald's hasta la marca de Nike, los logotipos icónicos han llegado a significar fiabilidad, autenticidad y calidad.

Cada color es portador de un simbolismo y un significado específicos y, por tanto, transmite mensajes únicos que suscitan respuestas distintas en los clientes. El rojo indica energía y pasión, así como entusiasmo, mientras que el azul demuestra fiabilidad, confianza y profesionalidad. La selección del color desempeña un papel vital en la configuración de la personalidad general de una marca y determina cómo la gente la percibe, comunica, experimenta, interactúa y siente.

La uniformidad del color en todos los materiales de marca garantiza una experiencia de marca coherente, refuerza la identidad y fomenta la familiaridad y la confianza. Coca-Cola tiene un rojo vibrante, mientras que Starbucks tiene un aspecto verde relajante que facilita a los consumidores relacionarse con la marca a un nivel emocional.

Una tipografía sólida puede dar un enfoque y una voz más refinados a las comunicaciones de una marca. Los distintos tipos de letra tienen implicaciones emocionales diferentes, desde las audaces sin gracias hasta las elegantes con gracias, y todas contribuyen al tono de voz y el aspecto únicos de la empresa. Una buena tipografía es una de las formas en que las marcas pueden transmitir sus mensajes de un modo que no requiera demasiada deliberación pero que convenza de que no son falsos.

El elemento más esencial de una identidad de marca de éxito es la coherencia. Las marcas deben utilizar de forma coherente logotipos, colores y tipografías en todos los puntos de contacto, incluidos sitios web, redes sociales, envases o publicidad. Desarrollar un enfoque coherente y cohesivo de todos estos elementos puede dar lugar a una marca sólida y duradera.

Coherencia en todos los materiales de marca

Lo más importante en el diseño de la identidad de marca en relación con la coherencia es el logotipo, que resume todo lo que representa una marca de un vistazo. Utilizarlo de forma coherente en todas las herramientas de marca, como tarjetas de visita, membretes, material de envasado y plataformas digitales, es vital porque ayuda a mantener un reconocimiento instantáneo y reafirma la visibilidad de la marca en la mente de los consumidores. Tanto si se presenta a todo color, en blanco y negro o en escala de grises, el logotipo debe ser coherente con su forma original en todas las demás aplicaciones para mantener la uniformidad y reforzar la identidad de la marca.

Los colores son esenciales para determinar cómo percibe la gente una determinada característica visual de la imagen de una empresa. El uso adecuado de los colores en distintos materiales de marca crea una visión unificada en toda la empresa, lo que garantiza que, independientemente de quién los mire, entenderá qué tipo de empresa representa, lo que ayuda a mantener su personalidad y establece el tono de la comunicación. Tanto si esto implica la introducción de colores corporativos primarios como de tonos de acento secundarios en los diseños publicitarios, mantener la coherencia a la hora de aplicar los tonos mantendrá la uniformidad del lenguaje visual utilizado por la empresa en los anuncios.

La tipografía contribuye a la identidad de la marca al presentar una voz y un tono uniformes en los distintos canales a través de los que se difunde el mensaje. Ya se trate de titulares, textos o elementos de llamada a la acción, necesitamos que nuestra tipografía sea coherente, ya que es aquí donde podemos establecer la claridad y la legibilidad, apoyando así la imagen y el estilo generales de la marca, lo que refuerza la integridad general de la marca.

Incluso cuando se trata de materiales de marca como diseños, imágenes y gráficos, hay que mantener perspectivas de diseño similares para facilitar a los clientes una experiencia armonizada de una marca. La coherencia en el diseño, ya sea elegante y minimalista, o audaz y brillante, reafirma lo que representa una empresa.

Es más probable que los consumidores perciban la marca como fiable, profesional y digna de confianza cuando encuentran materiales de marca coherentes en diversos puntos de contacto e interacciones. Aporta confianza a los clientes y refuerza su creencia en la autenticidad y fiabilidad de la empresa a la que se dirige la marca.

La coherencia entre los materiales de marca es fundamental para diseñar marcas sólidas y memorables. Las organizaciones tienden a crear una campaña que les hable de forma individual y que, al mismo tiempo, las diferencie de otros actores del mismo sector, manteniendo la coherencia en elementos como el diseño del logotipo, los colores, los patrones tipográficos y el lenguaje general de la marca. La coherencia genera reconocimiento de marca, fomenta la confianza y fortalece las relaciones entre el público y nosotros a lo largo del tiempo, garantizando un crecimiento sostenible del mercado.

9.4 Crear conciencia de marca

Crear conciencia de marca es una mezcla entre ciencia y arte, con movimientos estratégicos que garantizan mejoras en la visibilidad de una marca. Las marcas pueden emplear técnicas de marketing tradicionales o innovaciones digitales para despertar el interés de los clientes objetivo.

Uno de los elementos clave en los que hay que centrarse aquí es aumentar la visibilidad de la marca, asegurándose de que el nombre, el logotipo y los mensajes sean fácilmente reconocibles y accesibles para el público objetivo. Para aumentar el número de clientes potenciales que conocen la marca, otros canales que pueden utilizarse para promocionarlas son la televisión, la radio y los medios impresos; los sitios web, las redes sociales o los motores de búsqueda son también ejemplos de estos canales de comunicación en formato digital, como los sitios de comercio electrónico como Amazon.com y Alibaba.com. Todos estos canales pueden ser empleados estratégicamente por las marcas para tener un impacto significativo en los nuevos mercados en los que se aventuran, dejando huellas duraderas en la mente de sus clientes.

El mercado actual se caracteriza por la interconectividad digital y el compromiso social; las redes sociales han creado una plataforma en la que las marcas pueden interactuar con su público, creando relaciones significativas a la vez que comparten grandes contenidos. El liderazgo de pensamiento puede materializarse mediante la creación de contenidos, y el liderazgo de pensamiento, relacionados con el sector pertinente, donde las empresas impulsan la conversación hacia prácticas orientadas a la acción. Por ejemplo, pueden hacerlo a través de entradas de blog, y luego cultivar un seguimiento masivo a través de todas las plataformas en las que mantienen una presencia activa.

Las asociaciones de marcas son otra vía de colaboración entre empresas, porque ayudan a ampliar la exposición al tiempo que se llega a nuevos públicos a escala. El trabajo conjunto con empresas de ideas similares o personas influyentes puede ampliar la red y aumentar la exposición de una manera más específica. Las colaboraciones y asociaciones permiten a las marcas sacar el máximo partido de la prueba social y el respaldo a través de iniciativas de marca compartida, contenido patrocinado o respaldo de personas influyentes para dar a conocer la marca y crear afinidad entre los clientes.

Estrategias para aumentar la visibilidad de la marca

Aumentar la visibilidad de una marca es un proceso complejo que exige una estrategia bien planificada tanto en Internet como fuera de la red. Otra cosa esencial que hay que tener en cuenta es que tener una presencia dominante en la web es fundamental para aumentar la visibilidad de la marca. En esta era digital moderna, un sitio web oficial es la base de la identidad en línea de cualquier marca. Sirve de tienda virtual donde los clientes pueden obtener información sobre diversos aspectos de la empresa, como los productos, los valores, los servicios que ofrecen, etc. La optimización del sitio web (SEO) es esencial para mejorar la visibilidad en las SERP de los motores de búsqueda.

Aparte de los sitios web, las marcas también deben participar activamente en las plataformas de medios sociales. Plataformas como Facebook, Twitter, Instagram y LinkedIn ofrecen oportunidades sin precedentes para que las marcas interactúen con su mercado objetivo a través de publicaciones o tuits. Mediante la publicación constante de contenidos relevantes y atractivos, las empresas pueden ampliar su cuota de mercado y aumentar el compromiso de los clientes.

La optimización para motores de búsqueda (SEO) es otra poderosa herramienta para aumentar la visibilidad de la marca en Internet. Mediante técnicas de SEO aplicadas al contenido del sitio web, las metaetiquetas y los vínculos de retroceso, las empresas pueden aumentar sus posibilidades de obtener mejores posiciones en las páginas de resultados de los motores de búsqueda, atrayendo así tráfico orgánico al sitio.

La publicidad de pago por clic (PPC) representa otro mecanismo específico para aumentar la visibilidad de la marca en Internet. Los anuncios de Google y la publicidad en redes sociales permiten realizar campañas publicitarias específicas basadas en datos demográficos, intereses o hábitos en línea. Los métodos de PPC se utilizan para que las empresas aparezcan de forma destacada tanto en los resultados de las búsquedas como en los feeds de las redes sociales, con el resultado de un mayor número de visitas a sus sitios web.

La creación de contenidos de valor es fundamental para mejorar el reconocimiento de la marca ofreciendo información útil a los grupos de lectores a los que va dirigida. Para adaptarse más directamente a las necesidades y deseos de su público, las marcas pueden crear diversos tipos de contenidos, como infografías, vídeos, podcasts y entradas de blog. Al ofrecer contenidos informativos de alta calidad que puedan educar, inspirar o entretener, las marcas pueden atraer y retener la atención de clientes potenciales. En última instancia, esto aporta visibilidad y compromiso a la marca.

Participar en blogs de invitados y en actividades de liderazgo intelectual también puede aumentar la visibilidad de una marca. Por ejemplo, si las marcas publican artículos interesantes en sitios web consolidados del sector, pueden reforzar su confianza y llegar a nuevos públicos. Del mismo modo, las plataformas de liderazgo intelectual como LinkedIn Pulse y Medium ofrecen oportunidades para mostrar los conocimientos y la experiencia del sector, lo que aumenta aún más la visibilidad de la marca.

Asistir a eventos y conferencias del sector permite a las empresas consolidadas aumentar su presencia y conocer a clientes o socios potenciales. Al patrocinar o exponer en eventos relevantes, las empresas pueden mostrar sus productos y hablar con los asistentes para generar contactos. En estos foros, las empresas tienen la oportunidad de presentarse como expertas en sus respectivos campos, para ser reconocidas por otras personas del sector.

Aprovechar las redes sociales y el marketing de contenidos

Las redes sociales y el marketing de contenidos son herramientas cruciales para crear una fuerte presencia de marca y llegar a su público objetivo con eficacia. Si las marcas utilizan las plataformas de medios sociales de forma eficiente y crean contenidos atractivos, pueden aumentar su alcance, adquirir contactos significativos y alinearse con sus estrategias de marketing para formar una voz de marca única.

Las plataformas de medios sociales ofrecen innumerables oportunidades para que las marcas interactúen con los consumidores de forma individual, aumenten la fidelidad de los clientes a la empresa y promuevan el compromiso. Existen miles de millones de usuarios activos en las redes sociales más populares, como Facebook, Instagram, Twitter, LinkedIn e incluso TikTok. Esto permite a las marcas acceder a públicos diversos. Al utilizar los canales de las redes sociales, las marcas pueden contar sus historias y mostrar sus productos o servicios, al tiempo que obtienen comentarios de los consumidores en tiempo real, lo que hace que el proceso sea más interactivo y fomenta la confianza.

Las marcas pueden lograr un considerable efecto multiplicador de la distribución utilizando las plataformas de las redes sociales durante las campañas de generación de contenidos. Las entradas de blog promocionales, los casos de vídeo y otros activos pueden compartirse a través de las redes sociales para aumentar la cobertura de los consumidores medida a través de likes, shares, comentarios, reposts, etc. Dado que los algoritmos dan prioridad a los contenidos atractivos frente a los que no lo son, cualquier marca necesita contenidos que resuenen en la audiencia y garanticen las interacciones.

La publicidad orgánica de contenidos de pago en las redes sociales permite a las marcas llegar a sus clientes de forma selectiva y barata. Entre ellas se encuentran Facebook Ads, Instagram ads y LinkedIn ads, que permiten a las marcas crear campañas publicitarias precisas en función de características demográficas, intereses y patrones de comportamiento. El uso de mensajes personalizados para la segmentación específica de la audiencia por parte de estas marcas ayuda a impulsar el tráfico del sitio web, lo que conduce a la generación de clientes potenciales y a un mayor conocimiento de la marca.

Las herramientas de escucha de las redes sociales permiten a las empresas seguir en tiempo real las conversaciones sobre sus productos, su sector y sus competidores. Las menciones, comentarios y hashtags ofrecen a las empresas información crucial sobre los sentimientos, gustos o tendencias de los consumidores en distintos mercados, lo que permite a los profesionales del marketing ajustar sus planes en consecuencia. Por lo tanto, es posible que la escucha de las redes sociales de una empresa permita interactuar más con su base de clientes, con lo que también podrá responder a sus preguntas e implicarlos a través de las plataformas digitales para que se conviertan en fieles seguidores de la marca.

Colaboraciones y asociaciones con personas influyentes

Las colaboraciones y asociaciones con personas influyentes son tácticas vitales en el branding y el marketing que ofrecen oportunidades dinámicas para que las marcas amplíen su alcance, establezcan un vínculo con diferentes personas y creen una marca única. En el entorno digital hiperconectado, los consumidores están expuestos a un aluvión de anuncios y material promocional, por lo que alinearse estratégicamente con influencers o marcas afines se considera innovador, ya que ayuda a las empresas a elevarse por encima del abarrotado espacio publicitario y a relacionarse más profundamente con los clientes.

Una ventaja fundamental de las colaboraciones y asociaciones con personas influyentes es que aumentan la visibilidad de la marca y permiten a las empresas explorar segmentos sin explotar de su público objetivo. Al asociarse con personas influyentes relevantes o marcas complementarias, las organizaciones pueden aprovechar las redes existentes y entrar en nuevos mercados que antes eran inaccesibles. Esto aumenta la visibilidad de la marca al tiempo que amplía su base de clientes.

Estas alianzas refuerzan la confianza, un atributo importante entre los compradores exigentes de hoy en día. Asociarse con personas influyentes respetadas o marcas reputadas permite a las empresas apoyarse en la confianza generada por ellas entre sus seguidores o clientes. De este modo, es más probable que los clientes vean a la empresa de forma positiva, estableciendo un buen terreno para la confianza y la lealtad.

Las colaboraciones y asociaciones con personas influyentes van más allá de la mera creación de credibilidad, ya que permiten a los profesionales del marketing crear campañas impactantes que resuenen bien entre el público objetivo. Las marcas pueden desarrollar campañas publicitarias emocionales combinando ideas creativas de todas las partes implicadas, contraviniendo las prácticas de marketing convencionales. Estos esfuerzos pueden incluir lanzamientos de productos de marca compartida, eventos o actividades interactivas en las redes sociales.

Las colaboraciones y las asociaciones con personas influyentes proporcionan una visión beneficiosa de los mercados sobre la que se toman las decisiones estratégicas. Las organizaciones pueden obtener información en tiempo real sobre preferencias, tendencias y factores competitivos que determinan el comportamiento de los consumidores en proyectos conjuntos con otras entidades que operan en un nicho industrial similar o con líderes de opinión y celebridades. Esta información es crucial para diseñar futuras campañas de marketing y el desarrollo de nuevos productos.

Las colaboraciones y asociaciones con personas influyentes son un enfoque activo de la creación de marca y el marketing que se traduce en una mayor visibilidad, credibilidad, anuncios memorables y acceso a conocimientos de valor incalculable para las marcas. A medida que las marcas navegan por las complejidades de la era digital, estas alianzas estratégicas demostrarán ser recursos vitales para lograr el crecimiento de la marca, el compromiso de los consumidores y la fidelidad dentro de un mercado ruidoso.

9.5 Investigación y análisis de mercado

La investigación y el análisis de marketing son la base de cualquier estrategia de marketing de éxito. El mundo empresarial actual se caracteriza por unas condiciones de mercado dinámicas y unos gustos cambiantes de los consumidores; las organizaciones necesitan obtener información útil a partir de amplios procesos de investigación y análisis para seguir siendo competitivas.

Las estrategias de marketing eficaces comienzan con un amplio estudio de mercado. La investigación de mercados implica numerosas metodologías y técnicas destinadas a obtener y analizar información sobre el comportamiento de los consumidores, las tendencias del mercado y la dinámica de la competencia. Las empresas pueden obtener detalles útiles sobre las necesidades, preferencias y comportamientos de sus clientes a través de métodos como encuestas, grupos de discusión, entrevistas o estudios de observación. Al meterse en la mente de sus clientes, las empresas pueden encontrar oportunidades ocultas, identificar tendencias emergentes y anticiparse a los cambios en la demanda, apoyando la toma de decisiones estratégicas mientras desarrollan iniciativas de marketing.

La segmentación del mercado es crucial para la eficacia de la investigación y el análisis de marketing, ya que ayuda a las empresas a identificar a los clientes objetivo. Los profesionales del marketing segmentan los principales mercados en diferentes grupos en función de rasgos similares como la demografía, la psicografía (personalidad, valores de estilo de vida, opiniones, actitudes, intereses, actividades favoritas), la ubicación geográfica (ciudad, región, condado, estado, país, continente, mundial) o los rasgos de comportamiento. Las empresas personalizan sus productos o servicios en función de cada segmento, asegurándose de que el mensaje utilizado sea relevante para las necesidades de cada segmento, creando así conexiones más profundas con el público objetivo.

Aprovechar los datos para las estrategias de marketing es cada vez más importante. Las empresas pueden acceder a diversas fuentes de datos, como cifras de análisis de sitios web, métricas de redes sociales, datos de ventas y comentarios de los clientes. Este conjunto de datos permite a las organizaciones tomar mejores decisiones porque pueden ver lo que funciona y lo que no. Al examinar esta información, las empresas pueden identificar patrones, tendencias y relaciones que informan las estrategias de marketing, optimizan el rendimiento de las campañas e impulsan resultados mensurables. Como resultado, las empresas que participan en este tipo de campañas pueden mejorar sus mensajes llegando a los segmentos adecuados y ofreciendo experiencias personalizadas que atraigan a los clientes.

Este proceso permite a la empresa centrar sus esfuerzos únicamente en grupos específicos de clientes susceptibles de estar interesados en sus productos, reduciendo así los costes de las promociones y estableciendo al mismo tiempo sólidas relaciones con los consumidores objetivo que, posteriormente, ayudan a la empresa a fortalecerse.

Realice estudios de mercado para conocer a su público

Comprender la complejidad de los estudios de mercado proporciona una comprensión más profunda de las actitudes de los clientes, lo que permite dar forma a productos, servicios o actividades de marketing. Un método muy utilizado en los estudios de mercado son las encuestas. Estos canales directos permiten a las empresas conocer la opinión de su público sobre los productos que fabrican. Pueden realizarse en línea, por teléfono o físicamente, y consisten en recopilar cifras sobre distintas cuestiones relativas a una población determinada. Al analizar las respuestas de las encuestas, las empresas obtienen más información que puede servir de base para sus procesos de planificación estratégica.

Los grupos focales también ocupan un lugar destacado entre los métodos de investigación de mercado. Consisten en reunir a representantes del público objetivo para debatir temas o productos específicos. En un foro abierto y en discusiones de grupo, las empresas pueden recabar más información sobre las actitudes, motivaciones y opciones preferidas de los participantes. Los grupos focales proporcionan una visión cualitativa de las emociones, motivaciones y comportamientos del público objetivo, ofreciendo perspectivas matizadas que no pueden captarse únicamente mediante encuestas cuantitativas.

Otro enfoque práctico para comprender mejor al público consiste en utilizar métodos de investigación observacional. Se trata de observar cómo se comportan los consumidores en entornos reales, como tiendas, sitios web y redes sociales. Las empresas pueden obtener información sobre preferencias, puntos débiles e impulsores de compra estudiando la interacción de los consumidores con los productos ofrecidos, la navegación por los sitios web e incluso el compromiso con la marca en las redes sociales.

Las fuentes secundarias también pueden servir de ayuda a la investigación primaria. Entre ellas se encuentran los informes del sector, los estudios de mercado y las publicaciones académicas, que ya han sido realizados y publicados por otra persona. Utilizando la información ya disponible, junto con el análisis interno, los directivos de las empresas pueden obtener información sobre las tendencias que configuran la dinámica del mercado en relación con la competencia y los gustos de los clientes. La investigación secundaria ofrece un contexto más amplio para los hallazgos de las empresas, por lo que sirve de respaldo a sus datos primarios.

La investigación de mercado es necesaria para las empresas que desean conocer a fondo a los consumidores antes de tomar decisiones de marketing. Utilizar una combinación de estos métodos proporciona una serie de perspectivas sobre demografía, preferencias y comportamiento. Este conocimiento permite a los departamentos de marketing desarrollar promociones diseñadas exclusivamente para distintos segmentos de clientes, y a la empresa redefinir los productos mediante la toma de decisiones estratégicas.

9.6 Elaborar un plan de marketing

En el mundo empresarial actual, las organizaciones deben desarrollar un plan de marketing global. Este proceso implica tres cosas: Objetivos de marketing SMART, presupuesto para las iniciativas de marketing y selección de los canales de marketing adecuados.

Se puede crear un planteamiento estructurado para definir objetivos claros y alcanzables mediante el sistema de fijación de objetivos SMART (específicos, mensurables, alcanzables, pertinentes y de duración determinada). Los objetivos específicos se diseñan con claridad sobre lo que hay que conseguir; los objetivos mensurables permiten seguir los progresos y medir el éxito. Los objetivos alcanzables garantizan que los objetivos sean realistas y estén a nuestro alcance, mientras que los objetivos relevantes se ajustan a los objetivos estratégicos más amplios de la empresa. Los objetivos con plazos establecen fechas límite para su consecución, proporcionando un sentido de urgencia y concentración. Utilizar los mejores criterios para las empresas ayudará a las organizaciones a desarrollar objetivos significativos para mejorar su rendimiento empresarial.

Otro paso fundamental en la creación de un plan de marketing eficaz es la asignación del presupuesto. Esto incluye la determinación de los recursos financieros necesarios para alcanzar los objetivos de marketing predeterminados, garantizando al mismo tiempo el máximo rendimiento de las inversiones realizadas en este ámbito. Hay que tener en cuenta varios gastos, incluidos los costes de publicidad en los que se incurre cada trimestre o año, los costes de desarrollo de campañas en los que se incurre una vez y los gastos de las actividades de marketing en curso, que se producen con regularidad, como la creación de contenidos para sitios web o la impresión de folletos. Al vincular las asignaciones presupuestarias a las prioridades estratégicas y las previsiones de ingresos, las empresas pueden optimizar sus gastos en publicidad mediante la asignación de dinero. La supervisión y actualización periódicas de los gastos en publicidad permitirá a los directivos asignar los fondos con precisión en función de las tendencias de los clientes y las condiciones del mercado.

La selección adecuada del canal de marketing también es fundamental para llegar con eficacia a los mercados objetivo. Hoy en día existen muchas plataformas para los vendedores, especialmente digitales, como las redes sociales. También están los medios de comunicación tradicionales, como la radio, la televisión y los periódicos. Identificar la plataforma adecuada requiere comprender los patrones de comportamiento de los consumidores, las tendencias del mercado y la eficacia de los canales. A través de la investigación de mercado, las organizaciones también realizan un seguimiento de las ventas al saber dónde son más activos sus clientes y responden mejor a los mensajes promocionales. Esto, a su vez, permite personalizar los esfuerzos de marketing, lo que maximiza el éxito de las campañas emprendidas, aumentando los ratios de compromiso y conversión.

Establecer objetivos de marketing SMART

No hay nada más importante para cualquier estrategia de marketing que establecer objetivos de marketing SMART (específicos, mensurables, alcanzables, pertinentes y sujetos a un plazo). Este marco le proporcionará una buena base para definir objetivos y dirigir los esfuerzos hacia resultados significativos.

Para proporcionar claridad y concentración, los objetivos específicos deben indicar lo que hay que conseguir, sin ambigüedades. En lugar de afirmaciones vagas como "aumentar las ventas", se podrían establecer objetivos como aumentar las ventas en línea en un porcentaje significativo en un plazo definido o generar nuevos clientes potenciales hasta un número determinado cada mes. Este tipo de objetivos son explícitos y proporcionan la dirección para unas estrategias de marketing eficaces y coherentes con los objetivos corporativos más amplios.

Los objetivos cuantificables ayudan a seguir el progreso y evaluar la eficacia. Cuando los profesionales del marketing establecen métricas cuantificables del éxito, como el tráfico del sitio web, las tasas de conversión o la participación en las redes sociales, les ayuda a cuantificar su rendimiento y a identificar las áreas que necesitan mejoras. Los objetivos cuantificables ofrecen información sobre el impacto de las campañas de marketing y facilitan la toma de decisiones basada en datos.

Unos objetivos realistas garantizan que los objetivos empresariales puedan alcanzarse dentro de los recursos y limitaciones de la organización. Aunque hay que fijar objetivos ambiciosos que promuevan el crecimiento, también tienen que ser alcanzables. Los objetivos poco realistas pueden provocar frustración y desmotivar al personal, mientras que los alcanzables generan confianza entre los empleados.

Estos objetivos deben contribuir directamente a la misión y visión generales de una organización. Asegurarse de que están relacionados con otros objetivos estratégicos a nivel de gestión es crucial a efectos de marketing. Si se quiere abrir un nuevo mercado, algunos de los objetivos orientados al marketing implicarían la investigación de mercado, la orientación del público y las campañas de marca llevadas a cabo en esas regiones.

Las metas con plazos crean fechas límite que permiten cumplir los objetivos; esto da urgencia y centra a las personas en su consecución. Los responsables de marketing generarán un sentimiento de responsabilidad e impulso si especifican exactamente cuándo debe todo el mundo cumplir el objetivo fijado o lograr el resultado deseado. Los objetivos con plazos concretos evitarán la procrastinación y garantizarán un progreso constante hacia los hitos y las metas.

A la hora de establecer objetivos de marketing inteligentes, tenga en cuenta estos factores:

Análisis de marketing: Analice a fondo el panorama del mercado, incluidos los movimientos de los competidores, las tendencias de consumo y las perspectivas del sector. Esta información ayudará a establecer objetivos realistas y viables adaptados a necesidades y retos específicos.

Conocimiento del consumidor: Es esencial comprender las preferencias, comportamientos y puntos débiles del público objetivo. Al alinear los objetivos de marketing con las necesidades y los deseos de los clientes, las empresas pueden desarrollar estrategias que resuenen en su mercado objetivo e impulsen el compromiso y la fidelidad.

Recursos internos: Hay que tener en cuenta los recursos disponibles dentro de una organización, como el presupuesto y la mano de obra. Para que las iniciativas de marketing tengan sentido, deben fijarse objetivos alcanzables basados en una evaluación realista de los recursos existentes necesarios para este fin.

Puntos de referencia e indicadores clave de rendimiento: Establezca puntos de referencia e indicadores clave de rendimiento (KPI) con los que pueda medir su progreso hacia sus objetivos. Estas métricas permiten a los profesionales del marketing hacer un seguimiento del rendimiento a lo largo del tiempo.

Flexibilidad y adaptabilidad: SMART es bueno, pero también es crucial que sigas siendo lo suficientemente flexible y estés preparado con todas las respuestas necesarias en relación con las condiciones cambiantes del mercado u otros obstáculos imprevistos. Por lo tanto, las estrategias empresariales y la dinámica del entorno deben revisarse periódicamente para garantizar que siguen ajustándose a los objetivos empresariales predominantes.

Hay que fijar objetivos de marketing sensatos antes de formular el plan estratégico de una empresa. En este caso, la empresa puede integrar su marketing en los objetivos generales de todo el negocio para mejorar el rendimiento y obtener resultados importantes. Los responsables de marketing pueden crear ambiciones empresariales realistas, viables y a largo plazo incorporando análisis de mercado, perspectivas de los clientes, recursos internos, puntos de referencia y flexibilidad.

Presupuestación de iniciativas de marketing

¿Busca ideas para presupuestar sus iniciativas de marketing? No es el único. La mayoría de las empresas dedican a este tema la mayor parte del tiempo de su proceso de planificación estratégica. Hacerlo bien es crucial porque ayuda a determinar los recursos financieros necesarios al tiempo que se maximiza el rendimiento de la inversión.

Evalúe su situación financiera actual y los recursos de marketing disponibles. Para ello, examine los flujos de ingresos actuales, los márgenes de beneficios y las previsiones de tesorería. Si conoce su situación actual, podrá establecer presupuestos realistas que se ajusten a lo que tiene y quiere conseguir.

El siguiente paso es asignar fondos a actividades de marketing específicas. Si dispone de un presupuesto amplio, las actividades de mayor impacto, como el lanzamiento de un nuevo producto o las grandes campañas publicitarias, deberían recibir una mayor parte del dinero. Si su presupuesto es más modesto, las actividades menos prioritarias deberían recibir menos fondos.

A la hora de determinar a qué áreas destinar la mayor parte de sus fondos, considere el rendimiento potencial de la inversión (ROI) estimando los ingresos u otros indicadores clave de rendimiento (KPI) asociados a cada actividad. Así se garantiza que las decisiones de financiación sean estratégicas y estén alineadas con los objetivos de crecimiento de la empresa.

Tras considerar el retorno de la inversión, deben contabilizarse todos los costes asociados a cada actividad, incluidos los costes de publicidad, producción y honorarios de agencias. Al hacerlo con precisión, las empresas pueden evitar gastos excesivos y asegurarse de que son realistas con sus asignaciones presupuestarias.

La cosa no acaba ahí. Hay que supervisar continuamente estas asignaciones después de la implantación, ya que las cosas pueden cambiar rápidamente. Las empresas también deben hacer un seguimiento de los gastos reales frente a las cantidades presupuestadas y ajustarlas cuando sea necesario. Sea flexible y adaptable. Responder en consecuencia a los cambios en las condiciones del mercado puede ayudar a optimizar el gasto; esto es mejor que hacer conjeturas sin reevaluar los presupuestos con suficiente frecuencia.

Seleccionar los canales de marketing adecuados

Elegir los canales de marketing perfectos es una decisión crítica. Puede tener un efecto significativo en el éxito de su estrategia de marketing. Hoy en día hay muchas plataformas entre las que elegir, y las preferencias de los consumidores no dejan de cambiar. ¿Cómo encontrar la más adecuada para su público objetivo?

Saber a quién se dirige es el primer paso para encontrar su canal de oro. Las empresas pueden determinar qué canales resonarán con su audiencia identificando características demográficas, preferencias y comportamientos críticos. Por ejemplo, si el público objetivo está formado principalmente por millennials activos en las redes sociales, Instagram o TikTok pueden ser especialmente eficaces.

El estudio de mercado es esencial para comprender dónde está más activo y dispuesto a escuchar su público objetivo. Analizar las tendencias del sector, las estrategias de la competencia y los patrones de comportamiento de los consumidores le permitirá saber qué canales son más relevantes e influyentes en su nicho. Esto debería proporcionarle una buena base para tomar decisiones informadas sobre la selección de canales.

También hay que tener en cuenta los puntos fuertes de cada canal de marketing. Cada plataforma tiene sus propias capacidades que la distinguen de las demás. Por ejemplo, mientras que Facebook y Twitter son excelentes para relacionarse con los clientes a nivel personal, el marketing por correo electrónico puede ser más eficaz para generar clientes potenciales que se conviertan en ventas.

Es importante tener en cuenta lo competitivo que es cada canal y lo ruidoso que es. Es posible que algunos canales ya estén sobresaturados con competidores que se gritan unos a otros para llamar la atención, en cuyo caso podría ser más beneficioso explorar otras plataformas menos saturadas. Cada canal tiene un precio diferente, desde la publicidad de pago en las redes sociales hasta las iniciativas de marketing de contenidos y la optimización para motores de búsqueda (SEO). Tómese su tiempo para evaluar lo que puede hacer antes de comprometerse a nada.

Sería útil que considerara si cada canal está en consonancia con su identidad de marca. Un mensaje coherente en todas las plataformas genera confianza entre los consumidores. Seleccione aquellas que permitan un mensaje y una marca coherentes en todos los puntos de contacto. Es esencial mantener la flexibilidad, tanto en los canales que elija como en el tiempo que les dedique. A medida que evolucionan las preferencias de los consumidores y la tecnología, las empresas deben estar dispuestas a experimentar con nuevos canales y adaptar sus estrategias en consecuencia. Esto implica reasignar recursos de canales de bajo rendimiento a otros que muestren un potencial de éxito más significativo o explorar plataformas emergentes que ofrezcan oportunidades únicas de participación.

Adopte un enfoque basado en datos a la hora de seleccionar sus canales de marketing. Tras conocer los datos demográficos de su público objetivo, los resultados de los estudios de mercado, los puntos fuertes y las limitaciones de los canales, la competencia, las limitaciones presupuestarias y la alineación de la marca, podrá encontrar el canal que mejor se adapte a su negocio.

9.7 La mezcla de marketing: Las 4 P y más allá

Comprender y, en última instancia, dominar el marketing mix es crucial para las empresas que quieren triunfar en el dinámico mercado actual. En el centro de todo están las cuatro P: producto, precio, lugar y promoción. Estos elementos conforman cualquier estrategia de marketing y desempeñan un papel fundamental a la hora de configurar la experiencia general del cliente e impulsar el crecimiento de la empresa.

El primer elemento, el producto, se refiere a los bienes o servicios que ofrece una empresa. Es esencial crear ofertas que satisfagan las necesidades de los clientes. Esto implica desarrollar productos o servicios de alta calidad y comprender qué prefieren o no los clientes. Al centrarse en crear valor para los clientes y satisfacer sus necesidades con eficacia, las empresas pueden diferenciarse de sus competidores y establecer relaciones sólidas con los clientes.

El segundo elemento, el precio, incide directamente en la rentabilidad y el valor percibido. Las empresas deben tener muy en cuenta diversos factores, como los costes de producción y los precios de la competencia, a la hora de desarrollar estrategias de fijación de precios. En función de sus objetivos generales y de a quién se dirija, determine si debe utilizar una estrategia de precios premium o una estrategia de precios de penetración para ganar más cuota de mercado.

El lugar es otro componente esencial de esta mezcla; se trata de distribuir sus productos o servicios a través de diferentes canales para llegar a un número de personas suficiente para hacerse notar. Como se suele decir, "ojos que no ven, corazón que no siente". Dependiendo de las preferencias de su público objetivo, esto puede incluir venta directa, minoristas, mayoristas o mercados en línea.

Desarrollar una estrategia promocional integrada que utilice múltiples canales ayudará a las empresas a difundir eficazmente su propuesta de valor a través de diferentes puntos de contacto. Hay otros elementos, como las personas, los procesos, las pruebas físicas y las asociaciones, que las empresas podrían analizar si quieren dar un paso más.

Producto: Crear ofertas que satisfagan las necesidades de los clientes

Establecer servicios que satisfagan las necesidades de los clientes es la base del éxito del marketing. En los mercados actuales, las empresas tienen que ir más allá de la venta de productos o servicios; tienen que conseguir que sus clientes se sientan satisfechos y valorados. Esto significa que las empresas tienen que entender perfectamente lo que sus clientes necesitan, quieren y no les gusta, así como buscar siempre formas de hacer mejor las cosas.

Cuando se trata de crear un producto, centrarse en el cliente es fundamental. Las empresas deben dar prioridad a lo que la gente quiere a lo largo de todo el proceso de desarrollo. Las empresas pueden identificar esto mediante estudios de mercado y comentarios de los clientes. Una forma de encontrar esas necesidades específicas es segmentar el mercado en partes más pequeñas basadas en características demográficas, psicográficas o de comportamiento. Al comprender estos grupos de consumidores, una empresa puede adaptar sus ofertas para satisfacer esas necesidades con mayor eficacia.

Otro aspecto clave que las empresas deben tener en cuenta a la hora de hacer una oferta es la propuesta de valor. Las empresas deben comunicar por qué sus ofertas son únicas y la mejor opción. Esto puede hacerse comprendiendo qué diferencia a sus productos de otros del mercado.

Aunque la innovación le adelanta a la competencia, sólo la calidad le mantendrá ahí. Los clientes esperan un servicio de primer nivel por parte de los empleados de la empresa y sólo volverán si lo obtienen. Además del control de calidad, las empresas también deben centrarse en la fiabilidad de sus ventas. Si un producto no funciona como promete, el cliente no volverá a confiar en esa empresa. Las empresas deben tener en cuenta cómo afecta cada paso de la elaboración de una oferta a la experiencia del cliente. Desde la primera vez que alguien oye hablar de su marca hasta que compra algo y más allá, cada interacción podría hacerle abandonar el barco si se gestiona adecuadamente.

Una empresa debe estar siempre dispuesta a cambiar su oferta. Tienen que estar al tanto de la satisfacción y los deseos de los clientes y buscar todo lo que puedan mejorar. Una empresa que crea productos que satisfacen las necesidades de los clientes está destinada al éxito. Al dar prioridad a los clientes, su empresa puede crecer y obtener beneficios a largo plazo.

Precios: Estrategias para fijar el precio de su producto o servicio

Desarrollar estrategias de fijación de precios es crucial para las empresas. Las buenas estrategias permiten maximizar la rentabilidad y mantener una ventaja competitiva: los precios pueden cambiar las reglas del juego. Una estrategia que las empresas suelen utilizar es la fijación de precios en función de los costes. Consiste en fijar los precios en función de los costes de producción y funcionamiento asociados al producto. Si lo hace bien, se asegurará de que sus precios cubren todos los gastos al tiempo que generan beneficios. Pero hay que tener en cuenta otros factores, como la demanda de los clientes y los precios de la competencia.

Otro enfoque es la fijación de precios basada en el valor, que se centra en lo que los clientes piensan que es el valor de los bienes y servicios. Alinear el precio con lo que los clientes creen que obtienen de él hará que su producto sea más fácil de vender a precios más altos. La fijación dinámica de precios es otra estrategia que consiste en ajustar los precios en tiempo real en función de las condiciones. Esto permite a las empresas tomar decisiones exactas de un momento a otro, teniendo en cuenta aspectos como la demanda y los precios de la competencia.

El descremado de precios es una forma popular de introducir nuevos productos o innovar los existentes. Consiste en fijar inicialmente precios elevados, cuando sólo los primeros usuarios pueden comprarlos. Con el tiempo, una vez cubiertos los costes de desarrollo, el precio baja lentamente hasta que un cliente típico puede permitirse comprarlos.

Poner un precio inicial bajo a su nuevo artículo no siempre es la peor idea, si se hace correctamente: los precios de penetración pueden hacer maravillas para ganarse rápidamente una cuota de mercado. La psicología de los precios lleva las cosas a un nivel superior: puede que desee dirigirse específicamente a la psicología del consumidor a través de cifras que parezcan más asequibles de lo que son, como 19,95 $ en lugar de 20 $.

Los precios por paquete combinan varios productos, normalmente a precios reducidos. El objetivo no es sólo que los clientes compren más artículos, sino también aumentar el valor global de su compra, lo que permite oportunidades de venta cruzada y de venta adicional. La discriminación de precios es una forma astuta de cobrar precios diferentes a clientes diferentes por el mismo producto, basándose en factores como la ubicación y el historial de compras. Esto le permite atraer ingresos adicionales de clientes sensibles a los precios y, al mismo tiempo, ganar dinero de personas dispuestas a gastar más.

Las empresas deben ser capaces de adaptar sus estrategias de precios en función de factores externos como los cambios en la normativa, la competencia y la economía en general. Con los constantes cambios que se producen fuera de su empresa, no querrá que le pillen desprevenido, así que manténgase siempre informado.

Lugar: Canales de distribución y cobertura del mercado

Los canales de distribución son los caminos que pueden tomar las empresas para hacer llegar sus productos o servicios a los consumidores. El éxito de una estrategia de marketing depende de la cuidadosa selección de estos canales y de que se garantice la cobertura del mercado. Decidir a través de qué canal distribuir su producto es un aspecto de la estrategia de lugar. Este canal de distribución depende del tipo de producto que ofrezca, de quién sea su público objetivo y de las tendencias del sector. Hay muchas opciones de canales de distribución, como la venta directa, los minoristas, los mayoristas, los distribuidores y los mercados en línea.

La venta directa permite vender directamente a los clientes sin la intervención de terceros en el proceso de transacción. Este enfoque permite a las empresas tener más control sobre su proceso de venta y la interacción con el cliente, pero puede requerir una inversión significativa.

Los minoristas son empresas que venden productos directamente a los consumidores a través de tiendas físicas o en línea. Asociarse con tiendas minoristas permite a su empresa acceder a un público más amplio, puesto que ya cuentan con una sólida base de clientes y reconocimiento de marca. Las empresas deben tener en cuenta factores como el espacio en las estanterías, la competencia y las tarifas de los minoristas a la hora de seleccionar los canales de distribución minorista.

Los mayoristas y distribuidores son intermediarios entre empresas como la suya y otros minoristas o revendedores. Le compran a usted la mercancía a precios de mayorista y luego la revenden con un margen sobre el precio de venta sugerido por el fabricante (MSRP). Trabajar con estos intermediarios le da un alcance geográfico más importante que si tuviera un acuerdo de distribución individual con un minorista.

Los mercados en línea, como Amazon, ofrecen a las pequeñas empresas una plataforma adicional para vender productos, con la que pueden llegar a millones de usuarios de todo el mundo. Estas plataformas vienen con herramientas que pueden ayudar a las empresas a gestionar su presencia en línea de manera eficaz, incluida la creación de páginas y listados de tiendas profesionales.

Además de seleccionar qué canal utilizar, las empresas también deben considerar el alcance de su cobertura en las distintas regiones o mercados. El alcance de esta cobertura cambiará en función del tamaño de la empresa, la fuerza de la competencia y el objetivo empresarial general. El objetivo principal de la estrategia de distribución intensiva es hacer que los productos estén disponibles en el mayor número posible de puntos de venta al por menor. Esta estrategia es la mejor para las empresas cuyos productos tienen una gran demanda con precios bajos, como las tiendas de comida rápida o las tiendas de dólar. Este enfoque ayuda a las empresas a maximizar la exposición y garantizar que sus productos sean fáciles de encontrar.

La estrategia de distribución selectiva limita el número de puntos de venta en los que una empresa vende su producto. Esta estrategia la utilizan sobre todo las marcas de lujo, ya que transmite una sensación de escasez y calidad, lo que puede impulsar la demanda. Al no permitir que muchos minoristas vendan sus productos, las empresas tienen más control sobre el proceso de distribución y se aseguran de que los productos se venden en un entorno acorde con su imagen de marca.

Una estrategia de distribución exclusiva otorga a un único minorista o distribuidor los derechos exclusivos para vender su producto en una zona geográfica o segmento de mercado específicos. El ejemplo más común es el iPhone, que se vende en exclusiva a Verizon, AT&T o T-Mobile. Este método ayuda a las empresas a crear una sensación de escasez en torno a su producto, lo que aumenta la demanda y mejora la percepción de la marca.

Encontrar los lugares adecuados para distribuir un producto y garantizar una cobertura suficiente en el mercado son partes esenciales de cualquier buena estrategia de marketing. Sabiendo para qué es bueno y para qué no lo es tanto cada canal, teniendo en cuenta aspectos como la competencia y el tamaño del mercado objetivo, y asegurándose de que las estrategias de distribución se ajustan a los objetivos empresariales, las empresas pueden llegar a los clientes a los que se dirigen, aumentar las ventas y alcanzar el éxito.

Promoción: Publicidad, promoción de ventas y relaciones públicas

La promoción es una parte crucial del marketing porque ayuda a correr la voz, generar entusiasmo e impulsar las ventas de productos o servicios. Implica diversas actividades destinadas a comunicarse con el público objetivo y persuadirlo para que compre. Los tres componentes principales de la promoción son la publicidad, la promoción de ventas y las relaciones públicas.

La publicidad consiste en la comunicación de pago para promocionar productos, servicios o marcas a un grupo específico. Puede adoptar muchas formas, como anuncios impresos, anuncios de televisión, cuñas de radio, anuncios en línea y promociones en redes sociales. La publicidad permite a las empresas llegar a muchas personas de forma rápida y eficaz y crear conciencia de marca. Las mejores campañas publicitarias son creativas y memorables y se adaptan específicamente a las preferencias e intereses del público al que van dirigidas.

La promoción de ventas ofrece incentivos a corto plazo para convencer a los consumidores de que realicen una compra inmediata. Algunos ejemplos son los descuentos, los cupones, las rebajas, los concursos y los regalos. Las promociones de ventas suelen utilizarse para aumentar la demanda y el volumen de ventas o para crear expectación en torno a un producto o servicio. Aunque pueden ser eficaces a corto plazo, las empresas deben tener cuidado de utilizarlas con moderación, ya que pueden diluir el valor de su marca o reducir los márgenes de beneficio.

Las relaciones públicas (RRPP) consisten en gestionar las relaciones con clientes, empleados e inversores a través de la comunicación. El objetivo de las RRPP es crear una percepción positiva de su empresa y generar confianza entre todos los que se relacionan con su marca. Las relaciones con los medios de comunicación, la planificación de eventos, la respuesta eficaz en situaciones de crisis y las iniciativas de relaciones con la comunidad pueden mejorar la reputación y credibilidad de su marca y, en última instancia, contribuir al éxito a largo plazo.

Las comunicaciones integradas de marketing (CIM) combinan varios elementos promocionales en una estrategia cohesiva para transmitir un mensaje coherente a través de todas las plataformas, incluidos los medios offline y online, lo que tiene más impacto en el público objetivo que utilizar un canal solo una o dos veces al mes. Las empresas pueden crear una imagen unificada y maximizar el impacto coordinando la publicidad, la promoción de ventas, las relaciones públicas y otras actividades promocionales. IMC se asegurará de que cada actividad esté ahí para ayudarle a alcanzar sus objetivos de marketing e impulsar los resultados deseados.

Una de las cosas más difíciles para las empresas a la hora de promocionar su marca es medir eficazmente el ROI. Por ejemplo, algunas estrategias promocionales, como la publicidad, son directas y pueden medirse fácilmente por el número de personas que la ven, cuántas se implican y cuántas le compran. Otras estrategias, como las relaciones públicas, pueden tener resultados más intangibles, pero si se establecen objetivos claros, se hace un seguimiento de las métricas pertinentes y se analiza lo que sucede, las empresas encontrarán finalmente una forma de optimizar las campañas futuras y tomar decisiones basadas en datos.

En esta era moderna, disponemos de muchas herramientas que nos permiten llegar al público objetivo de forma rápida y eficaz. Los contenidos de marketing en redes sociales, las asociaciones por correo electrónico y las personas influyentes son algunos ejemplos de este tipo de promociones. Las empresas que saben que cuentan con la demografía adecuada pueden crear anuncios o contenidos que capten la atención e impulsen el conocimiento de la marca y las ventas de sus productos o servicios. Este enfoque requiere una planificación creativa, pensamiento estratégico y un profundo conocimiento de la dinámica del mercado para lograr el éxito a largo plazo.

· · ·

Capítulo 10

Última palabra

Llegar al final de nuestro viaje, "El comienzo de todo lo bueno: Guía completa para crear tu empresa" ha sido una experiencia reveladora. A medida que vayas leyendo este libro, te habrás encontrado con un montón de conocimientos y estrategias que te guiarán mientras navegas por el mundo de la iniciativa empresarial. Desde la formación de una mentalidad para los negocios hasta la comprensión de cómo dar a conocer su producto, cada capítulo habrá servido a su propósito único.

Quiero que sepas que el espíritu empresarial no consiste sólo en crear una empresa de éxito, sino también en crecer, aprender y adaptarse. Creo que, con todas las herramientas y los marcos que se han proporcionado en esta guía, los aspirantes a empresarios como usted pueden hacer realidad sus sueños de innovación y prosperidad.

A medida que avanza en su camino empresarial, espero que la información contenida en este libro le inspire a pensar con originalidad y a ser lo bastante audaz para asumir riesgos. Recuerde siempre que el éxito no lo determina la cantidad de dinero que gane o el éxito que tenga su negocio, sino más bien la diferencia que su producto o servicio marca en la vida de las personas.

Antes de que sueltes esta guía para siempre, te animo a que sigas llevando el espíritu emprendedor dentro de ti. No olvides que hace falta audacia, valor y perseverancia para triunfar de verdad. ¡Crea un impacto! Sal y pon las cosas en movimiento porque, una vez que la innovación empieza a tener lugar, impulsa oportunidades sin límites.

Hasta la próxima, amigo mío. Deja que la curiosidad te guíe tanto como la determinación. El comienzo de todo lo bueno es sólo eso: el comienzo. Ahora sigue adelante y construye algo extraordinario.

Milton Keynes UK
Ingram Content Group UK Ltd.
UKHW041324291024
450365UK00021B/527